MANUAL COMPLETO DE EMPREENDEDORISMO

Copyright© 2018 by Literare Books International.
Todos os direitos desta edição são reservados à Literare Books International.

Presidente:
Mauricio Sita

Capa:
Cândido Ferreira Jr.

Diagramação:
Lucas Chagas e Gabriel Uchima

Revisão:
Camila Oliveira e Giovanna Campos

Diretora de Projetos:
Gleide Santos

Diretora de Operações:
Alessandra Ksenhuck

Diretora Executiva:
Julyana Rosa

Relacionamento com o cliente:
Claudia Pires

Impressão:
Epecê

Dados Internacionais de Catalogação na Publicação (CIP)
(eDOC BRASIL, Belo Horizonte/MG)

M294   Manual completo de empreendedorismo / Coordenadores Alexandre Sita, Elissandro Sabóia. – São Paulo (SP): Literare Books International, 2018.
16 x 23 cm

ISBN 978-85-9455-058-3

1. Empreendedorismo. 2. Sucesso nos negócios. I. Sita, Alexandre. II. Sabóia, Elissandro.
CDD 658.4

Elaborado por Maurício Amormino Júnior – CRB6/2422

Literare Books International Ltda
Rua Antônio Augusto Covello, 472 – Vila Mariana – São Paulo, SP
CEP 01550-060
Fone/fax: (0**11) 2659-0968
site: www.literarebooks.com.br
e-mail: contato@literarebooks.com.br

MANUAL COMPLETO DE EMPREENDEDORISMO

Sumário

Escola prática de empreendedorismo
Aguinaldo Oliveira..7

**Marketing digital:
uma ferramenta para empreendedores alavancarem os negócios**
Altair Ribeiro..15

Empreendedorismo feminino
Ana Lúcia Emmerich...23

Os empreendedores invencíveis
Ariovaldo Morais Jr..31

Empreender e liderar na era 4.0
Arlete Brito & Claudia Helena Silva..39

**O desafio do empreendedor nas eras da indústria 4.0
e da inteligência artificial**
Bárdia Tupy..47

O empreendedor da terceira idade
Beneditto Marques...55

**Empreender requer dedicação,
planejamento e muito acompanhamento**
Carlos Afonso..63

Pensando no planejamento estratégico
Cleverson Pereira do Valle...71

Metodologias ágeis e o empreendedorismo
Cristiane Penteado Bertolino..79

Futuro uma ova, mentiram para você!
Dalila Araujo..87

Chave de ideias brilhantes
Darcio Corrêa Jr...95

Desenvolvendo o comportamento empreendedor
Deivis Stein..103

Empreendedorismo: tudo o que você precisa aprender
Deiwis Sadério...111

Empreendedor 4.0: a quarta revolução industrial e as *startups*
Douglas De Matteu, PhD..119

**O empreendedorismo real é cheio de erros,
mas são eles que te levam ao sucesso!!!**
Edmilson Martins...127

Empreender para viver
Eduardo Carvalho..141

**Quer ser empresário? Tem certeza?
Empreendedorismo, os dois lados da moeda**
Emerson Borges Mondejas...149

O inédito viável no empreendedorismo
Emerson Weslei Dias..157

Empreender, por quê?
Fernando Tepasse...165

Oito características de um vendedor de sucesso
Gilson Sena...173

Desenvolvendo o comportamento empreendedor
Gisele Conquista...181

Organize seu próprio evento
Giselle Roncada..193

Framework de negócios de futuro
Gustavo Machado..201

A importância do *compliance* no empreendedorismo
Gutemberg Leite...209

As personalidades do empreendedor
Janderson Santos..217

***Marketing* digital para empreendedores que fazem acontecer**
Jânio Lima da Cunha...225

Empreendedorismo: os desafios que ninguém conta
Jaques Grinberg...235

Comunicar bem para empreender bem
João Manuel dos Santos Domingues...243

Intraempreendedorismo: a saída para a competitividade e sustentabilidade nos negócios
Joaquim Maciel..251

Superando limites e vencendo obstáculos
Jorge Moura..259

O clamor por mais personalização no atendimento
José Luiz Junior...267

Revolucione o faturamento de seu negócio em um ano
Júlio Reis..275

Despertando o interesse para empreender
Kathiane Hernandes Nigro...283

Desbloqueando o sucesso na controvérsia entre a vida profissional e pessoal
Leandro Rennê Camilo...291

Faça a sua marca pessoal vender por você
Lú Nogueira..299

Socorro! Sonhei em empreender e já acordei quebrado
Lucas Guerharth...307

Sumário

Empreendedorismo e saúde integrada
Marcelo Cunha Ribeiro...315

Plano B – Comece o quanto antes
Marcelo Simonato..323

Como eu fiz para florescer como empreendedora?
Monique Souza..331

Gestão de conflitos não é gestão por conflitos
Orlando Marciano..339

Empreendedorismo cocriativo
Patrícia Gonçalves...347

Formando um empreendedor
Renato Ticoulat Neto..355

Como driblar as ilusões do empreendedorismo
Ricardo Giovanelli..363

Empreendedorismo com prosperidade
Rogério de Caro..371

Pessoas poderosas em vendas: *coaching* para a alta performance
Selma Garcia...377

Aposte em seu potencial: empreenda!
Sergio Bialski..385

Eu posso me tornar um empreendedor!
Sidinei Augusto...393

As ações que o empreendedor precisa tomar para que a empresa seja próspera
Sidney Botelho..401

Preciso de capital? Preciso de um sócio?
Sidney Severini Jr...409

Empreendedorismo social
Silvia Tommaso..417

Ande!
Tathiane Deândhela..425

O desafio de empreender
Thais Ramos...433

1

Escola prática de empreendedorismo

As primeiras impressões que o mercado tem de empreendedores é de alguém que teve a grande ideia, que achou a carência do mercado ou que herdou a empresa da família. Mas, há um tipo muito mais comum: o que se comporta como dono, trabalhando nas empresas dos outros e, a partir deste aprendizado, investe em seu sonho solo. É no comportamento empreendedor que tudo começa

Aguinaldo Oliveira

Aguinaldo Oliveira

Profissional de RH com formação pela Universidade Metodista de São Paulo, é palestrante e idealizador do programa de TV Café Corporativo no Canal 25 NET Jundiaí, onde conduz entrevistas com personalidades e profissionais das mais variadas áreas ligadas ao empreendedorismo. Com seus entrevistados, tem aprendido diversos conceitos que podem mudar a carreira de uma pessoa. Atualmente é o diretor franqueado mais antigo do grupo Uptime, acumulando 25 anos de experiência em área comercial; *Coach* formado pela Sociedade Brasileira de Coaching; Líder *Coach* formado pela LeaderArt International; Palestrante nas áreas de empreendedorismo, comunicação e relacionamentos, em especial ligados a diferença de comportamento das gerações; Articulista no Portal Novo Dia e treinador para as áreas de empreendedorismo, vendas e comunicação.

Contatos
www.AguinaldoOliveira.com.br
aguinaldo@CafeCorporativo.com.br
www.facebook.com.br/CafeCorporativo
www.youtube.com.br/CafeCorporativo

Empreendedor tem vida fácil?

Já faz muitos anos que venho ministrando treinamentos com foco no empreendedorismo. De uma maneira geral, meus alunos são pessoas que buscam emprego ou preparação para o mercado de trabalho, para serem empregados melhores e mais competitivos. Porém, quando se sentam à minha frente, são treinados para serem empreendedores, ainda que inicialmente não tenham suas próprias empresas. Isso porque eu não acredito ser possível haver um bom empregado sem que ele tenha o espírito empreendedor. Creio que somente enxergando a empresa como um "microambiente" de vida é que alguém pode colaborar com os demais e, então, ser competitivo. O resultado disso é: constantemente, recebo mensagens de ex-alunos contando a respeito de seus pequenos e médios empreendimentos. De certa forma, isso acontece contra o planejamento deles, ou melhor, fora de suas expectativas, pois não me procuraram para isso. No entanto, eu sou um apaixonado pelo empreendedorismo e procuro contagiar cada um que entra na minha frente.

Contudo, reparem que em nenhum momento afirmo que a vida de um empreendedor emergente é fácil. Ao contrário disso, ela é muito desafiante, não somente pela suposta necessidade deste ter uma ideia legal, recursos e mercado para poder dar certo, mas principalmente porque o desafio começa antes, em casa ou na vida escolar. Convencer os familiares de que vale a pena por seu nome no CNPJ é uma tarefa árdua, principalmente quando, além do seu próprio nome, ele precisa de um outro como fiador.

Diríamos que a escola não nos prepara para empreender, tanto que recebemos notas altas pelas regras que decoramos (a matemática premia quem sabe as fórmulas, a história valoriza quem repete o conto) e ganhamos diplomas quando precisaríamos mesmo é de experiências. Não nos ensinam relacionamento e nem comunicação... Ser quieto e calado nos traz elogios dos professores, enquanto que conversar, debater e discordar (o princípio de uma negociação) não é bem visto e apenas nos dá fama de indisciplinados. Na escola (e nas faculdades) não nos ensinam a vender, algo básico para buscar o sucesso e até para procurarmos o primeiro emprego. O brasileiro médio sai da faculdade preparado para, quando muito, exercer uma função técnica. Hoje, com o mundo globalizado e altamente competitivo, a falta de inspiração empreendedora somente nos torna mais vitimados pela automatização. O empreendedorismo pela "oportunidade" não é estimulado e o da "necessidade" é mal orientado.

Em 2015, tive a oportunidade de conversar, em Belo Horizonte, com Renato Meirelles, então presidente do *Instituto Data Popular* (hoje, Locomotiva). Ele relatava uma prática que eu presenciei infinitamente na minha infância e adolescência: o "empreendedorismo do pobre". Sim, o cidadão de classe C, D e E, quando tem por natureza um pouco mais de iniciativa, se torna um empreendedor por necessidade. De maneira nem sempre formal e tampouco recomendada pelos acadêmicos, o pobre "se vira". Qualquer coisa que ele aprende a fazer bem se torna um produto e vai para a banquinha em frente ao terminal. Plaquinhas no portão anunciando venda de cosméticos, bombons, salgadinhos ou diversas outras produções caseiras são constantes na periferia. Porém, mais uma vez esses empreendimentos tendem a não ir para frente por falta de planejamento, pois invariavelmente misturam o dinheiro da pessoa física com o do negócio, além de serem carentes de previsões. Resumindo: o empreendedorismo por "oportunidade" não é incentivado nas escolas e o por "necessidade" não tem o apoio dos órgãos públicos que, em vez disso, exigem que um cidadão empreendedor de pouco estudo tenha as mesmas obrigações e obedeça a rígidas leis trabalhistas que foram criadas para as grandes empresas. Isso tudo sem contar a alta carga de impostos.

Aquilo do que você reclama é o que você nasceu para corrigir
Esta frase eu ouvi do Edilson Lopes, em 2016, num curso que ele ministrou em São Paulo. Isso veio totalmente a calhar com o sentimento que eu sempre tive: levar para as pessoas aquela ambição que me fez sair do zero e me tornar um empreendedor de sucesso. Eu sempre quis mudar o mundo com o meu "grão de areia", sempre quis mostrar para as pessoas que procurar emprego é muito além de "enviar currículo" ou ter as características certas para uma determinada vaga. Procurar emprego é, acima de tudo, saber se vender. Assim, deixe de ter um currículo e passe a ser uma espécie de

catálogo ou portfólio. Suas entrevistas precisam focar menos na resposta certa e passar a intrigar... Diríamos que é quase um "flerte"... Ninguém vai te contratar pela certeza absoluta de que você é "o cara", mas sim pela possibilidade de que você seja. Intrigue o recrutador, deixe-o com a sensação de que ali está um empreendedor.

As pessoas acham que para elas mudarem de vida, precisam "arrumar" um emprego melhor. Não entendem que, para mudarem de vida verdadeiramente, precisam ter atitudes diferentes e empreendedoras que as levarão às oportunidades. Acreditam que somente podem mudar de emprego se estudarem e, por isso saem fazendo cursos em busca de diplomas e títulos. Mas não adianta nada terem várias formações e não apresentarem nenhuma mudança de atitude, de postura e de mentalidade, pois sem isso ninguém vai querer as contratar nem para auxiliar de loja e nem para engenheiro. E ainda que consigam alguma coisa diante de um discurso bem feito, ao longo do tempo seu despreparo ficará evidente e o emprego não vai durar. A solução para isso é buscarem crescimento como pessoa, através de atitudes colaborativas.

Como diz Ricardo Bellino em seu livro *Midas e Sadin*, alguns indivíduos desenvolvem o "Toque de Midas". Parece que tudo em que eles tocam vira ouro, e eu conheço diversas pessoas assim. O dom empreendedor vem por uma série de sentimentos naturais, que são chamados "sentimentos do bem", e surgem de graça naqueles que colocam como sua grande missão a de ajudar o coletivo. Muitos pensam que ser empresário é colecionar dinheiro e que o bem-sucedido é o que fica rico, mas eu quero dizer algo diferente disso: o dinheiro vem como consequência para o bom empreendedor. Uma das melhores explicações deste fenômeno eu ouvi nos anos 90 e acho que veio do Dr. Lair Ribeiro. Segundo o autor, "dinheiro poderia ser comparado a um gato doméstico, que é arisco e carinhoso ao mesmo tempo". Ele explica que quando corremos brutalmente atrás de um gato, o bicho foge, não nos dando a menor chance. Por outro lado, quando fazemos amizade com o animal, ele pula em nosso colo até sem a gente chamar. Aprendi que em vez de empreender por dinheiro, devemos empreender por uma missão. Nizan Guanaes diz que "pensar em realizar tem trazido mais dinheiro do que pensar em dinheiro"; então defina qual é a sua missão e este será o primeiro passo para se tornar empreendedor. Um dia eu tive uma missão: "deixar de procurar, para gerar emprego".

Assim gira a economia

Principalmente na era das *StartUps*, quando se fala em empreender, imediatamente se busca uma ideia genial, de algo novo ou que conte com uma enorme demanda. Mas o empreendedorismo não surge neste momento. Não espera condições ideais e nem mesmo precisa partir do dono da empresa. Há um termo já difundido nos meios literários que é o "intraempreendedor": o empreendedorismo de quem ainda é empregado. A primeira vez que ouvi alguém falando sobre isso foi na cidade de Campinas, há mais de 20 anos, num tempo em que nem se usava esta expressão. Um gerente da empresa chamado Phelipe Ranzolin Nerbas (hoje empreendedor em Brasília) mostrava toda a cadeia produtiva de cada venda que fazíamos, assim como a receita acumulada para nós e para os nossos fornecedores diretos e indiretos. Mais que isso (e foi o que me fascinou), ele detalhava que nosso sucesso era também o sucesso do nosso cliente, que teria uma prestação de serviços de alta qualidade, o sucesso do nosso fornecedor que garantiria a continuidade de sua receita, do empregado dele que garantiria seu emprego, do colaborador da gráfica que fazia as nossas embalagens, pois a demanda gerada lá também estaria garantindo o emprego de outros e por aí vai, numa cadeia sem fim. Lembro-me que ele encerrava a sua pequena palestra com a frase: "assim gira a economia".

Daquele momento em diante eu entendi que fazer girar a economia é um dever de todo empreendedor. Afinal, mesmo quem é assalariado garantido por lei ou por qualquer tratado de estabilidade deseja viver em um país de economia saudável. Ninguém pode estar bem por muito tempo em um país que está mal e, se todos pensássemos desta maneira, o coletivismo poderia tomar conta da mentalidade de empregados e empregadores, trabalhando sempre uns pelos outros, dentro daquilo que os compete. Para ilustrar, quero contar um pequeno trecho de uma conversa que tive há alguns anos com meu sobrinho e afilhado Rafael Buono, na época com 10 anos, no carro, a caminho de casa:

— O que você faria se tivesse super-poderes? – perguntou ele.
— Eu transformaria pessoas ruins em boas. E você?
— Eu daria dinheiro a todas as pessoas pobres – respondeu.
— Você sabe como poderia fazer isso? – perguntei.

— Talvez fazendo uma fila – titubeou.

— Por que você, tendo muito dinheiro, não abriria um monte de empresas grandes para contratar todo mundo?

— É verdade, né! Quem tem emprego não precisa pedir esmola. Gostei da ideia. Vou abrir uma empresa – disse ele, encerrando a conversa.

Pode parecer uma coisa sem importância, mas há muitos adultos que acham que "dar dinheiro aos pobres" é uma atitude benéfica e não entendem que gerar condições para que o pobre deixe de ser pobre é que verdadeiramente ajuda. Pessoas empregadas vivem melhor e consomem, melhorando o mercado para todos. Trabalhar bem faz a empresa cumprir seus objetivos; consequentemente ela se torna mais forte e tem condições de oferecer outros bons empregos. Caso isso não esteja acontecendo e a qualidade do emprego não esteja boa, sou a favor do diálogo coletivo, normalmente patrocinado pelos sindicatos. Mas, sou a favor de sindicatos sérios, que entendam que sua subsistência passa pela manutenção e competitividade do setor ao qual eles representam. Se ninguém pode estar bem por muito tempo em um país que está mal, também não há país bom com um povo miserável, e isso vale para as empresas privadas. Com a economia em alta todos ganhamos, e com ela em baixa, a recessão faz todos perderem também. Por isso, preserve e mantenha a sua empresa competitiva: é nela que você aprenderá e se preparará para voos muito mais altos. Assim gira a economia.

A história das batatas e dos palitos

Meu avô era um sujeito carismático e contador de histórias. Ele criava cenários com o que tivesse disponível. Numa noite, pegou algumas batatas cruas e passou a espetar nelas palitinhos de dente, fazendo-as parecerem boizinhos. Não sei por que ele nos explicou que seria totalmente possível manter uma batata em pé somente com 3 "perninhas", desde que elas fossem distribuídas adequadamente. Com a maturidade e o ingresso no mundo empreendedor, percebi que tudo aquilo que fazemos na nossa profissão precisa ter pilares bem definidos. Se tivermos muitos, podemos nos confundir. Por isso, sempre resumi meus pilares ao menor número possível, desde que eles fossem suficientes. Assim como a batata não para em pé com apenas um ou dois palitos espetados nela, a nossa carreira não se estabiliza em um ou dois pilares apenas. Percebam que na maioria dos campos de nossa vida, nos baseamos em três pontos (veja mais em meu site). Assim também é na empresa, e durante o meu trabalho eu elegi os meus, que sempre me levaram à regularidade. Ensino em meus treinamentos a experiência que criei baseado em motivação, técnica e calma.

Um empreendedor precisa ter essas três características, afinal duas delas eu exemplifiquei acima e, sobre a terceira, lembro que o SEBRAE sempre divulga que 80% das empresas quebra nos primeiros cinco anos e isso acontece, principalmente, por falta de sabedoria, força e confiança aos empresários nascentes. No início, eles têm motivação de sobra, mas falta-lhes habilidade, e por isso demoram um pouco para prosperar. Quando começam a se ajeitar com as tarefas e criam boas técnicas, percebem que o dinheiro está acabando. Com isso, tendem a entrar em desespero e depois de alguns tombos pensam que estão na carreira errada, perdendo a motivação. Eles agem assim sem entender que a maioria das coisas na nossa vida são conquistadas com o tempo e que a ansiedade é o que nos faz desistir antes da hora. A maioria das empresas que fecham o fazem porque desistem, enquanto as que prosperam são justamente aquelas que insistem, com convicção no sonho do seu fundador. Sabemos que o início é sempre complexo e que a calma diante dos desafios nos mantêm em condições de tomar as melhores decisões. A habilidade de fazer melhor só vem com preparação e treino.

Para empreender, lembre-se que uma batata só fica em pé se tiver as três perninhas ao mesmo tempo: motivação, técnica e calma!

2

Marketing digital: uma ferramenta para empreendedores alavancarem os negócios

Como o *marketing* digital pode ajudar empreendedores a alavancar a *startup* por meio dos principais canais digitais para divulgação. Saiba qual é a tendência do público consumidor da era digital e como atingi-los com o conteúdo adequado. Entenda por que eles são importantes para as *startups* e qual o poder de influência desse público. Tenha uma visão geral dos principais canais na *web* para os negócios!

Altair Ribeiro

Altair Ribeiro

Empreendedor, especialista em governança de TI e ciência de dados (*big data*), certificado pela ComSchool em gestão de marketing digital de alta performance. Profissional com mais de 25 anos de experiência em diversas áreas de TI e responsável por projetos estratégicos em grandes empresas do mercado financeiro. Escritor e palestrante com foco em empreendedorismo, *startup*, novas técnicas e metodologias. Responsável pelo crescimento de empresas da área de TI e com experiência na prestação de serviço para o mercado internacional de tecnologia da informação. Atualmente está desenvolvendo projetos com foco na área de marketing digital, combinados com *big data* para análise do volume de dados e montagem de modelos estatísticos para o direcionamento de campanhas e geração de indicadores.

Contatos
www.startupyes.com.br
altair.ribeiro@startupyes.com.br
altair.lara@gmail.com
Facebook: Startup Yes
Twitter: altairribeiro
Instagram: altairlara
LinkedIn: br.linkedin.com/in/altair-ribeiro-3704289
(11) 99452-0697

O empreendedorismo traz novidades, medos e desafios para o empreendedor. Sem uma ferramenta para ajudá-lo, tudo pode ficar mais difícil para tracionar a *startup*. O *marketing* digital é uma dessas ferramentas para conseguir entregar a informação no lugar correto para o internauta certo, uma vez que é um dos bens mais valiosos que possuímos na era digital, perdendo apenas para o tempo.

A *web* possibilitou aos usuários criarem conteúdos de diversos tipos e formas, como vídeos, textos, imagens, entre outros mais criativos. Porém, o conteúdo faz sentido quando ele se transforma em informação para quem o consome.

Quando ele não encontra público ou que é de baixa qualidade, não tem valor na *web*, por isso é importante construir conteúdo de qualidade e que sejam direcionados ao público correto, pois esses conteúdos é que irão gerar fãs para suas páginas ou sites.

Qual a importância do fã e quem é?

As *startups* devem focar seus produtos e serviços no público JMN, como diz Philip Kotler, no seu livro *Marketing 4.0*, pois serão os públicos que devem consumir cada vez mais nos próximos anos. O "J" representa os jovens, o "M" as mulheres e o "N" os *netizens*, que são os "cidadãos" da internet.

Quem são?

- **Jovens (J)**

Os jovens são os *early adopters* da atualidade e são os primeiros a utilizarem uma nova tecnologia ou um novo produto, facilitando a utilização do MVP (Produto Mínimo Viável) pela *startup*, como recomenda Eric Ries, uma vez que dão um direcionamento para a *startup* se ela está no caminho certo ou não. Alguns ainda não são consumidores, mas estão próximos de se tornarem e são aqueles que influenciam os mais velhos, no uso de novos produtos e serviços e são os definidores de tendências. O jovem não tem medo de experimentar e facilita o uso do MVP, enquanto os adultos acham arriscado o uso de novos produtos ou serviços.

Quando olhamos para a história do mundo, podemos ver que as grandes mudanças foram realizadas por eles ou com influência deles.

- **Mulheres (M)**

As mulheres são um público diferenciado, pois o mundo delas gira em torno da família e do trabalho, além de estarem sempre com o dilema de se equilibrarem entre o lar e a carreira. Porém, por estarem adaptadas as multitarefas, conseguem tratar questões complexas e com várias visões e disciplinas diferentes nos ambientes onde atuam.

De acordo Philip Kotler, as mulheres desempenham três papéis: são coletoras de informações, compradoras holísticas e gerentes domésticas, sem querer ser pejorativo no termo, mas enaltecendo essa qualidade de cuidar de várias coisas ao mesmo tempo.

Elas são coletoras de informações, porque o caminho de compra da mulher é definido por passos, de forma que ela obtenha as informações e avance para o próximo passo. Diferentemente do homem que é curto e direto.

Elas conversam mais com a família e amigas para obter mais informações sobre os produtos ou serviços e, por isso, o *marketing* para esse público deve conter informação e detalhes, pois elas entenderão essas informações e passarão para outras pessoas. Por outro lado, as campanhas de *marketing* digital para os homens, deve ser direta e com uma *call to action* também direta.

As mulheres são compradoras holísticas, porque possuem mais pontos de contato em uma compra, devido a busca das informações e, por isso. tendem a avaliar os benefícios emocionais, funcionais, preço e outras características. Dessa forma, tornam-se mais fiéis e recomendam o produto ou serviço para outras pessoas.

Devido à todas essas qualidades, as mulheres desenvolvem uma habilidade gerencial e uma capacidade de avaliação do produto e serviço de forma ímpar, sendo uma influenciadora do restante da família e também dentro das redes sociais e na comunidade.

- ***Netizens* (N)**

Os *netizens* são as pessoas que estão além das fronteiras geográficas e que se importam em desenvolver a internet para benefício do mundo em geral.

Eles entendem que o conteúdo da internet é criado para ser compartilhado por eles e para eles e funcionam como conectores sociais.

O lado ruim dos *netizens* é o surgimento dos *cyberbullies* (agressores virtuais), os *trolls* (participantes inadequados) e os *haters* (odiadores). Todos que navegam na internet já tiveram contato com um deles.

Por outro lado, os *netizens* são os verdadeiros advogados de um produto ou serviço dentro da internet e se tornam seguidores, fãs e amigos daquilo que adquirem, sendo comum a defesa contra os *cyberbullies, trolls* ou *haters*.

É muito importante para uma *startup* manter e alimentar de informações os seus *netizens*, pois eles serão seus futuros clientes ou recomendarão seu produto ou serviço para clientes em potencial, sendo de igual forma a conexão com os jovens e mulheres. A *startup* deve saber como se comunicar com cada um deles.

Quais são os canais de comunicação com os clientes?

A *web*, juntamente com as redes sociais que funcionam nela. Essas duas juntas são a base do *marketing* digital.

São importantes canais para a *startup* e os empreendedores manterem contato com seu público, porém deve-se saber qual rede social é mais importante para o seu negócio.

Uma das características da *startup* é a escalabilidade, ou seja, aumento de receita com o mesmo custo ou crescimento de custo baixo em relação a receita. Aqui, tem uma dica para você que vai fazer somente *posts*: contrate uma ferramenta que faça isso para você que é pequeno, ao invés de entrar em cada ferramenta e fazer os *posts*. Lembre-se, o tempo é escasso quando se empreende!

Essas ferramentas economizam seu tempo e dinheiro, além de fornecerem relatórios bem completos, ou ainda, uma solução melhor, seria a contratação de uma empresa de *marketing* digital com baixo custo e que lhe dará todo o suporte nos *posts* para engajamento das pessoas com a sua página, blog ou artigos.

Um erro comum das *startups* é tentar divulgar em todas as redes sociais, pois isso pode trazer um desgaste desnecessário para o início da *startup*, mesmo antes dela tracionar. O início de uma *startup* é desafiador, como o próprio nome diz, porém desgastante na maioria das vezes e quando o empreendedor gasta energia desnecessária em uma rede social inadequada, pode gerar desmotivação achando que está no caminho errado.

Não tem problema estar no caminho errado devido ao aprendizado, desde que se corrija o rumo ou até pivotar para continuar a jornada, mas insistir no caminho errado não trará resultados, por isso a necessidade de identificar a rede social adequada. Para o empreendedor, pivotar faz parte do dia e a incerteza é uma companheira diária.

Eric Ries, no seu livro *A Startup Enxuta*, diz que errar faz parte e que os erros devem acontecer cedo para que sejam tomadas as ações de correções o mais rápido possível e os aprendizados possam ser incorporados nas lições do dia a dia e evitados futuramente.

Atualmente, 2018, existem em torno de 206 redes sociais no mundo, sendo que algumas, o mundo ocidental não utiliza e vice-versa. Algumas dessas redes sociais envolvem questões culturais, mas que podem fazer sentido para o seu produto ou serviço, principalmente quando se trata de serviços *online*.

Existem redes sociais específicas para comunidades específicas, minorias culturais, nichos de mercado, etc. O conceito da Cauda Longa de Chris Anderson está tão atual, quanto em qualquer tempo na história recente da tecnologia, porque as mídias tradicionais estão perdendo cada vez mais telespectadores, leitores e ouvintes. As tribos que existiam na sociedade, recriminadas em muitos casos, encontraram seu habitat nas redes sociais especializadas e grupos de discussão. Mas, um ponto importante a ser observado sobre essas tribos ou comunidades é que são usuários e consumidores como qualquer outro, seja agora ou no futuro. Mas, vamos falar das principais redes sociais da atualidade e qual o foco de cada uma.

- *Facebook*

O *Facebook* é a rede social mais popular do mundo, pois as pessoas estão lá para se comunicar com parentes e amigos, além de produzirem e consumirem conteúdo. A venda nessa rede deve conter uma linguagem leve e atrativa. Os produtos e serviços para o dia a dia ou ainda, para reforçar uma marca, encontram um lugar adequado dentro dessa rede social. Ganhe fãs nessa rede para a sua *startup* e comece pelos seus amigos que compartilharão seus *posts*.

- *Instagram*

O *Instagram* por outro lado, está fazendo sucesso entre os jovens e tem ganho cada vez mais adeptos. Essa rede social tem sido utilizada para o registro de momentos, fotos principalmente, que registram o dia a dia das pessoas.

Os usuários não estão lá para comprarem, mas podem ser sensibilizados, da mesma forma que o *Facebook*, para adquirirem produtos e serviços, pois a oportunidade pode encontrar a necessidade e nesse momento acontece a captação do *lead*.

- *Pinterest*

O *Pinterest* tem ganho cada vez mais usuários e faz grande sucesso no mundo da moda, beleza e artesanato. Realmente, a qualidade dos materiais que são publicados nesta rede social impressiona pela qualidade fotográfica e criativa.

No *Pinterest*, tanto quanto no *Instagram* ou *Facebook*, devem ser colocados *links* para fazer com que os usuários se desloquem para uma *landing page* preparada com material adequado para captação do *lead*.

- *LinkedIn*

O *LinkedIn* continua tendo a proposta de ser uma rede social para o mundo profissional e executivo. Dependendo do seu produto ou serviço, fará todo sentido anunciar nesta rede, principalmente com bons conteúdos, porque é um público exigente.

As campanhas para essa rede social devem ser pensadas com cuidado, para serem divulgadas com um objetivo bem específico e claro para atingir o público certo.

- *Youtube*

O *Youtube* ainda continua sendo o canal de vídeos mais acessado. Produzir vídeos pode ser vantajoso para qualquer negócio, seja para divulgar um produto ou mostrar os benefícios de um serviço.

Não estamos falando de vídeos super produzidos com equipes enormes e orçamentos milionários. Não! Aqui estamos falando de vídeos simples para *startups*, que estão lutando para manter o orçamento *versus* a receita!

Os vídeos podem ser desenhos animados, fotos com narração, ou mesmo um dos membros da equipe falando sobre a *startup*, com uma abertura e um fechamento simples.

Os vídeos podem ser colocados nos *posts* das redes sociais, no site ou divulgados por link no *WhatsApp* para seus potenciais clientes ou mesmo os atuais. Lembre-se: custa mais caro trazer um cliente novo, do que manter os atuais!

Softwares simples como o *Windows Movie Maker*, da *Microsoft*, dão conta do recado de abertura e fechamento e também com a inclusão de uma trilha sonora.

Cuidado com os direitos autorais de fotos, vídeos e músicas incorporados no seu vídeo de divulgação. Existem várias alternativas de músicas de domínio público e fotos gratuitas em sites especializados.

- *Twitter*

O *Twitter* é uma rede social para a divulgação de notícias imediatas. É uma ferramenta com força para levar internautas para a sua *landing page*, sendo que a *startup* tem que ser direta na comunicação com usuários do *Twitter*. Considere essa rede, principalmente, se você trabalha com produtos ou serviços técnicos que precisam gerar autoridade no assunto. Atualmente, ele possui 645 milhões de usuários.

Após as principais redes sociais, temos outros canais importantes. São eles:

- *Google*

O *Google* tem se mostrado uma ótima ferramenta de *marketing* entre os buscadores da internet. Através do *Google AdWords* é possível montar campanhas com ótimo alcance e com baixo custo, mas se você acha que é muito complicada essa ferramenta, fique tranquilo!

A *Google* pensou nisso e criou o *Google AdWords* Express para pequenos anunciantes, na qual estão inclusas as *startups*. Para analisar o resultado das campanhas, o próprio *Google* oferece visualizações de relatórios e acompanhamento.

A vantagem dele é que qualquer internauta pode ser impactado pelo seu anúncio e não apenas aqueles que estiverem dentro de uma rede social.

Muitas empresas de *marketing* digital oferecem o SEO (*Search Engineering Optimization*) como um diferencial para o site da *startup* ficar na primeira página de pesquisa do Google.

Essa é uma tarefa árdua e uma meta difícil de ser alcançada pelas empresas, de qualquer tamanho. Estar na primeira página significa ter um SEO muito bem estruturado e ter um bom tráfego de internautas.

- **WhatsApp**

O *WhatsApp* tem um comportamento atípico no mundo, porque ele não faz sucesso nos Estados Unidos, porém é um sucesso no Brasil.

Os brasileiros abraçaram essa ferramenta e ela pode ser excelente para a *startup* saber a opinião das pessoas sobre seu MVP.

Colete as informações e reavalie seu MVP, caso seja necessário, não tenha medo de pivotar e procurar outro caminho.

Ferramentas para *marketing* digital existem várias, bem como diversos canais, porém, o segredo é a comunicação tanto na forma, como no conteúdo. Uma comunicação assertiva gerará muitos *leads* para a sua *startup*!

Bons negócios!

Referências
KOTLER, Philip; KARTAJAYA, Hermawan; SETIAWAN, Iwan. *Marketing 4.0 - Do tradicional ao digital*. Editora Sextante, Rio de Janeiro. 1. ed. 2017.
RIES, Eric. *A startup enxuta: como os empreendedores atuais utilizam a inovação contínua para criar empresas extremamente bem-sucedidas*. Editora Leya. São Paulo. 1. ed. 2011.
BLANK, Steve; DORF, Bob. *Startup: Manual do empreendedor – O guia passo a passo para construir uma grande empresa*. Editora Alta Books, Rio de Janeiro. 1. ed. 2014.
KAWASAKI, Guy; FITZPATRICK, Peg. *A arte das redes sociais – Dicas poderosas dos gurus para grandes usuários*. Editora Best Business, Rio de Janeiro. 1. ed. 2017.
GOLDMAN, Aaron. *Tudo o que sei sobre marketing aprendi com o Google*. Editora Saraiva, São Paulo. 1. ed., 2014.

3

Empreendedorismo feminino

Neste artigo, mostro como é possível empoderar mulheres que escolheram e escolhem este caminho a cada dia

Ana Lúcia Emmerich

Ana Lúcia Emmerich

Apaixonada por Empreendedorismo e pelo Empoderamento Feminino, Fundadora do AprendaAki e empreendedora com mais de dez anos de experiência. Administradora de Empresas pela PUC - SP, MBA em Gestão de Pessoas pela FGV, Analista Comportamental pela teoria DISC, Facilitadora do Programa Empretec, *coach* com formação em Neurociência Certificada, Certificada no Assessment para empreendedores QEMP Criadora, coautora dos livros *Suba no Salto – Dicas para sua independência financeira* (Literare Books International) e *Quais de mim você procura?* (editora Gregory).

Contatos
www.aprendaaki.com.br
www.empoderamentofeminino.com.br
contato@aprendaaki.com.br
LinkedIn: Ana Emmerich
(11) 98911-9118

Empreendedorismo feminino

Será que existem diferenças na forma da mulher ou do homem empreender? É possível que as chamadas "características femininas" auxiliem ou atrapalhem quando se trata de tocar um negócio? Como explicar o fenômeno de tantos grupos, eventos e iniciativas destinados a mulheres empreendedoras? Você sabia que até um dia dedicado ao empreendedorismo feminino (19/11) foi criado pela ONU?

Perguntas como estas foram meus motivadores para pesquisar mais a fundo sobre o tema empreendedorismo feminino e descobrir como seria possível auxiliar a empoderar mulheres que escolheram e escolhem este caminho a cada dia.

Empreendedorismo de palco

Após uma vivência empreendedora de dez anos e trabalhando com treinamento que desenvolve características de comportamentos empreendedores (como facilitadora do EMPRETEC- metodologia da ONU), no meu ponto de vista, empreender é colocar a mão na massa e estar disposta a adotar um estilo de vida. Empreender é uma montanha-russa de emoções, com altos e baixos, sendo imprescindível muita resiliência para construir um negócio sustentável.

Empreender está na moda e, de repente, surgiriam muitos gurus e mentores de empreendedores, o chamado empreendedorismo de palco. Pessoas que nunca empreenderam, leram uns livros, assistiram alguns vídeos, possuem certa familiaridade com câmeras, tecnologia ou ambas, se auto intitulam celebridades digitais e começam a dar dicas, fórmulas ou receitas de sucesso. Sucesso este que não obtiveram e passam todo um *glamour* e querem vender uma vida linda e colorida e você, que está ralando no dia a dia e, tocando seu negócio com muita dedicação, começa a se achar incompetente. Fuja desta armadilha de achar que vai enriquecer ou ter sucesso da noite para o dia empreendendo. Todos os exemplos de sucesso que conheço foram construídos entre erros e acertos. Claro que nem todos compartilham os erros e as dificuldades que tiveram ao longo do caminho, e talvez por este motivo, seja mais fácil as pessoas olharem só quando o sucesso foi alcançado e desconhecerem toda a trajetória percorrida.

A seguir, compartilho informações sobre o universo do empreendedorismo feminino.

Perfil da mulher empreendedora

Os empreendedores correspondem a 36% das pessoas do Brasil, sendo que as mulheres correspondem a 51% dos empreendedores iniciais (empresas de até três anos e meio). Os homens ainda estão em maior percentual no mundo empreendedor. Mais da metade das empreendedoras iniciais estão concentradas em quatro atividades: restaurantes e assemelhados, serviços domésticos, cabeleireiros e/ou tratamento de beleza e comércio varejista de cosméticos, perfumaria e higiene pessoal.

Muitas mulheres buscaram o empreendedorismo nos últimos dois anos, além da necessidade de renda devido a crise, mas também por ser um caminho que possibilita conciliar a agenda com as demandas da maternidade.

Conforme pesquisa GEM de gênero, compartilho com vocês itens que as mulheres estão em desvantagem em relação aos homens:
- Menor orientação internacional (clientes no exterior).
- Menor faturamento – 75% das empreendedoras operam negócios que faturam até R$ 24 mil por ano.

Com isso, percebe-se que, em sua maioria, as mulheres trabalham por conta própria e muitas vezes em casa. Além disso conforme a pesquisa, os homens afirmam de forma mais frequente que têm conhecimento, habilidade e experiência necessários para iniciar um novo negócio do que as mulheres. Eles também apontam mais vezes que o medo de fracassar não os impediria de começar um novo negócio. Ou seja, demonstram-se mais autoconfiantes do que as empreendedoras.

E em quais critérios então as mulheres que têm obtido destaque?
- Mais jovens: 40% têm até 34 anos.
- Maior escolarização.

Desafios

Listo a seguir os maiores desafios femininos quando decidem empreender, alguns, inclusive, similares a quando trilham uma carreira corporativa: preconceito de gênero; menor credibilidade pelo fato de o mundo dos negócios ser tradicionalmente associado a homens; maior dificuldade de financiamento e para conciliar demandas da família e do empreendimento. Contudo, o que entendo como o maior, e que se for trabalhado poderá auxiliar em todos os mencionados acima, é a autoconfiança. É essencial que a mulher se aproprie do seu conhecimento, ou quem sabe, seja menos autocrítica e entenda que só não erra quem não faz. Quando começamos a empreender é possível que pareça que mais se erra do que acerta, mas ao longo do tempo, com resiliência e aprendendo com os erros é natural que se ganhe segurança e os acertos aumentam consideravelmente nas escolhas do dia a dia. Outra grande dica é: invista em sua rede de contatos e aprenda a fazer seu *marketing* pessoal. Em geral, as mulheres tendem a ser melhores que os homens no que se refere a questões de relacionar-se com os demais, mas não sabem utilizar a seu favor estes contatos, seja por vergonha ou por não querer incomodar, além da dificuldade em valorizar o próprio trabalho ou serviço.

Para quem está começando ou pensa em empreender, seguem algumas dicas que podem acelerar seus resultados nesta jornada:

1) Autoconhecimento: se já possui, aumente. Se ainda tem muitas dúvidas sobre quem é, o que você deseja da vida, questione-se. Quanto mais você se conhecer, quanto maior for a clareza quanto a seu propósito de vida e sonhos, mais fácil será você determinar em que área você pode empreender. Assim você saberá o que se dispõe a negociar e qual sua própria definição de sucesso, pois aliar o que você gosta com obter remuneração por isto é a combinação perfeita.

2) Avalie seu perfil para empreender. O que você deseja conquistar empreendendo? Acredita que irá trabalhar menos do que com carteira assinada? Acha que conseguirá rapidamente obter maiores ganhos e menos dor de cabeça? Ou sabe que terá mais autonomia, mas até conseguir os resultados esperados, existe muito trabalho pela frente? Como você se avalia quanto a flexibilidade, resiliência e liderança? Qual seu potencial criativo, capacidade de se reinventar e interação com grupos? Você sabia que existem testes que podem te ajudar a identificar pontos de desenvolvimento? Vale a pena lembrar que somente 3% dos empreendedores são natos, então se você tem vontade de empreender, as competências necessárias podem ser desenvolvidas.

3) Saiba aonde você quer chegar. É importante definir seus objetivos, pois empreender, muitas vezes é solitário e fica muito fácil de sermos atropelados pelo operacional e fugirmos do foco. Então, sugiro que invista um tempo refletindo em quem você quer ser, com quem você quer estar e no que você quer ter. Faça planos e pense no seu futuro, assim você será protagonista da sua história e independente do caminho, chegará aonde deseja.

4) Analise opções. Se decidiu que o caminho é este, agora é o momento de pensar em quais são os possíveis caminhos que vão te levar até os seus objetivos pessoais. A empresa deve ser um meio para que você, empreendedor(a), consiga se realizar tanto profissionalmente, quanto pessoalmente; ela nunca será um fim. Para começar a esboçar algumas ideias de possíveis áreas para empreender, busque ferramentas como o *canvas* para mapear oportunidades de empresas que pode montar. Acompanhe o mercado, mas fuja do "efeito manada", daqueles modismos tais como: brigaderia, paleteria, barbearia, hamburgueria a menos que você realmente vá fazer de uma maneira muito diferente. Aproveite para listar suas maiores habilidades e competências, lembre-se dos seus talentos, do que sempre disseram que você se diferenciava dos outros.

5) Comece pequeno, mas pense grande. Verifique qual seu fôlego financeiro e quanto tempo você terá para planejar, antes de começar a operar de fato. Aproveite para detalhar os recursos que precisará: tempo, pessoas, financeiro, infraestrutura e tecnologia. Caso você vá atuar em algum mercado que domine, é possível aproveitar sua reputação? De que forma isto pode ser utilizado para acelerar seus resultados? Vale desde já se questionar se o seu negócio é escalável: ele permite ser franqueado e existir, independente de sua presença ou está limitado a sua agenda?

6) Estude seu mercado de atuação. Muita gente pensa que grande parte das empresas não sobrevivem por falta de dinheiro, mas segundo pesquisa recente, a primeira grande razão é que não existe mercado ou demanda para o produto ou serviço oferecido, sendo assim, a empresa não tinha razão de existir. Busque números sobre o mercado, converse com especialistas, identifique seus concorrentes, verifique o que pode ser terceirizado, como funciona a cadeia produtiva. Descubra as maiores influências sobre este mercado a fim de analisar os riscos e sustentabilidade do seu empreendimento.

7) Eleja um(a) mentor(a). Mapeie sua rede de contatos, possíveis parcerias e apoiadores do seu projeto e escolha esta pessoa. Ela não precisa atuar na mesma área que você, contudo, escolha alguém em quem você se inspire, que tenha uma ampla bagagem empreendedora e que possa verdadeiramente agregar no seu desenvolvimento. Lembre-se de que esta pessoa já vivenciou diversos momentos de escolha e acumulou acertos e erros que poderão ajudá-lo, basta ter humildade para ouvir verdadeiramente. Este profissional possivelmente terá uma agenda concorrida, então nada melhor do que valorizar o tempo que ela o dedicar, obtendo o máximo de conteúdo. Além disso, quando olhamos de

fora, muitas vezes é mais fácil identificar ameaças e oportunidades ou encontrar soluções, pois não existindo envolvimento emocional com o projeto, pode-se obter uma análise mais objetiva da situação.

8) Ofereça experiência. Atualmente as pessoas não querem mais um produto ou serviço somente, mas querem se relacionar com uma marca, elas procuram ter a melhor experiência e é isso que vai te diferenciar, que vai fazer com que seus clientes indiquem. Sendo assim, pense: qual experiência vou proporcionar? Farei vendas *on* ou *off-line*? Qual o valor agregado que entrego? Compre e use produtos e serviços semelhantes ao seu e faça uma análise para saber como proporcionar uma experiência inesquecível. Aproveite todo conhecimento que você possui, converse com pessoas e faça pesquisas conhecendo a fundo qual a sua persona ou público alvo, levante os itens que são realmente importantes para seus consumidores.

9) Planeje e controle. Utilize ferramentas que estão à disposição para ajudar a pensar e repensar sobre seu modelo de negócios, tais como o plano de negócios e o *canvas*. Além disso, acompanhe os indicadores, o que foi previsto e o que realmente aconteceu. É imprescindível que você tenha os números da sua empresa a mão para qualquer tomada de decisão, tanto para acompanhar como sua empresa está posicionada em relação a concorrentes, quanto para captação de recursos. Hoje, existem inúmeras planilhas e aplicativos que podem ajudar nisso, então fuja da tentação de inventar desculpas de que não gosta e é difícil e descubra a melhor forma para você.

10) "Menos é mais" e "antes feito do que perfeito". Os dois ditados populares, apesar de simples, fizeram muita diferença para mim, que era bastante perfeccionista. Se você veio do mundo corporativo como eu e está acostumada a diversas áreas de suporte e a poder contar com toda uma estrutura a sua disposição meu conselho é: simplifique!

Se quiser reproduzir a forma como as coisas eram feitas, você irá se complicar e sentirá que seu projeto nunca estará bom o suficiente e não vai sair do papel nunca.

Lembre-se: dependendo da sua empresa, é muito provável que você comece no modelo que chamo de EUquipe, ou seja, você é uma só para cuidar do comercial, operação, financeiro, *marketing* e RH.

11) Faça mais com menos. Busque sempre uma alta produtividade. Para isso, é importante prestar atenção em: custos fixos e gestão do tempo. Mantenha o menor custo fixo possível, pois deixará sua empresa mais leve mediante a oscilações de faturamento e ágil quanto a ajustes necessários. Para a otimização do seu tempo e de sua equipe, sugiro que utilize a regra de Pareto, então veja o que realmente traz resultado para sua empresa e foque nisso, as demais atividades devem ser reduzidas ou eliminadas da agenda.

12) Confie na sua intuição. Existirão aqueles momentos nos quais mesmo com o máximo de informação obtida, planejamento e análise de risco, será inevitável a dúvida de qual caminho seguir. Devo investir ou aguardo um melhor momento? Vale a pena firmar por esta parceria? A intuição é algo considerado tipicamente feminino e é possível que as mulheres levem vantagem se conseguirem ouvir e acreditar em sua intuição para tomar algumas decisões.

13) Seja resiliente e tenha inteligência emocional. Já ouviu aquele ditado que se contrata pelas competências e se demite pelo comportamento? Empreendendo é mais importante ainda que você trabalhe fortemente estas duas competências.

Caso deseje saber mais sobre empreendedorismo feminino, acompanhe o lançamento do meu próximo livro quando irei compartilhar mais informações, dicas, técnicas e ferramentas que irão auxiliar a desenhar uma trajetória de sucesso empreendendo.

Referências
GEM 2016 e GEM 2015 (por gênero).
INSTITUTO REDE MULHER EMPREENDEDORA. *Pesquisa empreendedoras e seus negócios*, 2017.
REM. Pesquisa Quem são elas?, 2016.

4

Os empreendedores invencíveis

Empreender é próprio do brasileiro. Somos arrojados nesse quesito. Mas a mortalidade dos negócios aqui é alta, enquanto a dependência de grande parte da população de uma pequena empresa para sua sobrevivência, cresce. Como estruturar ideias criativas de modo que se tornem negócios rentáveis e duradouros ao longo dos anos? É o que veremos no artigo a seguir

Ariovaldo Morais Jr.

Ariovaldo Morais Jr.

Coach empresarial certificado pela ACT Coach – ICF Official Member. Graduado e pós-graduado pela PUC-GO, especialista em gestão financeira, atua nas áreas de *marketing*, vendas, gestão de clientes, negócios digitais e planejamento empresarial. É consultor credenciado do SEBRAE/GO e gestor da MKT.COM – Marketing MPE, Bureau de Consultoria goiano. Como palestrante, participa de eventos abordando o empreendedorismo e a gestão de negócios. Possui MBA em Gestão de MPE com Ênfase em Consultoria, pela Fundação Getulio Vargas - FGV.

Contatos
www.empresarialcoach.com.br
www.marketingmpe.com

Como entrar para o time dos empreendedores invencíveis?

O objetivo de todo empreendedor é montar um negócio e obter êxito. Diante desse sonho e, muitas vezes, necessidade, qual o segredo do sucesso empresarial? Existe uma fórmula mágica que responda a essa pergunta de um milhão de dólares? Empreender é para todos? É possível aprender a empreender? Nos momentos de crise, o certo é arriscar-se ou o melhor é ser cauteloso?

É sempre um desafio tentar produzir algo realmente novo, explorando o tema "empreendedorismo". Afinal, muito já foi dito sobre ele na literatura desse início de milênio, por gente de altíssima relevância, competência e projeção, tanto no meio acadêmico, quanto no seio das grandes corporações. Mas, obviamente, quem adquire um livro com o título *Manual completo de empreendedorismo* o faz, minimamente, por três motivos: por ser apaixonado pelo tema, por buscar algo inédito e relevante e, principalmente, para encontrar *insights* e orientações, objetivando empreender com segurança, ampliando as chances de sucesso do negócio sonhado. O desejo aqui é o de corresponder a esses anseios, contribuindo, mesmo que com uma simples pitada de tempero que auxilie os futuros empresários em suas decisões.

O cenário: possibilidades e desafios

Indiscutivelmente, mudanças substanciais ocorreram no meio social, na tecnologia e no modo de se fazer negócio, nas duas últimas décadas. A partir de 1992 a Internet acelerou todos os processos, de modo que empreender; atualmente, exige muito mais do que há 20 anos. Quando somos influenciados em nosso cotidiano pelos *smartphones* e milhares de aplicativos, por exemplo, experimentamos uma espécie de futuro antecipado. Vivenciamos experiências impactantes, percebendo, extasiados, que em plena era da "uberização", o elemento "emprego" passa por uma transformação incontrolável, e a busca por caminhos que garantam sobrevivência e sustentabilidade, é mais desafiadora. Entretanto, vemos que por necessidade ou oportunidade, nosso povo conserva o espírito empreendedor de forma latente. Somos um dos países mais empreendedores do mundo. O que preocupa é que diante dos contrastes provocados pela era da economia digital (*startups*), frente à necessidade de inúmeras pessoas sem emprego, na busca por novas atividades produtivas, e considerando a disposição que o brasileiro tem para empreender, fica uma incômoda pergunta: como fazer para que ideias de negócios sejam bem estruturadas, vindo a se materializar em empresas viáveis, lucrativas e longevas com o passar dos anos?

É arriscado nessa reflexão, escolhermos o caminho mais simples, que na maioria das vezes, nos conduz a soluções inconsistentes. Uma prova de que o fácil pode ser muito perigoso, é o alto índice de mortalidade das empresas nascentes no Brasil (com até 2 anos de existência): 42%, segundo o SEBRAE[1].

Ao lermos e pesquisarmos estudos de instituições especializadas, como o próprio SEBRAE e Endeavor, concluímos que, estruturalmente, ao se pensar na construção de negócios bem-sucedidos, a consideração dos princípios se consolida como uma linha imutável a seguir. E com base neles, abordaremos a essência do planejamento de novos negócios nos próximos tópicos deste artigo.

A história dentro da história

Quem decide empreender deve ter visão de futuro, e projetar nele a realização do seu sonho. Contudo, a preparação do novo empresário engloba conhecer a história, os fatos ocorridos, e considerar a sua história inserida dentro da História, ou seja, dentro de um contexto maior que envolve dados, informações e análises do cenário atual, em comparação aos anteriores. Esse estudo é que trará uma maior segurança para antever a viabilidade do negócio pensado e a sustentabilidade da operação no tempo.

Lembremos que na história econômica brasileira, desde o Plano de Metas do governo de Juscelino Kubitschek, até a estabilidade econômica proporcionada pelo Plano Real, no governo de Fernando Henrique Cardoso (1995), e o crescimento expressivo do país no primeiro mandato de Lula, barreiras e dificuldades sempre se mostraram presentes no caminho dos que encaram o desafio de construir o próprio negócio. Isso confirma a necessidade de aprimoramento do candidato a empresário, e de sua profissionalização para montar e conduzir bem o projeto pensado. O fundamental é que ele esteja de fato comprometido com a ideia do negócio, desde a fase de planejamento, até a implantação e gestão da nova empresa. Pensar num acerto atribuído ao fator "sorte" é cada vez mais improvável, para não dizer, impossível.

---

1 - SEBRAE: Serviço Brasileiro de Apoio às Micro e Pequenas Empresas. http://datasebrae.com.br/sobrevivencia-das-empresas/

Amber Borgomainerio, cofundadora do Breathe Hot Yoga, Seattle-EUA, resume, de forma assertiva, o nível de dedicação de um empresário de pequena empresa ao seu negócio: "Meu principal conselho para alguém que esteja pensando em abrir uma empresa é: seja realista quanto à quantidade de trabalho que isso exige. Parece um sonho trabalhar para si mesmo em algo que você acredita, mas também é estressante e exige sacrifícios enormes. Você precisa de saúde e lucidez para conseguir ser racional, pelo bem da empresa, e precisa encontrar formas de trabalhar com mais inteligência em vez de simplesmente trabalhar mais, o que não é nada fácil." [2]

Em síntese, independentemente do local, ou mesmo do país, empreender é algo que exige dedicação, planejamento, organização, foco, metas e objetivos. Isso, além de uma constante observação do meio, do mercado, do cenário e do público, ou parcela dele que será atendida e alcançada pelos serviços e produtos do novo negócio.

Empreender por oportunidade ou necessidade? Eis a questão!

O desejo de viver sem chefe, ou de ser o próprio patrão, mexe com um sem número de pessoas mundo afora. Não é incomum vermos exemplos de executivos bem-sucedidos que abriram mão de uma carreira estável e de boas remunerações para montar uma empresa, buscando liberdade. Mesmo que isso significasse mais horas de trabalho e ganhos menores, inicialmente. No Brasil da economia pujante, entre os anos 2010 e 2014, oportunidades para empreender surgiram espontaneamente. Infelizmente, os níveis econômicos não se sustentaram no triênio 2015 (16 e 17), e, ao contrário, uma crise severa foi a herança dos tempos de prosperidade. Esse contexto contribuiu para que voltasse à cena o empreendedor por necessidade.

A última pesquisa do GEM - Global Entrepreneurship Monitor, realizada em 2015 e divulgada pelo SEBRAE, constatou que a taxa de empreendedorismo no país chegou a 39,3%, sendo a maior dos últimos 14 anos, e quase o dobro da registrada em 2012 (20,9%). Isso significa que na época, 53 milhões de brasileiros com idade entre 18 e 64 anos estavam envolvidos com algum tipo de negócio. Por outro lado, a mesma pesquisa apontou que 56% dos empreendedores estavam planejando seus negócios, por vislumbrarem oportunidades de mercado, contra 70% que tinham a mesma visão em 2012.

---

2 - Borgomainerio, Amber. Office 365 – O Que Eu Gostaria de Saber – Cinco proprietários de pequenas empresas contam o segredo para o sucesso. Microsoft, 2018

Tipo de empreendedorismo em empresas com menos de 3,5 anos

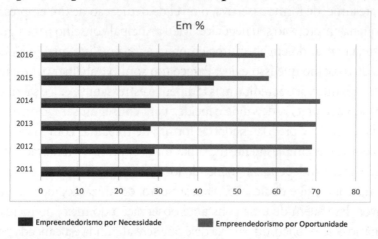

Fonte: Sebrae

Na visão do Serasa, o crescimento do nível de empreendedorismo da pesquisa se confunde com o vertiginoso crescimento do número de Micro Empreendedores Individuais (MEI), trabalhadores que atuavam de modo autônomo anteriormente, e se formalizaram, ou pessoas que por perderem seus empregos forçosamente se viram obrigados a empreender.

Parcela de MEIs entre os CNPJs criados

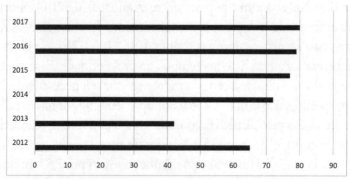

Fonte: Serasa

A importância de se avaliar a questão acima, tem a ver com a definição de qual é o maior impulso que leva o futuro empresário a empreender. Pensando nas orientações práticas para estruturar um Plano de Negócios, é fundamental a compreensão de que toda nova empresa demanda tempo para atingir seu ponto de equilíbrio e gerar retorno. Posicionar-se quanto à premência de suas necessidades pessoais e familiares, lembrando que a empresa recém-criada pode não sustentar o empreendedor no curto prazo, assim como, fazer uma análise de mercado, confirmando a real demanda relativa ao produto ou serviço a ser oferecido, é algo primordial.

A caixa de ferramentas do empreendedor

Aqui estão listadas proposições práticas que envolvem o plano empreendedor, condensadas no quadro abaixo, na forma de "perguntas norteadoras" para o futuro empresário. O convite é para uma minuciosa observação de cada uma delas:

	A - Quanto ao perfil do empreendedor	
1	Conhece do mercado no qual irá atuar?	Características comuns aos empreendedores de MPEs bem-sucedidos no Brasil
2	Domina o ofício que engloba o negócio?	
	Tem maiores chances de sucesso quem desenvolveu essas competências	

	B - Quanto a afinidade - Interesse / Definição	
	Questões primordiais	
1	Qual a principal atividade econômica do negócio?	Essa definição é fundamental e deve considerar a afinidade do empresário com a proposta do negócio
2	Atuará em qual setor econômico? Indústria, comércio, serviço?	
3	Atuará em qual setor do comércio? Varejo, atacado, atacarejo?	
4	Qual o principal formato? Loja física, *e-commerce, omnichannel, guide shop*?	

	C - Demanda De Mercado
	Perguntas norteadoras
1	O mercado está "comprador" dos produtos e serviços que serão ofertados?
2	O mercado continuará comprador?
3	O negócio envolve um "modismo" ou uma tendência?
4	O valor agregado/preço dos produtos oferecidos é alto ou baixo?
5	A concorrência no mercado desse novo negócio é muito grande?

6	É fácil e barato para que novos concorrentes se estabeleçam?	O candidato a empresário precisa fazer um levantamento de mercado para confirmar a demanda
7	A demanda pelos produtos/serviços a ofertar é espontânea?	
8	O cenário aponta realmente para uma oportunidade de negócio?	
Inúmeras MPEs fecharam precocemente por não observarem esses quesitos na fase do planejamento		

Os empreendedores invencíveis

Muitas vezes, olhamos para os exemplos de grandes empreendedores do passado e do presente, como Thomas Edison, Henry Ford, Santos Dumont, Steve Jobs, Soichiro Honda, Abílio Diniz, José Alencar, Romero Rodrigues, ansiosos por desvendar o segredo do sucesso que lhes projetou internacionalmente. Congressos, seminários, palestras, cursos e treinamentos estão lotados com plateias ávidas em descobrir o "toque de midas" e os "atalhos" para o êxito imediato. Mas, que tal trocarmos as dicas por princípios, os *cases* de sucesso pelo aprendizado com os erros, e as exceções pela regra do preparo, planejamento, resiliência, dedicação, persistência, metas e objetivos? É certo que, assim como foi com os grandes nomes que admiramos, o que nos tornará empreendedores invencíveis será o percurso, a jornada, os relacionamentos e os aprendizados adquiridos enquanto construímos. O legado que deixaremos e as marcas positivas na vida das pessoas confirmará a obra realizada.

Os empreendedores invencíveis sabem equilibrar o sonho, a disciplina, a preparação e a realização. Sucesso a todos!

5

Empreender e liderar na era 4.0

Acordar todos os dias em busca do sucesso é a realidade de todos os empreendedores. Nessa busca contínua, todo empreendedor é forjado diariamente, diante de situações adversas e diante da dinâmica do tempo em que estamos vivendo, onde todos estão conectados, simplesmente só conectados. O empreendedor necessita buscar a conexão consigo mesmo, com o outro e com o mundo. Nos dias atuais, as equipes físicas se tornam cada vez menores, isso, contudo, pode significar apenas que virtualmente elas estão cada vez maiores. O sucesso diário da sua organização vem dessas conexões

Arlete Brito & Claudia Helena Silva

Arlete Brito & Claudia Helena Silva

Arlete Brito dos Santos
Diretora da UP Minds – Consultoria Organizacional e desenvolvimento humano. Palestrante e Consultora organizacional, especialista em planejamento gerencial e desenvolvimento do capital humano (comportamento organizacional e gestão de conflitos). Formação em MKT e Vendas, MBA em gestão empresarial, gestão de pessoas – FGV e gestão de projetos. *Life* e *business coach*, analista comportamental e *Practitioner* em PNL. Atua nas organizações como *business coach*, conta com uma equipe de profissionais especializados em cada área estratégica, aplicando a solução mais adequada para atingir os resultados.

Claudia Helena Silva
Sócia diretora da UP Minds – Consultoria Organizacional e desenvolvimento humano. Mestre em Políticas Públicas, Especialista em Empreendedorismo e Gestão de Serviços, Especialista em Psicologia Organizacional, Gestão de Pessoas, EMPRETEC - SEBRAE e Canvas – ESPM. *Life* e *business coach, Practtioner* e *Master* em PNL e analista comportamental APSE. Docente na Universidade de Mogi das Cruzes nos cursos de Administração e Processos Gerenciais. Atua como professora palestrante e consultora no desenvolvimento de plano de negócios e comportamento empreendedor para pessoas físicas e jurídicas.

Contatos
www.upminds.com.br
Arlete@upminds.com.br
(11) 97314-9729

Contatos
www.upminds.com.br
claudiah.lifec@gmail.com
claudia@upminds.com.br

Mas o que é afinal de contas a era 4.0?

Se você, empreendedor-líder, ainda não ouviu falar desta nova revolução industrial, precisa começar a ficar atento a tudo que você conhece sobre produção e sua relação com a tecnologia.

O movimento teve início na Alemanha e é também nominado de *smart-factory* ou fábricas inteligentes. No Brasil, este movimento ainda caminha a passos lentos, porém não se iluda, ela está aí e não tem volta.

Essa revolução é pautada e impulsionada pelo avanço das tecnologias de comunicação e informação e da fusão do mundo real e do mundo virtual. Este movimento está transformando os processos industriais tradicionais e a alma das empresas, por meio de novas estratégias que engajam tecnologia e meios de produção.

A indústria 4.0 tem a visão de tornar inteligente e independente, cada parte da linha de produção, pela utilização unificada de sistemas físicos e informáticos, que analisarão um grande volume de dados e possibilitarão que as máquinas tomem decisões, já que terão aprendizagem necessária e os dados para proceder dessa forma.

E a área de serviços como fica?

Esta também será modificada pelo movimento, o processo será exatamente o mesmo, com a peculiaridade de que são as pessoas, em um processo mais ativo que nunca, que farão acontecer a transformação.

A tecnologia será usada nestas áreas da mesma forma, angariando informações e dados de todos os usuários, parceiros e fornecedores da cadeia de valor, esses dados estarão disponíveis e vão ajudar o empreendedor e líder na sua tomada de decisões, agora, baseada no que a tecnologia trouxe de informações sobre o mercado.

O empreendedor na era 4.0

Antes de continuar a leitura deste texto, temos um desafio a lhe propor, pare, pense e escreva sobre a sua forma de pensar sobre você e seus negócios hoje.

Pare, pense e escreva
Como penso hoje como empreendedor de sucesso...

Tenho me dedicado _____ horas por dia no operacional

A minha última qualificação foi em _____

A tecnologia no meu ponto de vista representa _____

Estar no planejamento estratégico para mim é _____

Me acho um bom líder, porém tem _____

Hoje acredito que sou um empreendedor _____

Quando penso em inovação, penso em _____

Agora vamos adiante...
Antes de iniciar um negócio, o empreendedor era necessariamente um técnico, daqueles que faz muito bem o seu trabalho. Recebe elogios, e é procurado pelos clientes pelo seu atendimento, pelo seu conhecimento, pelo jeito que só ele tem para resolver os problemas e pelos resultados alcançados dentro da organização onde trabalha.

Então, um dia, por um motivo qualquer, você resolve empreender, afinal, qualquer pessoa pode administrar uma empresa, essa, na realidade, é a parte mais fácil para você. Ser seu próprio patrão é a questão agora.

Você terá as funções de operacional, tático e estratégico da sua empresa, ou seja, você vai ser o soldado na sua infantaria, ao mesmo tempo em que também deverá atuar como capitão e general – este último com muito menos força do que você gostaria de ver atuar.

O processo empreendedor, dada algumas variações e exceções, acontece assim para um grande número de empreendedores.

A questão agora é que na era 4.0 este empreendedor tem que ter consciência e estar mais atento sobre a necessidade, dominar o uso dos dispositivos tecnológicos e tomar decisões mais velozmente. Acredite, nada afetará tanto a sua empresa como a tecnologia. Se você não ouviu falar ou não está familiarizado com termos como internet das coisas, computação na nuvem e *big data*, sugiro sinceramente que você comece a se integrar.

O processo produtivo passará por uma transformação radical, a forma que hoje conhecemos para o processo de fabricação, está com os dias contados, nos próximos anos o que veremos é uma tecnologia que permitirá que máquinas conversem com máquinas, conversem com peças, com ferramentas e com os seres humanos através da conectividade.

A digitalização de toda a fábrica – e entenda que quando eu falo de processo produtivo, não estou me referindo somente a indústria de transformação da matéria prima, estou falando também de todos os setores que atuam na área de serviços – permitirá que todos os setores da produção à logística, passando por compras, pelo estoque e pelos recursos humanos, sem deixar de fora o *marketing* e as vendas, serão integrados através de sistemas ciber-físicos, que possibilitarão o envio de informações de um dispositivo para outro, o que permitirá que as próprias máquinas tomem as decisões, visando melhorar o processo produtivo, a redução de custos ou quais serão as promoções da próxima semana e para quais clientes devem ser demandados. Tudo isso acontecendo em tempo real e permitindo ajustes mais rápidos e otimizados.

Modelo de negócio 4.0

Os novos modelos de negócios terão base nas questões digitais e nas suas potencialidades, a internet das coisas vem pautada na computação na nuvem, ou seja, os dados e informações serão alocados em servidores remotos interligados com a infraestrutura da internet, e não mais em computadores ou servidores locais, isso permitirá que o acesso a estas questões seja feito de qualquer dispositivo, em qualquer lugar e a qualquer hora, desde que conectados com a *web*.

Neste contexto, a relação da cadeia de valor com as pessoas, também será altamente modificada. Esta nova dinâmica forjará a criação de inúmeras novas funções dentro das empresas, em contrapartida, inúmeras outras funções serão extintas, principalmente aqueles trabalhos essencialmente braçais e de tarefas repetitivas. As pessoas terão um papel mais focado nas estratégias, fundamentadas em conhecimento técnico e especializado, já que essas pessoas terão que lidar mais com máquinas e sistemas inteligentes.

Portanto, a forma de contratação, bem como o tratamento, treinamento e desenvolvimento do seu capital intelectual, também passarão por modernizações. Encontrar talentos que possuam os conhecimentos, habilidades e atitudes necessárias para assumir determinantes papéis junto à produção e aos serviços que serão agregados, será desafiador.

Cabe aqui, entender que as pessoas continuarão a ser o diferencial organizacional, apenas o empreendedor deverá estar atento ao perfil profissional que ele escolhe, tendo em vista as necessidades a serem atendidas. É isso que mudará, as competências estarão voltadas para a necessidade de conhecimento técnico em TI *versus* a maestria em lidar com pessoas, sentimentos e emoções.

Em contrapartida, o desenho dos processos, uma vez direcionados, serão corrigidos e alterados pelas próprias máquinas, pela coleta, armazenagem e processamento de uma grande quantidade de dados. É o *big data*, que usa a tecnologia para transformar informações de forma útil e estratégicas para a empresa.

A utilização da tecnologia do *big data*, permitirá às empresas aproveitar um grande volume de informações que serão geradas durante o processo de produção e consequentemente usá-las de modo ativo para, por exemplo, criar novos produtos ou serviços, tudo isso através da coleta de dados dos hábitos dos consumidores.

As mudanças ocorrem o tempo todo e o empreendedor precisa estar atento a estas alterações, precisa mudar o seu *mindset* e se lembrar de que é o líder por traz da empresa e, como tal, deve iniciar e operar todas as mudanças necessárias.

A liderança na era 4.0

O empreendedor que estiver disposto a sobreviver a essa nova era da indústria 4.0, terá que iniciar uma mudança profunda de *mindset*. Nesta nova perspectiva, o líder, além do conhecimento de como fazer uma boa gestão da sua empresa, também terá que desenvolver habilidades de gestão de pessoas, alinhada a utilização de toda gama de ferramentas que a tecnologia oferece. Será importante que ele se conscientize de que a tecnologia está aí para facilitar as suas tomadas de decisão, seja no seu negócio ou com a sua própria equipe. Aprender a manusear a inteligência analítica, visando potencializar seus resultados será fundamental.

Essa nova forma de liderar com emoção e razão, será o novo desafio para os líderes nas próximas décadas, saber extrair o melhor de cada pessoa da sua equipe será um diferencial, e este diferencial será apoiado em todas as informações coletadas e armazenadas nos bancos de data (*big datas*). Tudo isso que levantamos aqui já está disponível, cabe a você, líder, se inteirar deste conhecimento e de como utilizá-lo a favor da sua empresa. Essa atitude pode ser a diferença entre a permanência e saída do mercado em que atua.

Empreender e liderar na era 4.0 é passar por reformas de pensamentos e ampliação da consciência, primeiramente de você, líder. E sucessivamente, descer essa consciência para a base da pirâmide hierárquica da sua empresa, seja ela de qual segmento for. Você passará por tudo que citamos aqui. Inclusive, reformar a ideia de que tecnologia é sinônimo de rentabilizar recursos, sejam eles materiais ou humanos da sua empresa. Isso denota que no final, quanto mais você conseguir introduzir a tecnologia, mais será a sua probabilidade de se manter no mercado e conquistar resultados financeiros expressivos.

Equilíbrio emocional x desenvolvimento pessoal

O líder 4.0 terá que se preparar para acompanhar as mudanças eminentes do mercado, primeiramente, tendo autoconhecimento para suportar a volatilidade dessa era. Para isso, deve buscar se desenvolver para poder ampliar a base de liderança da sua empresa. Trabalhar as emoções de forma sistêmica não será mais um diferencial e sim crucial para conseguir digerir toda a dinâmica que o mercado exigirá. Estudar, buscar informações e recursos para entender os comportamentos das pessoas de sua equipe e desenvolvê-las dentro do seu conjunto de habilidades, para que elas ofertem o que têm de melhor para a sua empresa.

O empreendedor-líder de sucesso da era 4.0 deverá estar consciente que apesar da tecnologia, investir no desenvolvimento das pessoas será primordial para a saúde e vitalidade da empresa. Entender que ficar se arriscando em contratações desastrosas, não é uma possibilidade a ser considerada, afinal, qualquer erro implica em perda de lucratividade e será cada vez mais parca esta lucratividade, hoje esse fato já ocorre, imagine então como será daqui alguns anos.

O papel da informação e do conhecimento

As competências mais valorizadas e exigidas para os próximos anos, não serão adquiridas somente nas escolas ou universidades, essas competências deverão ser desenvolvidas por meio da aprendizagem contínua, junto com a curiosidade, querer ir além do que está sendo solicitado naquele momento. Saber que a dinâmica da informação é cada vez mais veloz e predadora da zona de conforto. Ter consciência que sair deste estado será necessário para obter o crescimento do seu negócio.

Entender que toda e qualquer informação, uma vez absorvida, em algum momento será utilizada junto com a criatividade – essa é uma das competências que essa geração de líderes vai precisar desenvolver para conseguir trazer para a empresa resolução rápida de problemas, com o objetivo de desenhar estratégias eficazes.

A quebra do paradigma de que só se aprende com método formal será necessária. Estamos diante de uma bagatela de informações diárias, que nos propícia o aprendizado constante e sem custo financeiro algum, o investimento necessário é e será de tempo. Esse conhecimento será a base para que o empreendedor-líder saia do operacional e posicione-se na linha de frente, orientando os seus soldados.

No entanto, essa competência vem atrelada à empatia e à inteligência emocional, voltando novamente a este assunto. As competências socioemocionais serão cada vez mais relevantes para se ter sucesso, tanto a nível pessoal, quanto profissional, para este século.

Mindset 4.0

No início deste artigo, pedimos que você respondesse algumas questões sobre a sua forma de pensar as suas atitudes como empreendedor-líder e a forma que você pensa a sua organização.

Depois da leitura e reflexão deste artigo, gostaríamos que você fizesse um novo exercício, respondendo as questões abaixo.

Mindset: mudança de mentalidade empreendedora	
Pare pense e escreva o seu mindset	
Como penso hoje	Como posso pensar e agir a partir de agora
Posso me dedicar ___ horas por dia no estratégico	
Vou fazer um curso de ____ para me atualizar em _____	
A tecnologia no meu ponto de vista representa _____	
Estar no planejamento estratégico para mim é_____	
Como líder posso _____	
Vou ser um empreendedor ___ se eu fizer ____	
Inovação para mim hoje é_____ para a minha empresa	

Esperamos que, com este exercício, você tenha a possibilidade de pensar sobre as mudanças que são necessárias para que você e sua empresa tenham sucesso na era 4.0.

Referências
CHARAM, Ram. *Crescimento lucrativo*. HSM. São Paulo, 2014.
FDC. *Boletim*. Disponível em: <https://www.fdc.org.br/professoresepesquisa/nucleos/Documents/inovacao/digitalizacao/boletim_digitalizacao_fevereiro2016.pdf>. Acesso em 06 de nov. de 2017.
FOCCOERP. *Indústria 4.0*. <http://www.foccoerp.com.br/wp-content/uploads/2017/09/ebook-industria-4.0-ok-1.pdf.>. Acesso em 06 de nov. de 2017.
GERBER, Michael E. *O mito do empreendedor*, título original The e-myth; versão brasileira Gisley Rabello Ferreira, São Paulo: Editora Fundamento Educacional, 2014, 176p.
SILVEIRA, Cristiano Bertulucci. *O que é indústria 4.0 e como ela vai impactar o mundo*. Disponível em: <https://www.citisystems.com.br/industria-4.0/>.Acesso em 07 de nov. de 2017.

6

O desafio do empreendedor nas eras da indústria 4.0 e da inteligência artificial

Na era da transição de valores, expectativas, habilidades e, principalmente, de competências comportamentais e laborais comprometidos com a mudança radical dos meios e formas trazidos pela quarta revolução industrial, como empreender com sucesso diante da quarta revolução industrial e da inteligência artificial?

Bárdia Tupy

Bárdia Tupy

Master Coach Organizacional *Group e Life Adventure* – com foco em gestão de governança e no empoderamento pessoal e profissional, Palestrante, *Practicioner*, Analista Comportamental, Analista Judiciário do Superior Tribunal de Justiça, experiência efetiva em gestão judiciária, estratégia e desenvolvimento humano por 25 anos no serviço público. *Trainer* em treinamento organizacional pelo Método F.A.T.O. com formação pela Assero *Coaching* e Treinamento. Formação internacional em Aprendizagem Experiencial e *Coaching* de Equipes, com uso de técnicas em atividades vivenciais *indoor* e *outdoor*, pela *Uno Coaching Group*. Especializada em Gestão de Pessoas e Psicologia Positiva com *coaching* pelo Instituto Brasileiro de Coaching – IBC. Especialista em Gestão Judiciária pela Universidade de Brasília - UNB. Atuou como Coordenadora de Órgão Julgador da 2ª Turma do STJ, Chefe de Gabinete de Ministros do STJ, Secretária dos Órgãos Julgadores do STJ, Secretária de Gestão Estratégica do TRF1ª Região, Coordenadora de Desenvolvimento de Pessoas do STJ e Secretária Nacional de Desenvolvimento de Pessoas da Procuradoria Geral da República. Atualmente Chefe de Seção de Planejamento e Avaliação de Programas Educacionais do Centro de Estudos Judiciários do Conselho de Justiça Federal.

Contatos
bardia@globo.com
(61) 98122-8169

O compasso das conquistas e evoluções tecnológicas potencializadas pela aplicação da inteligência artificial é inquietante para nossa sociedade, pois estas mudanças velozes alterarão profundamente nosso mundo como o conhecemos. Teremos confortos e facilidades jamais imaginadas. Um mundo completamente diferente do atual em todos os sentidos. Então, o que fazer para se ter sucesso diante deste maravilhoso mundo novo que surge nesta vida a brotar e na nova sociedade digital?

Percebe-se como é oportuno o questionamento do porquê ainda não dominamos os pensamentos e as emoções, frente ao domínio de tantas dimensões tecnológicas e científicas, trazido pelo grande escritor e psiquiatra Augusto Cury[1]. Somos capazes de viajar no espaço e nas profundezas dos oceanos, mas apontam as pesquisas que se vive a maior expressão de infelicidade e adoecimento da sociedade brasileira e mundial. Será que a era da inteligência artificial e da indústria 4.0 afetam este estado de insatisfação? Por certo que sim, pois diante da ambivalência dos mundos existentes no dia a dia das pessoas – físico e virtual – não tem como não perceber o desdobramento destas mudanças nos comportamentos dos indivíduos e das organizações.

Qual segredo para empreender neste contexto desconhecido e avassalador das relações até então conhecidas?

Primeiro: desenvolver 12 competências e atitudes em favor da adaptabilidade dos seres humanos a esta nova era, e aqui registramos o pensamento de Kevin Kelly[2] em sua obra *Inevitável*, em que ele demonstra as 12 forças tecnológicas que mudarão o mundo, são elas: tornar-se, cognificar, fluir, visualizar, acessar, compartilhar, filtrar, remixar, interagir, rastrear, questionar e começar. Seguem as descrições de cada passo:

Tornar-se "Nunca houve um dia melhor em toda a história do mundo para inventar. Nunca houve um momento melhor, com mais

---
1 Site: https://www.pensador.com/frases_de_augusto_cury/
2 KELLY, KEVIN. Inevitável: as 12 forças tecnológicas que mudarão nosso mundo. 2017. HSM.

oportunidades, mais aberturas, barreiras mais baixas, melhor risco/benefício, melhores retornos e melhores vantagens do que agora, neste minuto. É para este momento que o pessoal do futuro vai olhar pelo retrovisor e imaginar: "Ah, como teria sido incrível viver naquela época!". "Hoje é verdadeiramente uma terra de ninguém, aberta a qualquer um. Todos nós estamos nos tornando algo que nem sabemos o que é".

Cognificar: "Precisamos deixar os robôs assumirem seu lugar. Muitos dos empregos que os políticos lutam para que sigam exclusivos do ser humano consistem em atividades que ninguém acorda de manhã ansioso para realizar. Os robôs se encarregarão de trabalhos que fizemos até então e os farão muito melhor do que nós. Executarão tarefas que simplesmente não temos como fazer. Realizarão coisas que nunca sequer imaginamos que seriam feitas. E ajudarão a descobrir novas ocupações para o ser humano, novos desafios que expandirão quem somos. Graças aos robôs, vamos poder nos concentrar em nos tornar mais humanos do que jamais fomos. É inevitável, você e sua empresa terão de apreender a conviver com a inteligência artificial e a aproveitá-la ao máximo.

Fluir: "Nós mal começamos a fluir. Demos início aos quatro estágios do fluxo para alguns tipos de mídia digital, mas, dentro do cenário geral, ainda estamos no primeiro estágio. Uma parcela muito grande de nossa rotina e de nossa infraestrutura ainda está para ser liquefeita e entrar em fluxo, porém isso será inevitável. A poderosa e constante tendência na direção da desmaterialização e da descentralização levará à inevitabilidade dos outros fluxos. Pode parecer exagero dizer que a maioria dos aparatos sólidos e fixos do mundo manufaturado se transformará em forças etéreas, mas a verdade é que o imaterial vai, sim, sobrepujar o tangível. O conhecimento comandará os átomos. Itens líquidos generativos vão ascender do mundo do gratuito. No futuro, o mundo fluirá.

Visualizar: "Nós visualizamos em todas as escalas e tamanhos, do *IMAX* até o *Apple Watch*. Em um futuro próximo, jamais estaremos distantes de algum tipo de tela. Elas serão o primeiro lugar ao qual vamos recorrer para procurar respostas, amigos, notícias, significado e um senso do que somos e do que podemos ser".

Acessar: "Nos próximos 30 anos, a tendência ao desmaterializado, ao descentralizado, ao simultâneo, ao habilitado por plataformas e à nuvem se manterá com força total. Enquanto os custos das comunicações e da computação despencarem graças aos avanços tecnológicos, essas tendências serão inevitáveis. Elas resultam de redes de comunicação que se expandem até se tornar globais e ubíquas. À medida que se aprofundarem, tais redes, aos poucos, vão substituir a matéria pela inteligência. Essa grande transformação ocorrerá em qualquer lugar do mundo (seja nos Estados Unidos, seja na China ou em Mali). A matemática e a física básicas permanecem. Conforme expandirmos a desmaterialização, a descentralização, a simultaneidade, as plataformas e a nuvem – tudo ao mesmo tempo – seguiremos diluindo a ideia de posse. Para a maioria das coisas da vida cotidiana, o acesso será o padrão."

Compartilhar: "Nas próximas três décadas, a maior riqueza – e as inovações culturais mais interessantes – vai emergir do empenho das multidões. Em 2050, as empresas maiores, mais lucrativas e de mais rápido crescimento serão aquelas que descobrirem como canalizar aspectos do compartilhamento hoje invisíveis ou desvalorizados. Qualquer coisa compartilhável – pensamentos, emoções, dinheiro, saúde, tempo – será compartilhada, nas condições certas e gerando os benefícios certos. Qualquer coisa compartilhável poderá ser distribuída de uma forma melhor, mais rápida, fácil, duradoura e inteligente do que conseguimos conceber atualmente. Neste exato momento da história, compartilhar algo que jamais foi compartilhado, ou fazê-lo de uma nova maneira, é caminho garantido para aumentar seu valor."

Filtrar: "Os filtros nos observam há anos e já se adiantam ao que vamos pedir. Só que não sabemos o que queremos. Ainda não nos conhecemos muito bem. Até certo ponto, vamos depender que os filtros nos apontem o que queremos – não de modo autoritário, como um senhor de escravos, mas como um espelho. Vamos dar ouvidos às sugestões e recomendações geradas por nosso próprio comportamento, a fim de tentarmos entender quem somos. Os cem milhões de linhas de código rodando nos milhões de servidores da *internuvem* filtram, filtram e filtram sem parar, ajudando a destilar aquilo que seria a nossa personalidade.". "Mais filtragem será inevitável, porque não podermos parar de fazer coisas novas. Dentre essas coisas, emergirão, no futuro próximo, recursos inéditos para filtrar e personalizar – meios de fazer com que, cada vez mais, sejamos mais nós mesmos".

Remixar: "A economia global inteira está se afastando da matéria para se aproximar dos *bits* intangíveis. Distancia-se da propriedade e se volta para o acesso. Vira as costas para o valor das cópias e se concentra no valor das redes. Acolhe a inevitabilidade da remixagem constante, incessante e crescente. As leis demorarão a acompanhar o avanço, mas também devem evoluir.". "Daqui a 30 anos, as obras culturais mais importantes e as mídias mais eficazes serão aquelas que mais forem objeto de remixagem".

Interagir: "O futuro da tecnologia reside, em grande parte, nessas descobertas. Nos próximos 30 anos, qualquer item que não interagir com intensidade será carta fora do baralho".

Rastrear "Ao longo dos próximos 30 anos, o foco do trabalho estará em segmentar e analisar as informações que rastreamos e criamos – acerca do mundo do trabalho, educação, entretenimento, ciências, esportes e relações sociais – em seus elementos mais primordiais. A escala dessa empreitada requer ciclos gigantescos de cognição. Os cientistas de dados chamam esse estágio de informação "legível por máquina", porque será a IA, e não o ser humano, que vai dar duro no âmbito dos zilhões. Sempre que você ouvir um termo como *big data*, essa é a ideia."

Questionar: "As tecnologias de geração de respostas continuarão essenciais, tanto que as respostas passarão a ser onipresentes, instantâneas, confiáveis e praticamente gratuitas. Mas as tecnologias de geração de perguntas terão mais valor. Os criadores de perguntas serão vistos, justificadamente, como os impulsionadores de novos setores, marcas, possibilidades e continentes, a serem explorados pela inquieta espécie humana. Perguntar tem mais potência do que simplesmente responder".

Começar: "As pessoas do futuro nos invejarão, desejando ter testemunhado aquilo a que estamos assistindo agora, ao vivo: seres humanos começando a animar objetos inertes com minúsculos *bits* de perspicácia, entrelaçando-os numa nuvem de inteligências artificiais e associando bilhões de mentes humanas a essa incomensurável supramente. Tal convergência será reconhecida como o maior, mais complexo e mais surpreendente evento do planeta até o presente momento. Entrelaçando nervos feitos de vidro, cobre e ondas de rádio, nossa espécie põe-se a conectar todas as regiões, todos os processos, todas as pessoas, todos os artefatos, todos os sensores, todos os fatos e noções para formar uma grandiosa rede de complexidade até então inimaginável. A partir dessa rede embrionária, nasce uma interface colaborativa para a civilização, um aparato sensorial e cognitivo com um poder superior a qualquer invenção prévia. Essa megainvenção, esse organismo, essa máquina – se realmente quisermos usar esse termo – agrupa todas as outras máquinas já criadas, transformando-se em algo a permear nossa vida a tal ponto que se torna essencial para formar a identidade humana. Essa entidade colossal viabiliza uma forma inédita de pensar (buscas perfeitas, memória total e completa, alcance planetário), uma nova mente para uma antiga espécie. É o "começar".

Segundo: observar o cenário de mudanças e antever as lacunas de negócios. Neste espaço possivelmente reside uma grande oportunidade para empreender, o que nos faz lembrar o início da revolução 2.0 com Henry Ford, que passou a imaginar uma linha de montagem por particionamento diante da observação de um açougueiro fatiando os pedaços de carnes em um processo de fragmentação.

Terceiro: desenvolver a inteligência relacional, no conceito da revista *Você S/A,* se trata da habilidade de mobilizar pessoas e recursos em prol de um objetivo comum e potencializá-lo para a criatividade, a inovação e a geração de resultados acima da média. Ressaltando que esta será a competência mais revolucionária desde a descoberta da inteligência emocional redigida por Mariana Amaro[3].

---
3 AMARO, Mariana. Inteligência Relacional. Você S/A. p.22, ago. 2017.

7

O empreendedor da terceira idade

Ao chegar aos 60 anos de idade, os idosos só pensam em sua aposentadoria, apesar de terem sido ativos profissional e economicamente. Neste capítulo, mostraremos estudos e pesquisas que indicam que o chamado "idoso" tem ainda muito potencial para contribuir, para si e para toda sociedade, com excelentes chances de sucesso e de ser mais feliz na melhor idade

Beneditto Marques

Beneditto Marques

Mais de 40 anos de vivência empresarial, especialmente em Vendas e Gestão Empresarial. Formado em Administração de Empresas, possui MBA em Gestão Empresarial Estratégica (NAIPPE/USP) e especialização em *Marketing* (ESPM), Perdas Empresariais, Recursos Humanos (FGV) e *Coaching* (CCCG). É palestrante em Vendas, Liderança e Gestão Empresarial. Trabalhou em empresas líderes tais como: Rhodia S/A, Oxiteno S/A, Grupo Pão de Açúcar, Chocolates Kopenhagen, onde atuou nas áreas: Comercial, Gestão Estratégica, Direção de Projetos, Gestão de Operações de Varejo e Prevenção de Perdas. Desenvolveu Programas, Cursos e Treinamentos para vendas e prevenção de perdas. Foi membro do Subcomitê Executivo do GPA e participante do Comitê de Gestão de Pessoas da AMCHAM (American Chamber) – Ribeirão Preto – SP. É sócio-diretor da BFM Consulting e Diretor/ Palestrante Licenciado da Escola de Vendas e Negócios KLA – Ribeirão Preto.

Contatos
www.bfmconsulting.com.br
benemarques@bfmconsulting.com.br
Facebook.com/BFM Consulting
(16) 98129-2300 (WhatsApp)

Aos 55 anos, fui surpreendido por uma turbulência de mercado, que culminou com minha demissão. A partir dali, eu não queria mais fazer parte de nenhuma grande corporação e nem estar submetido às exigências ou normas que não fossem as que permeavam minha mente. Decidi então empreender, abrir meu próprio negócio e agir de acordo com a minha própria consciência e as mais fortes leis de mercado.

Escolhi atuar em educação empresarial com o propósito de, por meio dos meus conhecimentos, minhas experiências, erros e acertos, ajudar as pessoas de todas as idades a acreditar e realizar seus sonhos, tornando-as melhores, criando também o seu próprio propósito.

Em poucos anos, veio a aposentadoria. Ah, aquela tão sonhada fase em que você pensa que pode largar tudo e realizar seus sonhos de consumo, lazer e paz. Ledo engano! Diversos problemas decorrentes dela podem alterar significativamente nossos planos.

Quase sempre o fator financeiro transforma sonhos em decepções, levando a uma grave constatação: "o rendimento de aposentado não dá para pagar as contas, quiçá gozar o merecido descanso". É quando as pessoas se perguntam: o que fazer?

A população brasileira passa por um período de queda da natalidade, o que significa um aumento na população de idosos: o IBGE (Instituto Brasileiro de Geografia e Estatística) projeta para o ano de 2020 uma população de cerca de 30 milhões de idosos, acrescentando que em 2050 haverá no Brasil 73 idosos para cada 100 crianças, para uma população total de 215 milhões de habitantes. Esse crescimento virá reforçado pelo aumento na expectativa de vida dos brasileiros, que passará dos atuais 72,8 anos para 81,3 anos até 2050, um IDH semelhante ao da Islândia (81,8 anos) e Japão (82,6 anos).

Agora, voltando e respondendo à pergunta deixada: o que fazer? Vejamos:

O idoso brasileiro terá que continuar economicamente ativo (enquanto sua saúde permitir), se quiser complementar sua renda e se sentir útil e produtivo. Dois fatores levarão os integrantes desta faixa etária da população a se decidirem por empreender:

Oportunidade: depois de uma vida corporativa, a terceira idade vislumbra uma alternativa econômica: aproveitar o conhecimento e segurança para fazer o que sabe ou o que gosta, até pela chance de realização de um sonho;

Necessidade: o mercado de trabalho atual prioriza a juventude em detrimento da experiência dos mais velhos, limitando seu acesso; isso aliado a ter que completar a renda baixa da aposentadoria pode servir como estímulo ao empreendedorismo.

Recente pesquisa do SEBRAE, com cerca de 1.200 entrevistados, buscou identificar aspectos do perfil do empreendedor Aposentado, apresentando resultados muito interessantes:

Perfil de idade dos potenciais empreendedores
Mais da metade dos entrevistados são mulheres (57,0%). Cerca de ¼ têm idade entre 50 e 54 anos (26,9%). Outra parcela significativa dos entrevistados tem mais de 65 anos (31,1%).

Renda individual
Mais da metade tem renda individual de até 3 salários mínimos (54,7%). E moram, em média, com mais uma ou duas pessoas em casa.

Perfil de escolaridade
Significativos 35% dos entrevistados tem apenas ensino fundamental completo ou incompleto. Outros 29,4% tem ensino médio completo ou incompleto. Com ensino superior incompleto, completo, ou com pós-graduação, somam 32,5%.

Principal ocupação atual
Já aposentados são 47,0%. Destes, 7,9% já têm sua própria empresa. Empregados na iniciativa privada e servidores públicos somam 22,6%. Outros 3,7% já são empresários.

Perfil da área de atuação
Mais da metade (52,4%) atuou no setor de serviços. Cerca de ¼ atuou na indústria (26,7%), enquanto 14,8% atuou no setor do comércio. Apenas 6,1% atuou no setor agropecuário.

Planos para aposentadoria
Continuar trabalhando, em casa ou fora dela são 23,5%. Os que desejam abrir um negócio representam 5,5%, e os que priorizam lazer etc., 21,6%.

Iniciativa e planos para abrir um negócio

Cerca de 9% se movimentou para abrir um negócio nos últimos 12 meses, enquanto 91,1% nada fizeram. Os que não possuem sua própria empresa são 10,8% e pretendem abri-la em até dois anos. Outros 14,4% não têm prazo definido.

Definição do tipo de negócio

Dos que pretendem abrir uma empresa no futuro, 78,7% já sabem que tipo de negócio gostariam de montar e 20,3% ainda não sabem.

Por diversos motivos, a terceira idade vai abrir um negócio. Quase metade, para complementar a própria renda ou familiar (49,7%). Cerca de 1/5 para se manter ocupados. Para outro 1/5, a necessidade de manter a família. Para todos casos, temos que destacar alguns aspectos, já desenvolvidos pelos idosos, fundamentais para o sucesso no mundo empresarial:

A maturidade e experiência de vida dessas pessoas são características essenciais ao empreendedorismo, como conhecimento (ter o saber), habilidade (saber fazer) e atitude (querer fazer), o famoso CHA.

Grande parte apresenta melhor saúde e disposição do que muitos jovens, garantindo-lhes vigor e determinação.

As questões suscitadas pela aposentadoria ("o que eu vou fazer como aposentado?") e o medo de não conseguirem empregabilidade após os 60+, funcionarão como verdadeira alavanca, incentivando as pessoas a se moverem para a ação, mesmo sem estímulos governamentais e da iniciativa privada, como as políticas e programas destinados aos jovens empreendedores. Trabalhar depois da aposentadoria será, para muitos, o sentir-se vivo, ativo e útil.

As oportunidades de mercado para aqueles com maior nível de maturidade e preparação, os serviços de consultorias e assessorias têm sido os mais frequentemente ofertados e escolhidos, porque esses profissionais trazem e aplicam muito de seu conhecimento e experiências, reforçados pelos seus relacionamentos profissionais e pessoais.

Todo esse conjunto é favorável também a negócios relacionados às atividades de prestação de serviços. Em geral, pessoas que começam a empreender depois dos 60 anos desenvolvem essas atividades de forma autônoma, principalmente nos setores de alimentação, comércio de varejo e imobiliário.

Empreender na terceira idade é uma atividade que conquista, cada dia mais, simpatizantes, principalmente porque os idosos não querem ser dependentes de seus filhos e querem fazer o que desejam com o próprio dinheiro, incluindo o lazer.

Manter-se ativo e ocupado na terceira idade contribui para a elevação da autoestima e faz bem para a saúde, evitando que se sintam inúteis. A terceira idade é o momento da vida para os idosos pensarem mais em si mesmos.

O que pode dificultar o sucesso?

Sem dúvida, é a teimosia! Alguns idosos acham que o mercado ainda é igual como há 20 anos; não entendem que o mundo mudou e a concorrência também. O idoso deve procurar manter-se atualizado e preparado para encarar o mercado competitivo, já que os negócios mudam constantemente, assim como os processos administrativos e a maneira de divulgar o produto. O sucesso virá para quem trabalhar e não apenas entrar no mercado para matar o tempo, sem propósito e sem vigor.

O idoso deve pensar que sua decisão de empreender passa pela análise de vantagens e desvantagens, além de exigir planejamento e avaliação das oportunidades.

Cabe, agora, ressaltar alguns cuidados essenciais para dar início ao projeto, não só para o sucesso do negócio, como também para evitar possíveis problemas que determinem mais do que o fim do empreendimento, o fim de um sonho! Vamos a eles:

Começar certo – significa planejar todas as etapas do projeto, estudando o mercado, sua viabilidade técnica, comercial e econômica;

• Buscar ajuda: mesmo tendo muita experiência e aptidão, não é o bastante para determinar o sucesso do empreendimento. Consultar especialistas ou obter orientações e conselhos para o amadurecimento da sua ideia e sua viabilidade ajuda a estruturar melhor as ideias, além de entender exatamente por onde começar, o que deve ser feito e o que deve ser evitado;

• Investir em capacitação: podem ser necessários conhecimentos e as competências adicionais àquelas adquiridas durante a vida profissional. Tudo que o empreendedor conhece e experienciou deve ser valorizado, mas não deve servir de alegação para dispensar mais aprendizado. Especializar-se na área de interesse do negócio, participando de cursos, programas, seminários, feiras e exposições, serão ações fundamentais para o sucesso do empreendimento.

• Inovar: inovação implica não só investir em tecnologia, mas buscar soluções que tornem a empresa sustentável, e principalmente que possam resolver problemas, realizar desejos e sonhos, suprir eventuais necessidades, surpreender e encantar o cliente. Lembre-se: esse cliente pode estar situado na mesma faixa etária do empreendedor, que deve conhecer seus desejos/necessidades melhor do que ninguém.

• Ser dedicado: lembre-se de que empreender exige determinação em qualquer idade. É preciso ter organização, planejamento, coragem e determinação para colocar o negócio em prática. Não ter medo de errar é uma característica de empreendedores de sucesso e, a experiência dos erros do passa-

do, na caminhada do idoso, é sua melhor ferramenta para chegar ao topo.
- **Diferenciação:** o que difere o comportamento das pessoas da terceira idade em relação aos mais jovens é que os idosos têm menos medo dos riscos e estão mais preocupados com a realização pessoal do que com a rentabilidade de um eventual negócio próprio.

Características que auxiliam a empreender na terceira idade

Ao empreender na aposentadoria, é comum que as pessoas concentrem suas energias para trabalhar com aquilo que realmente gostam. Isso pode ser muito bom, mas é necessário:

- Possuir uma rede de contatos mais qualificada e uma biografia profissional que permita mapear os pontos fracos e fortes das habilidades e competências individuais.
- Sua experiência como consumidor, que possibilita perceber os problemas que levam a empreender para suprir uma carência de atendimento do mercado.

Como viabilizar a abertura de um negócio na aposentadoria

Antes de tudo, é preciso despertar o espírito empreendedor (não é uma condição "nata"). As pessoas não nascem empreendedores. Duas perguntas devem ser respondidas: qual é o meu sonho ou minha causa? Como posso realizá-lo? Desta forma, além de elaborar projetos que façam sentido à sua vida, o empreendedor terá capacidade de conhecer e definir as estratégias e recursos necessários à sua realização, além de desenvolver uma rede de relacionamento que o ajudará na materialização do negócio, através da conexão entre pessoas e o auxílio das ferramentas disponíveis.

Dicas para empreender na terceira idade

Cuide do seu patrimônio

Tome cuidado para não comprometer o patrimônio que levou boa parte da vida para conquistar. Não deixe de fazer um bom planejamento, separando o capital de investimento das economias do lar, assim como as propriedades.

Pense na sua qualidade de vida

Você sonhou muito como seria a sua qualidade de vida quando essa fase chegasse. Lembre-se de considerá-la e priorizá-la, ao decidir que tipo de negócio pretende abrir. Trabalhar é bom, manter-se ativo e produtivo eleva a autoestima, mas pense em dedicar também tempo e recursos para o seu bem-estar e sua saúde.

Faça algo que goste

Invista em algo que lhe proporcione prazer e realização pessoal. Optar por algo com o qual não tem a menor afinidade, apenas porque é mais rentável, pode comprometer a sua felicidade, além de colocar em risco o sucesso do próprio negócio. Faça uma opção rentável, mas que também lhe traga felicidade e prazer. É o que o moverá rumo ao encontro do seu propósito.

Novas oportunidades surgem a cada momento, com o objetivo de proporcionar o acesso do idoso ao empreendedorismo, de forma mais ativa e plena. São projetos com ação focada no idoso que impulsiona à inclusão social, intercâmbio e conhecimento, estimulando-o a assumir posições socialmente produtivas junto à sociedade, tendo como alavanca de estímulo o uso da tecnologia da informática.

Qual a maior dificuldade?

Sair da zona de conforto, afinal trabalhamos tantos anos até completar o prazo de contribuição ou idade para se aposentar; incontáveis crises, que custaram tanto para passar, quanto para anular as marcas que deixaram em nossas vidas. Então, por que largar a possibilidade do descanso merecido?

E como vencer o chamado para o ócio?

Existem coisas que valem mais pelo objetivo de vida, aquilo que chamamos de "propósito", do que pelos resultados financeiros. Propósito é quando as pessoas sentem a sensação de se engajar em uma causa; lutar por algo em que acreditam e gerar mudanças. Não pode ser determinado pela idade. Via de regra, é determinado por circunstâncias ou sonhos de realização. Na terceira idade, é uma forma de empreender de maneira a promover o engajamento de pessoas ao projeto, com a intenção de transformá-las e motivá-las a construir um mundo melhor e resgatar a humanidade e felicidade para si e para os negócios.

Agora é com você!
Comece hoje! Não existe idade certa para empreender.
Um forte abraço e muito sucesso!

8

Empreender requer dedicação, planejamento e muito acompanhamento

Empreender não é glamouroso. Requer planejamento, dedicação e acompanhamento dos resultados, para que possamos ver que estamos no caminho certo, atingindo objetivos. Por mais que sejamos tentados a concentrar esforços nas áreas onde somos especialistas, o sucesso do empreendimento se dá quando percebemos que a empresa funciona como se fosse uma máquina, onde cada área representa uma engrenagem

Carlos Afonso

Carlos Afonso

Administrador e Contabilista. Bacharel em Administração de Empresas pela Faculdade de Ciências Econômicas e Administrativas da Fundação Santo André. Técnico em Contabilidade pelo SENAC São Paulo. Bacharelando em Direito. Pós-Graduado em Gestão Empresarial e em Administração Financeira pela Escola Superior de Administração de Negócios (Centro Universitário da FEI). Profissional com mais de 20 anos de experiência, atuando nos setores contábil, financeiro, consultoria, educacional e terceiro setor. É sócio-diretor do Grupo MCR, formado pelas empresas MCR3 Contabilidade, CROMA Auditores, ROCMA e Partners Consultores e Macro4 Treinamentos Corporativos. Autor do livro *Organize Suas Finanças e Saia do Vermelho*. Idealizador do blog *Virei Empreendedor... E Agora?*

Contatos
www.grupomcr.com
www.livrosaiadovermelho.com.br/blog
www.vireiempreendedoreagora.com.br
carlos.afonso@grupomcr.com
(11) 4903-0103 e (11) 99518-5517

Ao montar um negócio, o empreendedor precisa avaliar diversos aspectos que, prioritariamente, precisam ser considerados. A seguir relaciono os pontos que, no meu entendimento, são bastante relevantes e podem trazer grande impacto ao empreendimento e garantir o sucesso nesta jornada.

Ressalto que, conforme pesquisa do Instituto Brasileiro de Geografia e Estatística (IBGE-2014), o número de empresas que sobrevivem ao quinto ano de funcionamento é menor do que 50%. Logo, é preciso tomar as medidas necessárias para não entrar nessa estatística.

Saiba escolher seu sócio

Você seguiu à risca a lição de casa: estudou o mercado, preparou o *business plan*, sabe que as chances para se dar bem são grandes e está considerando diversos nomes que, eventualmente, podem te ajudar nessa empreitada. Depois de muito pensar no assunto resolveu convidar um amigo de infância para entrar de cabeça nesse desafio.

Obviamente que, se o amigo de infância estiver junto neste propósito, para contribuir e fazer com que a nova empresa se desenvolva e conquiste um lugar ao sol, não existe nenhum problema.

O "X" da questão está em trazer para a futura empresa, pessoas que dificilmente agregarão aos negócios (seja por não ter nenhuma familiaridade com aquela área, ou porque foram colocadas nessa situação apenas para quebrar um galho, ou ainda, dar uma força nesse primeiro momento). Neste caso, a empresa já nasce com o pé esquerdo.

A boa sociedade funciona quando:

– Os perfis dos sócios se complementam;
– Cada qual sabe muito bem quais são suas responsabilidades e onde aperta o calo;
– As grandes decisões são tomadas pelo consenso e todos têm a oportunidade de defender os próprios pontos de vista;
– Os sócios trabalham com vistas ao sucesso da empresa e do negócio em si.

Além disso, é válido salientar que qualquer negócio tem um tempo de maturação para que ele se torne lucrativo e gere dividendos aos sócios.

É natural o novo empresário acreditar que a empresa começará a "bombar" logo nas primeiras semanas e, em pouco tempo, começará a fazer belas retiradas mensais. Bobagem! Isso não acontece na vida real. Leva um bom período para que o empreendimento alcance esse nível – o que muitas vezes gera algum estresse entre os sócios e, eventualmente, desentendimentos.

É necessário alinhar corretamente as expectativas, para que lá na frente ninguém diga que não foi avisado. Já tomei conhecimento de situações onde o sócio decidiu voltar para o antigo emprego porque o negócio que ele iniciou ainda não estava performando a contento no terceiro mês de atividade.

Além disso, a menos que você tenha perfil de sócio investidor (onde apenas entrará com a grana, mas não participará do dia a dia da empresa), a sociedade requer dedicação, ou seja, prepare-se para trabalhar bastante, em jornadas realmente longas, inclusive em alguns finais de semana.

O sucesso de qualquer negócio depende da escolha das pessoas certas, em especial no que se refere àquelas que caminharão juntas ao seu lado. E é certo que, ainda que tome todos os cuidados necessários, os problemas e os conflitos surgirão... Ainda mais se escolhermos alguém somente para constar no contrato social da empresa!

Pense nisso! Inaugure a sua empresa com o pé direito, e não crie um problema para o futuro.

Saiba qual o tipo correto de empresa

Existem diversos tipos de empresa que o indivíduo poderá considerar ao empreender. Cada uma possui peculiaridades e aspectos jurídicos próprios. A seguir relacionamos cada uma delas de forma bem resumida.

MEI – Microempreendedor Individual
- Faturamento bruto anual de R$ 81.000,00 (a partir de 2018).
- Não se aplica a todas as atividades.
- Pode ter um funcionário e não permite abertura de filiais.

Empresário Individual
- Exerce em nome próprio uma atividade empresarial, atuando individualmente, ou seja, sem a constituição de uma sociedade.
- Faturamento bruto anual pode chegar a R$ 360 mil (como microempresa)

ou até R$ 4,8 milhões (como empresa de pequeno porte). Neste caso, pode estar dentro do regime do Simples Nacional.

- Se faturar acima de R$ 4,8 milhões deverá estar enquadrado no Lucro Presumido ou Lucro Real.
- Não possui limitação de número de funcionários ou abertura de filiais.
- Principal desvantagem: a responsabilidade é ilimitada, respondendo, inclusive com os bens pessoais por conta das obrigações assumidas pela empresa.
- Não existe capital social mínimo para a abertura da empresa.

EIRELI – Empresa Individual de Responsabilidade Limitada

- A EIRELI, da mesma forma que o Empresário Individual, também pressupõe atuação sem sócios, ou seja, individual.
- A responsabilidade do sócio é limitada ao capital social integralizado, que deve ser de, no mínimo, 100 salários mínimos.
- Com relação ao faturamento, aplicam-se as mesmas regras do empresário individual.
- Não há limitação em relação ao número de funcionários ou abertura de filiais.

Sociedade Empresária

Na sociedade empresária, temos a atuação de dois ou mais sócios, sendo que a responsabilidade de cada um é limitada ao valor do capital integralizado.

A sociedade empresária pode ser:
– Ltda. – Limitada.
– S/A – Sociedade Anônima de Capital Aberto ou Fechado.
– Existem ainda outros tipos de sociedade empresária, entretanto, as mais comuns são Ltda. e S/A.

- Faturamento: podem faturar até R$ 4,8 milhões no simples nacional, até R$ 78 milhões no Lucro Presumido (ou Lucro Real, dependente das características do negócio) e Lucro Real acima de R$ 78 milhões por ano
- Não há capital social mínimo obrigatório, assim como também não há limitação em relação ao número de funcionários ou abertura de filiais

Regime de tributação e contabilidade

Existem dois assuntos que são de grande interesse do empreendedor e que afetam, sobretudo, a vida das empresas: regime de tributação da empresa e contabilidade. Basicamente, existem três regimes de tributação: Simples Nacional, Lucro Presumido e Lucro Real.

De uma forma muito resumida:

Simples Nacional: faturamento até R$ 4,8 milhões por ano.
Lucro Presumido: faturamento até R$ 78 milhões e que possuem margem de lucro alta.
Lucro Real: pode ser uma opção para empresas que faturam acima de R$ 4,8 milhões (ou que por lei estejam obrigadas a esse regime) e tenham margem de lucro baixa.

É fundamental o empreendedor conversar com um contador, a fim de verificar qual o melhor regime tributário para a empresa no momento da sua constituição.

No caso de empresas que já estejam em operação, é necessário rever anualmente se o regime tributário adotado lhe possibilita a maior economia tributária. Saiba que é possível mudar o regimento tributário anualmente, porém, uma vez feita a opção, a empresa permanecerá no regime durante o ano fiscal (se escolher errado, passará 12 meses pagando mais do que deveria). Assim, a escolha do modelo correto, bem como uma análise anual, possibilitará a empresa recolher o valor justo em termos de tributos.

A contabilidade tem a responsabilidade de evidenciar a posição de bens, direitos e obrigações da empresa em determinado período, bem como demonstrar se ela teve lucro ou prejuízo. Conforme muito bem define Ferronato (2011), o propósito básico da contabilidade é prover informações úteis aos tomadores de decisão.

A contabilidade é primordial para o sucesso das empresas, haja vista que aponta a performance do empreendimento em determinado período, bem como contribui para o processo de tomada de decisão. O empresário precisa ter acesso a todos os relatórios contábeis, pois tomar qualquer decisão sem ter acesso às informações contábeis é o mesmo que tentar sair de uma caverna escura sem que haja luz.

Em se tratando de periodicidade, o desejável é receber as demonstrações contábeis mensalmente, ou, no mínimo a cada três meses.

Enganam-se aqueles que acreditam que a contabilidade é apenas uma geradora de guias para recolhimento de tributos... Pelo contrário! O valor da contabilidade está justamente no material que ela fornece para o processo de tomada de decisão, para a mensuração da *performance* empresarial e para identificar possibilidades de melhoria do negócio.

Lembre-se: a contabilidade é a maior aliada no processo de crescimento e no sucesso de uma empresa. Jamais prescinda dela. Não se furte em conversar com o contador sobre os assuntos contábeis e fiscais da sua empresa.

Finanças e controle do fluxo de caixa

Um dos maiores problemas que as empresas enfrentam é o controle do Fluxo de Caixa (ou melhor, a falta de controle). O Fluxo de Caixa consiste na previsão das entradas (receitas) e dos pagamentos (saídas) do negócio, de modo a indicar eventuais períodos em que haja necessidade de captação de recursos, ou períodos onde haja excesso de recursos e seja possível investi-los.

Além disso, a análise do Fluxo de Caixa permite controlar adequadamente o negócio, indicando se a empresa sofre de algum problema financeiro pontual ou crônico. Com isso, é possível traçar as medidas corretivas necessárias para sanar eventuais problemas.

A falta de um controle rigoroso de caixa faz com que o empresário não consiga desenhar estratégias, em especial quando faz captação de recursos financeiros; isso pode onerar consideravelmente as contas da empresa, aumentando as despesas financeiras impostas pelos bancos e comprometendo a lucratividade do negócio.

Também devemos nos preocupar com o Ciclo Financeiro da empresa (pois este pode prejudicar a gestão do caixa). Silva (2014) observa que quanto maior for o déficit no ciclo financeiro, maior será a necessidade de busca de recursos para capital de giro.

Fique atento à gestão do caixa da empresa e ao capital de giro necessário para conduzir o negócio. Pratique uma gestão de caixa austera e evite problemas.

Considerações finais

Além daquilo que foi mencionando anteriormente sobre sociedade, contabilidade, tributação e finanças – o que na minha visão são os pontos cruciais de qualquer empreendimento –, existem outras áreas que necessitam de especial atenção do empreendedor.

Marketing: quer fazer com que o negócio *on-line* ou *off-line* prospere? Então invista em *marketing*. Lembre-se: quem não é visto não é lembrado (e se não é lembrado, não vende). Mas saiba que o investimento nesta área requer tempo. Não pense você, caro leitor, que os resultados aparecem na primeira semana.

Recursos Humanos: gosto muito da filosofia do Jorge Paulo Lemann, empresário brasileiro que dominou o cenário nacional e internacional com empresas de sucesso, como AB Inbev, Burger King e Kraft Heinz. Ele sempre ressaltou que o segredo do sucesso do empreendedor é recrutar e se cercar das melhores pessoas, e depois dar a elas responsabilidades grandes para executar. Assista à apresentação de JPL no Day 1 da Endeavor e tire as próprias conclusões.

Networking: ninguém chega sozinho ao topo. É preciso se relacionar, conhecer outras pessoas, praticar *networking* (que vai muito além da simples troca de cartões de visita).

Atualização constante: o mundo mudou demais... E tem mudado em uma velocidade impressionante! Sem atualização constante, existe o risco de a empresa ficar defasada rapidamente. Negócios disruptivos surgem todos os dias, trazendo uma forma diferente de fazer as mesmas atividades, com custo menor, com mais eficiência e com escalabilidade. A lista de novos negócios que têm tirado o sono das grandes corporações é enorme, sempre através do uso da tecnologia e da inovação. A sua empresa não precisa ser uma *startup*, mas você pode pensar como se ela fosse. Conforme preconiza Benvenutti (2016), o mundo será muito diferente em pouco tempo. Se observarmos bem, o mundo já está diferente daquilo que conhecíamos em um passado não tão distante.

Caro leitor, desejo a você muito sucesso nesta fantástica jornada que é empreender, e que essa caminhada seja gratificante e rica em aprendizados.

Referências
BENVENUTTI, Maurício. *Incansáveis: como empreendedores de garagem engolem tradicionais corporações e criam oportunidades transformadoras*. São Paulo: Gente, 2016.
DEMOGRAFIA DAS EMPRESAS 2014. Instituto Brasileiro de Geografia e Estatística. Rio de Janeiro. 2014. Disponível em: <https://biblioteca.ibge.gov.br/visualizacao/livros/liv98073.pdf>. Acesso em: 19 ago. 2018.
ENDEAVOR BRASIL. Day 1 - Jorge Paulo Lemann: *o que não se aprende em Harvard*. São Paulo. 2015. Disponível em: <https://endeavor.org.br/desenvolvimento-pessoal/day-1-jorge-paulo-lemann/>. Acesso em: 19 ago. 2018.
FERRONATO, Airto João. *Gestão contábil-financeira de micro e pequenas empresas: sobrevivência e sustentabilidade*. São Paulo: Atlas, 2011.
SILVA, Alexandre Alcântara da. *Estrutura, análise e interpretação das demonstrações contábeis*. 5. ed.
São Paulo: Atlas, 2017.

9

Pensando no planejamento estratégico

Não há como gerir uma organização sem o planejamento estratégico, é necessário conhecer o passo a passo do planejamento. Tudo começa com o levantamento das necessidades e parte para o plano de ação. É sobre Planejamento Estratégico que iremos abordar neste artigo, a teoria e a prática

Cleverson Pereira do Valle

Cleverson Pereira do Valle

Brasileiro, casado com Ivani Marcelina, pais de Tifany Vitória. É Técnico em Contabilidade, Bacharel em Teologia e Pós Graduado em Aconselhamento Bíblico. Foi Gerente de Banco. Formação em Liderança Avançada e aperfeiçoamento de Docentes pelo Instituto Haggai Brasil. Gestor Eclesiástico e Docente Local do Instituto Haggai. Finanças, Pessoas e Investimento em Ações – Instituto Educacional BM&FBOVESPA no site do Veduca – 2015. Fé na Prevenção – Prevenção do Uso de Drogas por Instituições Religiosas e Movimentos Afins – Unifesp – 2014/2015.

Contatos
cleversonvalle@gmail.com
(19) 99619-3331

Tudo na vida precisa de direção. Não podemos sair por aí achando que vamos chegar em algum lugar, sem saber ao menos onde queremos chegar. Precisamos ter um destino certo delineado, não podemos caminhar em direção ao nada. Antes de fazer qualquer coisa é necessário planejar.

Muitos falham por não planejar, outro dia li a seguinte frase: "se você falha em planejar; está planejando falhar".

Não podemos de forma alguma ser irresponsáveis com as coisas, precisamos colocar tudo em ordem. É necessário planejamento.

Certa feita, fui assistir uma programação que estava marcada para iniciar às 09h00, às 9h15 ainda não havia começado. Eu indaguei o responsável pelo início da programação e o mesmo disse que quando a casa estive cheia daria início. Não é assim que funciona.

Precisamos pensar em um planejamento estratégico. Tanto na vida pessoal como profissionalmente.

É preciso pensar a longo prazo, saber onde queremos chegar, definirmos metas, termos objetivos na vida.

Muitos não vivem mas vegetam por não traçarem metas e objetivos, por não se importarem com o planejamento estratégico.

Mas o que seria o planejamento estratégico?

Lourenço Stelio Rega escreveu um artigo onde ele cita a diferença entre teoria e prática. Em tom de brincadeira define teoria assim: "é quando se sabe tudo e nada funciona, a prática é quando tudo funciona e ninguém sabe porque. E a seguinte conclusão é: neste recinto conjugam-se teoria e prática, nada funciona e ninguém sabe por quê."

Segundo os autores do livro *O Ministério de Administração* eles definem que "Planejamento é o processo de predeterminar um curso de ação".

Planejar nada mais é do que saber quem irá fazer o que, e a palavra estratégia vem da área militar. O significado do planejamento estratégico é saber para onde irá a organização de forma estratégica, onde todos conhecem o seu devido papel.

Em um planejamento estratégico descobre-se a visão da organização, a missão, seus valores, seus objetivos, as metas e a estratégia.

No Instituto Haggai, ao estudar sobre Bases do Planejamento, é falado sobre três tipos de pessoas: "as que fazem as coisas acontecerem, as que ficam olhando as coisas acontecerem, e as que nem sabem o que está acontecendo" George Santayana (1863-1952).

Quando pensamos na visão da organização estamos falando sobre o que ela deseja ser, como ela se distingue de outras.

É necessário enxergar longe, a organização não pode ser míope, ou seja, ela tem que olhar para o futuro e visualizar aquilo que outras organizações ainda não viram. Tem que sair na frente.

E a missão da organização, o que seria? É o que ela faz, sua razão de existir.

Tanto na empresa como na vida pessoal é necessário saber a missão de cada um. Muitos vivem sem saber porque estão vivos, pararam no tempo, não produzem mais, não querem estudar, desanimaram da vida. É preciso ter claro em nossa mente como pessoa e também na organização a missão.

A organização existe para quê, ela já se definiu? Qual a missão dela? Qual a razão dela existir?

Isso precisa ficar claro, pois faz parte do Planejamento Estratégico saber a missão.

Quando falamos em missão de uma organização (razão de existir) isso deve levar os funcionários a vibrar, ter paixão pela missão do seu local de trabalho.

Também dentro do Planejamento Estratégico trata-se de valores, quais são nossas prioridades? Quais as doutrinas da organização?

Qual a sua cultura organizacional? Tudo isso tem ligação com os valores da organização.

Sua ética, transparência e forma de agir a diferencia das outras organizações.

Também é necessário pensarmos nos objetivos. Onde a organização pretende chegar no futuro? O que pretendemos alcançar?

Não pensar nos objetivos levará a organização ao fracasso, à falência, pois ela não sobreviverá sem olhar à frente.

Uma organização que trabalha com confecção de placas de trânsito, precisa ter bem claro os seus objetivos. Não pode desviar o foco.

E as metas? São os desdobramentos dos objetivos. Lourenço Rega fala em detalhamento dos objetivos em metas mensuráveis e desmembramento das estratégias em ações setoriais.

A estratégia é como a organização irá chegar nos objetivos e na visão. Qual o caminho a ser traçado.

No livro *Planejamento estratégico*, de Josué Campanhã, da Editora Vida, ele diz que devemos, antes de tudo, fazer um levantamento das necessidades. É necessário dividir esse item em duas partes, as necessidades das pessoas e as necessidades da organização.

Deve-se descobrir as necessidades reais, o que está em falta, o que pode ser melhorado e o que deve ser encerrado.

Após isso, é necessário descobrir os problemas, perguntas como: quais os maiores problemas que existem que estão impedindo a organização de avançar?

Feito isso é necessário realizar uma avaliação de toda situação. Avalie porque as pessoas estão reclamando, porque os fornecedores estão atrasando na entrega do produto, avalie porque a organização está no vermelho. Enfim, toda a avaliação necessária deve ser feita.

Pergunte quais os desafios e oportunidades estamos enxergando no presente momento. Quais os pontos forte e fracos da organização?

Então, de acordo com Josué Campanhã "Necessidades + Problemas + Avaliação + Desafios + Oportunidades = Planejamento."

Esse esquema acima também é conhecido como Análise SWOT, (S-Forças, W-Fraquezas, O-Oportunidades e T-Ameaças).

Em uma organização, é preciso entender quais são as oportunidades que não estão sendo aproveitadas. Quais as ameaças internas e externas.

Fazendo isso, a organização estará ciente de como ela está no momento em relação a onde pretende chegar.

Como fazer na prática o planejamento estratégico?

Quero compartilhar o círculo do planejamento que é: necessidade, objetivo, programa, pessoal, material, execução e avaliação.

Ao pensarmos no círculo do planejamento vamos colocar isso de forma bem prática. Gosto de uma ilustração que aprendi com Ebenézer Bittencourt do Instituto Haggai.

Você recebe a notícia que será papai, passam-se nove meses e nascem gêmeos. Agora sua rotina muda, tudo é alterado para poder cuidar das crianças que vieram ao mundo. Você e sua esposa estão dormindo e perto das duas horas da manhã escutam o choro de uma criança. Surgiu aí a necessidade, qual o objetivo? Levantar e verificar o que a criança tem, o programa será preparar leite, ou dar remédio para aquela que chora. Quem irá fazer? O pai ou a mãe, o que será utilizado de material? Chupeta, mamadeira, leite, etc... Ao executar a tarefa veja se o nenê parou de chorar, isso é avaliação do trabalho.

Quando pensamos em alvos e objetivos, é necessário que sejam específicos.

Você já ouviu falar do objetivo SMART? Trata-se de descobrir se os objetivos são específicos, mensuráveis, alcançáveis, relevantes e temporários.

Quando usamos o método, descobrimos se será viável aquilo que pretendemos fazer ou não.

A prática do planejamento estratégico tem tudo a ver com planejar, executar e avaliar.

Quando trato do planejar, faz-se necessário elaborar um plano a ser seguido. Exemplo: o que? Quando? Quem? Onde? Quanto Custa?

O que é que pretendemos fazer? Qual o plano? Quando será feito? Tem a ver com tempo, cronometrar. Quem é que está encarregado desta tarefa? Onde será feita? Trata-se do local e qual o valor necessário. Isso é planejar na prática. Assim, fica muito mais fácil.

Após ter uma plano em mãos chegou a hora de executá-lo. Colocá-lo em prática. Você precisa ter pessoas certas para os lugares certos.

Que tipo de ferramentas eles terão para executar o plano? Tudo isso precisa estar já nas mãos das pessoas-chave.

E a avaliação é fundamental para ver a reação de todos que participaram. Foi positiva, foi negativa, teve êxito, teve prejuízo. Tudo deve ser avaliado para que o planejamento estratégico funcione.

Considerações finais

Mesmo planejando tudo corretamente haverá oposição. As organizações precisam estar bem preparadas para lidar com a oposição.

Grandes organizações têm colocado à disposição do cliente uma escuta, ouvidoria, onde todas as reclamações são enviadas para elas e o retorno (*feedback*) acontece.

As organizações que possuem um planejamento estratégico e contam com pessoas para ouvir as críticas, sugestões, reclamações, tem tudo para crescer mais ainda.

Aquelas organizações que não estão pensando a longo prazo, infelizmente, receberemos notícias que elas faliram ou estão falindo.

Hoje, não podemos abrir mão da qualidade, do profissionalismo, do cuidado com o planejamento estratégico.

Sempre pensando no bem do cliente, na satisfação do mesmo, porque um cliente bem satisfeito retorna e traz mais um. As notícias se espalham e a empresa crescerá cada vez mais.

Podemos dizer que o planejamento estratégico passa por uma tarefa básica, ou seja, é necessário saber como planejar.

Mais uma vez, me reporto aos autores do livro *O Ministério de Administração* que mostram o passo a passo do como.

Eles afirmam que precisamos definir os objetivos, ter um programa, uma agenda e orçamento.

Na definição de objetivos é onde se determina o que deve ser realizado, você estabelece um alvo.

O programa é estabelecer de onde você está até onde deseja alcançar, ou seja, chegar aos seus objetivos.

A agenda tem tudo a ver com o prazo, quando deve começar e quando deve terminar.

E, por fim, o orçamento, quanto de recurso financeiro será aplicado.

É bom estarmos cientes que dentro do processo de administração, ou seja, o processo de gerenciar pessoas para a ação, faz-se necessário ter tudo em ordem para que a organização faça o seu papel.

Quando eu desejo que o planejamento estratégico seja um sucesso, preciso gerenciar pessoas para que tudo funcione a contento.

É necessário planejar, organizar, liderar e controlar.

Os autores do livro *O Ministério da Administração* dizem que planejar significa predeterminar um curso de ação, organizar é colocar as pessoas dentro de estrutura para alcançar determinados objetivos. Liderar é fazer com que as pessoas ajam de forma efetiva; controlar é assegurar-se de que o desempenho esteja de acordo com o planejado.

Sabemos que é necessário entender onde queremos chegar, e como fazer para alcançar o objetivo. Só tendo tudo escrito e orientado dentro do planejamento estratégico as organizações funcionam de forma correta.

Uma última palavra se faz necessária, não adianta nada ter um belo de um plano e deixar solto, sem o acompanhamento.

É necessário a avaliação constante, assim como o ser humano precisa de vez em quando passar por um *check-up*, as organizações precisam ser avaliadas, os seus projetos, seu planejamento estratégico.

Josué Campanhã cita em seu livro *Ries e Trout*: " o acompanhamento de um plano é tão crítico quanto o seu lançamento."

É necessário a realização de uma avaliação anual com profundidade, para tanto, realiza-se tantas reuniões quantas forem necessárias (uma por semestre ou mais).

É necessário uma avaliação do índice de crescimento, comportamento das receitas e despesas, enfim, uma avaliação criteriosa.

Aprendemos o passo a passo do planejamento estratégico, agora é colocarmos a mão na massa e trabalharmos em conjunto com os demais colaboradores da organização.

Referências
Planejamento estratégico para entidades religiosas. Preparado por Lourenço Stelio Rega.
CAMPANHÃ, Josué. *Planejamento estratégico.* Editora Vida, 2001.
DOUGLAS, Stephen B., COOK, Bruce E., HENDRICKS, Howard G. *O ministério de administração.* Editora Candeia, 1999..

10

Metodologias ágeis e o empreendedorismo

A proposta deste artigo é apresentar a relevância dos valores e princípios declarados no "Manifesto Ágil" (2001), direcionados à indústria de desenvolvimento de *software* e que geram efeitos em outros campos do conhecimento como o do empreendedorismo. A lógica empreendedora identificada nos estudos de Sarasvathy (2001), denominada *effectuation*, é convergente ao conteúdo do "Manifesto Ágil" e as metodologias ágeis podem contribuir com essa lógica empreendedora. Observar que diferentes campos estão convergindo em princípios e valores pode estar indicando a tendência de adequação das estruturas tradicionais de gestão de projetos às propostas pelas metodologias ágeis

Cristiane Penteado Bertolino

Cristiane Penteado Bertolino

Mestre em Administração PUCSP; Especialista em Gestão e Desenvolvimento de Pessoas pela FGV. Atuação como *Master Coach*, pelo Instituto Iaperforma e *Professional* e *Career Coach* pela Sociedade Brasileira de Coaching. Docente na área de administração e *coaching*. Realização de palestras, cursos de extensão e treinamentos na área comportamental, com foco no desempenho individual e de equipes.

Contatos
cristiane.spenteado@gmail.com
(11) 98708-1438

As transformações digitais como internet das coisas, automação de processos, inteligência artificial, entre outras, exigem processos para que possam ser implementadas e assimiladas pelas organizações. A partir da década de 1990, novas ideias propunham avanço sao modelo dos projetos de desenvolvimento de *software* e foram denominadas ágeis. (SUTHERLAND, 1918). Tradicionalmente, os projetos eram baseados no modelo *waterfall* ou "cascata". Iniciavam com extensa fase de planificação, que suporta todo o desenvolvimento. Mudanças de requisitos representavam dificuldades e exigiam retornar à planificação o que poderia comprometer todo conteúdo desenvolvido anteriormente.

Em 2001, houve consolidação destas novas ideias no chamado "Manifesto Ágil" (K. Beck et al, 2001) que é uma declaração de valores e princípios considerados essenciais para a indústria de desenvolvimento de *software*.

O manifesto ocorreu nos Estados Unidos envolvendo dezessete profissionais de desenvolvimento de *software*, entre eles Kent Beck, Ron Jeffries, Ken Schwaber e Jeff Sutherland. No documento há declaração dos seguintes valores (K. Beck et al, 2001): indivíduos e interações, em vez de processos e ferramentas, *software* que funciona em vez de documentação abrangente, colaboração do cliente em vez de negociação de contratos. Resposta a modificações em vez de seguir um plano. A abordagem valoriza a interação com as pessoas e inclui os clientes como colaboradores. O objetivo é promover entregas de *software* "funcionando" e incorporar as mudanças necessárias.

A proposta não é a eliminação da metodologia *"waterfall"* por completo, mas alguns elementos passam a ser secundários e encurtados, como a estrutura organizacional e a forma de trabalhar dos colaboradores; e outras fases ganham importância, como a participação dos clientes durante todo o processo de desenvolvimento (SUTHERLAND, 2018).

O "manifesto" declara doze princípios (K. Beck et al, 2001):

1 - Nossa maior prioridade é satisfazer o cliente por meio da entrega contínua e adiantada de *software* com valor agregado.

2 - Aceitar mudanças de requisitos, mesmo no fim do desenvolvimento. Processos ágeis se adequam a mudanças, para que o cliente possa tirar vantagens competitivas.

3 - Entregar frequentemente o *software* funcionando, de poucas semanas a poucos meses, com preferência à menor escala de tempo.

4 - Pessoas de negócio e desenvolvedores devem trabalhar diariamente em conjunto por todo o projeto.

5 - Construir projetos em torno de indivíduos motivados. Dando a eles o ambiente e o suporte necessário, e confiando neles para fazer o trabalho.

6 - O método mais eficiente e eficaz de transmitir informações para e entre uma equipe de desenvolvimento é por meio de conversa face a face.

7 - *Software* funcionando é a medida primária de progresso.

8 - Os processos ágeis promovem desenvolvimento sustentável. Os patrocinadores, desenvolvedores e usuários devem ser capazes de manter um ritmo constante indefinidamente.

9 - Contínua atenção à excelência técnica e bom *design* aumenta a agilidade.

10 - Simplicidade: reduzir a carga de trabalho sem perder a qualidade da solução. Evitar retrabalho e esforços desnecessários para ter agilidade.

11 - As melhores arquiteturas, requisitos e designs emergem de times auto-organizáveis.

12 - Em intervalos regulares, a equipe reflete sobre como se tornar mais eficaz e então refina e ajusta seu comportamento de acordo.

Os princípios também reforçam o papel das pessoas. Comunicação e motivação das equipes são o que possibilita a entrega do produto adequado ao cliente que participa de todo o processo. As metodologias ágeis são adaptáveis às contingências e acolher as mudanças de requisito de forma habitual e rápida, reconhecendo a impossibilidade de prever todos os requisitos na fase inicial, não vendo nisso um erro no processo.

Outro objetivo é reduzir os ciclos de entrega e, a cada entrega busca-se apresentar o "mínimo produto viável", ou seja, uma solução parcial que avança conforme as entregas vão ocorrendo. Exemplos de metodologias ágeis em desenvolvimento de *software* são o XP (*Extreme Programming*), criados por Kent Beck e Ron Jeffries e o SCRUM, criado por de Ken Schwaber e Jeff Sutherland.

A possibilidade de rever os processos na gestão dos projetos e mais agilidade em gerar novos produtos e serviços com maior satisfação das pessoas envolvidas intensifica a adoção de métodos ágeis. Google, IBM e Microsoft são exemplos de empresas que adotam essa abordagem.

No Brasil, o interesse pelas metodologias ágeis se tornou mais evidente a partir da década de 2010, o que pode ser observado no volume de produção acadêmica publicadas na Biblioteca Digital Brasileira de Teses e Dissertações (BDTD) (Gráfico 1).

Gráfico 1 – Quantidade de publicações de teses e dissertações que contenham expressão "método ágil"

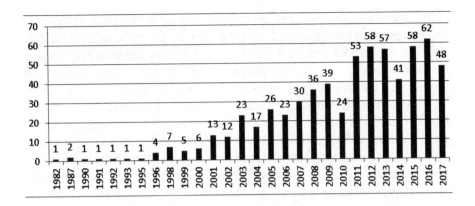

Fonte: Banco Digital Brasileiro de Teses e Dissertações (BDTS).

Outro fator que pode ter contribuído com a intensificação do interesse pelo tema foi a primeira *Conferência Brasileira de Métodos Ágeis de Desenvolvimento de Software*, realizada pela *Agile Alliance Brazil* em 2010.

A busca por metodologias que objetivam reduzir os ciclos de entrega, mais adaptáveis e flexíveis às mudanças não se restringem à indústria de desenvolvimento de *software*. O "Manifesto Ági" formalizou uma demanda já existente de revisão da estrutura e gestão de projetos e modelagem de negócios. Um exemplo é a Teoria do *Effectuation* como lógica para o processo empreendedor que não utilizou a denominação ágil embora apresentem princípios convergentes.

Teoria do *Effectuation* e os métodos ágeis

Em seus estudos, Saravasthy (2001, 2003, 2005) observou uma lógica diferente no processo empreendedor que denominou *Effectuation*. O modelo clássico, ensinado nas universidades, é o causal, que baseia-se na segmentação, alvo e posicionamento (Kotler, 2000) cuja ferramenta é o plano de negócio (LOPES, 2010). Esse processo exige tempo, esforço analítico e recursos financeiros para as pesquisas de mercado e para implementar as estratégias de *marketing* (HISRICH; PETERS; SHEPHERD, 2009). Saravasthy (2001) aponta que empreendedores participantes da pesquisa diziam viver pelo lema do "preparar-apontar-fogo". Sem perder muito tempo no preparar-apontar-apontar-apontar..., defendiam que, nesta lógica, nunca iriam ver as coisas boas que aconteceriam se já começasse fazendo para depois só mirar e então achar o seu alvo.

No modelo causal existe um plano a ser seguido e as contingências são vistas como indesejáveis, procura-se evitá-las enfatizando a importância do planejamento que antecipa, ao máximo, os elementos do futuro. Uma consequência dessa abordagem é que pode levar à perda de oportunidades emergentes por desviar-se delas como se fossem "distrações" que o desviariam do objetivo final. A lógica entre os empreendedores pesquisados era mais simples. Eles partem da definição de que muitos mercados poderiam trabalhar, iniciam o negócio com base em poucas informações, aproveitam as contingências do ambiente, as parcerias e redes de contato para, por meio de experimentação e adaptação, incluírem seus produtos e serviços no mercado. A lógica *effectual* se assemelham a das metodologias ágeis. Valorização da comunicação e das parcerias, adaptabilidade e flexibilidade às contingências durante todo o processo (Quadro 1). Definição de mercado, segmentação e alvo passam a ser etapas secundárias e ou encurtadas, enquanto a identificação e definição do cliente a partir de reflexões como "o que eu sei?"; "quem eu conheço?"' "que parcerias podemos realizar?" ganham importância. Nesta lógica, a preocupação do empreendedor é delimitar o que ele suporta perder e não maximizar o lucro, como ocorre no modelo causal (TASIC; ANDREASSI, 2008).

Sarasvathy (2001) posiciona-se sobre a lógica do *effectuation* não para justificar a sua superioridade em relação ao modelo causal. O *effectuation* é um estilo de raciocínio dos empreendedores pesquisados. A autora propõe desenvolvimento de metodologias que se adaptem a essa lógica.

Hashimoto (2012a) considera que o *effectuation* é oportuno nos primeiros estágios de um novo empreendimento, período em que a incerteza é alta, os recursos são poucos e o empreendedor está investigando possibilidades. Já nos estágios mais maduros, o raciocínio causal é necessário devido à existência de uma comunidade de interessados, a incerteza diminuiu consideravelmente, os riscos de uma decisão errada aumentam, há mais pessoas envolvidas e os objetivos já estão claros. Outra consideração do autor é que quando o empreendimento baseia-se em tecnologia e requer altos investimentos para garantir os recursos necessários, o risco passa a ser muito alto e é necessário reduzir a incerteza. Nestes casos o autor considera a abordagem causal é a mais adequada. Sarasvathy comparou aspectos do raciocínio causal e *effectual* e será acrescentado os princípios do "manifesto ágil" para observar os alinhamentos (Quadro 1).

Quadro 1 – Raciocínio causal, Raciocínio effectual e valores e princípios do manifesto ágil.

Questão	Posição causal	Posição *effectual*	Princípios ágeis
Visão de futuro	O futuro é uma continuação do passado, pode ser previsto.	O futuro depende de ações intencionais por parte de agentes.	Responder a mudanças mais que seguir um plano. Adequar-se às mudanças.

Atitude em relação aos outros	Restringir as relações com clientes e fornecedores para as tarefas que são necessárias.	Parceria Construa o seu mercado juntamente com os clientes, fornecedores e até mesmo potenciais concorrentes.	Colaboração com o cliente mais que negociação de contratos.
Predisposição para contingências.	Evitar surpresas que podem ser desagradáveis. Portanto, investir em técnicas para evitá-las ou neutralizá-las.	Surpresas podem ser positivas e alavancar oportunidades. Não é necessário desviar-se das contingências.	Processos ágeis se adequam a mudanças, para que se possa gerar vantagens competitivas.
Lógica subjacente.	Na medida em que se pode prever o futuro, pode-se controlá-lo.	Na medida em que se pode controlar o futuro, não é necessário prever.	Responder às mudanças mais que planejar e seguir um plano.

Fonte: Sarasvathy e Dew (2005), apud SILVA, TEIXEIRA, MONTENEGRO, 2014 (adaptado).

Saravasthy (2001) apontou a necessidade de desenvolver metodologias que contribuam com os empreendedores que utilizam a lógica do *effectuation* e integrá-las aos programas de educação e fomento ao empreendedorismo. Não se trata de substituir o conteúdo proposto no modelo causal, mas para agregar outras metodologias que se ajustem ao modelo *effectual*. As metodologias ágeis podem contribuir com o preenchimento da lacuna. Dentre elas, salienta-se o SCRUM como modelo de gestão de projetos (SUTHERLAND, 2018) e o *Design Thinking* como processo colaborativo para inovação (OROFINO, 2017).

Considerações finais

As inovações das últimas décadas contribuem com a reflexão dos impactos da transformação digital para as organizações. *Aibnb, Netflix, Uber, Waze* e *WhatsApp* são alguns exemplos.

Essas transformações modificaram os modelos de negócios. Não há como se manter refratário a elas. É necessário conhecer métodos que possibilitem conectar os processos a essa nova realidade para garantir agilidade, adaptabilidade e satisfação das pessoas envolvidas. Este texto apresentou as metodologias ágeis como possibilidade de resposta às demandas de renovação aos modelos de gestão.

Concluímos relembrando a relevância que o economista Schumpeter (1997) atribuiu ao empreendedor como sendo o agente da inovação, o impulso fundamental que aciona e mantém em marcha o motor capitalista para o desenvolvimento econômico (SCHUMPETER, 1997). O empreendedor é agente importante na identificação de modelos de gestão que conectem os negócios às demandas da era digital.

Referências
BECK K; BEEDLE M; BENNEKUM A.V; COCKBURN A; CUNNINGHAM W. FOWLER M; GRENNING J; HIGHSMITH J; HUNT A; JEFFRIES R; KERN J;MARICK B; MARTIN R.C; MELLOR S; SCHWABER K; SUTHERLAND J; THOMAS D. *Manifesto for agile software development*. Disponível em: <http://agilemanifesto.org/>. Acesso em 24 de set. de 2018.
HASHIMOTO, M. *Espírito empreendedor nas organizações*. 2. ed. São Paulo: Saraiva, 2012a.
HISRICH, R. D.; PETERS, M. P.; SHEPHERD, D. A. *Empreendedorismo*. 7. ed. Porto Alegre: Bookman, 2009.
KOTLER P. *Administração de marketing* 10 ed. São Paulo: Novo Milênio, 2000.
LOPES, R. M. *Educação empreendedora: conceitos, modelos e práticas*. Rio de Janeiro: Elsevier; SEBRAE, 2010.
SARASVATHY, S. D. *Causation and Effectuation: Toward a theoretical shift from economic inevitability to entrepreneurial contingency*. Academy of Management Review, v. 26, n. 2, p. 243-288, 2001.
_____. *Entrepreneurship as a science of the artificial*. Journal of Economic Psychology, v. 24, p. 203-220, 2003.
_____; DEW, N. *Entrepreneurial logics for a technology of foolishness*. Scandinavian Journal of Management, v. 21, n. 4, p. 385-406, 2005.
_____;_____. READ, J. S.; WILTBANK, R. *What effectuation is not: further development of an alternative to rational choice*. Working paper. International Institute for Management Development, Lausanne, 2005a.
SCHUMPETER, J. *A teoria do desenvolvimento econômico*. São Paulo: Nova Cultural, 1997
SILVA, J.D.; TEIXEIRA R.M.; MONTENEGRO L.M. *Effectuation na Criação de Spin-Offs Estudantis: Estudo de Múltiplos Casos em Aracaju, Se*. VIII Encontro de estudos em empreendedorismo e Gestão de Pequenas empresas, Goiânia 2014.
SUTHERLAND,J. *Scrum - A arte de fazer o dobro do trabalho na metade do tempo*. 3. ed, Rio de Janeiro: Leya, 2018.
TASIC I.A.B; ANDREASSI T. *Empreendedorismo: decisao e criação sob incerteza*. XXXI EnAnpad, Rio de Janeiro, 2007.
_____;_____. *Strategy and Entrepreneurship: decision and Creation under uncertainty*. Journal of Operations and Supply Chain Management, v. 1, n. 1, p. 12-23, 2008.
OROFINO M. A. *Design thinking – uma abordagem para a inovação*. HSM EXPO, 2017.

11

Futuro uma ova, mentiram para você!

Contaram para você sobre as habilidades do futuro, quais as novas profissões e aquelas que serão eliminadas também? Eu sei que sim! Provavelmente devem estar dizendo agora que você deveria começar a se preparar para esse futuro, caso deseje ser um profissional de destaque. Pois bem, eu vim aqui pra te avisar que é uma mentira! Esse "futuro" não existe, porque ele já é uma realidade, nós não fomos preparados e também fazemos pouco para preparar a geração atual que está sendo educada e desenvolvida para o mercado de trabalho. A propósito, para essas situações, é mais atual dizer que trata-se de uma *fake news*!

Dalila Araujo

Dalila Araujo

Bacharelado em Ciências Contábeis na Universidade Paulista, MBA em Gerenciamento de Projetos na Fundação Getulio Vargas, Análise de Perfil Comportamental e *Coaching* Pessoal e Profissional no Instituto Coaching. Desde 2004, atuou no segmento bancário, consultoria e análise de negócios e processos contábil, fiscal e financeiro. No Instituto Vem Saber participa no desenvolvimento de projetos e orienta empreendedores no planejamento e implementação de seus negócios.

Contatos
www.jovemempreendedor4d.com
www.linktr.ee/eusoudalilaaraujo
dalila@jovemempreendedor4d.com
dalila.a.almeida@gmail.com

Não sei se aconteceu com você, mas o que eu acabei de mencionar é parecido com quando o motorista aprende a dirigir dentro do pátio da autoescola, e depois de habilitado tenta encarar o trânsito de uma via expressa. Estar atento aos desafios e perigos reais de um fluxo que você não pode controlar, interagir com múltiplas tecnologias, saber a melhor maneira e o momento certo de agir, sem perder de vista a rota para o destino desejado requer muitas habilidades. Ao encarar essa realidade alguns motoristas ficam chocados, e optam por retornar ao treinamento para condutores já habilitados, quando não ficam paralisados ou limitados a dirigir somente no bairro onde mora. Por esse motivo, os que têm maior chance de melhor desempenho são aqueles que treinam nas vias movimentadas antes de concluírem o período de habilitação. É isso mesmo que eu vejo acontecer desde que comecei a acompanhar os relatórios do Fórum Econômico Mundial, em 2015. As grandes mudanças estudadas e cenários projetados nesses relatórios estão sempre bem apresentados, e viram títulos de manchetes e artigos. Mas, tenho tido dificuldade em notar a adaptação dos sistemas educacionais tradicionais, bem como nas relações de trabalho, ajustadas a essas projeções. Como assim?

Empreendedorismo & mercado de trabalho
Tanto quem decide se posicionar como empresário, bem como colaborador em instituições, a ambos são exigidas a tal atitude protagonista, que antigamente era chamada de "proativa" e hoje de "empreendedora" ou "dono do negócio".
Mas, como é que aprendemos sobre isso, em que momento nós somos estimulados a nos desenvolver para atender essa demanda de transformação global?

Desafios na educação preparatória
Pesquisando sobre a origem das instituições escolares, para entender como ou porque vem acontecendo tudo isso, encontrei essa consideração de Sanfelice, professor da UNICAMP e pesquisador em história, sociedade e educação no Brasil:

> Os motivos pelos quais uma unidade escolar passa a existir são os mais diferenciados. Às vezes a unidade escolar surge como uma decorrência da política educacional em prática. Mas nem sempre. Em outras situações a unidade escolar somente se viabiliza pela conquista de movimentos sociais mobilizados, ou pela iniciativa de grupos confeccionais ou de empresários. A origem de cada instituição escolar, quando decifrada, costuma nos oferecer várias surpresas. (HISTEDBR On-line.)[1]

Os diferenciados motivos que dão origem às escolas as tornam objetos de interesses contraditórios de ordem econômica, política, ideológica, religiosa e cultural, dentre outros. No mesmo artigo, o professor ainda menciona a desigualdade de público que frequenta as escolas, inclusive as diferenças relacionadas em suas procedências espaciais ou socioeconômicas.

Apresentada essa relação de exigência e demanda do mercado de trabalho *versus* os desafios do sistema educacional tradicional em nossa cultura brasileira, você percebe o mesmo que eu? A lacuna entre a disponibilidade de mão de obra subqualificada, ou despreparada, e a necessidade das empresas que fomentam desenvolvimento econômico e também social é muito grande. O processo para satisfazer essa necessidade pode ser comparado ao garimpo de minério, onde o garimpeiro precisa reconhecer tesouros em meio a muita lama e pedra, extrair daquele ambiente sem danificar ou depreciar aquela raridade, e ainda lapidá-lo com precisão até poder ofertar ao seu cliente e satisfazer a demanda.

Você, seja empresário, empreendedor, ou estudante em busca de uma atitude empreendedora, consegue observar essa nossa realidade presente e esboçar uma perspectiva confortável de futuro do trabalho? Tenho certeza que, assim como eu, você estar se perguntando, ou pensando o que podemos fazer a respeito. Eu pensei muito sobre isso, e agora quero lhe apresentar qual a solução que desenhei para agirmos agora, já no presente.

Influências & experimentação

Busquei conhecer mais pessoas e organizações que tivessem interesses semelhantes aos meus, e quero destacar pra você algumas das influências e experiências mais marcantes que tive, e que além de um convite à reflexão, me fizeram desejar fazer algo positivo.

---

[1] Revista HISTEDBR On-line, Campinas, n. especial, p.23, ago. 2006 - ISSN: 1676-2584.

- Participei na produção e realização do evento You Sublime, um seminário de dois com capacidade para 100 jovens, expondo temas de desenvolvimento pessoal, profissional e financeiro, aberto ao público, e colaborado pela Faculdade Impacta de Tecnologia.
- Circulei entre instituições de ensino de primeiro, segundo e terceiro setor, onde pude compreender um pouco das perspectivas de cada uma em relação ao cenário e como tem se posicionado e atuado diante dos desafios. Conheci o projeto Próxima Etapa que me permitiu participar em uma de suas ações em escola pública, e pude ver de perto o quanto precisamos ser mais atuantes e participativos como complementares na transformação do sistema educacional.
- Participando em ações do Instituto Vem Saber nos surpreendemos quando recebemos jovens de idade entre 20 e 30 anos, ou até mais, que reagiam interessados em conteúdos de orientação e decisão para carreira pensados para alunos de ensino médio.
- Em um evento de *networking*, vi uma apresentação da Lala Deheinzelin sobre a Fluxonomia 4D: essa mulher é sensacional, e despertou em mim um desejo profundo de criar maneiras para estimular o empreendedorismo nos jovens apresentando-lhes os conceitos de Novas Economias ainda no início da sua experiência de introdução ao mercado de trabalho (economia criativa, compartilhada, colaborativa e multivalores). Se possível, recomendo que você leitor também se familiarize com essas novas visões de economia, podemos até conversar a respeito.
- Conheci empresários e educadores que têm atuado nessa demanda global de educar e estimular empreendedorismo ainda na adolescência. Foi muito interessante ver a perspectiva abordada por cada um, e gostaria de salientar duas referências:

  o **Babson College:** em uma aula de Práticas de Educação para o Empreendedorismo fiquei sabendo que a forma como eu penso que o empreendedorismo deve ser estimulado na educação básica, através da experimentação em atividades práticas, já faz parte do método dessa faculdade em Massachusetts desde a fundação, no ano 1919, e o corpo docente composto por empresários experientes.

  o **UNIVESP:** Uma instituição de Ensino Superior mantida pelo Governo do Estado de São Paulo, voltada para a Educação a Distância, esta é a UNIVESP – Universidade Virtual do Estado de São Paulo. Achei bacana o fato de o conteúdo das aulas ser acessível também para quem não é aluno inscrito, e assisti as aulas da disciplina Sociedade, Tecnologia e Inovação em um Curso de Licenciatura. Ajudou a complementar a perspectiva aberta pela Fluxonomia 4D.

- Empresários que atuam em outros segmentos de negócio, não ligados a educação, bem como ONGs, compartilharam quão desafiante tem sido introduzir os jovens no mercado de trabalho devido à baixa capacitação, ou comportamento desqualificado.
- Encontrei coletivos que se autodesenvolvem conscientemente e empreendem negócios aplicando novas economias. Aprendi que é importante estar sempre em movimento, mais valioso ainda é com pessoas que já estão fazendo algo e na mesma direção que você: um sim sem certeza, é um não com certeza.
- No livro *Startup weekend* (Ed. Alta Books, 2012) encontrei alguns conceitos que me ajudaram a rever oportunidades que me cercavam e ainda não havia sido capaz de percebê-las. Gosto de destacar o capítulo 1, que mais chamou minha atenção enquanto estava folheando dentro da livraria, "Sem conversa, ação total: *networking* orientado para ação". Como resultado, criei uma *newsletter*, a revista digital *Está Rolando Aí*, por meio da qual compartilho mensalmente uma seleção de eventos gratuitos que estão rolando em São Paulo. Faço uma pesquisa em cima dos temas que mais me conectam (tecnologias e transição digital, empreendedorismo, futuro do trabalho e novas economias, comportamento humano e *networking*) e disponibilizo essa vasta curadoria para assinantes da minha lista, por um valor bem baixo, quase de graça. O objetivo é que eu possa encontrar e conectar cada vez mais pessoas com interesses semelhantes, aumentando a qualidade do meu *networking*. Se você também deseja receber, pode clicar em meu site ou solicitar pelo *WhatsApp*. Acredite, são muitas oportunidades de conexões e conteúdo!
- Sem falar da minha própria trajetória, que até o momento me exigiu muito desenvolvimento e transformação.

Com todas essa exposições, e experimentações, eu desenhei um projeto que tenho chamado de Jovem Empreendedor 4D. Vou te apresentar qual é o futuro que eu tenho desejado, e como iniciar essa transformação agora.

O programa
Primeira fase:
Acontece em uma sala de aula diferente da que se está acostumado a encontrar, os jovens interagem e recebem conteúdo de peso. Informações e conhecimento que os ajudarão a entrar no mercado de trabalho de maneira ativa e protagonista. E, recebem o *kit* de ferramentas do #JE4D!

Conteúdo:
- Futuro do Trabalho:

O que dizem sobre isso? E afinal, quando será mesmo esse futuro?
- Empreender:

O que é? Pra quem é? Onde funciona?
- Nova Economia:

"Nova" porquê?

As quatro dimensões da nova economia: criativa, compartilhada, colaborativa e multivalores.

As "regras do jogo" no novo mundo de novas economias sustentáveis.
- E eu?

Como você participa desse novo mundo econômico sustentável.

Segunda fase:

Os alunos participam automaticamente do *business reality show* Jovem Empreendedor 4D.

Esta é a oportunidade para solucionar os seus maiores desafios:
- Descobrir os seus melhores talentos.
- Quais áreas de atuação dentro de uma empresa você se identifica mais.
- Obter experiência prática e com certificado!

O jogo da vida real

Com base no conteúdo da aula de preparação, nesta fase os jovens recebem orientações e devem realizar missões reais como:
- desenvolver e criar um produto/serviço;
- encontrar financiadores do seu produto/serviço;
- produzir e vender seu produto/serviço;
- relacionar com clientes, fornecedores, parceiros e equipe de trabalho;
- recuperar o investimento e remunerar os financiadores.

Além da experiência prática adquirida, e certificada, os jovens serão remunerados com base nos resultados dos seus próprios empreendimentos.[2]

Observando a realidade das nossas relações de educação e mercado de trabalho eu me sinto convidada a demonstrar uma atitude empreendedora, e fazer parte de uma transformação de impacto econômico, moral e social.

---

2 Será um empreendimento real e supervisionado, o aluno e seus responsáveis estarão isentos de realizarem qualquer investimento financeiro para realização do empreendimento e protegidos de eventuais resultados negativos ocasionados pela gestão do negócio desenvolvido.

Você sente o mesmo? Acredita que pode também fazer parte disso como indivíduo ou instituição? Se você respondeu sim, deixe-me saber disso, vou adorar lhe receber e podemos conversar para definir como colaborar ativamente. Quais são algumas das oportunidades:

• Se você é profissional experiente em sua área e gostaria de compartilhar os aprendizados da sua jornada profissional, sendo um dos orientadores que conduzirão os jovens nas fases de desenvolvimento do projeto dentro do *reality show*;

• Se você é um empresário e deseja participar com patrocínios institucionais, recursos técnicos ou financeiros;

• É pai, mãe, educador ou tutor de jovens e gostaria de apresentar essa oportunidade a eles;

• Ou, é você o jovem que estou buscando para participar dessa aprendizagem prática?

Conheça mais sobre mim e sobre o projeto Jovem Empreendedor 4D (#JE4D) buscando na internet por meio dos canais que compartilho aqui junto aos meus contatos. O convite está lançado, e aguardo a sua resposta!

Até breve!

12

Chave de ideias brilhantes

Acessando novas possibilidades

Darcio Corrêa Jr.

Darcio Corrêa Jr.

Diretor da Webcontatos Consultoria Ltda. Palestrante, consultor e escritor do livro *O segredo de Rivres*. *Coach* de Processo de Valorização de Ideias e Talentos.

Contatos
www.webcontatos.com.br
darcio@webcontatos.com.br

Quem não gostaria de ter uma ideia brilhante e ser reconhecido por isso?

Você deve, assim como eu, conhecer histórias de pessoas que conseguiram dar viradas extraordinárias na sua vida com uma ideia brilhante. Não é à toa que ideias são representadas pelo símbolo de uma lâmpada. Elas são capazes de trazer luz para momentos de insegurança, confusão e incertezas.

Ao longo de mais de duas décadas, venho estudando o que faz uma ideia prosperar e como se desenvolve uma mentalidade idealizadora, ajudando empreendedores e executivos a transformar impossibilidades em possibilidades.

Mas, afinal, o que é uma ideia? Entendo que são pensamentos que se conectam para gerar respostas e possibilidades. Embora alguns acreditem que ideias podem surgir do acaso e ficam a espera de um golpe de sorte, prefiro acreditar em preparo mental e conexões criativas.

Infelizmente constato, estudando casos concretos, que mais de 95% daqueles que entrevistamos não tem consciência de onde surgem as suas ideias, nem sabem muito bem o que fazer com elas.

Ao estudar os idealizadores à luz da neurociência, descobriu-se que a curiosidade e a capacidade que possuem de estabelecer conexões e relações com coisas e situações são bem acima da média. Para eles, não existem as palavras "nada a ver". Tudo, de alguma forma, faz parte de uma grande trama (*web*) que tem, sim, tudo a ver, basta olhar com mais atenção e foco. O problema é que passamos a maior parte do tempo distraídos.

E você, sabe como surgem as suas ideias? E o que tem feito para elas brilharem?

Que relação há entre uma maçã e um computador?

Para a maioria das pessoas, nenhuma; mas para Steve Jobs, existiu. Ele relacionou a maçã ao momento de inspiração do cientista Isaac Newton e retratou isso no primeiro logotipo da *Apple*. Depois, veio o segundo, com a maçã mordida, simbolizando o conhecimento e a tentação que remetendo ao jardim do Éden.

Ainda sobre Steve Jobs, ele conta no seu famoso discurso feito em 2005 na Universidade de Stanford intitulado "A ligação dos pontos", que os acontecimentos da nossa vida aparentemente sem sentido se conectam em algum momento formando uma trama (*web*) que lhe prepara para algo maior.

É comum ouvirmos relatos de idealizadores que se inspiraram em coisas e situações totalmente inusitadas para conceber as suas ideias brilhantes.

O poder de influência da *webcontatos* e suas conexões criativas

É impressionante vermos pessoas fazendo em grupo o que jamais fariam sozinhas.

Um simples bocejo pode influenciar vários outros a fazer o mesmo.

Estudos de Nicholas Christakis, cientista social de Harvard, e James Fowler, cientista social da Universidade da Califórnia, relatam o poder de influência de uma rede de contatos, até nos processos de emagrecimento.

Quer produzir novas ideias?

Renove as suas conexões, mude de ambiente, leia biografias de grandes idealizadores, faça cursos, veja vídeos e converse com quem tem uma mentalidade idealizadora produtiva.

Como desenvolver uma mentalidade idealizadora?

Até algum tempo atrás, as pessoas entendiam que fazer exercício era suficiente. Hoje, já se sabe a importância que os equipamentos de ginástica e os novos métodos têm no preparo físico. O mesmo se aplica ao desenvolvimento da mentalidade. Temos visto, em nossas oficinas *on-line*, como alguns simples exercícios podem mudar a maneira que vemos as coisas.

Recentemente, chegou ao Brasil o livro intitulado *Sprint*, que revela uma das formas que o *Google* vem usando para criar e testar ideias. Nele, Jake Knapp, John Zeratsky e Braden Kowitz mostram um método de como ideias podem ser produzidas e validadas em apenas cinco dias.

A chave que transforma patinadores em idealizadores produtivos

Sempre fui apaixonado por inovação e ideias criativas. Sou reconhecido no mercado pela idealização de produtos e serviços que se destacam pela sua criatividade e por uma empresa de consultoria que, desde 1994, vende soluções. As pessoas com frequência me perguntam: "de onde surgem as suas ideias?"

Resolvi levar essa pergunta a sério, estudando casos de sucesso. Meu objetivo era chegar ao DNA das ideias e de como elas são concebidas.

Descobri que as grandes ideias normalmente são sustentadas por cinco pontos: conhecimentos, habilidades, atitudes, validações e engajamentos, que formam o acrônimo C.H.A.V.E.

Com base nestas constatações, desenvolvemos um método que chamamos de chave de ideias. Seu objetivo é otimizar o processo de concepção e validação de ideias.

Na sequência, faremos uma análise desses cinco pontos de sustentação, começando pelo "C" de conhecimento. Afinal, não há como oferecer uma boa solução sem uma ideia clara do problema e necessidade.

1) Ponto de sustentação chave – conhecimentos

Todos sabem que o valor de uma ideia é diretamente proporcional à sua capacidade de resolver problemas e continuar sendo útil. Por isso, é importante se conhecer muito bem o público que a ideia quer impactar, seus valores, motivações, necessidades e dores.

Neste sentido, sai na frente quem tem o melhor sistema de coleta e processamento de informações.

A vantagem que os curiosos têm

Sem dúvida, a curiosidade e atitude indagadora podem ajudar muito no processo de obtenção de conhecimento. Embora pareça que a sociedade valorize mais aqueles que têm as melhores respostas, são os perguntadores que controlam a conversa e instigam o interesse pelo conhecimento.

Não está satisfeito com as respostas que a vida tem lhe dado? Então observe as perguntas que tem feito a ela. A mente precisa de boas perguntas para manter-se focada, ativa, produtiva e aberta a novas ideias.

Uma mentalidade idealizadora precisa de um bom cardápio de perguntas. Dessa forma, um *coach* pode ser um forte aliado em função de sua especialização em fazer perguntas.

Essas perguntas basicamente têm dois focos de conhecimentos: o mundo interno (autoconhecimento) e o mundo externo (as pessoas com as quais nos conectamos, ou seja, nossas *webcontatos*).

Os idealizadores não se intimidam com perguntas, pelo contrário: estimulam o questionamento, não fogem de críticas e gostam de *feedback*. Com isso, a chave do conhecimento tem, na curiosidade, um bom estimulante e nos sistemas de coleta de informações ou cardápio de perguntas, excelentes direcionadores. O segundo ponto de sustentação da chave de ideias é o "H", de habilidades. De nada adiantará termos conhecimento sem as habilidades de lidar com o que descobrimos.

2) Ponto de sustentação chave – habilidades

Todos têm habilidades que podem ser reconhecidas e aprimoradas mas que, muitas vezes, se perdem por falta de prática. Lembro do Oscar Schimidt, o chamado "mão santa", pela sua habilidade de encestar. Ele não saía do treino sem antes fazer mil arremessos certos.

Ao contrário do que alguns acreditam, a chave de alta *performance* não está no desenvolvimento dos pontos fracos. É o que Pétry relata em sua obra *O óbvio que ignoramos*. Ele afirma que "o ser humano possui uma tendência inata para valorizar mais o negativo". Por mais óbvio que seja, muitas vezes nos pegamos tentando trabalhar os pontos fracos tanto no aspecto pessoal quanto profissional.

O terceiro ponto de sustentação da chave de ideias é o "A", de atitudes. A partir do momento em que as suas habilidades estiverem desenvolvidas, ficará mais fácil colocar sua atitude nela e destacá-la.

3) Ponto de sustentação chave – atitudes

Uma mesma habilidade executada com atitudes diferentes pode gerar resultados totalmente distintos. Um hábil motorista com uma atitude agressiva no trânsito tende a ter consequências muito diferentes de outros mais pacíficos. São as atitudes que imprimem o nosso jeito próprio de ser.

Quando observamos as atitudes, o que mais nos chama atenção é justamente a coerência da ação com a proposta. Elas precisam fazer sentido. Caso contrário, geram desconfiança e resistência.

É claro que, para que uma ideia possa ter chance de ser percebida e se conecte com o público alvo, ela precisa ter características e benefícios que as distinga das demais (atitudes) e faça total sentido.

O próximo ponto de sustentação da chave de ideias é o "V", de validação.

4) Ponto de sustentação chave –validação

Depois de passarmos pelo conhecimento das necessidades, compreendemos quais habilidades são essenciais para entregar a solução. Também definimos que atitudes podem distinguir a ideia para nos conectar com o público escolhido. Na sequência, precisamos de um sistema de validação que nos mostre se estamos ou não no caminho certo.

Uma excelente ideia hoje, pode não valer nada amanhã, por isso a importância dos pontos de validação. Já vimos muitos idealizadores se perderem nesta etapa, geralmente pelo apego sentimental à ideias que deixam de servir.

Existem dois momentos na validação: o pré e o pós-lançamento de uma ideia. Na primeira etapa, são feitas provas de conceito para análise de eficácia das soluções propostas, concebendo projetos pilotos para teste. Um recurso muito utilizado nesta etapa é o chamado MVP (*Minimum Viable Product*), utilizado para testar ideias de forma rápida.

É nessa etapa que descobrimos se o produto ou serviço é capaz de entregar a solução proposta. O MVP vem ganhando espaço, não só como teste de conceito, mas também como forma de ganhar mercado, funcionando como um instrumento de degustação e conquista de confiança.

O MVP pode, além de fornecer subsídios do que precisa ser aprimorado, deixar um gostinho de "quero mais" nos degustadores. Ele também pode ser chamado de SMV (Solução Mínima Viável).

Mesmo depois do lançamento da ideia, ela precisa continuar sendo validada, por sistema que nos mostre como as coisas estão indo. Não ter isso seria o mesmo que tentar pilotar um avião sem um painel de instrumentos. O MVP e o SMV funcionam como ferramentas de conquista de mercado e um *feedback* que inspira novas ideias.

O quinto ponto de sustentação da chave de ideias, e não menos importante, é o "E", de engajamento, pois é ele que mede o nível de apoio e comprometimento do público alvo.

5) Ponto de sustentação chave – engajamentos

Após a validação do seu nível de engajamento, a confiança aumenta, o que facilita a conquista de apoio para a ideia.

Mas o que vem a ser o engajamento?

Engajamento é o comprometimento que temos e obtemos com determinada marca, ideia, produto etc. Ele desperta a vontade de participar de algo onde se vê o propósito e o valor. Remete ao orgulho de pertencer a algo maior que nos faz sentir valorizados e importantes.

Os melhores engajadores normalmente têm uma linguagem emocional mais forte, carregada de porquês e, com isso, conseguem mostrar mais propósitos. É neste contexto que quem consegue demonstrar real interesse pelo outro tem mais chances de conquistá-lo.

O que pode matar o engajamento?

Quando as pessoas se sentem usadas, manipuladas e não conseguem ver a relevância da ideia proposta, nem a oportunidade de evidenciar seus conhecimentos, habilidades e atitudes, o engajamento se perde.

Se a mentalidade idealizadora consegue despertar curiosidade para buscar conhecimento, disposição para executar habilidades, atitudes que diferenciam e comprometimento para validar resultados; não há nenhuma dúvida de que o coroamento de uma ideia está no seu nível de engajamento: sem ele, não temos colaboradores, investidores, parceiros, novas ideias nem apoio.

Conclusão

É inegável o poder que as ideias têm para transformar vidas e situações. Fico tentando imaginar quantas ideias poderiam ser soltas dos porões escuros das mentes com a chave certa.

Soluções que poderiam estar transformando vidas, mas que patinam em ideias limitantes e divergentes, muitas vezes são influenciadas por contatos negativos e visões distorcidas. Será que não chegou a hora de ver as suas ideias brilharem mais? Sem um método, tudo fica muito mais difícil.

De nada adianta reunir pessoas para um *brainstorm* ou pedir ideias para colaboradores e clientes sem antes preparar as suas mentalidades com a metodologia certa. Buscar novas ideias sem um método é como tentar fazer um bolo sem receita. Acredite, toda a visão pode ser mudada, basta uma ideia brilhante..

13

Desenvolvendo o comportamento empreendedor

Na caminhada do empreendedorismo, embora a coragem seja imprescindível no início do processo, a competência lhe será muito mais útil durante toda a trajetória. Seja qual for o seu objetivo, ao empreender, você precisará desfazer as amarras que travam a sua caminhada. Descubra aqui como desenvolver um verdadeiro comportamento empreendedor para obter o sucesso que você tanto deseja em seu negócio

Deivis Stein

Deivis Stein

Coach de Alta Performance, *Practitioner* em PNL e membro ativo na Sociedade Brasileira de Coaching. Coaching Sistêmico, idealizador do treinamento digital Elevando Seu Nível 2.0, *Leader Coaching*, You Win e Desenvolvimento em *Marketing* Digital. Ministra palestras e treinamentos de forma *on-line* e presencial por todo o Brasil.

Contatos
www.deivisstein.com.br
deivis@deivisstein.com.br
(51) 99815-6644

Agir apesar da incerteza

Como tudo nessa vida, o comportamento empreendedor deve ser desenvolvido. Ninguém nasce sabendo empreender, sabendo agir de maneira a vencer os desafios impostos a quem trilha o caminho do empreendedorismo.

A diferença entre pessoas que lidaram mais facilmente com seu primeiro empreendimento do que outras, está no fato de que elas receberam em suas infâncias direcionamentos que facilitaram a superação dos desafios impostos aos que empreendem. Ou que, durante a sua vida, adquiriram, através de experiência e desenvolvimento, conhecimento necessário para agirem a favor de seu objetivo de empreender.

Nesse primeiro passo para o desenvolvimento do comportamento empreendedor, quero tratar de uma dificuldade vivida por muitas pessoas no início de suas carreiras empreendedoras: dar o primeiro passo.

Ele é sempre o mais desafiador, que separa milhares de empreendedores dos funcionários tradicionais do mundo. Quem dá o primeiro passo avança de modo a deixar uma multidão para trás. É como uma porta que se abre a muitas outras. E é o que está por trás dessa máxima que trava muitas pessoas de agirem rumo ao empreendedorismo.

Nossa zona de conforto cerebral busca sempre nos manter em segurança e gastando a menor quantidade de energia possível. E ela afeta de maneira considerável nossa forma de pensar e consequentemente de agir.

E o nosso papel como personagem ativo de nossos resultados é vigiar o quanto estamos reféns dessa segurança e conforto impostos por nossos cérebros.

O que acontece com muitas pessoas que querem empreender, mas não conseguem dar o primeiro passo é que elas buscam ter total clareza de como será toda sua trajetória para que assim possam dar o primeiro passo em "segurança", isso quando dão ainda!

Pois bem, eu venho lhe dizer que agir, apesar da incerteza, é uma das habilidades necessárias para empreender. Contrariando de alguma maneira as metodologias que abordam a importância de se ter um objetivo claro, específico e mensurável e faz dessa clareza sobre o futuro o seu foco principal, aquele do qual você não deve desviar seus olhos para que assim conquiste seus objetivos, apresento minha visão de que essa máxima, repetida por muitos, pode sim aprisionar uma mente de dar o primeiro passo, deixando-a sem ação diante de uma pergunta da qual ela ainda não sabe responder ou sobre a pressão de tantas coisas que terá que fazer até chegar lá.

Nem todos os campeões mundiais começaram a treinar tendo claro em suas mentes de que seriam campeões mundiais em no máximo dois, três ou cinco anos e sete meses. Assim, como nem todos os empresários bem-sucedidos viam seus futuros por meio de uma lente tão transparente, que os deixavam enxergar exatamente aonde eles chegariam, e com que produto, e em quanto tempo. E de maneira alguma deixo de reconhecer as histórias que relatam essa visão de futuro tão exata da qual me inspira admiração. Mas devemos admitir que em muitos casos os realizadores de grandes feitos não deram a largada enxergando nitidamente a linha de chegada, e não foi essa visão que os fez começar a correr. Eles iniciaram, sabendo a direção que queriam tomar, tinham o "norte" definido e o percurso, por sua vez, foi moldando de maneira cada vez mais clara e específica o ponto final de suas corridas.

É a cada metro avançado que a névoa que separa o empreendedor do seu objetivo vai se dispersando e deixando para você uma visão limpa, transparente e nítida do destino no qual suas ideias, esforço e persistência o levará.

Então caso você seja igual a muitos nesse mundo de inconformados, seja com sua profissão atual, seja com a posição que sua empresa ocupa no momento presente, e deseja, com toda força, avançar rumo a seu objetivo de empreender uma carreira ou empreender uma ideia que o levará ao seu próximo nível; não deixe de caminhar porque você ainda não sabe ajustar o foco ideal da sua lente de futuro que o deixa ver detalhadamente aonde você quer chegar. Defina uma direção e alcance seu próximo passo, esse sim é o foco que você precisa para tirar suas ideias do papel e começar a torná-las reais.

E então, a cada passo avançado, desafio superado, vitória conquistada será como se a visão do futuro fossem ganhando forma. O foco da sua lente vai se regulando de modo que a linha de chegada se torne cada vez mais próxima e o caminho se torne cada vez mais suave.

É dessa forma que você deve entender de que maneira esse primeiro passo colabora para que sua mente saia da armadilha do conhecimento, e te faça ultrapassar as barreiras criadas por seus sabotadores oriundos da zona de conforto que quer que você caminhe em segurança.

Não deixe de agir porque você não sabe com detalhe aonde quer chegar. O benefício imprescindível do foco não pode ser usufruído apenas por aqueles que conhecem exatamente a linha de chegada, ele pode e deve ser utilizado por aqueles que entendem que basta conhecer a direção que querem seguir, basta focar no próximo passo e agir.

A maturidade desenvolvida a cada obstáculo, a cada avanço, te trará o que faltava em sua resposta sobre onde você quer chegar e, de forma mágica, irá enxergar o seu próximo passo, expandindo seus conhecimentos e encontrando novos caminhos.

Para os momentos difíceis, motivação!

O segredo do sucesso está na ação! E embora existam outros fatores importantes para alcançar o sucesso, como: foco, persistência e confiança, todos estão correlacionados com a ação e implicam em agir. Agir é aquele ingrediente de ouro, que não pode faltar em cada passo.

Logo, é muito importante que você esteja presente, vigilante para tudo que te impede de agir, e mais importante ainda esteja presente para os fatores que te fazem agir mais, agir quando todo mundo pensa em parar, agir quando você pensa em parar.

Uma mente que olha para dentro e busca maneiras de facilitar as conquistas externas é uma mente de sucesso, uma mente que caminha mais velozmente rumo a seus objetivos.

Imagine que você esteja prestes a desistir. Vamos a um exemplo prático aqui, pense que você quer muito que sua empresa fature 30% a mais no último trimestre do ano e isso signifique que todos, inclusive você, terão que trabalhar algumas horas a mais o semestre inteiro. Talvez, só o fato de querer muito o aumento no faturamento da sua empresa não seja suficiente para que você trabalhe até tarde todos os dias, ou para que você negue um compromisso social em um fim de semana no qual você poderia estar descansando e está trabalhando em prol do seu objetivo.

Funciona como um praticante de dieta em busca de emagrecimento. O fato dele querer muito emagrecer, nem sempre é suficiente para que ele faça boas escolhas alimentares. Ou seja, talvez querer muito os 30% adicionais em seu faturamento não fará você agir da maneira que precisa para conquistar seu objetivo.

É aqui, empreendedor, que você precisa refletir. São alterações simples na maneira de pensar que mudam seu sentimento, sua ação e o seu resultado. Você precisa refletir se suas motivações são suficientes para lhe fazer caminhar quando todo mundo pensa em parar. E precisa entender que o que lhe inspira não necessariamente é o que motiva.

Motivação são motivos, causas que fazem seguir em frente mesmo em ambientes adversos. São motivos e causas que te farão dar mais de você. É o ingrediente interno que impulsiona os seus resultados externos.

É como eu dizer que o que dá a direção para você agir são suas inspirações, mas o que faz você fazer o que tem que ser feito são suas motivações, ou seja, seus desejos mundanos, aqueles benefícios que implicam diretamente na sua qualidade de vida.

Agora, reflita comigo, o que você vai ganhar se aumentar o faturamento da sua empresa em 30% no próximo trimestre? Abrir seu negócio?

Você vai conseguir comprar o carro dos seus sonhos?

Você vai conseguir dar entrada naquele imóvel que você tanto pensa?

Você vai conseguir investir na estrutura da sua empresa para avançar mais?

Vai conseguir aquela festa de casamento que deseja?

Eu não sei quais são suas motivações, mas minha sincera recomendação é que você saiba quais são, que você as conheça muito bem para acessá-las sempre que precisar vencer sua zona de conforto e/ou superar os desafios que aparecerão inevitavelmente na frente das suas conquistas. Isso que você precisa lembrar no momento desafiador. Por que vale a pena esse esforço?

No exemplo anterior, a pergunta que você deve se fazer é: o que na sua vida prática será conquistado se você fizer tudo que precisa ser feito para aumentar o faturamento da sua empresa em 30,50 ou 100%?

São esses ganhos que farão você agir nos momentos difíceis. São nos benefícios para sua vida que você tem que pensar e focar no momento que você estiver prestes a falhar em suas atividades diárias, são as motivações que trilham o caminho até o sucesso. Nunca esqueça dessa palavra: constância!

Desenvolvimento estratégico

Neste subtítulo, vou tratar de uma armadilha encontrada por muitos que estão no caminho de desenvolvimento do comportamento empreendedor. É uma armadilha capaz de atrasar ou até mesmo parar a sua caminhada, se você não estiver presente para percebê-la e enfrentá-la: a armadilha do conhecimento.

É bastante similar ao entrave tratado no primeiro capítulo do qual explorei a respeito da dificuldade de dar o primeiro passo quando a pessoa busca, antes de agir, ter clareza total do caminho a ser percorrido.

Aqui, veremos que mesmo que você entenda que não precisa saber como será toda sua trajetória para então começar a agir, ainda assim poderá cair na armadilha de acreditar que precisa desenvolver todas as habilidades exigidas pelo seu empreendimento, antes de entrar em cena para colocá-lo em ação e isso fatalmente lhe travará.

Esse comportamento é facilmente compreendido em uma sociedade que passa quase 1/3 de suas vidas ouvindo que precisam estudar muito, e serem os melhores do colégio para terem uma oportunidade no futuro. As pessoas acabam por incorporar esse ensinamento e, então, não se sentem preparadas para criarem suas próprias oportunidades antes de estudarem muito sobre os assuntos relacionados a elas.

O remédio para essa armadilha está no conceito de produtividade.

Ser produtivo é agir em direção ao seu objetivo. Você pode perceber que eu não disse que ser produtivo é estar ocupado o tempo todo. Eu não disse que ser produtivo é agir em todas as direções, eu disse que ser produtivo é agir em direção ao seu objetivo. E, em sua carreira empreendedora, você avançará mais quanto mais vigilante for na relação entre suas atividades e o avanço rumo ao seu objetivo.

Se você perceber que está se ocupando muito, mas não está avançando, alguma coisa está errada. Você precisa repensar suas ocupações. O importante para empreender é agir e avançar proporcionalmente. Ou seja, você precisa desenvolver as habilidades necessárias hoje, para que possa dar o próximo passo. Isso é o que eu chamo de desenvolvimento produtivo pontual.

O que você pode fazer pelo seu objetivo está no conhecido "agora". Nunca deixe a esperança de um amanhã melhor impedí-lo de agir hoje.

É como trocar a roda de um carro com ele em movimento. É essa habilidade que precisamos desenvolver para adquirirmos um comportamento empreendedor produtivo, que nos dará resultados no menor tempo possível. Quando você se deparar com um desafio, você não precisa desenvolver um arsenal de conhecimento de todos os assuntos relacionados a sua trajetória. O segredo é desenvolver especificamente o que é necessário agora, para você avançar rumo ao próximo passo.

E quando você enxerga dessa maneira, quando você entende que as pessoas que criam grandes conquistas inicialmente não estavam totalmente preparadas para conquistar seus objetivos e que isso foi consequência de muita ação e desenvolvimento ao longo do caminho, você para de focar no quanto ainda falta para caminhar até a linha de chegada e começa a vibrar e comemorar o quanto você já avançou.

Essa é a mudança na percepção que faz toda a diferença nas suas ações diárias e fazem vencer a armadilha do conhecimento. Esteja sempre atento a usar todo seu potencial no próximo passo e não se preocupe com toda a jornada, afinal você obrigatoriamente precisará passar por todo o caminho.

Persistência sim, insistência não

Se seu objetivo é evoluir, seja rumo a sua nova carreira empreendedora, seja melhorar o faturamento da sua empresa, ou qualquer movimento de mudança, nesse caso para melhor, você precisa agir de maneira diferente que vem agindo.

Uma frase famosa atribuída a um filosofo antigo dizia que: "a definição de insanidade é fazer a mesma coisa repetidamente e esperar resultados diferentes". Pois bem, é exatamente aqui que se apresenta a diferença entre persistir e insistir.

Insistir nas suas ações quando elas não estão te gerando o resultado esperado é uma bela maneira de perder seu tempo. E isso nada tem a ver com persistência. A persistência é uma qualidade fundamental de um empreendedor. O empreendedor nunca desiste, nunca.

O que você precisa é estar presente e vigilante sempre para encontrar a causa pela qual você não está avançando, e trabalhar essa causa. É treinar a mente para que ela sempre foque na solução e não no obstáculo a vencer.

Para ilustrar a diferença entre persistir e insistir gosto de usar o exemplo da semente em solo infértil. Se você tentar plantar uma semente em excelente estado em uma pedra, você não a verá dando frutos. Isso porque o problema não está na semente, o problema está no solo. E se esse for seu caso o que você precisa é trocar o solo, ou seja, mudar o projeto.

Mas, mudar o projeto não significa que você está desistindo, significa que você está persistindo e isso é estar no caminho certo.

Agora, se você perceber que o solo é fértil, mas que você não está colhendo os frutos necessários, então o problema está na semente. Ou seja, você está errando em alguma coisa. E, se você para um projeto porque está errando alguma coisa, aí sim você está desistindo.

Desenvolver o comportamento empreendedor é trabalhar a habilidade de buscar as soluções para os problemas, persistir até que dê certo e as pessoas comecem a reconhecer seus resultados.

O sucesso não vem de uma noite para a outra, o sucesso é consequência das ações que temos todos os dias. E se você não parar até que dê certo, dará certo. E é isso que precisa guiar suas ações. A persistência!

14

Empreendedorismo: tudo o que você precisa aprender

Entenda o que é empreendedorismo
e a como identificar o seu perfil
empreendedor

Deiwis Sadério

Deiwis Sadério

Nascido em Caieiras/SP, em 1991, Deiwis Sadério iniciou a carreira profissional informal bem cedo e, de degrau em degrau, adquiriu formação técnica em Gestão de Empresas e Graduação em Análise e Desenvolvimento de Sistemas; além de possuir diversos outros cursos de aprimoramento profissional. Atualmente trabalha no setor da educação, sendo proprietário e diretor da empresa de ensino profissionalizante e de idiomas, Prática Educação; também é diretor do Polo Caieiras de ensino superior Laureate International Universities, tendo como principais bandeiras a FMU e Anhembi Morumbi. Também trabalha com Tecnologia da Informação e *Marketing* Digital para empresas de pequeno e médio porte.

Contatos
deiwis.sa@gmail.com
linkedin.com/in/deiwis-saderio
(11) 94174-4455

A palavra empreendedorismo nunca foi tão usada como nos últimos anos. Por conta da crise, milhares de brasileiros viram seus empregos acabarem. Sem um caminho certo para seguir, essas pessoas tiveram de usar da criatividade e força de vontade para conseguir dar a volta por cima e se reerguer perante o caos que se instalou no país.

Milhões de pessoas tiveram que criar suas oportunidades e soluções para problemas. Com isso, nós tivemos um *boom* de novas empresas dos mais variados segmentos. De *food trucks* ao serviço de aluguel de guarda-roupas, os mais diversos negócios surgiram para suprir as necessidades financeiras do povo brasileiro.

Outra coisa que fomentou essa onda foi o avanço do acesso a internet. Hoje, graças a era digital, temos uma nova forma de fazer empreendedorismo. Sem a necessidade de grandes investimentos, a *web* se tornou o espaço ideal para empreendedores das mais variadas idades.

Mas, afinal, o que faz uma pessoa empreendedora? Quais as características de alguém que tem o empreendedorismo em seu sangue? Mais do que isso, quais são os tipos de empreendedores que existem atualmente? Para te ajudar a sanar todas essas dúvidas, reuni uma série de informações sobre essa arte incrível.

O que é empreendedorismo?

Basicamente, o empreendedorismo é o poder que nós temos de identificar oportunidades e investir nelas para criar negócios e projetos que possam gerar mudanças que impactem determinados segmentos, ou até mesmo a economia de forma geral. É ter proatividade para apontar maneiras de melhorar o seu trabalho ou o dos outros.

É a capacidade de transformar uma dificuldade na vida financeira, em uma grande oportunidade para mudar de vida. Ser empreendedor está na alma de muitos brasileiros.

Qual o perfil do empreendedor?

Ao contrário do que muitos pensam, não existe apenas um único tipo de empreendedor. O empreendedorismo pode aparecer de diferentes formas na vida das pessoas. Confira abaixo alguns dos perfis mais comuns de pessoas que sabem realmente empreender.

• **Nato:** é aquele que tem como sonho de vida a criação da empresa própria. Mesmo quando está atuando em empresas de terceiros, é possível perceber que ele possui dentro de si a vontade de ter algo seu.

• **Apaixonado:** geralmente são mulheres que tem exemplos de empreendedorismo na família, e que vão investir em áreas ligadas a beleza e estética.

• **Situacionista:** são aqueles que criam algo a partir da insatisfação ou porque a oportunidade apareceu. Tendem a ser mais cautelosos e optam por novas ideias em mercados já estabelecidos.

• **Antenado:** costumam fazer parte de grupos e associações, e nasceram na era digital. Seu principal meio de informação é a internet, mas também buscam conhecimento com pessoas mais experientes.

• **Herdeiro:** são aqueles que tiveram contato com o empreendedorismo em toda a vida e que veem a oportunidade de fazer parte dos negócios da família de alguma maneira.

• **Idealista:** aqueles que desejam contribuir com a sociedade de alguma forma.

• **Arrojado:** geralmente são homens mais velhos com um poder aquisitivo maior. Por terem mais experiência no mercado, tendem a agir mais "profissionalmente", se preocupando com questões como fluxo de caixa e etc.

• **Desbravador:** são aqueles que ainda não possuem um negócio próprio, mas almejam isso a curto prazo.

Esses são os tipos de empreendedor mais comuns. No entanto, é preciso ter em mente que o empreendedorismo é muito versátil, logo, existem várias maneiras de se tornar um profissional do gênero.

Características de um empreendedor

Apesar de existir vários tipos de empreendedor, existem algumas características básicas que, geralmente, estão presentes em todos aqueles que tem o espírito do empreendedorismo. Confira abaixo algumas delas.

• **Autoconfiança:** acreditar em si mesmo é uma das principais características das pessoas empreendedoras. Apenas com isso, elas conseguem realmente acreditar em seus projetos, tirando-os do papel e colocando-os em prática.

• **Busca de informação:** para fazer sucesso no empreendedorismo, é essencial buscar informações sobre tudo, desde as questões burocráticas para se abrir uma empresa, até a maneira correta de fazer a contabilidade do negócio.

- **Busca de oportunidades:** todo empreendedor precisa ter coragem para se aventurar nas oportunidades que o mercado oferece. Mais do que isso, ele precisa criar suas próprias oportunidades, tendo como base o ambiente em que vive.
- **Comprometimento:** não adianta iniciar um negócio para encerrá-lo pouco tempo depois. Aquele que sabe empreender também é comprometido com o seu projeto. Ele trabalha dia e noite, se necessário, para fazê-lo dar certo.
- **Saber correr riscos calculados:** correr riscos faz parte do empreendedorismo. No entanto, o verdadeiro empreendedor sabe fazer isso de forma calculada, não se deixando enganar por falsas oportunidades de ouro.
- **Criatividade:** um verdadeiro empreendedor também consegue ter ideias criativas, bem como soluções arrojadas para resolver os mais distintos problemas.
- **Iniciativa:** um verdadeiro empreendedor não espera que as oportunidades venham até si, ele mesmo a cria. Mais do que ter um faro para identificar bons projetos, ele desenvolve ideias que geram soluções incríveis.
- **Liderança:** um verdadeiro empreendedor não é um chefe e sim um líder. Ao invés de mandar, ele colabora com sua equipe para conseguir conquistar metas e objetivos. É respeitado pelo seu trabalho e dedicação, e não apenas pelo cargo que ocupa.
- **Otimismo:** outra característica presente em um empreendedor é o otimismo. É por meio dele que o profissional consegue enxergar as oportunidades que estão ao seu redor e apostar nelas esperando que os resultados sejam grandiosos.
- **Persistência:** dentro do empreendedorismo, a persistência é essencial. É por meio dela que conseguimos dar continuidade aos nossos projetos. Tenha em mente que sempre haverão obstáculos e perdas durante a sua trajetória, mas o que diferencia o empreendedor é justamente essa garra de não desistir perante as dificuldades.
- **Qualidade:** todo empreendedor precisa sempre presar pela qualidade de seus produtos e serviços. Ele foca seus esforços constantemente para aperfeiçoar o seu trabalho e sempre oferecer o melhor para os seus clientes.

O empreendedorismo digital

A era digital trouxe uma série de mudanças para o mercado. Hoje, um empreendedor não precisa possuir uma grande quantia de dinheiro para colocar o seu negócio para funcionar. Graças a *web*, é possível abrir empresas de forma fácil e prática.

Com custos baixos e retorno quase imediato, o empreendedorismo digital é uma grande tendência. E, todos os dias ganha, cada vez mais adeptos. Trabalhar diretamente do conforto do lar, sem esquentar a cabeça com aluguel e manutenção de edifícios se tornou uma realidade para muitos.

E as possibilidades são as mais variadas. Desde um *blog* de nicho até um *e-commerce*, é possível ganhar dinheiro de diversas maneiras na internet. Claro que, assim como qualquer outro mercado, é essencial que o empreendedor tenha um planejamento e saiba exatamente que tipo de negócio deseja abrir.

A escolha do nicho de atuação é essencial. Normalmente, o ideal é que o profissional escolha um segmento que tenha mais familiaridade. Dessa maneira, ficará mais fácil mostrar uma estratégia de abordagem. Além disso, sempre busque aperfeiçoar os seus conhecimentos, de modo a evoluir cada vez mais o seu negócio.

Para começar o próprio negócio digital não é necessário muita coisa. E é justamente isso que tem atraído cada vez mais pessoas para a *web*. Atualmente, você pode dar o pontapé inicial no seu projeto sem a necessidade de um espaço físico, investimentos ou equipe.

Isso mesmo, com apenas alguns cliques, é possível começar uma empresa totalmente do zero. Mas, para que o seu projeto dê certo é necessário se atentar a alguns aspectos importantes do empreendedorismo digital. Lembre-se, a era digital trouxe com ela uma série de mudanças no mercado. Logo, é preciso pensar nas características do ambiente digital.

- **Invista em *marketing* digital:** tenha em mente que a imagem da sua empresa é essencial dentro da internet. Isso porque, essa era trouxe uma nova geração de consumidores, que são extremamente exigentes. Eles usam a internet como principal fonte de informações sobre produtos e serviços.

Por conta disso, é muito importante investir em uma estratégia de *marketing* digital forte. Dessa maneira, é possível construir uma boa identidade perante os usuários, e, assim, se destacar entre os concorrentes.

- **Tenha canais de comunicação:** site, *blog*, redes sociais, YouTube, essas são apenas algumas das possibilidades de canais de comunicação que você pode ter. Tenha em mente que manter uma relação estreita com seus clientes é essencial. Por isso, invista nessas plataformas.

- **SEO:** esse conjunto de técnicas de otimização são essenciais para quem é empreendedor digital. É por meio delas que é possível aumentar o seu alcance na internet. Basicamente, elas irão auxiliar que os seus canais de comunicação fiquem mais atrativos para os motores de busca e consequentemente tenham um rankeamento melhor.

Essas são apenas algumas das questões que você precisa se preocupar ao pensar em empreendedorismo digital. Tenha sempre em mente que para se destacar dos concorrentes, é essencial investir em estratégias de *marketing* digital eficazes. A nova geração de consumidores é bem mais exigente. Para conseguir atender as suas demandas, é preciso investir em ações pontuais e focais.

Os principais desafios do empreendedorismo no Brasil

Apesar do empreendedorismo estar em alta no nosso país, os profissionais precisam enfrentar diariamente uma série de desafios. O mercado, apesar de estar se recuperando da crise, ainda necessita de estabilidade. Além disso, várias características da economia do Brasil não favorecem o cenário para empreendedores.

- **Alta carga tributária**

Segundo uma pesquisa do Endeavor, mais de 60% dos empreendedores brasileiros tem como principal reclamação a carga tributária altíssima. Por conta da burocracia, bem como as regras de formalização, muitos negócios se veem obrigados a pagar impostos extremamente altos, o que dificulta a expansão de pequenos negócios.

Além disso, os variados processos burocráticos também dificultam a formação de equipes, uma vez que é extremamente caro contratar funcionários. Por conta disso, a tributação é um dos grandes desafios.

- **Burocracia demais**

Segundo pesquisas, o Brasil é o sexto país do *ranking* de mais burocráticos do mundo! Para se ter uma ideia, a abertura de uma empresa demora, em média, 152 dias. Documentos, formulários que precisam ser preenchidos, firmas que devem ser reconhecidas, todos esses processos acabam prejudicando o empreendedor.

Para se ter uma ideia, na Austrália, esse processo leva apenas dois dias. Não é à toa que muitos empreendedores acabam ficando na informalidade e não tendo chances de ampliar os seus negócios.

- **Formalização da empresa**

A gestão de pessoas também é um dos desafios dos empreendedores brasileiros. É muito difícil deixar todas as funções e tarefas nas mãos de uma única pessoa. Logo, é necessário que o empreendedor invista na contratação de novas pessoas para ajudar no negócio. Contudo, a formalização é extremamente cara.

Para se ter uma ideia do quão altos são os impostos, para contratar profissionais, uma empresa teria que faturar o dobro para conseguir arcar com todas as taxas e impostos referentes a contratação de um funcionário. Por conta disso, muitos empreendedores acabam tendo que trabalhar com poucos colaboradores, ou até mesmos sozinhos.

• **Capacitação profissional**

Por conta da crise, muitas pessoas encontraram no empreendedorismo a oportunidade de mudar de vida. No entanto, a grande maioria não possui quaisquer conhecimentos sobre como tocar um negócio. Por conta disso, mais de 70% dos negócios não conseguem sobreviver os primeiros três anos de funcionamento.

A falta de conhecimento e capacitação profissional acaba gerando o acúmulo de dívidas por conta da má administração. Por sua vez, o empreendedor acaba ficando desmotivado e desistindo de seus projetos.

O grande problema é que o Brasil não possui um verdadeiro plano de capacitação de empreendedores. Isso acaba gerando uma grande quantidade de profissionais que não estão preparados para os desafios do mercado. Logo, é necessário que os profissionais busquem aperfeiçoamento por si só.

Uma coisa boa é que, com a era digital, mesmo com o Estado não dando todo o aporte necessário para o empreendedorismo, é possível se aperfeiçoar. Basta uma rápida pesquisa para descobrir uma série de cursos e capacitações. Por isso, se você deseja começar a empreender, busque sempre mais conhecimentos e principalmente aperfeiçoamento profissional.

15

Empreendedor 4.0: a quarta revolução industrial e as *startups*

Você está preparado para a quarta revolução industrial? *Bitcoin* e *Blockchain*, *Internet* das coisas e para as coisas, tecnologia vestível e implantável, impressoras 3D, *Drones*, neurotecnologia e muito mais... Descubra qual o perfil do empreendedor 4.0.

Douglas De Matteu, PhD

Douglas De Matteu, PhD

Consolida-se como um dos maiores treinadores de *coaches* da atualidade. Com ampla produção acadêmica, já participou em mais de 28 livros. Possui Mestrado na "Arte do Coaching" e é Doutor em "Business Administration, Ph.D." pela Flórida Christian University – FCU/EUA onde também é professor. Bacharel em Administração de Empresa, com três pós-graduações nas áreas de Educação a Distância, Marketing e Gestão de Pessoas, Mestrado em Semiótica, Tecnologias da Informação e Educação. É credenciado como formador de Coaches pelo World Coaching Council (Alemanha/Brasil). Diretor Presidente do Instituto de Alta Performance Humana – IAPerforma®, que já formou centenas de Coaches. Professor concursado na FATEC de Mogi das Cruzes, onde coordena o GEPLICO – Grupo de Ensino e Pesquisa em Liderança e Coaching. É professor da FCU/EUA, na cadeira de Coaching, onde leciona nos EUA, Brasil e Japão. Representante do SYSPERSONA e da Internacional School of Business and Coaching no Brasil.

Contatos
www.iaperforma.com.br
douglas@iaperforma.com.br

> "A melhor forma de prever o futuro é criá-lo."
> Peter Drucker

Você está preparado para quarta revolução industrial? *Bitcoin* e *Blockchain*, internet das coisas e para coisas, tecnologia vestível e implantável, impressoras 3D, *drones*, neurotecnologia e muito mais. Descubra qual o perfil do empreendedor 4.0.

Estamos vivenciando a quarta revolução industrial, que tem como grande transformação, o uso de tecnologias emergentes e dos novos modelos e formas de se fazer negócios.

A quarta revolução industrial muda não somente a forma como a indústria opera, mas a forma de fazer negócios. O uso intensivo de *smartphones* e da internet, coloca novas possibilidades de interação entre necessidades e desejos, demanda e oferta, cliente e empresa.

Para Schwab (2016), autor do livro A quarta revolução industrial, o tripé desse monte é a velocidade das novas mudança, amplitude e a profundidade de como a tecnologia vem se tornando onipresente da vida do homem contemporâneo, bem como impacto sistêmico dentro das cadeias produtivas, na forma de fazer negocio e até a forma como vivemos em sociedade.

De acordo com Klaus Schwab (2016), somos impulsionados pelas tecnologias implantáveis, vestíveis, computação ubíqua, supercomputadores de bolso, internet das coisas e para as coisas; casas conectadas, cidades inteligentes, carros sem motoristas, uso intensivo da inteligência artificial, robótica, *bitcoin* e *blockchai*, impressoras 3D, economia compartilhada e neurotecnologias que são as grandes mudanças da quarta revolução industrial.

Essa são algumas das tecnologias que vão promover grandes mudanças globais e econômicas no mundo. Nesse sentido, os modelos de negócios tradicionais como o serviço táxi, sofreram grande impacto com uso UBER – serviço e motorista particular que por meio do seu aplicativo, conecta prestadores de serviços com clientes– tal modalidade interferiu severamente no serviço tradicional de táxi em nível mundial, rapidamente. Hoje, a maior frota de veículos prestando esse serviço é a do Uber, que por sua vez não é dono de nenhum carro.

A Rede Airbnb é hoje, a maior rede de hospedagem do mundo, sem ter nenhum imóvel e cresce de forma exponencial. O Alibaba é considerado o varejista de maior valor no mundo, sem tem nenhum produto no estoque (Schwab, 2016).

A forma de fazer negócio mudou e vai mudar ainda mais nos próximos anos. Como outro exemplo, temos a Netflix, que oferta filmes e seriados, inclusive com produção de conteúdo próprio, e já possui mais de cem milhões de usuários no mundo.

Mudamos o paradigma de "pensar globalmente e agir localmente", para o de "pensar globalmente e agir globalmente", considerando evidentemente as questões locais também, porém com ideia de pensar os negócios de forma escalável. Hoje existem grandes corporações que dominam setores e mercados, porém, a célebre frase de Alvim Toffer "Os analfabetos do século XXI não serão aqueles que sabem ler e escrever, mas aqueles que sabem aprender, desaprender e reaprender", ou seja, a capacidade de se reinventar é talvez a competência mais valiosa na atualidade. Para tanto, é necessário ter um novo *mindset*, ou seja, atualizar sua mente e a forma de pensar, fazer uma metanoia. Quem adota uma mentalidade fixa ao invés de uma flexível, aberta, provavelmente pagará um preço alto conforme é descrito por Carol Dweck, PhD, na obra *Mindset*: a nova psicologia do sucesso.

No século e XVIII, ocorreu a corrida do ouro no Brasil, nas regiões de Minas Gerais, Goiás e Mato Grosso. Atualmente, a nova corrida é para minerar as criptomoedas, os *bitcoins*, a moeda eletrônica, que vale muito mais que ouro, é minerada em computadores por todo mundo, em especial na china. É necessário ter a mente aberta para assimilar essa nova realidade. Só para ter uma referência no ato da escrita deste artigo, um *bitcoins* tinha o valor aproximado de R$ 40 mil reais ou mais de $ 10 mil dólares. Quanto será que vale hoje?

A criatividade, ousadia, visão de mercado e o uso das tecnologias emergentes podem viabilizar modelos de negócios que tenham escalabilidade – essa é outra palavra do momento que se conecta com a megatendência: as *startups* que pode ser descrita como um modelo de negócio que congrega a capacidade de gerar valor para cliente, ser repetível, ou seja, a capacidade de ser repetido e escalável, isto é, que possibilite o crescimento, sem afetar o modelo de negócio.

Se você pensa que a revolução é somente na área de serviço, está equivocada, a agricultura também está se reinventando. A *startup* brasileira, AgroSmart, permite economizar até 60% de água e 40% energia e aumentar a produtividade em 15%. A empresa auxilia na tomada de decisão dos produtores rurais, monitorando lavouras com sensores e imagens de satélite (BORNELI, 2017).

A lista de *startups* brasileiras que ganharam a projeção global só crescem com empresas como Samba Tech, que desenvolve uma serie de soluções tecnologias para empresas, focados em vídeos, ensino a distância, treinamento corporativos e transmissões ao vivo, a empresa que coleciona diversos prêmios, tem a frente, o grande empreendedor Gustavo Caetano. E você empreendedor? Está preparado para surfar na nova onda digital?

Novos ingredientes do empreendedor na era digital

Utilizando a capacidade analítica, apresento aqui, oito ingredientes fundamentais para empreendedores da era digital, seja para *startups*, bem como para empreendedores e empresário que necessitam da atualização constante do seu negociando, aliando-se as tendências da quarta revolução industrial. É relevante destacar que existem ainda competências técnicas, entre outras que são relevantes para empreendedor, porém, aqui foram focalizando competências comportamentais.

1- Propósito: é a missão da profissional, é o combustível básico que fez o seu motor emocional, racional e espiritual que te impulsiona para ação. É o seu por quê? Porque você empreende? Porque você quer vender seu produto/serviço? Parafraseando o grande Steve Jobs. "Qual marca que você quer deixar no universo?" Um propósito inabalável pode ser o seu maior diferencial e sua maior força. Um propósito é como alavanca, que pode promover grandes mudanças e mobilizar energia e entusiasmo para materialização do negócio.

2- Criatividade e inovação: se existe algo sem limite é a nossa capacidade de imaginar, criar e a possibilidade de inovar, essa competência é fundamental para empreendedor 4.0. Se unirmos a nossa imaginação com as novas tecnologias que marcam a quarta revolução industrial como computação ubíqua, internet das coisas e para as coisas, impressoras 3D, *drones*, *blockchain*, robótica, neurotecnologias, uso da inteligência artificial e as tecnologias implantáveis e vestíveis(Schwab, 2017). Agora podemos ir além. Quais serão as novas tecnologias derivadas das mencionadas ou que surgiram de forma disruptiva. O que você pode criar?

3- Aprendizado contínuo: quer ser mais criativo e inovador? Um caminho é investir em novos conhecimentos, em aprendizado contínuo. Para que posso conectar saberes para criar produtos e serviços, certamente uma das mais relevantes características para empreender na atualidade a capacidade de aprender continuamente e colocar em prática os aprendizados. Tenha seu *mindset* sempre aberto, flexível para aprender e reaprender, seja flexível.

4- Foco e ação: como manter o foco diante de um mar de informações e tecnologias que impactam diretamente o nosso dia a dia? Herbert Simon, ganhador do prêmio Nobel de Economia de 1978, sinalizou que "a riqueza de informações cria a pobreza de atenção". Sua frase ressoa na atualidade como um dos maiores desafios dos gestores e empreendedores. Lembre-se que foco também é eliminar opções e distrações. Porém, foco sem ação é como por do sol sem sol, é como carro sem combustível, equipamento eletrônico sem energia, ou seja, um empreendedor focado, porém sem ação, não há resultado.

5- Inteligência emocional: um dos maiores desafios para empreender é conseguir gerenciar suas emoções, tais como medo, frustração, insegurança, entre outras emoções que pode sepultar empreendedores geniais, com ideias revolucionárias. Por outro lado, quando o empreendedor consegue cultivar emoções positivas, ser empático, conseguir transformar adversidades em sementes de sabedoria. Um profissional de *coach* pode contribuir significativamente para despertar o seu autoconhecimento, que é a chave mais importante para gerenciar suas emoções.

6- Liderar: para liderar é necessário se comunicar, ter capacidade para pensar, tomar decisões, agir e persuadir pessoas, ser o exemplo, ético, em nível de dedicação, disciplina e principalmente de caráter e respeito. Quer ser respeitado? Respeite. Quer ser ouvido? Ouça. Quer ouvir a verdade? Fale a verdade. Quer motivar? Esteja motivado. Quer uma equipe engajada e positiva? Seja positivo e engajado. Grandes empreendimentos só avançam com a condução de um empreendedor, um líder que seja visionário e pragmático, focado em resultados.

7- *Network*: rede de contatos, esse pode ser um fator crítico para sucesso do empreendedor, em especial para *startups*, se conectar com as pessoas certas, influentes pode ser o grande segredo para que o empreendimento cresça de forma exponencial e/ou simplesmente o projeto jamais flua, frutifique. As boas ideias precisam ser plantadas em terreno fértil, quanto maiores e melhores forem suas redes de contatos, você potencializa a capacidade de êxito do empreendimento.

8- Valores: transformar seus sonhos em resultado é o que se espera do empreendedor, porém a construção de negócio de sucesso está atrelado em sua sólida fundação. As colunas que vão segurar e possibilitar o crescimento da organização, essas colunas são os valores que aqui estão ligados aos princípios que nortearam seu comportamento. Perguntas do tipo quais os princípios que norteiam sua vida? O que verdadeiramente é importante na sua vida e qual a relação do seu negócio com as outras dimensões da sua vida? Ou ainda o que vale o sucesso profissional se você tiver um fracasso familiar ou da sua saúde? Empreendedores de sucesso alinham seus valores pessoais com o seu empreendimento, como exemplo temos os empreendedores sociais..

Em minha atuação, como pesquisador, professor universitário, empreendedor e *master coach trainer*, quero desafiar você para ir além da leitura deste artigo. Vamos para prática? Com uma ferramenta poderosa e pragmática, o empreendedor pode potencializar suas competências comportamentais, por meio da roda do empreendedor digital 4.0.

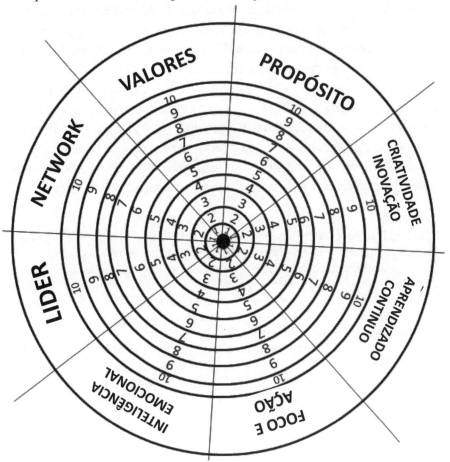

Roda do empreendedor digital 4.0

Como usar a roda empreendedor digital 4.0: a roda é um *assessment* que permite diagnosticar algumas posturas e comportamentos. Como preconiza a filosofia *coaching*, a roda deve ser utilizada no sentido de fazer o empreendedor refletir sobre os elementos elencados, atribuindo um significado para cada dimensão e refletir verdadeiramente como está sua atuação no que tange à temática. Em seguida, o empreendedor atribui uma nota de zero a dez para cada item e preenche a roda. Posteriormente, analisa e pensa sobre ela, buscando desenvolver tarefas, ações tangíveis para realizar melhorias, no sentido de "harmonizar" os itens, procurando extrair aprendizados deste processo.

É importante começar as ações pela variável que pode promover o maior impacto nas demais, ao invés de buscar minimizar a que tiver a menor nota. A ferramenta permite o espelhamento da sua atuação hoje, permitindo que o empreendedor amplie sua percepção sobre seu próprio comportamento, conscientizando sobre sua responsabilidade frente os resultados do seu negócio, com base nas dimensões sinalizadas.

Para concluir, espero que, no leitor, fique a intenção positiva de cada palavra aqui escrita. Que cada um consiga visualizar todas elas, ouvi-las e senti-las. Mais que isso, te convido a acreditar que, talvez, o sucesso ou insucesso do empreendedor está alicerçado em seus comportamentos. Com a roda do empreendedor digital 4.0, atrelada a técnicas *coaching*, poderemos desenvolver pessoas e organizações, rumo aos resultados almejados.

Referências
BORNELI, Junior. Startup brasileira de agronegócio é premiada no Vale do Silício. StartSe, 2017. Disponível em: < https://conteudo.startse.com.br/mercado/juniorborneli/startup-brasileira-de-agronegocio-e-premiada-no-vale-do-silicio-agrotech/> acessado em 03/12/2017
DWECK, Carlo S. Mindset: a nova psicologia do sucesso. São Paulo: Objetiva, 2017.
GALLO, Paolo. A bússola do sucesso: um manual para vencer no mundo corporativo sem perder seus valores. São Paulo: Benvirá, 2017.
MATTEU, Douglas. Acelere o seu sucesso pessoal e profissional. São Paulo: Literare Books, 2017.
MATTEU, Douglas. O Poder da PNL. São Paulo: Literare Books, 2017.
SCHWAB, Klaus. Quarta Revolução Industrial. São Paulo: Edipro, 2016.

16

O empreendedorismo real é cheio de erros, mas são eles que te levam ao sucesso!!!

Para ter um empreendimento lucrativo e uma gestão empresarial eficaz, é necessário ter foco no resultado projetado. Para isso, o empreendedor deve fazer um planejamento estratégico, acompanhar os números de perto e usar os indicadores financeiros do negócio para tomar decisões e corrigir os erros rápido, antes que eles comprometam a margem de contribuição, lucratividade e rentabilidade, se não, corre o sério risco de descobrir muito tarde que a sua empresa está a caminho da falência

Edmilson Martins

Edmilson Martins

Contabilista, consultor, escritor e palestrante, com mais de 30 anos de experiência em Contabilidade. Formado em contabilidade com especialização em administração financeira, tributária e contabilidade empresarial, Teologia Pastoral pelo Instituto Metodista Bennett. Graduado em Recursos Humanos e MBA em Gestão Empresarial pela Universidade Estácio de Sá (Cabo Frio-RJ). Desde 1994 é sócio fundador e CEO da empresa SM Contabilidade e Consultoria Ltda. Especializado em Liderança e Negociação Master Mind Lince e Pleno pela Napoleão Hill Foundation. MBA em Consultoria Empresarial e Associado da THOMPSON Management Horizons do Canadá. É fundador e presidente das seguintes instituições: ABBASC – Associação Brasileira Beneficente de Assistência Social da Criança e ASEC – Associação de Empresários Cristãos. Durante 24 anos legalizou e organizou a contabilidade, gestão tributária, financeira, empresarial e recursos humanos de centenas de PME´s, Associações Sem Fins Lucrativos, Cooperativas e Igrejas, fornecendo consultoria desde a elaboração do Contrato Social e/ou Estatutos, contabilização dos recursos e despesas, até a elaboração de projetos para captação de recursos.

Contatos
www.edmilsonmartins.com
edmilsonmartins@smportal.com.br
https://www.facebook.com/edmilsonmartinspalestrante
www.linkedin.com/in/edmilsonmartinscontabilidade
https://www.instagram.com/edmilsonpalestrante/
https://twitter.com/edmilson_martin
(22) 2643-4577 / 2643-9034

Encontramos na Bíblia, em Samuel 2:18, a história de Aimaás e do etíope, mensageiros do general Joabe. O etíope lutou na batalha e teve a oportunidade de experimentar pessoalmente os resultados de um embate corpo a corpo. Necessitando de um mensageiro, Joabe o escolheu para ir e contar o que ele tinha visto ao rei Davi. Porém Aimaás, que estava presente com o etíope, também queria correr e levar as boas notícias para o rei. Mas, como assistente de Joabe, Aimaás não participou da batalha, mesmo assim ele sentiu o desejo de compartilhar as notícias ao rei também. Como não estava cansado da batalha e conhecendo um atalho, Aimaás ultrapassou o etíope e chegou primeiro querendo impressionar o rei. Davi estava esperando em seu palácio por notícias sobre a batalha. Ele queria informações específicas sobre ela e, especialmente, sobre seu filho, Absalão. Ao contar a história ao rei Davi, Aimaás não sabia os detalhes, uma vez que não tinha participado da batalha nem tinha visto o que acontecera. Por ter apenas informações de segunda mão e superficiais, o rei percebeu que ele não sabia de nada, e disse para Aimaás ficar de fora enquanto o etíope foi conduzido à presença do rei. O etíope havia lutado na batalha e tinha informações precisas, de primeira mão, com experiências de verdade. Aimaás, porém estava apenas ansioso para servir e se mostrar valioso para o rei, mas, não tinha nada para compartilhar, nem sua própria experiência de vida.

Atualmente, encontramos muitos Aimaás falando, escrevendo e palestrando sobre como obter sucesso nos negócios, principalmente nas redes sociais, sendo chamados até de "gurus do empreendedorismo", porém, as únicas experiências que contam são baseadas nas histórias de terceiros, retiradas de alguns livros de empreendedores de sucesso que tiveram experiências reais, porque viveram uma batalha de verdade no empreendedorismo. Digo isso, porque se fôssemos perguntar para esses "falsos empreendedores de palco e da internet" quais foram os maiores problemas que enfrentaram nos seus negócios e como fizeram para resolvê-los, certamente não teriam nada para falarem, porque tudo que ensinam não passa de "teoria do empreendedorismo".

O empreendedor precisa ter consciência de que no empreendedorismo do mundo real, não existe sucesso da noite para o dia, não existem fórmulas mágicas que te leve para o lucro rápido. Quem ensina que empreender é fácil, não passa de um "falso mestre" que nada mais faz do que "falar muito, do pouco que lê e não pratica", e ainda tem o cinismo de se intitular nas redes sociais de "especialistas do mundo dos negócios". O triste é saber que milhares de pessoas estão sendo enganadas por esses pseudos "empreendedores de teoria", que usam técnicas prontas para estimulá-las a gastarem muito dinheiro para escutarem apenas resumos ou resenhas de livros biográficos de alguns autores de sucesso mundial.

Agora me responda: "você consegue saborear uma excelente comida apenas lendo o cardápio?" Lógico que não! Assim também é no mundo dos negócios, para você aprender e crescer profissionalmente, tem que experimentar, errar, fazer de novo, mudar e inovar até acertar. Tem que ser na prática, tentativa e erro constante, evolução permanente, é assim que um empreendimento se torna sólido e lucrativo.

Os dez erros que quase levaram empresários e empreendedores à falência

Neste ano, completei 24 anos de experiência como empresário, empreendedor, contabilista e consultor. Estive no *front* da batalha superando lutas, obstáculos e adversidades no mundo do empreendedorismo real. Durante esse período, pude presenciar e ajudar vários empresários que tiveram dificuldades e quase fecharam as suas empresas antes de completarem cinco anos de fundação. Sempre fiz a seguinte pergunta: "quais foram os maiores erros que cometeu, e que quase acarretou no fechamento da sua empresa?". Recebi muitas respostas, mas separei apenas 10, por terem sido as mais mencionadas e que, particularmente, considero as mais graves.

E para que você tenha uma visão geral dos "porquês", também dou algumas dicas de como fazer para que o seu negócio não caia nos mesmos erros e evite entrar num processo de falência:

1 - "Fugir dos problemas que surgem no dia a dia, ao invés de encará-los e resolvê-los rápido". Alguns afirmaram que não viviam o problema. Tentaram esconder ou fingir que não estava acontecendo nada de errado dentro das empresas, com isso o problema foi só aumentando até chegar ao ponto de quase falirem.

Dicas:
Em geral, quando as pessoas se deparam com um problema, a tendência é tentar fugir dele, contornar, ignorar – ou seja, fazer de tudo para não ter de enfrentá-lo e resolvê-lo, escapando do desafio.

Muitos até trabalham para a solução, mas frequentemente encaram a situação de maneira muito negativa, com amargura e pessimismo. A maior parte dos empreendedores que faz isso costuma tomar uma das seguintes atitudes: negar o problema e procurar culpados, em vez de procurar soluções; ficar na passividade; e ,por último, dar desculpas e justificativas por não ter feito o que era preciso.

2 - "Querer obter resultados rápidos em pouco tempo". Vários deles contaram que não tinham nenhum recurso financeiro disponível quando abriram o próprio negócio, e precisaram recorrer a indenizações trabalhistas, venda de imóveis e veículos ou pegaram empréstimos com parentes, amigos e bancos. Logo no início, tentaram obter resultados rápidos, porque viviam a pressão de terem que sustentar a família e ainda pagar os empréstimos que adquiriram. Com isso, não focaram de forma estratégica no médio e longo prazo, consequentemente não conseguiram equilibrar o fluxo de caixa da empresa, e isso refletiu de forma negativa no atendimento, na qualidade dos produtos e serviços e na confiança do cliente. Conclusão: perderam mercado para os concorrentes e quase faliram.

Dicas:
Todo empreendedor tem que ter consciência de que o tempo médio entre a ideia e a primeira venda é de 12 meses, e que para retirada do primeiro lucro pelos sócios tem que se esperar em média 24 meses a partir da abertura da empresa. Também é preciso manter um capital de giro (disponível) referente a soma de pelo menos três meses de despesas fixas do negócio, para poder cobrir alguns imprevistos que aparecerão ao longo do caminho. Portanto, se não tiver condições e paciência para esperar esse período e fazer um sacrifício financeiro pessoal, é melhor nem tentar.

3 - "Ficar pulando de negócio em negócio num curto prazo". Alguns contaram que ficaram pulando de negócio em negócio durante quatro a dez meses por vários anos. Ficavam testando várias atividades diferentes, para ver o que podia dar certo de forma rápida. Conclusão: nunca conseguiram criar um empreendimento sólido e lucrativo e ainda por cima acumularam várias dívidas.

Dicas:
Pesquise primeiro quem são os concorrentes no mercado para atividade que será explorada, busque informações sobre o tempo de funcionamento, localização, atendimento, preços/valor, qualidade dos produtos, faturamento anual, estrutura física e o perfil da equipe de trabalho. Em seguida pes-

quise quem são os clientes, a demanda do mercado e quais são os principais fornecedores para poder projetar as receitas, despesas, lucratividade e tempo de retorno do capital investido.

Por fim, não invente a roda na hora de empreender. Quase sempre é melhor tentar resolver um problema de um setor que você conhece e, a partir daí, criar uma solução baseada nas necessidades dos consumidores desse mercado, do que entrar num negócio desconhecido somente porque é algo novo, promissor e com expectativas de lucros altos. Observando esse processo de planejamento, o empreendedor minimizará os riscos e no tempo certo terá um negócio sustentável.

4 - "Abrir vários negócios ao mesmo tempo ou várias filiais em sequência, sem que antes a matriz esteja sólida e lucrativa". Vários clientes me contaram que na vontade de crescerem e na ânsia de se tornarem grandes empreendedores, deixaram a emoção tomar conta da razão. No fim, o orgulho e o ego falaram mais alto do que a simplicidade de pensar grande mais agir pequeno. Soube, inclusive, de algumas empresas que se transformaram em franquias, porém, a unidade franqueadora padrão tinha um processo falho e replicou esse modelo errado para todos os franqueados. Conclusão: alguns anos depois algumas unidades tiveram que ser fechadas com muitas dívidas, e a franqueadora quase faliu, isso porque os empreendedores se preocuparam em primeiro lugar fazer a "marca" crescer rápido, ao invés de ter foco na correção das falhas e erros, para só então replicarem o modelo correto.

Dicas:
Sempre falo para meus clientes que antes de abrirem uma filial, a matriz tem que funcionar com um processo automatizado, sem que necessite da presença do sócio fundador e/ou CEO da empresa. Porque, se o dono tiver que ficar na empresa o tempo todo para que ela funcione, ele não tem uma empresa, a empresa é ele. E, se isso acontecer, ficará difícil abrir uma filial, porque ele não poderá estar em dois, três ou mais lugares ao mesmo tempo para administrar. Portanto, antes de abrir uma filial ou transformar em franquia, estruture a matriz para que ela funcione através de um processo automático e com uma ótima equipe, bem treinada, para que ela possa operar com auxílio de manuais e métodos aprovados, sem que que seja necessário a presença do empresário. Quando isso acontecer, poderá abrir novas unidades com a certeza de que será um sucesso.

5 - **"Misturar as finanças pessoais com as da empresa"**. Esse erro é clássico. Quase 80% dos empresários afirmaram que fizeram isso. Disseram que não tinham noção do quanto gastavam para manutenção pessoal e da sua família, e que suas empresas não investiam e não inovavam, porque as disponibilidades estavam comprometidas em benefícios próprios e das suas famílias. Eu, inclusive, pude detectar várias vezes junto ao departamento financeiro da minha empresa, que os honorários contábeis de alguns desses clientes estavam atrasados, enquanto presenciava, constantemente, os seus sócios, suas esposas, maridos e filhos, ostentando últimos modelos de veículos de luxo, casas que pareciam mansões, lanchas, Jet-skis, sítios, fazendas, joias, etc. enquanto as suas empresas possuíam veículos velhos, máquinas obsoletas e estruturas deterioradas. Se tornaram, por um tempo, empresários ricos, enquanto as suas empresas permaneciam pobres. As consequências disso foram algumas falências, porque os negócios não aguentaram pagar por muito tempo as despesas e as manutenções geradas pelos seus patrimônios pessoais.

Dicas:

As finanças pessoais devem ser geridas separadas das finanças da empresa, para que o empresário tenha controle e saiba onde está o problema. Porque, na maioria das empresas, o problema está nos gastos particulares dos seus sócios. Já ouvi muitas vezes a seguinte frase: "pago as minhas contas pessoais, pela empresa, porque eu sou o dono e ela tem que ser capaz de me sustentar".

O problema está em algumas atitudes que alguns pequenos empresários insistem em preservar. Como, por exemplo: manter um padrão de vida que a empresa não está preparada para sustentar no momento. E piora quando a sua família começa a crescer, porque o tamanho do desejo familiar também vai aumentando. O que não acontece com as finanças da empresa na mesma proporção, porque ela não foi preparada para isso.

Aqui estão alguns problemas comuns que acontecem com a maioria dos pequenos empresários, que misturam as contas pessoais com as da empresa: 1 – Utilizam-se do caixa da empresa para fazer investimentos pessoais, como: contas da casa, compra de veículos, etc.; 2 – Acostumam-se a um padrão de vida ainda incompatível com a realidade da empresa; 3 – Desfalcam o caixa da empresa, forçando o endividamento; 4 – O endividamento cresce e o resultado cai. A situação se agrava, e ele consome o patrimônio da empresa e do empresário.

6 - "Medo de arriscar, mesmo quando o mercado está favorável".
Conheci alguns empreendedores que não investiram nas próprias empresas, porque sempre tiveram dúvidas se realmente o negócio ia dar certo. Ficavam esperavam acontecer algo extraordinário, ao invés de agir no ordinário, ou seja, não agiam quando o ambiente era favorável para investir e inovar, porque ficavam esperando acontecer algo espetacular. Posso citar como exemplo uma pousada que era minha cliente. Os sócios tinham recursos financeiros para investir e aumentar de 11 para 40 quartos na baixa temporada, para que quando chegasse o período de alta pudessem desfrutar da alta demanda do verão. Mas, por causa do medo de arriscar, demoraram muito para tomar a decisão. Conclusão: os principais concorrentes investiram, inovaram e ampliaram as suas pousadas e acabaram absorvendo 80% da demanda do mercado, e infelizmente a minha cliente foi obrigada a vender o seu negócio e mudar de ramo.

Dicas:
Toda atividade tem seus períodos sazonais, uns mais, outros menos, mas em qualquer situação todo negócio necessita de um acompanhamento constante do empreendedor no mercado que atua e agir na hora certa para corrigir as falhas. Oportunidades aparecem geralmente durante uma crise, e são nesses momentos que empresas crescem. Elas precisam minimizar os riscos inovando e investindo sempre, principalmente quando ninguém está fazendo, porque quando a crise passa, são essas empresas que absorvem o mercado com melhores produtos e serviços.

Todo negócio tem que nascer de uma visão e não apenas de um sonho, e precisa ser reinventado todo dia. Tem uma frase minha que coloquei no livro anterior *O empreendedor total* que ilustra bem o que estou dizendo: "Empreender é sonhar acordado, é ter a visão do sonho realizado". Portanto, o empreendedor precisa, em primeiro lugar, acreditar na visão e em si mesmo. Em segundo lugar, ter atitude para fazer as coisas acontecerem, senão acabará sepultado no cemitério junto com seus sonhos e projetos, igual a muitos que conheci.

7 – "Escolher o sócio errado". Já presenciei brigas de sócios que pareciam irmãos e posso afirmar que isso pode acontecer nas melhores famílias, até mesmo naquelas que são conhecidas como "modelo de padrão". Já vi de tudo. Sócios entre amigos e irmãos, entre pais e filhos, entre casais etc. E dentre os vários casos de conflitos que fui testemunha, os que me chamaram mais atenção foram nas sociedades familiares. Nessas, pude observar que foram as mais delicadas e difíceis, por que não se tratavam apenas de negócios, mas também do lado emocional e afetivo dos envolvidos.

Dicas:
Para formar uma sociedade, é necessário muito mais do que conhecimento e experiência na atividade que será explorada. É necessário ter equilíbrio emocional, financeiro e espiritual. Emocional – porque quando tudo der errado, tem que se manter o controle da situação para buscar a solução correta, ao invés de procurar culpados, que é o que mais acontece nas empresas. Financeiro – porque se tiver um sócio com uma família sem controle e consciência de que o dinheiro da empresa não é deles e que não se pode gastar mais do que se recebe, terão sérios problemas financeiros, de estruturação e de clima organizacional. E, por último, e não menos importante: espiritual – porque se os sócios não tiverem um equilíbrio necessário para buscarem uma força Divina que os ajudem a revigorar suas energias para superarem os desafios que parecem impossíveis, poderão viver ansiosos, angustiados e até depressivos, trazendo consequências negativas para os negócios e para a família num todo.

8 – "Não valorizar a equipe de trabalho". Vários empresários me disseram que se pudessem voltar no tempo, teriam investido nos seus funcionários e valorizado mais aqueles que se dedicavam em suas tarefas para tentar fazer a empresa crescer. Confessaram um erro muito comum aos pequenos empresários, que não investiram em favor daqueles que mereciam uma oportunidade, com medo deles depois irem trabalhar para a concorrência.

Dicas:
Todo empreendedor deve valorizar as pessoas na empresa. Muitos autores e empresários de sucesso concordam a respeito da importância da valorização das pessoas e da cultura dentro do negócio. Jim Stengel analisou as cinquenta melhores empresas do mundo por um período de dez anos e concluiu que aquelas que têm uma cultura altamente centrada em "melhorar a vida das pessoas", tiveram uma taxa de crescimento três vezes maior que a dos concorrentes em suas categorias.

Se o empreendedor quer voar mais longe com sua empresa, precisa construir as bases para inovar. Isso vale para tudo e começa com as pessoas. Se elas são parte do seu sonho, também precisam de bases sólidas. E o que é a base para as pessoas que trabalham? Primeiro, um salário atrativo e compatível com o cargo, as habilidades e o mercado. É interessante motivar com prêmios e outras recompensas financeiras para que todos participem dos resultados que ajudaram a construir. Benefícios sociais são a outra parte essencial. As pessoas precisam de facilidades nas suas vidas, que ajudem na rotina diária e garantam a sua tranquilidade e de sua família. Nesse item, entram os planos de saúde, planos odontológicos, *ticket* alimentação e restaurante, vale transporte, vale cultura, seguros de vida, flexibilidade de horários e bolsas de estudos. Essas questões podem impactar ou não nos custos, já que muitas geram incentivos fiscais, mas elas também resultam em pessoas mais satisfeitas e contribuem para um ambiente de trabalho mais equilibrado. Tudo isso influencia nos resultados da empresa. Com a atual disputa pelos talentos do mercado, os benefícios, juntamente com a remuneração variável, são trunfos importantes das empresas para atrair e reter os melhores profissionais e, com isso, garantir o sucesso dos empreendimentos.

9 – "Abrir uma empresa sem dar importância para os três pontos principais de um negócio: o ramo de atividade que irá atuar, planejamento e gestão". Foram relatados por vários empresários que o maior erro que cometeram foi não planejar antes de abrirem as suas empresas, num ramo de atividade que não conheciam e, ainda por cima, sem utilizar nenhuma ferramenta de gestão para ajudá-los na administração do negócio. Confessaram que a única técnica de gestão que utilizaram foi o famoso "empurrar com a barriga e ver até onde vai dar".

Dicas:

Costumo dizer que esse é o super combo (3 em 1) que todo empreendedor deve prestar atenção antes de iniciar a abertura de qualquer empreendimento. Não vejo problema algum no empresário que abre sua empresa sem nenhuma experiência anterior. O problema é que a maioria peca em não estudar antes o mercado, os concorrentes, os fornecedores e quem serão os seus futuros clientes, e, ainda por cima, sem o mínimo de noção das práticas de planejamento e gestão de um negócio. Com isso, dificultam muito os resultados das empresas. Afirmo isso porque, não basta o profissional ser formado numa profissão que pretende empreender, ele tem que conhecer sobre gestão ou contratar alguém que saiba. Veja por exemplo quando alguém se forma em medicina, engenharia, arquitetura, direito, contabilidade, etc., todos têm uma ideia do que irão fazer, dependendo da especialização que escolheu. Mas, quando se trata de "administrar uma empresa", não é bem assim. Mesmo com suas especializações, o que se aprende nas faculdades nas quais se qualificou? A se tornarem bons médicos, psicólogos, dentistas, engenheiros, arquitetos, advogados e contadores, trabalhando como "empregados". Já bons gestores são uma raridade. Uma grande diferença de gestão para outros estudos é que a gestão é feita para gerir pessoas, processos e sistemas para um fim definido (resultado), diferentemente de uma profissão como medicina, por exemplo, que apenas com o conhecimento o profissional consegue ajudar várias pessoas, porém, se esse médico revolver abrir um consultório, terá que aprender ou contratar alguém para a gestão do seu negócio. Portanto, a prática mais eficaz que existe para manter as coisas no rumo certo é a gestão. Por isso, não se admira saber que muitos profissionais, de diversas áreas, estejam desempregados.

10 – "Não dar muita importância ao controle financeiro, desde o início do negócio". Conheci vários empresários, que me disseram que nunca souberam calcular o preço de venda dos seus produtos e serviços, que não tinham controle dos gastos da empresa e que não sabiam se seus negócios eram lucrativos ou não.

Dicas:
Toda empresa precisa de um método claro, com princípios e fundamentos de gestão financeira muito bem definidos. E são esses princípios que farão sua empresa ser lucrativa e sustentável a longo prazo. Mas, se você negligenciar esses princípios, não importa se estiver fazendo todas as outras coisas de maneira correta, ainda assim não conseguirá chegar ao resultado que tanto almeja. Uma empresa não vive sem análise, fluxo de caixa e planejamento financeiro, pois são eles que projetarão o seu futuro, para que você se prepare antes que os problemas aconteçam. Por exemplo: falta de dinheiro no caixa, mistura do dinheiro pessoal com o da empresa, desequilíbrio nas contas a receber e pagamentos, etc. Eu sei +porque já passei por isso também, só que corrigi antes de quebrar. Todo negócio quebra por causa da falta de controle na área financeira. Todos os problemas e toda incompetência que ocorrem na empresa, seja de gestão de pessoas, de produção ou comercialização, acaba afetando as finanças do negócio e pode levá-la a fa-

lência. Portanto, para que uma empresa não quebre é necessário estabelecer uma estratégia financeira que permita projetar o futuro do empreendimento, mas para isso, é necessário primeiro profissionalizar o setor financeiro da sua empresa, para que seja possível administrá-la para o futuro e não para o presente. Por exemplo: existem empresário que criam o negócio com foco na meta de vendas e não com foco no resultado do negócio – Isso é um grande erro, porque aumento de vendas não é resultado!!!

Aprenda com os erros dos outros, mas se mesmo assim cometer algum erro, tenha perseverança

Visando obter mais informações acerca dos motivos que causam problemas nas empresas, recentemente perguntei para alguns empreendedores e consultores amigos: "quais são os maiores erros que um empreendedor deve evitar para não comprometer o sucesso do seu negócio?". Eis as respostas:

• "Um dos principais erros que cometi foi com pessoas. Empoderar pessoas erradas dentro da empresa, ouvindo muita gente, que no final das contas, estavam ali apenas para ganhar dinheiro fácil. E isso acontece toda vez que você se deslumbra e acaba saindo um pouquinho do chão. Porque quando você empodera alguém que não está ali para fazer o bem, isso causa um efeito multiplicador negativo, não só dentro do departamento, mas em toda a empresa". (José Eduardo Mendes – Cofundador e CEO do Hotel Urbano);

• "Um dos maiores erros que cometi foi no início, contratar apenas pessoas que eram parecidas comigo. E quando alguém pensava diferente ou discordava do que eu falava, por causa da minha arrogância, passava a não gostar mais da pessoa e achava que ela não servia mais para trabalhar na empresa. Somente quando entendi que uma empresa de sucesso é feita de pessoas diferentes, começamos a ter um conceito diferente do negócio e os problemas passaram a ser resolvidos mais rápido, fazendo com que a empresa se tornasse mais sólida e lucrativa a cada ano".

"Outro grande erro foi pensar que eu era o Midas. Porque após abrir a primeira unidade com sucesso, rapidamente abri também a segunda e a terceira unidade, que também deram muito certo. Então, passei a acreditar que tudo que fizesse seria um sucesso e que não precisava perder tempo analisando dados e informações para tomarmos decisões em relação ao crescimento do negócio. Assim, resolvemos acelerar para crescer mais rápido e tomamos algumas medidas precipitadas: 1) paramos de pensar nas pessoas para contratar; 2) paramos de focar nas contas que tinham que serem feitas para podermos crescer; e 3) que não precisava mais fazer planejamento para abrir novas unidades. E esse foi um grande erro porque tivemos muitos prejuízos com várias unidades que não deram certo. Por isso, deixo aqui um conselho: cuidado quando a coisa começar a dar certo, para não pensar que é um empreendedor semideus, e sair abrindo novas unidades de qualquer maneira. É importante pensar sempre em um novo projeto com visão para os próximos dois a três anos. Por exemplo: hoje, se pensamos em abrir 30 unidades para o próximo ano, primeiro vamos atrás de, pelo menos, umas 50 pessoas de qualidade para assumirem o controle do negócio". (Bruno Elias - Presidente e Co-CEO do Grupo Eleva Educação);

• "Considerando que a economia e a sociedade mudaram dramaticamente nas últimas décadas, e que o mundo está cada vez mais fragmentado e acelerado... os erros gravíssimos que considero são: não inovar, acomodar-se e não aceitar as mudanças". (Carlos Veríssimo – consultor e instrutor do Sebrae-RJ);

• "O maior erro é medir vários indicadores sem que os mesmos tenham relação com o propósito da organização. E isso vai muito além da missão, porque toda equipe busca engajamento quando encontra sentido no que faz. Por isso, medir o que importa faz a diferença". (Zoroastro Esteves – Sócio-Diretor da Veredas, Gestão por Resultados);

> **Você sabia que o leão, ao sair para caçar, falha de 7 a 10 vezes antes de conseguir capturar alguma presa?**
> **85% da sua vida é fracasso. Então, o que faz dele o rei da selva? A perseverança.**

A importância de treinar o erro nas empresas

O fato é que a maioria dos empreendedores não é treinado para resolver problemas. Nesse quesito temos que aprender com os médicos, que durante a sua formação profissional são estimulados a treinar erros. Eles fazem simulações o tempo todo, e testam tudo que pode acontecer de errado numa cirurgia de verdade.

Os empreendedores não deveriam focar apenas nas áreas que eles dominam e são bons, mas, também naquelas que têm deficiências e que precisam ser corrigidas para terem sucesso na gestão dos seus negócios. Um ótimo exemplo que nos ensina como treinar erros é o ex-velocista jamaicano, multicampeão olímpico e mundial Usain Bolt – Ele se preparou a vida inteira para se superar na área que ele não conseguia ser tão bom quanto aos seus adversários, a largada. Ele sabia que sempre perdia na largada e que tinha que se recuperar nos outros dois terços da pista, então treinava insistentemente a largada para reduzir as chances de perder no primeiro um terço da pista. Ele se concentrava, treinava e se preparava para o erro, e não apenas para o acerto. E quantos empresários e empreendedores se preparam para o erro? Muitos se dedicam ao erro somente quando ele acontece, não se preparam antes para quando alguma coisa der errado, e quando acontece, acabando buscando fórmulas milagrosas com esses "gurus do empreendedorismo", que pregam soluções fáceis que não funcionam.

Precisamos aprender a treinar erros o tempo todo nas nossas empresas. Veja o que disse Flávio Augusto numa palestra na PUCRS: "Todo processo de decisão que eu tenho até hoje, uma das coisas que faço é (pensar): o que é o pior que pode acontecer?".

> "O empreendedor de sucesso é uma pessoa de muita fé. Fé e certeza de que os resultados projetados já deram certo."
>
> Edmilson Martins

17

Empreender para viver

O Brasil é um país de empreendedores. Muitas empresas quebram por não fazerem o que tem que ser feito, e toda economia de anos de trabalho se perde em pouco tempo. Neste capítulo, vamos dar três importantes dicas, que se aplicadas corretamente farão com que você empreenda de uma maneira segura, com grande possibilidade de sucesso

Eduardo Carvalho

Eduardo Carvalho

Administrador de empresas, empresário há trinta anos no varejo farmacêutico. Palestrante Internacional. Vice-Presidente da FACESP (Federação das Associações Comerciais do Estado de São Paulo), Região Administrativa 16. Estudioso do comportamento do humano. Cursos de Especialização: Perseguindo oportunidades empresariais no setor de varejo. Babson College, Boston – USA. Abordagem para inspirar a criatividade – Disney Institute, Orlando – USA. Construindo uma Empresa Lucrativa e Como se Tornar um Campeão em vendas – Escola de Vendas e Negócios K.L.A. Brasil Autor do livro *Como se tornar um campeão em vendas.*

Contatos
www.educarvalho.com.br
eduardo@educarvalho.com.br
(19) 3656-0527 (19) 99180-8312

Empreender para viver

Em 1972, uma família estava reunida em uma mesa de jantar: pai, mãe e cinco filhos, sendo dois bem pequenos, o do meio tendo oito anos e os outros dois sendo maiores. Ao redor daquela mesa, a mãe relatava um fato que abalava aquela família: o dinheiro que o pai ganhava não era suficiente para comprar o básico para a alimentação, chegando ao ponto de, muitas vezes, comerem manga verde ou apenas arroz e feijão puros. Aquela mãe, indignada e inconformada, chorava e reclamava compulsivamente: as crianças não tinham uma alimentação balanceada, nem roupas adequadas, nem calçados, enfim, aquela família estava vivendo em total estado de sobrevivência e o ambiente era de desespero. Após alguns minutos ouvindo toda a conversa, o irmão mais velho, que já trabalhava e ajudava em casa, virou para a sua mãe e disse: "Mãe, por que a senhora não faz alguma coisa? Faça salgadinhos, vá vender coxinhas"!

Houve um silencio no ambiente. Os dois irmãos do meio olharam para o mais velho e ficaram muito bravos com a falta de respeito dele para com sua mãe. Mas, como uma luz que desceu do céu e iluminou, aquela mulher parou, pensou e disse: "Você tem razão, vou fazer alguma coisa".

No dia seguinte, a mãe buscou informações com suas vizinhas sobre como fazer salgadinhos com muita vontade, entendendo que talvez essa seria a única oportunidade de mudar a situação de sua família. Começou a fazer seus salgadinhos e colocou-os em uma mesa na frente de sua casa. Não demorou muito para as pessoas começaram a passar e comprar. E passavam novamente no dia seguinte e compravam mais. Pouco tempo depois, seus clientes começaram a pedir para aniversários, casamentos e outras festas. Os salgadinhos se tornaram o negócio da família e, com dinheiro das vendas, a mulher mudou a situação da família e lhe deu um alimento digno, tirando-os de seu estado de carência. Pagou prestação de casas para os filhos, reformou seu próprio lar e ajudou muitas pessoas. Com o dinheiro daqueles salgados, ela fez muito. Aquela mulher era Dona Sophia, minha mãe e minha grande mentora e exemplo de empreendedora. Minha mãe foi uma empreendedora por necessidade, empreendeu para viver e, com seus sonhos de dar condições melhores para sua família, apaixonada pelo que fazia, mudou a sorte e o destino de todos. Junto com o seu esposo, foram exemplo, criando todos os cinco filhos para serem empreendedores.

Com o exemplo de meus pais, com nove anos resolvi ser um empreendedor. Meu pai, um marceneiro, fez uma caixa de engraxar e compramos todo o material. Foi quando iniciei minha primeira empresa. Durante dois anos, todos os dias, após chegar da escola e nos finais de semana, pegava minha caixa de engraxar e ia à praça do mercado municipal. Um pensamento não saía de minha mente: um dia, eu teria uma empresa de verdade e, se eu fizesse tudo com muita excelência, quando tivesse minha empresa já teria aprendido a trabalhar da maneira correta.

Quando eu tinha treze anos, minha mãe tomava injeções em uma farmácia em frente ao mercado municipal e, um dia, ela perguntou para o dono se ele precisava de um alguém para fazer faxina. Por coincidência, realmente estavam precisando. No dia seguinte comecei a trabalhar. Após dez anos trabalhando como empregado, em 17 de junho de 1987, eu iniciava minha empresa de verdade, abrindo minha primeira farmácia. Trinta anos já se passaram e hoje, além da farmácia, tenho uma empresa de mentoria e consultoria na área empresarial, liderança e vendas.

Joseph Schumpeter, 1949, economista, disse: o empreendedor é aquele que faz acontecer, que se antecipa aos fatos e tem uma visão futura da organização.

Vivemos em um mundo de mudanças, incertezas e no qual tudo acontece em alta velocidade, com o mercado em constante evolução. Existem muitas oportunidades. O desafio é entender que a maior barreira que nós enfrentaremos no mundo do empreendedorismo não é a crise, o mercado, o governo e muito menos os concorrentes. A grande barreira a ser vencida somos nós mesmos, são nossas crenças e nossas limitações.

Infelizmente, muitos empresários vivem em um mundo de ilusão, esperando que um milagre aconteça. Muitos não têm previsibilidade, estão conformados com a situação. Entram em um negócio totalmente despreparados e acabam, muitas vezes, perdendo todo seu investimento.

Alguns meses atrás, fui visitar um empresário que estava passando por grandes dificuldades em sua empresa, no ramo de transportes. Ele a tinha herdado de pai, que faleceu há dois anos. Nós nos encontramos em seu escritório, iniciamos um bate-papo e eu ouvi toda a sua história e de sua empresa que, por sinal, tinha dominado o mercado da cidade e região. A conversa se estendeu por quase duas horas, até que fiz a primeira pergunta: "você acha que é culpa de quem a empresa estar passando por esse momento de dificuldade?". Eu reconheço um empresário de sucesso, que mesmo passando por dificuldades, irá superá-las, quando ele responde a essa pergunta. Se você que está lendo este livro responder como ele disse que a culpa é da situação econômica, do governo e dos concorrentes, e que lidar com pessoas é muito difícil, você tem que rever seus conceitos como empresário.

Foi exatamente o que ele respondeu e disse mais: que lembrava quando seu pai administrava os negócios; naquela época era tudo diferente e muito mais fácil do que o momento atual que estava vivendo. Não preciso dizer o que aconteceu com sua empresa alguns meses depois. Há uma frase de que gosto muito que diz: ou você tem resultados ou tem desculpas. Uma pergunta a você que é empreendedor ou que pretende ser: você está satisfeito com os resultados que vem tendo com sua empresa? Ou será preciso rever seus conceitos como empreendedor?

Existem muitas características e atitudes que nos levam ao sucesso no mundo do empreendedorismo. Vamos falar de três delas que, na minha opinião, são fundamentais. Administrar com foco no lucro, inovação e ter uma equipe comprometida.

Administração com foco no lucro

Trinta anos atrás, quando iniciei minha empresa, vivíamos situações muito diferentes do mercado atual: pouca concorrência, margens de lucro altas, não sentíamos tanto as perdas, havia pouca dificuldade com funcionários e o consumidor não tinha muito acesso à informações. Tudo era maravilhoso e administrado sem muita atenção.

Não sei o mercado em que você está, mas uma coisa posso dizer com toda certeza: as dificuldades chegarão para todos. Tenho uma frase que diz: "a crise é um vestibular empresarial, só quem estiver preparado irá passar". O ano de 2017 foi de grandes desafios. A empresa, que vivia momentos de tranquilidade, de repente viu-se em uma turbulência financeira. Eu, que nunca havia experimentado tal situação de crise, quando acordei, vi que estávamos em meio a uma emergência financeira administrativa. Você que está lendo este livro, que é empresário ou que pretende ser, é importante entender que situações como esta aparecerão durante a caminhada empresarial e é muito importante lembrar que você é o comandante da sua empresa e nunca deve deixá-la no piloto automático.

O tempo foi passando e as coisas foram caminhando sem perspectiva. Foi então que lembrei de um livro do Edilson Lopes, *Construindo um império – O poder do lucro no mundo dos negócios*, que dizia para nunca nos afastarmos dos números. Após reler esse livro, entendi que era eu quem tinha de acompanhar os números e que, se eu quisesse reverter a situação, eu tinha que acompanhar os números bem de perto.

Administrar com foco no lucro é entender que a empresa não vive de faturamento e sim de lucro. Muitos empresários estão focados em faturar e esquecem que o que traz saúde financeira para a empresa é o lucro. É necessário ter um olhar focado em comprar, buscando as melhores condições - lembrando que o ganho também vem na compra.

Hoje, tenho minha empresa sob controle em minhas mãos. Como diz o ditado aqui no interior "o que engorda os porcos são os olhos do dono". Acompanho os números bem de perto e tenho um fluxo de caixa controlado e monitorado diariamente. Costumo dizer que uma empresa sem fluxo de caixa é uma empresa sem chão, que está em queda livre.

Entendi que uma administração com foco em resultados é ter lucro, afinal, a empresa foi criada para dar resultados, ou seja, para dar lucro onde todos ganham.

Inovação
Peter Drucker, considerado o pai da administração moderna, disse que a melhor maneira de prever o futuro é criá-lo.

Quando iniciei minha primeira empresa, em 17 de junho de 1987, logo nos primeiros meses recebi a visita de um representante comercial que vendia montagens para drogarias e supermercados. Lembro-me claramente de nossa conversa, quando eu afirmei: "todas as vezes que você me visitar, eu terei inovado alguma coisa em minha empresa". Essas palavras foram como uma declaração para o universo. Não consegui parar até hoje, inclusive já tentei, mas as inovações me perseguem, e não tenho dúvidas de que este é um dos motivos de eu estar no mercado até hoje.

Vivemos em constantes mudanças, em que inovação é questão de sobrevivência e o empreendedor tem que acompanhá-las. Gosto muito de uma frase de Leandro Karnal, que diz: "mudar é difícil, não mudar é fatal". Eu digo que mudar (inovar) é fundamental e a empresa que não olhar para frente, o futuro, e não inovar, mesmo que seja em simples ações, certamente estará fora do mercado em pouco tempo.

Muitas empresas perderam mercado por falta de inovação, por esperarem algum acontecimento, e por acreditarem que seu mercado estava garantido e que mudanças iriam demorar para chegar

Por muito tempo os taxistas fizeram as mesmas coisas e não pensaram que o mercado iria mudar, o que vemos hoje uma nova maneira de andar de carro: *Uber*.

Algum tempo atrás estava em Ribeirão Preto quando solicitei um *Uber*; três minutos depois já estava sendo atendido. Enquanto era levado para meu compromisso, conversei com o motorista e fiz uma pergunta; "o que você tem feito para inovar?". "Como assim?", indagou o motorista, e respondi: "em breve você ficará sem emprego, pois a inovação está chegando com os *Uber's* autônomos!". Ele parou o carro e me olhou com cara de indignação sem entender o que eu dizia e não disse nada. Penso que aquela noite ele perdeu o sono.

Muitas vezes, achamos que inovação é coisa para cientistas ou grandes empresas. Inovação, na minha concepção, é fazer algo diferente de seus concorrentes para facilitar ao máximo a vida das pessoas.

Outro fator importante para inovação é o empreendedor sempre ficar atento ao seu mercado, ouvir as necessidades de seus clientes e sair em frente à concorrência. É muito importante buscar informações das mudanças que vem acontecendo no mercado, ler matérias de fontes especializadas, participar de feiras do segmento, e ter com quem compartilhar as suas ideias. Enfim, inovação no mundo do empreendedorismo é enxergar aquilo que ainda ninguém viu e colocar em prática suas ideias.

Equipe comprometida

Uma das maiores reclamações que ouço nos dias atuais é sobre a dificuldade em contratar funcionários comprometidos. Não tenho dúvidas de que estamos falando que uma equipe assim é fundamental para o sucesso e muitas empresas quebraram por este motivo – pela falta dele.

Certo dia, visitei um empresário que passava por algumas dificuldades; uma delas era o *turnover* de funcionários muito alto (alta rotatividade de funcionários), o que provocava uma desestrutura na equipe e um gasto excessivo com rescisões. Conversamos por horas e fiz algumas perguntas; "qual o grau de cumplicidade que você tem com seus funcionários? Qual a periodicidade de treinamentos para sua equipe? E quanto eles se sentem motivados?". Todas as respostas explicaram suas dificuldades: primeiro ele tinha construído seu escritório do outro lado da rua, para ficar longe de seus colaboradosres, e mais: dizia que seus cavalos eram mais importantes, davam menos problemas. Segunda resposta: "eu não vou gastar com treinamento da equipe; depois de treinados eles podem trabalhar no meu concorrente!". Acho que esta resposta não preciso explicar: com o distanciamento do líder e a falta de treinamento, a equipe se sentia desvalorizada e desmotivada e, consequentemente, seus resultados eram metade (ou menos) do que poderia ser.

Em um mercado extremamente competitivo, um time preparado faz toda diferença. O empreendedor que entender esse conceito, investir, preparar e valorizar a equipe, mesmo diante de várias dificuldades que poderão surgir ao longo do caminho, poderá contar com o apoio de sua equipe.

Algumas empresas exigem de seus funcionários resultados que muitas vezes eles não estão preparados, sem o mínimo de treinamento. O empreendedor tem que entender isso, e treinar a equipe deve fazer parte do orçamento: devemos enxergar como investimento. Pesquisas mostram que empresas que compartilham dessa cultura tem o dobro de resultados, comparado aos seus concorrentes.

No mundo do empreendedorismo, pessoas são partes essenciais, e não basta "vestir a camisa"; uma equipe comprometida tem que ter no sangue o DNA da empresa.

Lembre-se: a alma e o sucesso da empresa são feitas por pessoas.

Quando o empreendedor tem uma administração com foco no lucro, fazendo exatamente o que tem que ser feito, usando sua criatividade inovadora com uma equipe preparada, motivada e comprometida, tenho certeza que o sucesso acontecerá.

Para concluir, quero agradecer primeiramente a Deus pela vida, à minha esposa Claudia, minha filha Jaqueline e à Dona Sophia, minha mãe, que fez de todos os seus filhos pessoas bem-sucedidas, porque tiveram uma mentora que sempre acreditou e lhes ensinou o caminho do sucesso, com honestidade e muito trabalho. Dia 28 de junho de 2017 ela nos deixou e, com toda certeza, foi vender seus salgadinhos no céu.

18

Quer ser empresário? Tem certeza? Empreendedorismo, os dois lados da moeda

Já faz algum tempo que a palavra empreendedorismo está na moda; pessoas predispostas a novos desafios, motivação para inovações imensuráveis, que sentem brotar a vontade de fazer diferença no mundo onde estamos inseridos, mas pouco se fala sobre ser empresário que, além dos bônus, também deve assumir os ônus dessa atividade

Emerson Borges Mondejas

Emerson Borges Mondejas

Diretor comercial, palestrante, 37 anos. Graduado em comércio exterior, pós-graduado em direito empresarial e especialista em negociações. Sócio do Grupo VIPOWER, empresa fabricante de baterias, com tecnologias chumbo ácidas e importadora de insumos para diversas fábricas do mesmo segmento no mercado brasileiro. Atualmente também se dedica a treinamentos empresariais, a fim de transferir um pouco de conhecimento e suavizar as dificuldades, com experiências negativas obtidas no passado.

Contatos
emersonmondejas@gmail.com
(11) 98367-0504

Estatísticas do IBGE 2014 mostram que 60,4% das empresas criadas nos últimos cinco anos encerraram as suas atividades, e esse numero só aumenta com o passar do tempo. E você? Vai querer fazer parte dessa estatística desastrosa, ou vai se preparar para superar cada obstáculo que cruzar pela frente e se tornar um empreendedor "cascudo" que não se abala com as dificuldades e se torna cada vez mais preparado para novos desafios?

Estamos passando por um dos momentos mais críticos em nosso país, economia ainda se "arrastando", níveis de desemprego altíssimos, e a população cada vez mais desesperada em se agarrar a alguma esperança e descobrir uma nova fonte de renda. É com esse sentimento que vemos milhares de pessoas entrarem na vida empresarial por condição de vida e não por vocação, muitas delas sem nenhuma preparação e instrução básica para conseguir ponderar realmente os pontos positivos e os negativos, ser capaz de saber as diferenças entre incertezas e riscos, habilidades e sorte.

Incerteza x risco

Não temos como falar de vida empresarial sem nos depararmos todos os dias com o famoso "risco do negócio" e "risco calculado".

Em toda operação financeira ou atividade econômica estamos remando contra o "risco", porém, tendo em mente que conseguimos calcular todas as probabilidades negativas e mensurar o possível resultado de cada ação que iremos tomar, diferente das incertezas, que não conseguimos calcular, ponderar todos os fatores. É como se estivéssemos em uma estrada à noite com os faróis apagados à mercê simplesmente da sorte e nenhum conhecimento ou fatores que poderiam ajudar nessa situação.

No mercado securitário existe uma expressão chamada "Cisne negro", é algo que jamais poderíamos imaginar, porém algo fácil de explicar e que muda o mundo, fazendo cair por terra qualquer planejamento. Vamos relembrar o trágico 11 de setembro nos Estados Unidos. Nem precisamos relatar o que aconteceu, pois foi tão marcante que todo o mundo de alguma forma teve sua vida afetada por esse enorme "cisne negro" que pairou no planeta.

A vida empresarial é assim, mesmo que possam existir cisnes negros, não podemos andar com os faróis apagados, precisamos estudar todos os dias, aumentar cada vez mais nosso conhecimento técnico no segmento que estamos trabalhando e também em todas as questões legais do mundo burocrático brasileiro, acompanhar as mudanças legais, trabalhistas, tributárias etc. Além de acender nossos faróis nessa linda estrada do empreendedorismo, em que não devemos chegar no mesmo lugar que os outros, mas sim em um lugar que está reservado para nós. Sermos conhecidos como fornecedores de produtos e serviços fantásticos que também possa fazer a diferença na vida de quem confia em nossas empresas.

O conhecimento é fundamental para que possamos diminuir todos os riscos e aumentar as chances de sucesso em nossos empreendimentos, e jamais permitir que nossos medos sejam maiores que os perigos mercadológicos que enfrentaremos.

Habilidade x sorte

Conheço muitas pessoas que fazem algumas ponderações descabidas em relação à aquisição de conhecimento acadêmico, dizendo que Bill Gates (criador da *Microsoft*), Mark Zuckenberg (criador do *Facebook*) e outros não possuem formação acadêmica alguma e que isso não é pré-requisito para conseguirmos uma vida empresarial bem-sucedida.

Vamos analisar um pouco mais a fundo a história desses dois empresários fantásticos, que não fizeram simplesmente a escolha de serem empreendedores, mas tiverem ideias capazes de mudar a vida de todas as pessoas do mundo.

Habilidade – Qualidade de uma pessoa hábil, está intimamente relacionada com a aptidão para cumprir uma ou várias tarefas específicas com determinado nível de destreza.

Sorte – Força invisível a que se atribuem o rumo e os diversos acontecimentos da vida, acaso ou coincidência feliz.

Qual dessas duas alternativas eles se encaixam? Levando em conta que os dois eram alunos da Universidade de Harvard, uma instituição com um dos critérios mais difíceis para aceitação, e tiveram que parar os seus estudos acadêmicos para mudar o mundo. Vamos tentar entender como funciona e se desenvolve o pensamento empreendedor até a sua concretização, não contando muito com a sorte, pois, para falar a verdade, se contasse com ela estaria perdido, pois ultimamente não estou ganhando nem rifa de quermesse...

Sonho, visão, objetivo, ação

Para mim, estes são os quatro passos mais importantes para a concretização de um ideia empreendedora. Sentimo-nos incomodados com alguma ideia que muitas vezes não sabemos o que é, não conseguimos concatenar nossos pensamentos em algo objetivo, nos sentimos incapazes por não identificar o que nossos pensamentos estão querendo nos dizer, até que, enfim, nasce uma ideia, um sonho...

Sonho – Acredito que esse seja o momento mais sublime de um empreendedor, em que o sonho de uma ideia nasce. Começamos a vislumbrar aonde queremos chegar com esse sonho, o que queremos realizar com ele, vislumbrar as possibilidades, mas sabendo que nele tudo é bonito, e tudo é possível. Então precisamos entrar em uma seara mais racional e dar início a nossa visão.

Visão – É o assunto mais estudado na neurociência nos dias de hoje, para ser mais claro; o que a neurociência chama de visão, os cristãos e a Bíblia chamam de fé, capacidade de olhar para o que não existe "fisicamente", ver sua empresa sem mesmo ela existir. Na inauguração da *Disney World*, falaram para a viúva do idealizador de tudo: "Pena que ele não está aqui para ver seu sonho virar realidade". E a viúva respondeu: "Engano seu, ele viu tudo isso antes da gente".

Objetivo – Vida real, passamos do mundo dos sonhos e das visões e precisamos de conhecimento, fazer uma pesquisa de mercado e verificar a viabilidade de nossos sonhos, estruturar o nosso negócio burocraticamente falando, montar nossas visões estratégicas, e aqui o conhecimento em todas as áreas empresariais vai fazer a diferença. Na minha opinião, é aqui que a maioria dos empreendedores caminha para o sucesso, ou decreta o seu fracasso.

Ação – Chegou a hora, tudo que foi idealizado acima deve ser colocado em prática, é nessa etapa que a maioria das pessoas para, desiste, algumas por medo e outras por pura falta de perfil; é hora dos empreendedores mostrarem a que vieram, que não existe obstáculo maior do que a vontade de tornar seu sonho uma realidade, e fazer a frase "querer é poder" valer a pena. Conheço diversas pessoas com conhecimento e capacidades invejáveis em ter ideias de negócios e ótimas práticas corporativas, porém não conseguem dar um passo em relação a esse tópico.

Sucesso – céu ou inferno?

Sem dúvida, o sucesso é o que todos procuramos em nossas vidas, pessoal, profissional, afetiva etc.

Vou compartilhar uma experiência. No início da minha jornada empreendedora, obtivemos muito sucesso, estouro de vendas, alto faturamento, aumento significativo do quadro de funcionários, enfim, o sucesso tinha chegado. Não éramos mais vistos como uma "empresinha" que tinha acabado de nascer, mas estávamos conquistando o respeito do mercado, uma empresa com menos de dois anos de vida literalmente "atropelando" empresas mais tradicionais, e acreditávamos termos chegado ao "céu". Tudo parecia perfeito quando começaram as primeiras inadimplências, conquistamos clientes com potencial de compras altíssimo e, em 2008, na crise, veio também as inadimplências, algumas mercadológicas e outras de pura má-fé, caminhamos do céu para o inferno em questão de meses. Éramos totalmente dependentes de capital de terceiros para "girar" nossas operações, e aquela empresa que estava sendo destaque começou a ser mais uma entre tantas que estavam se arrastando e tentando sobreviver nesse mundo capitalista.

O objetivo desse tópico não é dar lições nas questões práticas de administração, mas sim focar no que realmente foi um dos maiores obstáculos a ser superado, o sucesso.

Eles nos cegou completamente, nos fez acreditar que "construir uma casa na areia" bastaria para ficar no céu o tempo todo, nos fez acreditar que não precisávamos mais buscar conhecimento, ficar antenado nas mudanças do mercado, enxugar custos constantemente, e deixar a arrogância tomar conta, e principalmente fechar os olhos para os riscos do mercado, acreditando somente nas coisas boas que estavam dando certo e sem levar em conta as que poderiam dar errado e quais seriam as consequências disso.

Chegamos ao fundo do poço, pelo que aprendemos desde pequeno; é lá embaixo que está o inferno, porém não temos mais para onde descer, o único local onde podemos olhar quando estamos lá embaixo é para cima, e foi isso que foi feito, subindo degrau por degrau, mas já construindo o alicerce, para quando chegarmos ao topo do poço a base já esteja concretada, pronto realmente para se fazer uma nova construção bem alicerçada, reconstruir uma empresa em bases que realmente levem ao céu e não deixem possibilidades para que o inferno um dia possa voltar em sua vida.

Não sabemos o dia de amanhã, a vida empresarial depende de muitos fatores que não dependem somente de nós.

Nunca permita que o medo de errar se transforme em medo de tentar.

"Os pescadores sabem que o mar é perigoso e que a tempestade é terrível, mas eles nunca julgaram esses perigos como razão suficiente para permanecerem em terra."
Van Gogh

19

O inédito viável no empreendedorismo

Empreender é lidar com o futuro, todos os dias se decide algo para o futuro do empreendimento e ou do empreendedor, e esse futuro é o inédito!
O inédito é aquilo que ainda não temos, não vemos, não somos ou não sentimos, mas que profundamente desejamos, e por isso queremos tornar viável.
Como fazer uso dessa metodologia no mundo do empreendedorismo? É essa resposta que tento transmitir aqui por meio deste texto

Emerson Weslei Dias

Emerson Weslei Dias

Mestrando em Administração, MBA Internacional em Gestão Estratégica de Pessoas pela FGV e Empreendedorismo pelo Babson College (USA), é também bacharel em Ciências Contábeis, além de possuir diversas especializações técnicas e comportamentais como Finanças, Direito, Vendas, Controladoria, Psicologia Econômica, Psicologia para Não Psicólogos no Ambiente Organizacional, Filosofia a maneira clássica pela Organização Internacional de Filosofia Nova Acrópole e qualificação para aplicação de ferramentas como MBTI® (Tipos Psicológicos), EQ-i e EQ-360 (Emotional Quotient Inventory)/ Inteligência Emocional e BIRKMAN (Carreira). Empreendedor em sua consultoria, no mercado Pet e imobiliário. *Coach*, Consultor de Carreira e Negócios, Professor, expert do MeuSucesso.com. Autor dos livros *O inédito viável, O inédito viável na Gestão de Pessoas, reflexões e filosofia prática sobre liderança* e *O inédito viável nas Finanças Pessoais, dinheiro caro, filosofia barata*. Como executivo, teve uma carreira consolidada em mais de 20 anos, ocupando posições relevantes em empresas como, Atlantia Bertin, Carrefour, Siemens, Mannesmann, ABB-Daimler Benz e Bradesco

Contatos
www.oineditoviavel.com.br
contato@oineditoviavel.com.br
(11) 9898-40990

A crise financeira, as diversas opções de atividades profissionais e o desejo de maior liberdade e bem-estar pessoal têm levado um grande número de profissionais a deixarem suas carreiras consolidadas para se arriscarem no sonho do negócio próprio.
Três fatores estão muito presentes nas pessoas que tomam essa decisão de buscar novos rumos.

Em primeiro lugar, está a insatisfação com o trabalho atual. Tenho percebido uma reclamação geral da falta de liberdade para trabalhar. O mundo nas empresas, principalmente nas grandes, está cada vez mais controlado, e com isso o grau de autonomia diminui muito. Ademais, com o mercado muito competitivo e profissionalizado, as relações humanas se deterioram: é grande o número de pessoas com problemas com seus superiores, pares...

O segundo fator é o acesso, que divido em dois tipos: o primeiro é o acesso à tecnologia (banda larga, impressão 3D, internet das coisas, biotecnologia, Big Data, robótica, inteligência artificial, mobilidade, etc), o que tem sido chamado de "Quarta Revolução Industrial", "disruptura"; e o segundo é o acesso ao capital (investidor-anjo, aceleradora de *startups*, *private equity*, *venture capital*, franquias etc.), que permite montar um negócio de forma muito rápida. Como exemplo, podemos citar a possibilidade de desenvolvimento de um aplicativo, que custa pouco e, se a ideia for boa, o sucesso é rápido. O leque é grande, bem diferente do cenário de 10, 15 anos atrás.

Além disso, como terceiro fator, cito a necessidade de satisfação pessoal. Não raro, as pessoas estão buscando mais satisfação do que remuneração, que é a ideia do propósito bastante difundida atualmente. Vejo um movimento muito forte de querer fazer algo que tenha prazer, dar um significado a sua própria existência, principalmente, mas não exclusivamente, quem já tem o que precisa do ponto de vista financeiro, é o desejo de uma melhor qualidade de vida.

Citei apenas 3 fatores como os que estão mais presentes, mas posso citar ainda outros, que vejo influenciando essa onda empreendedora, por exemplo, longevidade. Inegavelmente, as pessoas vivem e viverão cada vez mais, isso gera a possibilidade de muitas carreiras ao longo de uma vida, além de, é claro, oportunidades de mercado, reivindicações de questões de etnia, gênero e outros aspectos de políticas inclusivas e de diversidade e, ainda, um endurecimento no âmbito de *compliance* para as organizações.

No entanto, é importante destacar que trocar a segurança do emprego pelo risco de abrir um negócio é uma decisão que exige muita ponderação. Alguns pontos importantes precisam ser considerados por quem pensa em deixar uma carreira no mundo corporativo e iniciar outra como empreendedor, são mundos, visões e perfis diferentes. Muitos ótimos executivos não conseguem se adaptar ao mundo do empreendedorismo e outros que não tinham destaque na vida corporativa, sim, ou seja, não há regras e o óbvio também não existe.

A primeira reflexão a ser feita é: o que você nasceu para fazer? Responder essa pergunta nem sempre é uma tarefa simples, principalmente sabendo que é através disso que você dará um rumo para sua vida. Em minha trajetória como *coach*, é comum encontrar clientes que se sentem "perdidos" e não realizados profissionalmente. Em muitos casos, eles relacionam essas sensações com uma falta de definição do que seria a sua "verdadeira vocação".

Vocação é um termo derivado do latim "vocare", que significa "chamar". Por isso, muitos acreditam que esse "chamado" é algo que deve ser esperado e que vai surgir de repente, como uma luz. No entanto, é preciso ter um papel ativo na definição de nossas vocações. E é somente conhecendo bem a si mesmo e sabendo informações sobre diversos assuntos que você conseguirá descobri-las. É preciso, antes de mais nada, um profundo "mergulho" em si mesmo. Quando a gente se conhece, sabe o que faz sentido para si próprio e tem consciência de suas potencialidades fica mais fácil para escolher.

Para isso, é necessário estar disposto ao aprendizado, refletir sobre desejos, medos e identificar suas forças e fraquezas, com o intuito de se descobrir de verdade, entender o seu potencial e responder à simples pergunta, por que você faz o que faz?. É válido destacar que, ao se conhecer melhor e desenvolver suas competências comportamentais, o ganho não será restrito ao seu trajeto profissional. Certamente, você se tornará uma pessoa mais realizada em todos os âmbitos da sua vida.

Dito isso, vale uma breve conceituação sobre o que é carreira. Eu defino carreira perfeita, calma - não grite que não existe carreira perfeita - entenda meu ponto, carreira perfeita é "o tempo da vida em que a gente se dedica a algo que considera útil para a sociedade e sente prazer de fazer". Levando em conta essa definição, na mudança de carreira, devemos ser conduzidos pelo mesmo sentido: dar ao mundo nossas habilidades, satisfazendo nossos anseios e, ao mesmo tempo, as necessidades das outras pessoas.

É claro que nem todos enxergam desta maneira, muitos nem tem a chance num primeiro momento de sentir prazer, pois as necessidades, muitas vezes de sobrevivência, levam os indivíduos a não poderem escolher uma carreira, abraçam o que aparece. Mas, eu gosto de deixar essa definição, pois ela nos obriga a pensar sobre o que nos dá prazer. Geralmente no primeiro momento muitos discordam desta minha frase, e eu gosto disso, pois ao discordarem tenho a chance de explorar a visão de quem discorda e confrontá-la com a dura verdade de que se não sente prazer, pode estar no lugar errado ou fazendo a coisa errada, ou pior, as duas hipóteses ao mesmo tempo, logo, é hora de se pensar a respeito.

Lembre-se que tocar um negócio próprio exige competências diferentes das necessárias para sobreviver no mundo corporativo. Entre as principais dificuldades que um funcionário tem em entender e se adaptar à realidade de um empreendedor está a famosa "atitude de dono". Muitos falam, mas poucos sabem o que é isso na prática. O analista era acostumado a receber relatório e interpretar, agora ele talvez tenha que fazer os próprios relatórios, ir ao banco resolver problemas da empresa, atender o cliente, ouvir reclamações, liderar pessoas, montar escalas de trabalho, entender o negócio do início ao fim e não mais ter apenas uma visão "departamentalizada".

Também vale alertar que o entusiasmo, típico de quem está começando um novo negócio, pode prejudicar se não for aliado à um bom planejamento. Há um grande risco de "entrar de cabeça". Muita gente erra ao apostar em uma paixão cega e achar que encontrou a mina de ouro. É preciso contar com alguém que critique e desconstrua a sua ideia. Nesse momento, os críticos podem apresentar problemas que ainda existem ou existirão e você não os estava vendo, bem como, validar a ideia, porém, analisando de outro ângulo, o que seria ótimo e daria muita confiança.

Quando chega a hora de "colocar a mão na massa", é preciso definir o que vai ser feito (abrir um negócio, ser um franqueado, começar do zero ou comprar um negócio que existe) e então elaborar um bom plano de negócios. Passada essa etapa, você deve se questionar: tenho as competências para isso? Se sim, como posso testá-las? Se não, como posso desenvolvê-las?

A regra básica é planejar, executar o plano, fazer os ajustes necessários que são descobertos na execução, checar os resultados alcançados de tempos em tempos, e, com base nisso, ajustar o que for preciso para seguir o plano.

Estimulando o processo criativo

Ser criativo é uma competência que nos move a pensar soluções, resolver problemas, criar alternativas, percorrer caminhos diferentes, produzir novos projetos. No campo profissional, essa habilidade pode representar o diferencial que nos conduz ao sucesso. A criatividade deve ser vista como uma ferramenta que, usada constantemente, lhe dará uma posição de destaque.

Mas, de onde nascem as boas ideias? Elas podem vir de qualquer lugar e, muitas vezes, de onde menos se espera. Dificilmente aparecem "do nada", pois são resultados de várias conexões. A criatividade é um processo constante diário e um exercício ao alcance de todos.

No entanto, não existe uma receita pronta que faz com que tenhamos ideias criativas no momento em que queremos. A boa notícia é que a criatividade pode ser encarada como se fosse uma espécie de músculo. Ou seja, quanto mais exercitamos, mais ela pode ser desenvolvida.

Algumas dicas que podem ajudar no desenvolvimento da criatividade:

Descanse a mente. Já reparou que quando você se esforça para ter boas ideias, dificilmente consegue? Isso acontece porque elas surgem de forma livre e espontânea, muitas vezes em momentos inesperados. Por isso, o descanso é muito importante para repor as energias e para que a renovação de baterias do cérebro nos permita analisar alternativas e novas perspectivas.

Registre. Todos os dias, logo ao acordar, coloque no papel tudo o que povoou a sua mente durante o sono. Muita gente tem o hábito de, ainda na cama, verificar as redes sociais, com isso você corre o risco de dispersar sua criatividade. Além dos sonhos, anote ao máximo o que você pensar durante o dia, vale gravar uma fala no celular ou anotar no papel, mesmo se julgar que determinado ponto não tem tanta importância. Ao analisar todos os dados juntos ao final do dia, você pode ter a criatividade despertada e conseguir construir algo novo.

Socialize-se. É muito importante estar em contato com pessoas que compartilhem ou não dos seus interesses, nas divergências podem surgir novos pontos de vista, novas oportunidades e muitas vezes, através de uma conversa informal pode surgir uma boa ideia, novos projetos e até uma parceria.

Desafie-se. Ninguém em pleno conforto, satisfeito cria algo, para criar é preciso estar incomodado, sentir falta, lembra do filme Náufrago? O fato de ficar isolado, fez do personagem um desenvolvedor de soluções para sua sobrevivência. Faça sua mente transitar por diferentes padrões, exerça uma atividade que não seja fácil para você. Tente algo diferente que ao mesmo tempo seja um estímulo e um desafio. Alguns exemplos: aprenda um novo idioma, toque um instrumento, comece um curso novo, faça novas rotas para chegar ao trabalho, vá almoçar em um restaurante novo, inverta a ordem das tarefas, questione-se: Porque faço isso desta forma? Desse jeito? Dessa cor? Desse formato? Por conta da correria do dia a dia é comum as pessoas fazerem algumas tarefas no "piloto automático". No entanto, quebrar a rotina pode ser uma ótima forma de estimular o cérebro.

Inspire-se. A inspiração não tem hora nem local exato para aparecer. Ela pode vir através de filmes, livros, músicas, viagens, palestras, TEDs, conversa com amigos, uma simples caminhada pelo bairro, existe muita inspiração solta por aí basta senti-la.

Atitude e motivação

Diante do cenário brasileiro, com tantos problemas que chega a faltar motivo para a ação, a vontade é ficar quieto, sumir do mundo, enterrar a cabeça na terra. Porém, essa atitude não fará com que os problemas se resolvam. Nesse caso, só a motivação pode nos ajudar. E como encontrar o impulso necessário para agir em busca de nossos objetivos?

Gosto da seguinte definição: A motivação é um desejo mantido em expectativa, devido à crença de que será alcançado. Isso nos faz pensar que a motivação é sempre algo de fato interno (ninguém motiva ninguém, alguns podem até te inspirar, mas não motivar) e conectado com uma esperança futura, logo, quem enxerga um futuro se motiva, quem não o vê, se desespera ou se desmotiva, e o que é mais interessante é que esse futuro motivador é conectado com uma simples pergunta: O porquê? Pois é quando se sabe a resposta do porquê, que se encontra a expectativa de realização futura.

E o porquê tem a ver com o propósito, com aquela pergunta do começo do texto, por que você faz o que faz?

Bem usado e até muito batido eu diria, mas vou usar mesmo assim, pois aqui tem algo importante: a palavra CRISE quando removido o S se transforma em CRIE e quando criamos estamos motivados, motivados com a possibilidade do uso ou aplicação daquilo que acabamos de criar.

Ora, se antes da criação havia um empasse, um cenário obscuro, onde não se via saída ou futuro, a partir do instante que se vislumbra uma solução, tudo muda. Contudo, pela lógica, eu só busco solução para aquilo que quero resolver, portanto, como posso reclamar da crise? Afinal, eu preciso dela para me tornar criativo, para me motivar.

Se quero emagrecer é porque estou gordo, se quero ganhar dinheiro é porque não o tenho, se quero fazer novos amigos é porque me fazem falta, se quero aprender é porque não sei... Tudo antes de ser fácil foi um dia difícil ou desconhecido.

A tal da zona de conforto é um ambiente sem crise. Logo, não gera criatividade, inovação, desafio, progresso. Afinal, para que buscar solução para algo que não incomoda? O único jeito é sair dessa zona e ir para o desconhecido, mas o desconforto voluntário venhamos e convenhamos é bem arriscado, não é? Quem tem coragem para tal? Aliás, a palavra coragem é agir com o coração (*cordis* = coração + *aggere* = agir), é agir com base ao que vem de dentro de nós, e o que vem de dentro de nós é a busca da felicidade, da auto realização que gera motivação.

E isso responde à pergunta por que você faz o que faz?

Quando você encontra isso, e isso tem a haver com empreender, aí ninguém te segura, basta começar a viabilizar o seu próprio inédito.

No meu método, o inédito viável, tenho ajudado pessoas a empreender ou não, sempre usando essas reflexões: oportunidades, propósitos, competências.

> "Quando o desejo está presente, qualquer atitude ou característica de personalidade pode ser eventualmente desenvolvida."
>
> Paul J. Meyer

No fundo empreender significa essa busca, o que chamo de inédito viável, que é aquilo que você Percebe (toma consciência), Planeja (cuidadosamente avalia os prós e contras, competências, recursos, etc) e Age.

Afinal o inédito é aquilo que ainda não é, mas que gostaríamos que ocorresse, por isso tem que ser viável.

Referências
DIAS, Emerson Weslei. *O inédito viável*. São Paulo: D'Livros, 2013.
DIAS, Emerson Weslei. *O inédito viável, na gestão de Pessoas, reflexões e filosofia prática sobre liderança*. São Paulo: D'Livros, 2015.
DIAS, Emerson Weslei. *O inédito viável, na educação financeira, dinheiro caro, filosofia barata*. São Paulo: D'Livros, 2016.

20

Empreender, por quê?

Por que você quer abrir um negócio, lançar um produto ou serviço? Por que essa seria a melhor escolha a fazer? Por que firmar ou não sociedade com alguém? Saiba que ter a clareza das respostas para estas e outras questões é parte fundamental da etapa embrionária de qualquer empreendimento. Neste artigo, você também conhecerá uma ferramenta que poderá ajudá-lo a esclarecer essas dúvidas

Fernando Tepasse

Fernando Tepasse

Especialista em ajudar pessoas a tornarem-se a melhor versão delas mesmas, através da arte, da educação e da comunicação. Graduado em Teatro/Licenciatura pela Universidade Estadual do RS, pós-graduado em Gestão de Ensino, Especialista Emocional, possui também especialização em *Marketing* de Diferenciação e Palestras, atua como arte educador há 15 anos. Fundador e CEO do Espaço da Arte, possibilitou a mais de 11 mil alunos o contato com o teatro e a dança, oportunizando experiências transformadoras a eles. É ator, diretor e escritor. Autor do livro "Caminhos para a cena - desenvolvendo teatro de qualidade na escola", coordenador editorial do livro "Coaching – a hora da virada", coautor dos livros "Segredos de alto impacto" "Manual completo do empreendedorismo" e "O Poder do Óbvio". Já ministrou treinamentos e palestras para inúmeras organizações e Secretarias de Estado no RS. Palestrou e contou histórias para mais de 2.500 empresários no FATOR X LIVE 2018. Além do *Workshop* de Imersão Conexão Propósito, Fernando criou e ministra as palestras "FAMÍLIA – Como se conectar e viver em harmonia", "A Jornada de Odin – Reencontrando sua essência", "Empreender, por quê?" e "Liberdade Emocional".

Contatos
www.fernandotepasse.com.br
www.facebook.com/fernandotepasseoficial
Intagram: @fernandotepasse_oficial
Linkedin: Fernando Tepasse
Fone para contato: 51 99334-5377

Quando você pensou em empreender um novo negócio, você chegou a se perguntar por quê? Imagine estas duas situações: 1. Você está trabalhando em uma empresa há alguns anos, mas não se sente feliz e pede demissão. 2. Você está tranquilo em seu emprego e, de uma hora para outra, é demitido. Depois do choque inicial e refeito das emoções positivas ou negativas, você começa a pensar no que fará dali para frente, afinal, ainda tem contas a pagar, sonhos para tornar realidade, e para tudo isso, precisa gerar renda.

Este é o resumo da história de Fabiano, um jovem pai de família que passou por ambas situações. Logo após esses dois rompimentos, ele decidiu montar negócios para ele e para sua esposa. Na primeira ocasião, abriu um salão de cabeleireiro junto com a cunhada que gostava de tirar fotos. Alugaram uma sala, compraram móveis novos, convidaram profissionais para compor a equipe e abriram o tão sonhado negócio próprio: um estúdio de fotos e salão de beleza, juntos.

Seis meses depois, quebraram! Fabiano voltou ao mercado de trabalho e lá ficou, até ser demitido. Com o dinheiro da rescisão, viu a chance de voltar a empreender. Depois de avaliar as possibilidades, chegou à conclusão de que "as pessoas sempre investem em comida, portanto algo no ramo da alimentação pode ser um bom negócio." Junto com parentes, resolveu montar uma pizzaria. Só que dessa vez foram "espertos", não investiram em algo grande, tampouco alugaram uma sala. Eles construíram um forno na casa do irmão, adaptaram algumas coisas e ali nasceu uma pizzaria de tele entrega, afinal, "todos adoram pizzas e não tem como dar errado", pensou.

Em menos de um ano, o negócio fechou, por problemas de relacionamento e insatisfação com a própria rotina do trabalho, pois nem ele, tampouco seu irmão gostavam de preparar a massa e ficar operando o forno a lenha, numa temperatura de 450 graus.

O grande problema de Fabiano, assim como da maioria dos empreendedores de primeira viagem, está na ordem em que fazem as perguntas fundamentais para idealizar um negócio. O quê? Como? Onde? Quanto? Quando? São exemplos de questões que certamente devem ser respondidas, mas nunca antes daquela que deveria ser a "pergunta mãe", que dará início a todo o processo: por quê?

Hoje, 66% dos brasileiros desejam ter um negócio próprio e a maioria não olha para o mais importante. "O essencial é invisível aos olhos". Quando Exupéry escreveu essa célebre frase, ele falava de amor, empatia, amizade e outros sentimentos positivos. Adaptando esta citação para o meio empreendedor, o invisível é a motivação pela qual você irá investir seus recursos, num novo empreendimento. Qual a razão de montar um negócio próprio e de fazer isso ou aquilo? Afinal, por que empreender?

A "resposta mãe" que deve estar clara em sua mente e no seu planejamento é oriunda da pergunta: por que? A partir dessa resposta é que todas as demais devem ser respondidas.

Isso me faz lembrar da fábula "Os três porquinhos", divulgada pelo escritor Joseph Jacobs, no século XIX. Por que será que Prático, o porquinho mais sábio dos três irmãos, resolveu construir a sua casa com tijolos, cimento e vidro, diferente de Cícero e Heitor que, preguiçosos, optaram por usar palha e madeira? Prático sabia a razão pela qual estava construindo aquela casa, que era mais do que se abrigar do sereno ou sol forte, mas se proteger, pois a qualquer momento poderia ser atacado. Assim, ele optou por alicerçar bem o seu empreendimento e, mesmo demorando muito mais que os irmãos para erguer a sua obra, seguiu em frente, com garra e determinação, tendo como referência o seu propósito com aquela construção. O final da história todos sabem: o lobo atacou os porcos e a única casa que ficou de pé foi a de tijolos, assim como os negócios que nascem com um propósito consistente.

Há anos venho dedicando meu tempo para entender e falar sobre a importância de encontrar o propósito de vida, as razões que levam as pessoas a fazerem determinadas escolhas e seguirem por certos caminhos. Pedro Superti, meu mentor e a maior autoridade do marketing de diferenciação na atualidade no Brasil, afirma que oito em cada dez pessoas não estão conectadas a sua verdadeira missão de vida, elas simplesmente não sabem qual é ou não conseguem viver o seu propósito. Recentemente, coordenando uma imersão com o foco no encontro do propósito, pude perceber que estes números são tão reais quanto alarmantes. Num grupo de 22 pessoas, apenas 4 estavam seguras daquilo que faziam e tinham a resposta na "ponta da língua" sobre o porquê atuavam em suas respectivas atividades. Os demais estavam confusos, em maior ou menor escala, sobre suas vidas, escolhas e futuros profissionais.

Descobrir o seu propósito tem tudo a ver com a razão pela qual você irá empreender um negócio próprio. No Brasil, 1/3 das empresas fecha as portas nos primeiros dois anos de existência e 60% não resiste a cinco anos de atividade, segundo pesquisas da Fundação Getúlio Vargas. As razões disso são inúmeras, como má administração, falta de conhecimento técnico, poucos recursos para investimento, endividamento, entre outras. Contudo, para mim, isso são apenas sintomas de um problema maior, que chamo de "FDP", ou seja, falta de propósito. Se você entende o porquê do seu negócio existir, consegue conectar o seu propósito pessoal com a missão da sua empresa, percebe a razão pela qual vai investir recursos num negócio, produto ou serviço, sabe o motivo para fazer aquele curso de aperfeiçoamento, ou seja, se você acabar com a "FDP", a chance de sucesso é infinitamente maior do que aquele que não tem a menor noção do por que está fazendo o que faz.

Quando falo no seu porquê, me refiro tanto às questões internas e pessoais, quanto àquelas do negócio em si e mercadológicas. O seu sucesso pessoal e profissional dependem do alinhamento destas duas respostas, pois, no final de tudo, o que você busca? Acredito que a resposta é ser feliz e proporcionar a maior quantidade de momentos felizes a sua família.

Preciso deixar claro que não existe empreendimento algum que somente lhe trará prazer e alegrias. Sempre terá algum tipo de problema a ser resolvido, situações que não foram previstas a lhe perturbar, principalmente nos primeiros anos. Por isso, ter garra para seguir em frente é fundamental. Desenvolvê-la será mais fácil se as razões pelas quais está fazendo suas escolhas estiverem conectadas com seu propósito.

Vamos fazer um pequeno exercício de memória: lembre-se das principais dificuldades que teve até hoje. Agora se recorde daquelas que conseguiu superar e deu a volta por cima. Por fim, responda: o que te movia naquele momento? Qual era a razão de você ter tanta garra para vencer aqueles desafios?

Não conheço a sua história, mas certamente você teve em cada uma das situações um porquê muito poderoso, que lhe gerou a motivação necessária para que saísse vitorioso daquelas situações.

É assim, acredite! Quando você encontra o seu porquê, seus problemas passam a ser insignificantes, pois você produz uma força absurda. A prova disso são os inúmeros exemplos de mães e pais que se "transformam em verdadeiros leões" para defender seus filhos de algum perigo. O propósito deles é tão grande que se tornam imparáveis. Assim será você quando se conectar com o seu propósito.

Mas como encontrar o seu "por que empreender"?

Nas próximas páginas estarei lhe apresentando uma ferramenta poderosa que desenvolvi ao longo dos últimos anos, criada para auxiliar pessoas a encontrar o propósito de existência do seu negócio. Confesso que não será tão simples assim, pois a primeira missão é olhar para si e esta não é tarefa fácil. Lembre-se, a resposta está ligada ao encontro da sua essência e isso é interno, não está fora de você e tampouco num parceiro, sócio ou familiar.

Preciso ainda te alertar que as perguntas devem ser respondidas com a seriedade e importância que você dedica a sua vida. Desconecte-se do mundo virtual, encontre um momento e local tranquilos e tenha uma boa viagem!

A espiral da conexão com o seu por que empreendedor

1. O que você está pensando em fazer é aquilo que você ama? Movimenta a sua alma? Dá tesão? Inspira ao ponto do seu corpo vibrar e seu olhos brilharem só de pensar no momento em que você estará em ação?

A imensa maioria das pessoas coloca o ganho financeiro na frente da sua realização pessoal e isso é um equívoco. É evidente que o seu negócio tem que gerar receita, mas o dinheiro não pode ser a razão do seu negócio. Você já parou para pensar quanto custa a sua tranquilidade, os momentos com aqueles que ama, os dias de prazer e harmonia? Acredito que tudo isso seja imensurável, por isso que possui tanto valor na sua espiral.

2. O que você está planejando fazer irá gerar momentos rotineiros de felicidade ou na maior parte do tempo lhe trará preocupação, angústia e ansiedade?

A felicidade é uma das razões da existência humana e tudo o que fazemos tem que ter como missão nos aproximarmos dela, mas ela não pode iniciar na sexta às 18h, quando acaba o expediente, e terminar no domingo à noite. Os momentos felizes têm que fazer parte do seu dia a dia de trabalho da mesma forma que dos períodos de lazer.

3. Você possui o dom, as habilidades técnicas, o conhecimento para conceber aquilo que está projetando ou vai depender de algum terceiro para dar conta do seu empreendimento?

Lanço este questionamento para que você pense sobre as suas reais habilidades e conhecimentos, bem como sobre a viabilidade de ter ou não sócios. Muitos negócios utilizam-se do "achismo" como base para a sua implementação, "achou que sabia fazer pizza, achou que era o melhor negócio, achou que seria mais fácil, achou que ia ganhar dinheiro, achou que conseguiria administrar". Esteja consciente de todas as habilidades e conhecimentos necessários para o negócio que quer montar e, se chegar à conclusão de que terá que ir em busca deles, veja se terá disciplina e garra para dar conta de tudo. Além disso, você deve avaliar muito bem a entrada de sócios. Eles podem ser excelentes parceiros, contudo é necessário que os propósitos e papeis estejam alinhados para que, no futuro, o relacionamento não seja abalado e a empresa padeça por isso.

4. O que você quer fazer interessa para as pessoas e para o mundo?

O que você irá fazer é significativo para as pessoas, elas querem ou precisam disso? Todo negócio, produto ou serviço é valorizado pela sua raridade ou escala. O que você quer fazer é único e exclusivo? Ele resolve um grande problema? Ele atinge muita ou pouca gente? Você tem condições de escalar? Às vezes o que você quer fazer é completamente alinhado com o seu propósito, lhe traz felicidade, mas não interessa a outras pessoas ou não resolve problema algum. Pense bem nisso, pois fará toda a diferença.

5. Será que é o momento certo para arriscar um novo negócio?

Quando falo em "momento certo", me refiro mais ao seu período pessoal do que ao mercado, que também deve ser levado em consideração. Sua mentalidade está pronta para liderar um empreendimento? Como está sua relação familiar? Um novo projeto fará bem ou abalará essa relação? Financeiramente falando, você realmente tem condições de fazer os aportes necessários para levantar o negócio e ainda assim terá condições de se manter por alguns meses sem precisar utilizar os resultados da nova empresa? Dificilmente um negócio gera lucro nos primeiros meses de vida. Afinal, por que empreender agora?

O medo de empreender

O medo é nossa principal emoção e, como todas as demais, tem a missão de nos colocar em movimento, de nos fazer agir. Assim, se por alguma razão este conteúdo lhe causou temor, saiba que seu intuito não é paralisá-lo, pelo contrário, é lhe dar ferramentas para a ação e para fazer as melhores escolhas, principalmente na principal etapa de um negócio, o seu nascimento. Se você souber as razões certas para empreender, tiver os porquês do seu negócio, alinhados a sua missão pessoal, tenho convicção de que ele terá êxito, pois você não medirá esforços para torná-lo um sucesso e vibrará felicidade, orgulho e satisfação a cada nova conquista que obtiver, assim como eu estou vibrando ao concluir este artigo.

Foco no propósito e siga com garra!

21

Oito características de um vendedor de sucesso

O empreendedor para ser bem-sucedido precisa ser comunicativo, influenciador, ter bons contatos, planejar, se especializar, acreditar no seu produto, não se deixar influenciar por pessoas negativas e negadoras e sobre tudo ser persistente. Essas características coincidem com as de um vendedor campeão. Por isso, trago agora, de forma detalhada e com muita precisão as oito características essenciais que fazem a diferença na vida dos profissionais de sucesso

Gilson Sena

Gilson Sena

Graduado em Administração de Pequenas e Médias Empresas, pós-graduado em Jornalismo político, palestrante e consultor de vendas, empresário e sócio diretor de várias empresas. *Practitioner* em Programação Neurolinguística – PNL. Coach de Intervenção Estratégica em PNL. Treinador de vendedores pela Referência Cursos. Diretor do Instituto de Desenvolvimento em Vendas - IDVendas. Gilson Sena também é presidente da CDL de Luís Eduardo Magalhães-BA. Autor do Livro Venda Mais Agora, prefaciado pelo renomado Professor Luiz Marins.

Contatos
www.gilsonsena.com.br
www.idvendas.com.br
palestrantegilsonsena@gmail.com
Facebook: www.facebook.com/gilsonsena.palestrante
Instagram: Gilson.sena.7
(77) 99810-9991 (WhatsApp)

Comecei no mundo das vendas, aos 15 anos de idade, vendendo serviços gráficos, mais por necessidade do que propriamente por desejo. A timidez sempre foi uma barreira que não deixava as vendas acontecerem, não conseguia entrar em empresas que tinham mais de uma pessoa, esse era um dos motivos pelo qual as vendas não aconteciam. Levando em consideração que as empresas que tem pouca movimentação tem menos recursos para investir em material gráfico.

Sempre em minha vida busquei alternativas para todas as dificuldades que encontrei e aquela foi uma das primeiras, que logo foi superada após fazer uma oficina de teatro. Três meses após eu estava apresentando para mais de 300 pessoas em um festival em Camaçari-BA. O júri composto por diretores e críticos de teatro, não elogiaram minha atuação, e este também não era meu principal objetivo, e sim a superação do medo de falar em público. Sempre digo que fazer teatro foi um divisor de águas em minha vida, pois superei uma trava que me bloqueava de crescer como pessoa e profissional.

O que ocorre é que quando vencemos uma dificuldade, logo percebemos que somos capazes de superar tudo, de fazer coisas maiores e que não existe limites para capacidade humana, basta analisar os grandes cases de sucesso no mundo dos empreendedores no Brasil e fora do país, todos tem uma característica essencial, são bons vendedores de ideias.

Podemos citar como exemplo de sucesso no Brasil, Flávio Augusto, que aos 23 anos, fundou a *Wise Up*, mesmo sem falar inglês e com todos os ambientes desfavoráveis, sem apoio da família e recursos financeiros escassos conseguiu ter sucesso nos seus negócios. O ponto forte foi acreditar no seu projeto e ser um excelente vendedor de ideias. Pegou 20 mil reais do cheque especial com juros de 12% ao mês e começou o seu sonho que conta atualmente com mais de 500 unidades franqueadas no Brasil e em outros países como Argentina, Colômbia, México, EUA e China.

Outro empresário que podemos citar como exemplo é Geraldo Rufino, ele começou sua vida como catador de lixo reciclável, quebrou seis vezes e aprendeu com cada derrota até consegui o faturamento de R$ 50 milhões por ano. Atualmente é presidente da JR Diesel, maior empresa de reciclagem de caminhões do Brasil, mas para chegar nesse patamar, ele teve que trabalhar duro e manter sempre seu otimismo em relação ao seu negócio de atuação.

Começou o seu trabalho aos 11 anos de idade catando latinha em aterro sanitário em São Paulo, aos 14, conseguiu um emprego de *office boy*, mas continuou empreendendo. Certa vez os irmãos de Geraldo que trabalhavam com caminhão se envolveram em uma acidente simultâneo, o prejuízo foi grande, mas, é na dificuldade que surge as oportunidade e as grandes ideias. Foi ai que Rufino teve a ideia de vender peças de caminhões, nascia a JR Diesel. Rufino é conhecido como o catador de sonhos.

Nos treinamentos de vendas que ministro sempre faço a seguinte afirmação no início das aulas para os meus alunos: Você só está sem dinheiro por que você quer. Essa é uma frase de impacto, e que muitos no início resistem a concordar, até que eu provo para eles a veracidade dessa informação.

Mostro que todos temos a capacidade de gerar recursos financeiro, claro, levando em consideração a determinação e força de vontade de cada um. Explico como as técnicas de vendas podem acelerar e ser determinante nesse processo.

A maioria das pessoas querem ficar ricas e ter uma vida confortável, mais não estão dispostas a pagar o preço para atingirem tal objetivo. Quando apresento para elas o que precisam fazer para atingirem seus objetivos, e que isso significa alguns sacrifícios, como acordar cedo, dormir tarde, trabalhar final de semana sem hora para descansar, planejar em detalhes sobre o projeto de forma a minimizar os riscos do seu investimento, seja de tempo ou de dinheiro. Reduzir o tempo com amigos e com a família. Sem exageros, em torno de 75% das pessoas, depois de ouvir e de visualizar o que terão que fazer, desistem dos seus sonhos, ficando claro de que ela tem um desejo, tem um sonho, mas, não está disposta a pagar o preço para atingir o seu propósito.

Apresento agora as 8 principais características de um vendedor de sucesso

1- Gostar do que faz: se você não gosta do que faz, jamais terá sucesso na carreira, seja de vendedor ou em qualquer outra profissão. Existe 4 opções neste caso. Parar imediatamente o que faz e migrar para uma outra profissão. Esforçar-se para gostar do que faz, criando na mente uma visualização da sensação positiva a executar as tarefas pertinentes da profissão. A terceira e última opção é a mais escolhida: sofrer.

Só lembrando que se você fizer uma coisa que não gosta por muito tempo, logo ficará doente e possivelmente morrerá, pois as sensações ruins são acumuladas internamente e geram tumores e outras doenças malignas. Pense nisso.

2- Comportamento influenciador: o vendedor é na verdade um consultor de determinada marca, produto ou serviço. Para influenciar, o vendedor deve demonstrar conhecimento do produto que vende e está vestido adequadamente, agir e se comportar como um profissional que de fato é. A imagem que o cliente tem de você vendedor, está ligado, no primeiro momento por meio do que ele vê, representando um impacto de 25%, em seguida no seu tom de voz que representa 18%, em terceiro a adequação das palavras com 14% e na quarta posição a linguagem corporal que representa 10%. Estes dados são do *Management Institute of Tecnology – EUA*, renomado centro de pesquisa americano.

Imagine você indo ao consultório médico, fazer uma consulta pela primeira vez, ao entrar na sala se depara com uma pessoa de camiseta, boné e sandália de dedo. Essa pessoa te faz algumas perguntas e logo em seguida passa uma receita contendo informações que você deve ir ao ambulatório tomar três injeções. O que você faria? Iria imediatamente ou solicitaria uma segunda opinião de outro médico. A tendência é ter dúvida se aquela pessoa é realmente médico, por que ele não se parece com um. O mesmo aconteceria se você tivesse uma causa milionária e fosse ao escritório de advocacia, se ao adentrar a sala você encontrar um advogado de calça jeans rasgada e camiseta, certamente você não entregará sua causa para esse advogado que não parece ter sucesso em sua profissão e não se veste adequadamente.

A tendência é sempre utilizarmos padrões de estilo, baseado naquilo que acreditamos. Por isso, sempre use roupas e se comporte como as pessoas acreditam que os profissionais de sucesso da sua área de atuação o fazem.

Esses são alguns fatores influenciadores: A imagem do vendedor perante o cliente, a autoridade do vendedor que deve transparecer domínio do assunto, transmitindo ao receptor uma sensação de confiança, o seu tom de voz, adequação das palavras e linguagem corporal congruentes com o que você está falando. Se está falando sobre algo muito bom, que transmitirá felicidade ao cliente, você deve demonstrar empolgação, entusiasmo, deve parecer feliz. Só assim o vendedor consegue influenciar.

Outro dia entrei em uma loja de calçados para comprar e cumprimentei o vendedor com um sorriso largo no rosto e um sonoro bom dia. O vendedor retribuiu com um sorriso amarelo que demonstrou muito desanimo e nenhuma empatia. A segunda coisa que falei para ele foi: estou só olhando e em seguida sai da loja.

Um bom vendedor precisa antes de tudo demonstrar empatia e a primeira regra é sorrir e falar a saudação do momento com entusiasmo contagiante.

3-Rede de contatos: para ter sucesso na vida profissional é necessário ter uma boa rede de contatos. Existe um ditado que diz que para fazer a sua mensagem chegar até alguém muito importante depende apenas de 4 pessoas. Você conhece João, que conhece Pedro, que conhece o Bispo Davi, que conhece o Papa, assim sua mensagem e seu nome vai longe.

Sim, você pode usar a sua rede de contatos para fazer as vendas acontecerem, depende exclusivamente das pessoas que você conhece. Um detalhe muito importante da rede de contatos é fazer com que essas pessoas que você conhece te conheçam também e confiem em seu trabalho. Tenha uma boa reputação. Se prometer cumpra, aliás, entregue sempre mais do que prometer.

Uma sugestão para aumentar sua rede de contatos é solicitar indicação dos seus clientes. Se puder, remunere os seus clientes com descontos especiais a cada indicação. Quando for ligar para a pessoa indicada, use o nome do seu cliente e o informe que o João realizou a indicação pois ficou muito satisfeito com o produto e gostaria que ele tivesse o mesmo benefício.

Compareça a eventos sociais, feiras, palestras, sente sempre ao lado de pessoas que ainda não conhece e aproveite a oportunidade para ampliar sua rede de contatos, descubra o que ele faz, desperte nele a necessidade de comprar o seu produto, entregue seu cartão de visita e pegue o dele. São nesses eventos que bons negócios acontecem. Frequente sempre lugares diferentes do que frequenta habitualmente para que faça novos contatos.

4-Conhecimento especializado: antes de começar a vender, procure informações sobre o produto, pode ser através de um profissional experiente que conheça muito bem, pesquisa na internet ou manual do fabricante. O segredo é ter domínio sobre o que vende. Se não tiver conhecimento, o cliente não terá confiança para comprar de você. Seja um especialista no que faz e as vendas irão acontecer naturalmente.

Hoje, é comum o cliente ter mais informação do que os vendedores, isso por que eles tem uma ferramenta fantásticas nas mãos, o celular interligado a internet. Ele pesquisa preço, verifica qualidades e benefícios do produto e faz comparações. Por isso o vendedor precisa está mais preparado.

Você precisa provar para o seu cliente que o seu produto vale o que você está cobrando. E como é possível fazer isso? Agregando valor ao produto. Mostre a quantidade de soluções que este produto trará para a vida do cliente. Dê garantia. Apresente nomes de pessoas que utilizaram o produto e estão muito satisfeitas, crie exemplos práticos da sua utilização. Fale da assistência técnica, enfim, use a criatividade. Com conhecimento especializado tudo fica mais fácil.

5-Planejamento estratégico: para vender o seu produto, primeiro você precisa definir quem é o seu público alvo. Qual o seu nicho de mercado. Qual o perfil dos seus clientes. Qual a escolaridade? Idade? Classe social? Tudo isso é importante saber para direcionar seus esforços para a direção certa. Ouvi um empresário dizer que a sua equipe estava toda em sintonia, que todos remavam na mesma direção e mesmo assim as coisas não prosperavam. O questionei se a direção em que todos estavam remando era a direção certa. Muitas vezes o erro está na direção que todos estão remando. Uma boa estratégia mal implementada traz poucos resultados, mas uma péssima estratégia bem implementada traz resultados trágicos. Pense nisso.

Informações importantes para traçar estratégias de vendas:

-Coleta e análise de informações;
-Fazer uma previsão de vendas e possíveis cenários (Como seria no melhor cenário? Como seria em um cenário em que as coisas não deram tão certo?)
-Qual a quantidade de recurso poderá ser empregado na campanha?
-Fazer um bom acompanhamento e monitoramento de vendas.
- Acompanhar dia a dia a evolução da campanha de vendas e corrigir a rota caso não esteja dando certo.

6-Mente blindada a influencias negativas: as pessoas, de modo geral são muito suscetíveis a influencias negativas. Todas as pessoas bem sucedidas venceram esse mal e conseguiram encontrar o triunfo, então digo a você caro leitor, essa é uma das principais causas de fracasso no mundo das vendas e em qualquer outra profissão, deixar-se influenciar por pessoas negativas, seja parente, amigo, pessoa conhecida ou desconhecida é deixar um veneno mortal para seus sonhos adentrar em sua mente.

Para se proteger das pessoas que desejam, mesmo que inconscientemente que você não prospere e seja tão fracassado quanto elas, crie uma blindagem em seu cérebro. Primeiro, se afaste dessa pessoas; Evite falar de problemas. Fale de soluções. Evite notícias negativas e desfavoráveis que possam de alguma forma abalar seu humor, motivação e otimismo.

Quando alguém falar de crise próximo de você, encerre a conversa e procure pessoas que falem de soluções criativas que possibilite ficar longe da crise. A crise só chega para quem acredita nela. Acredite que a tal "crise" é uma oportunidade. Conheço muitas pessoas que ganharam dinheiro nesse período e você pode ser uma delas, se assim acreditar e conhecer a estratégia.

Para finalizarmos essa parte importante, cito uma pequena história que ilustra muito bem o que estamos abordando: Amigos de Thomas Edison disseram a ele que não era possível construir uma máquina que fosse capaz de reproduzir a voz humana, eles diziam: "se é possível, por que ninguém nunca a inventou". Edison não deu ouvidos aos amigos e seguiu confiante de que tudo que a mente pode criar, pode ser feito.

Em 1877, ele criou e patenteou o Fonógrafo que gravava e reproduzia a voz humana através de um alto falante.

Em 1878, Edison inventou o microfone de carbono, que permitiu que pouco tempo depois fosse dado mais eficiência ao uso do telefone. Os microfones de *smartphones* tem como ancestral essa invenção.

A genialidade de Edison influencia até hoje nossas vidas. Em 1979, ele inventou a lâmpada incandescente. Certa vez um amigo perguntou a ele.

Thomas, por que você erra tanto? Você já tentou quase 10 mil vezes inventar a lâmpada, mas sem sucesso, desista. Edison, então, lhe disse: Eu não errei, apenas eliminei 10 mil possibilidades.

7-Fé em si mesmo: sem essa característica fundamental para um vendedor de sucesso, o profissional jamais alcançará o seu objetivo. A premissa básica é acreditar em si mesmo, depois no produto que está vendendo. Em 2009, iniciei um projeto de um evento em uma cidade do interior da Bahia com apenas 65 mil habitantes, onde jamais havia acontecido uma palestra paga para mais de 450 pessoas. Todos acreditavam ser impossível colocar um público maior. Eu e uma sócia, decidimos então quebrar esse paradigma e levar 1200 pessoas ao espaço de eventos. Após ampla divulgação, ligações e a visita porta a porta em todas as empresas da cidade, batemos a meta de venda e tivemos que dizer não para centenas de pessoas que ligaram após esgotar os ingressos. Alguns anos depois quebramos o nosso próprio recorde colocando 1500 pessoas em outro espaço de eventos.

Isso traduz muito bem a máxima: O impossível não existe, ele só existe em nossas mentes. O impossível só existe até que alguém vá e faça. Exemplo excelente disso também é a história do estudante de medicina Roger Bannister, que em 1954, ano em que era impossível correr uma milha (1.600 metros) em menos de 4 minutos, isso de acordo com vários estudos médicos publicados em milhares de páginas, atestando que um ser humano não poderia reduzir esse tempo. Mesmo contra os argumentos dos estudos, Roger provou que era possível e realizou o feito em 3m59s. O fato é que depois que o recorde foi quebrado, 46 dias após, outro atleta também o fez, e atualmente esse recorde pertence ao marroquino Hicham EL, com a marca de 3m43s. Hoje em dia qualquer atleta profissional consegue fazer esse tempo, e não é nem notícia de jornal.

8-Persistência: muitas vendas são perdidas por falta de persistência dos vendedores. Essa característica diferencia os bons dos tiradores de pedido. Certa vez um mineiro nos EUA comprou um área para garimpar, conseguiu com muito sacrifico adquirir maquinário para exploração da mina, um mês depois desistiu da empreitada, mesmo tendo encontrado um veio de ouro e depois perdido. Colocou a pequena terra a venda. Um empresário passando pelo local resolveu avaliar se ali tinha mesmo ouro, solicitou um geólogo um estudo de viabilidade, logo depois comprou a propriedade e para a surpresa do ex-dono, que não fez um estudo prévio, o veio em que ele havia cavado tinha se deslocado um metro da sua posição original, foi o que disse o geólogo. O novo proprietário tirou milhares de toneladas de ouro desse local. Se o antigo proprietário tivesse sido persistente ou ao menos tivesse procurado auxilio de consultores especializados a história seria bem diferente.

22

Empreender, por quê?

Obtenha preciosas dicas sobre o que é preciso para começar e executar com êxito um negócio. Descubra os segredos da gestão de prioridades, trabalhando para seus clientes, financiando uma ideia e investindo no sucesso futuro

Gisele Conquista

Gisele Conquista

Faço parte da equipe da *Multiply Coach* como *business coach*. Empresária no ramo da culinária japonesa, com experiência de 15 anos no ramo. Por passar por muitos desafios, resolvi me especializar para ajudar pequenos e médios empresários a desenvolverem seus negócios. Formada em magistério e administração, fiz coaching na SBCoching como *personal e professional coach* e pela Line Coaching. Meus objetivos como treinadora são o autodesenvolvimento pessoal e profissional, desenvolvimento em autocontrole, conhecimento, potencial, foco, concentração, dedicação, sem julgamento e força.

Contatos
conquista.sanka@gmail.com
Instagram e Facebook: Gisele Conquista Coach
conquista.sanka@gmail.com
(16) 98176-0712

1 - Iniciando como um empreendedor

Hoje, eu vou contar sobre o que é preciso para ser um empreendedor de sucesso. Digamos que eu esteja apenas começando. Eu tenho uma ótima ideia para um negócio. Como faço para começar? Quais são os primeiros passos? Bem, a primeira coisa, e este é um problema comum que as pessoas têm quando querem iniciar um negócio, é que você precisa entender a diferença entre uma ideia e uma oportunidade.

Muitas pessoas dizem: "Eu quero começar o meu próprio negócio, porque várias pessoas me aconselharam a ter um negócio próprio". Outras vezes, talvez apenas tenham uma ideia para um novo negócio e acham que isso é suficiente. Mas há uma diferença entre uma ideia e uma oportunidade. Apenas ter a ideia em sua cabeça não significa necessariamente que é um grande momento para você entrar em negócios, que você tem a experiência que você precisa, que você tem o capital que você precisa para ter sucesso. Então, o que eu digo quando as pessoas me falam que estão pensando em entrar num negócio é: analise. Existe um mercado para o que eles querem vender? Será que eles têm o capital que eles precisam para ter sucesso? Eles têm a experiência na área? São algumas das questões importantes para responder antes de começar.

2 - Encontrar o foco

Um conselho que considero mais importante: se houver um pedaço mais importante de conselhos que eu daria aos empresários, é que eles devem se concentrar. Concentre-se o máximo possível em um negócio. É tão comum quando eu encontro empresários e os pergunto quantas empresas eles têm, e eles com um sorriso de orgulho, falam sobre dois, três ou talvez quatro negócios diferentes. Quando você faz isso, você está criando uma situação em que constantemente necessita mudar de tarefas, não tanto nas pequenas tarefas do dia, mas você vai mudar para frente e para trás, entre todas essas ideias de negócios diferentes que você tem. Os empresários mais bem-sucedidos que eu conheci têm um negócio, e eles seguem com isso, e eles dominam esse negócio até se tornarem referência naquela atividade, até que eles tenham a recompensa. Em seguida, eles passam para o próximo negócio, mas antes, entrega o atual negócio para outra pessoa (delega), só então eles passam definitivamente para o próximo negócio. Então o primeiro e mais importante papel do empreendedorismo é focar.

3 - Aumento da consciência sobre o produto

Vamos dizer que eu tenho um ótimo produto ou serviço, mas poucas pessoas sabem sobre ele. Como faço para conscientizar as pessoas sobre o meu produto? Bem, a primeira coisa que você precisa para começar é encontrar o mercado-alvo. Estou criando um novo tipo de boneca, certo. Eu quero escolher o mercado-alvo que é mais provável para comprar essa boneca. Portanto, pode ser mães, mas eu poderia querer obter mais específico. Que tipo de mãe? Quantos filhos ela tem? E quanto mais direcionado posso estar no mercado que estou abordando e no produto que estou criando, mais fácil será para eu comercializá-los. Um dos erros comuns que vejo é – quando os pergunto qual é o seu mercado, e eles vão dizer: "bom, todos". Ou algo assim. Se você acha que todo mundo é o seu mercado, então ninguém é o seu mercado. Primeiro você identifica o mercado. A próxima pergunta é onde ele se reúne? Onde eles se concentram? Então, novamente usando o exemplo da boneca com as mães, eu diria que onde este grupo de mães se reúne é uma oportunidade de marketing, é uma oportunidade para chegar na frente delas, para compartilhar a mensagem diretamente com elas. É muito mais complexo do que isso, mas pode ser resumido em duas coisas: mercado-alvo e exposição ao mercado-alvo, e geralmente, se você pode identificar o primeiro, o segundo torna-se muito mais fácil.

4 - Trazendo investidores

Alguns empresários me perguntam qual a minha opinião sobre trazer investidores, anjos ou capitalistas de risco para dentro do negócio. Para vocês, é melhor arranjar o máximo que puder, *bootstrapping*. Ou seja, você vai fazer isso com seu próprio dinheiro, com seu próprio sangue, suor e lágrimas.

O que eles querem ver é se você estava disposto a colocar todas as suas fichas no negócio e que você estava disposto a correr o risco para fazer este negócio ter sucesso. Porque se você está disposto a correr o risco para fazer o negócio bem-sucedido, então eles sabem que você vai continuar a se dedicar ao máximo. Você vai fazer o que for preciso para fazer esse negócio ter sucesso. Faça *bootstrapping*, ou seja, investir com recursos próprios enquanto você puder e, em seguida, se você ainda sente que você precisa da ajuda, então você vai ser mais bem-sucedido quando for buscar apoio de investidores antes. A pior coisa que você poderia fazer é começar um negócio e sair à procura de financiamento de investidores no início, porque:

A) você não vai obtê-lo porque você não mostrou a iniciativa

B) Você está indo para obtê-lo e você vai desistir das condições sugeridas para o negócio, como resultado de obter financiamento muito cedo.

5 - Apresentar o negócio para investidores

O que o investidor ou até mesmo o capitalista de risco quer saber é se deve realmente investir tudo que é dito e feito por você. E eles querem ver se você tem uma visão, que você tem um plano, e que você está apaixonado por isso, e que você está comprometido com ele. Mesmo se você não é a pessoa mais eloquente do mundo, mas se demonstrar compromisso e paixão, eles vão ser muito mais propensos a ouvi-lo. Então essa é a primeira coisa que você deve fazer. A segunda coisa é estar preparado. Você deve ter um plano de negócios, ou um *canvas* (dependendo do tipo de negócio).Você deve ter demonstrativos financeiros ou uma projeção. Eles não vão acreditar em nada do que você diz, porque honestamente, eles provavelmente não irão fazer dessa maneira. Mas eles querem ver que você fez isso, que você sabe como fazer o processo e que você passou pela tomada de decisão e a análise necessária para ver se o negócio pode ter sucesso. Então você precisa ter um plano, você precisa ter o financeiro, e eu digo, falar do fundo de seu coração. Às vezes as pessoas sentem que precisam praticar e preparar, quando lançar para investidores. Posso garantir que você não vai estar preparado. Eles vão fazer perguntas que você não queria ouvir; que você não estava preparado para ouvir. Então venha e seja você mesmo, fale tão articuladamente quanto puder, do seu próprio espaço. Eu realmente conheço um empresário, que ele estava se dedicando, que ele estava apaixonado por isso. Ele teve, algo em torno de quatro ou cinco ofertas, o que ilustra mais uma vez a importância de se representar e apenas ser você mesmo, e os investidores podem ver isso.

6 - Planejar à frente

Outra pergunta frequente: como dono de uma empresa, quanto tempo devo planejar, devo ter um plano de um ano, um plano de cinco anos, um plano de 30 anos? Na prática, você deveria ter todos eles. Eu costumo olhar para as coisas trimestrais quando eu trabalho com meus clientes. A cada trimestre eu me sento com eles. Analisamos o que conseguimos no último trimestre e depois dizemos: o que vamos fazer no próximo trimestre? Na verdade, uma das coisas que eu faço para ajudar as empresas a fazerem progresso é falar sobre a diferença entre uma visão e um objetivo. Visão é uma descrição clara de onde você quer que seu negócio esteja e eu costumo apontar para cinco anos a partir de agora. É meio difícil projetar seu negócio além de cinco anos, então temos um documento escrito, claro, sobre uma página. Isto diz que isso é o que o negócio vai ser daqui há cinco anos. Então nós dividimos isso para trás. Trabalhamos para trás a partir daquilo e criamos pequenos objetivos a serem atingidos por trimestre para chegar lá. É realmente fácil de se desencorajar como proprietário de uma empresa, se você não sentir que está fazendo progresso. Então, se você definir pequenos objetivos gerenciáveis, coisas que você sabe que pode alcançar, é realmente muito motivador e mantém você se movendo. Então a resposta é sim, você quer ter todos esses planos, mas os períodos que eu vou olhar são de cinco anos, um ano e trimestral.

7 - O maior erro que os empresários cometem

Uma pergunta que sempre me fazem: quais são os maiores erros que os empresários cometem? Um dos maiores erros que eu vejo, se resume a formação de sociedades – eu incluiria nestas parcerias familiares. É muito comum para as pessoas acharem que não vão ter tempo suficiente para fazer tudo; então elas pensam: "preciso de um parceiro, preciso trazer alguém." Infelizmente, na maior parte do tempo, as parcerias são mal concebidas e mal documentadas. É uma espécie de vamos apenas entrar em negócios juntos e ver se conseguimos, mas eles não definem claramente quais são as regras. Eles não têm um contrato. Eles não têm cláusulas de compra. O que acontece quando alguém é ferido ou incapacitado? O que nós vamos fazer? Todas essas coisas devem ser vistas numa parceria. Você sabe qual é o processo de tomada de decisão que os parceiros vão seguir? Por isso, sinceramente, aconselho as pessoas a tentarem evitar ter uma parceria, se possível, mas se eles vão ter uma parceria, para claramente documentá-la, claramente ter uma divisão do trabalho, ter um contrato escrito e obter tudo por escrito. É fácil ser realmente amigável e sentir como se você soubesse que somos apenas amigos, estamos apenas nisso juntos, quando não há dinheiro envolvido. Quando o dinheiro começa a ser gerado por meio do negócio, é quando as coisas começam a ficar um pouco estranhas. Então, se você pode obter as regras por escrito com antecedência, verá que a parceria pode seguir com mais tranquilidade.

8 - Compreender a importância da cultura da empresa

Quão importante é a cultura da empresa? Cultura corporativa é honestamente, mais importante do que qualquer coisa que você pode fazer. É realmente mais importante do que apenas os sistemas por si só, porque ele dita como os funcionários vão executar.

As empresas que eu vi mais bem-sucedidas são feitas por líderes que colocam a cultura como uma das coisas que eles querem criar. Eles trabalham com seus funcionários para desenvolver essa cultura.

9 - Pensando em concorrência

Quanto devo gastar meu tempo olhando o que a concorrência está fazendo? Eu só posso responder dizendo: qual é a sua filosofia? Conheci muitos empresários que são altamente bem- sucedidos em ser extremamente competitivo. Eles estão constantemente pesquisando seus concorrentes e olhando para o que eles estão fazendo, e, em seguida, chegando com maneiras de mudar suas ofertas. Mas, pessoalmente, não me concentro na minha concorrência, e conheço outros empresários que não e também são bem-sucedidos. O melhor é se concentrar em meus clientes, ao invés de minha concorrência. Se eu me concentrar em como fazer meus clientes tão leais e tão felizes e fãs leais, não importa o que meus concorrentes estão fazendo. Meus clientes vão permanecer leais, e vão fazer negócios comigo. Mas novamente ele pode trabalhar em ambos os sentidos. O que realmente importa é que você tenha uma estratégia e que trabalhe bem essa estratégia.

10 - Explorar os fundamentos do empreendedorismo

Quais são os fundamentos básicos de um empreendedor? Certamente, são as áreas muitas vezes negligenciadas por proprietários de negócios. Coisas como finanças. Você sabe quais são seus números? Pergunto aos empresários um monte de vezes, você sabe que você está ganhando ou você está perdendo? E isso é uma espécie de como eu vejo as finanças em um negócio. Não é que o dinheiro seja a coisa mais importante, é que o dinheiro é o parâmetro essencial. Ele nos permite saber o quão bem estamos fazendo. Como você pode saber se você está ganhando ou perdendo um jogo de basquete, sem um placar? Bem, queremos saber quais foram nossas vitórias, nossas pontuações em termos de renda e queremos saber quais são nossas perdas. Mas se um empreendedor não está gerando relatórios financeiros, pelo menos uma base mensal e rever esses relatórios, ele realmente está voando às cegas. Então esse é um dos conceitos básicos que eles precisam ter em mente. Outro ponto fundamental para ser um empreendedor é o gerenciamento. Estar aprendendo, significa administrar outras pessoas, entendendo o que significa delegar verdadeiramente e como inspirar as pessoas ao seu redor. Eu acho que muitos empresários assumem que seus funcionários precisam ser como eles, que precisam ter a mesma personalidade. Empregados vêm de uma perspectiva diferente e os empresários devem reconhecer que é a sua oportunidade de ensinar aos funcionários. Muitas vezes, os empresários são pessoas muito automotivadas que estão se atualizando em literatura de automotivação e outros materiais, e eu não estou dizendo que outras pessoas profissionalmente não fazem isso. Mas os empresários são uma espécie de leitores vorazes para isso. Eles gostam de obter todos os materiais que eles podem.

Mas eles estão compartilhando isso com seus funcionários? Eles estão ensinando outras pessoas? E eles estão liderando pelo exemplo com o que eles fazem? Assim, a gestão é outro dos fundamentos que são tão importantes,em seguida, as vendas. Eu acho que no fundo, todo mundo reconhece que as vendas são tão importantes para os negócios, mas um monte de vezes os empreendedores ficam com as informações fundamentais apenas para si. É uma espécie de falar apenas o que é essencial, o que eu preciso para realizar uma venda, eu vou fazê-lo. Isso funciona a um ponto, mas uma vez que o negócio começa a amadurecer, uma vez que você tem vários funcionários, você pode fazer uma confusão muito grande se você não ensinar sobre um sólido e consistente sistema. E do outro lado, se você tem um sistema consistente, se você tomar o que você faz como um empresário que faz você ser bem- sucedido em vendas, e documentá-lo,treinar outras pessoas como fazer isso, então você pode replicar esse mesmo sucesso com outras pessoas. Portanto, é uma espécie de combinação de sistemas.

11 - Fomentar as relações com os clientes

Digamos que tenho alguns clientes que fizeram negócios comigo há três ou quatro anos, mas eles não voltaram. Como restabelecer um relacionamento com esses clientes? Eu gosto dessa pergunta, porque muitas vezes os empresários estão focados apenas em obter novos negócios. E na verdade, isso é muito caro e muito demorado para arrastar novas pessoas através de sua porta pela primeira vez. Portanto, se você tem clientes antigos que perdeu o contato, isto pode ser uma grande oportunidade. É a maneira mais fácil de trazer novos negócios por assim dizer, e o que você pode fazer é chegar neles e falar sobre as mudanças que aconteceram. O que você fez de forma diferente do passado. Dê-lhes uma oferta especial, algo que diz: você sabe que você era um grande cliente no passado e gostaríamos de tê-lo de volta, e por isso vamos oferecer-lhe algo que não oferecemos a mais ninguém. Mas você faz isso do ponto de vista de "nós sentimos sua falta, queremos você de volta". Eu não acho que mesmo na era das mídias sociais que a lealdade da marca se foi. Eu acho que a lealdade à marca ainda está lá. Eu acho que é apenas a confiança que é a coisa mais difícil de desenvolver agora. E assim, quando você já tem um relacionamento com alguém, você quer reconstruir essa confiança com eles e dizer: volte para nós e se torne parte de nossa família novamente. E se você quebrou essa confiança em um ponto? Existe uma maneira de reparar isso? Pode recuperar isso? A primeira coisa a fazer é não se esconder se você quebrou a confiança no passado. Por exemplo, digamos que alguém colocou algo nas mídias sociais sobre o meu restaurante, dizendo que teve uma experiência horrível, meu funcionário foi rude, esse tipo de coisa. Essa é uma oportunidade para não se esconder, para não dizer: preciso apagar isso aqui. Como posso excluí-lo? Como posso removê-lo? Ao invés de ir para esse lado, dizer: sentimos muito que isso aconteceu. Isso não é aceitável. Entre em contato conosco neste número ou nos envie um e-mail,nós vamos fazer isso certo para você. As pessoas vêem isso. Eles veem esse tipo de troca quando algo negativo acontece, e eles dizem que você sabe que todo mundo comete erros. E as empresas, especialmente, cometem erros porque são ainda mais humanas do que os humanos até certo ponto, mas é como você responde aos erros que comete. Isso realmente cria a cultura do seu negócio e cria como as pessoas os vê e os percebe no mercado.

Então, quando os erros acontecerem, quando você fizer as coisas erradas, admita e depois faça alguma coisa para torná-lo direito. Você faz isso certo, então você faz algo além do que era esperado, toma essas experiências negativas e realmente as transforma em muito, muito positivas.

12 - Marketing com mídias sociais

As mídias sociais são realmente emocionantes. E eu acho que é emocionante, porque no passado, a conversa era controlada por empresas. Eu podia moldar a mensagem, fazer tudo parecer positivo. A mídia social transformou tudo isso. Não é uma moda passageira, é algo que veio para ficar, vai tornar-se maior e mais importante. Então, o que isso significa é que, como proprietário de uma empresa, minha atenção precisa ser menos no marketing e mais na fidelidade do cliente. Ele precisa ser mais sobre a criação de uma experiência para as pessoas. Então, a primeira coisa que eu diria antes mesmo de começar a olhar para o *Facebook, LinkedIn, Twitter, Instagram* e tantas outras é, você tem um bom produto? Você tem algo que as pessoas vão falar sobre, de forma positiva e vão estar naturalmente animados para falar? Porque a mídia social é natural. É orgânica. É apenas a voz do povo e a voz do povo vai ser muito verdadeira. Às vezes dura sobre o quão bom o seu produto ou serviço é. Mas se você pode colocar sua atenção lá e mantê-los felizes, para naturalmente se refletir nas mídias sociais.

13 - Lidando com o desânimo

O que eu faço se as coisas estão difíceis no negócio, e quando estou me sentindo um desanimada? Desânimo é muito comum para os empresários. É difícil. Você tem que ser honestamente um pouco louco para querer possuir seu próprio negócio. E essa é a grande coisa sobre os empresários,eles estão dispostos a prosseguir em frente, apesar de quão tolo pode parecer para as pessoas de fora. Mas parte disso é que você naturalmente vai ter desânimo. É um passeio de montanha-russa, subir e descer constantemente – "Nós tivemos ótimas vendas este mês" ou, "Não sei como pagaremos as despesas desse mês!"–Este é o passeio de montanha-russa de um empreendedor. A primeira coisa é certificar-se de que você terá férias regulares, configurar isso para si mesmo. É muito fácil negligenciar sua própria saúde mental e força física quando você possui seu próprio negócio. Assim, estabelecendo férias e pequenas pausas, mesmo dentro do dia, que lhe dá espécie de um oásis de tudo o que está acontecendo. Outra coisa que realmente ajuda é ter um *coach*.

Digo a meus clientes que eu trabalho como uma fonte para recarregar a energia deles. Existem duas verdades que são universais: é solitário no topo e é difícil autocorrigir. Então você pode se livrar dessa solidão no topo, encontrando alguém com quem possa conversar. Alguns empresários têm grupos *mastermind* que eles vão regularmente. Todas estas coisas são realmente úteis, de modo que você não está se engarrafando e pensando que está sozinho.

14 - Encontrar um equilíbrio

O que eu faço se eu sinto que o negócio está tomando conta da minha vida e não o inverso. E se eu não tiver tempo para as minhas coisas pessoais? Esse é um problema muito comum. É incrível para mim quantas vezes eu falo sobre isso com os empresários. E pergunto: o que você faz para se divertir? E eles ficam com um olhar vazio em seu rosto, meio sem saber o que dizer. Eles perderam isso completamente, isso é um sinal de que o negócio está controlando sua vida. Então, a primeira coisa que eu iria falar para um empresário que sente que o negócio está controlando a sua vida é: criar uma linha de fronteira, crie um momento do dia em que você vai parar e começar e não cruze essa linha. Não se permita cruzar essa linha. Quando você faz isso, ele realmente força você a ser mais criativo sobre como você usa o seu tempo, parte dessa criatividade e remonta a algo sobre o qual eu falo muito, que é a responsabilidade e motivação dos sistemas. Se você tem um limite sobre quanto tempo você se permite trabalhar no negócio, ele força você a criar sistemas. Ela força você a criar processos e procedimentos que você pode delegar a outras pessoas. Às vezes as pessoas usam um distintivo de honra e dizem que irão trabalhar o tempo que for preciso para fazer o negócio ter êxito. Na verdade, é apenas o sinal de uma produtividade preguiçosa e da falta de métodos no negócio. Primeiro, crie a fronteira. Em seguida, começar a trabalhar na criação de sistemas e trabalhar para encontrar maneiras de delegar responsabilidades para outras pessoas.

15 - Decidir quando sair
Aqui está uma pergunta que pode não ser tão agradável: como eu sei quando é hora de sair desse empreendimento e seguir em frente? Eu tive clientes que chegaram a esse ponto e a pergunta que eu lhes faço é: o que o seu negócio produz hoje? Você começou seu negócio com uma visão em mente. Você começou com algo que estava determinado a alcançar. O que te faz querer desistir do seu sonho hoje? Às vezes meus clientes tiveram respostas muito boas para isso. Mas, às vezes, é apenas algo que está acontecendo que é frustrante para eles. Sabe, talvez eles estejam se mudando para um novo local e tenha sido um pesadelo lidar com empreiteiros, ou seja o que for. Eles podem estar passando por apenas um momento de luta e fraqueza. Então, essa é a primeira coisa que acho importante verificar. Se você como o proprietário do negócio não é apaixonado pelo seu negócio, se você não acredita nele, ninguém mais acreditará, nem os clientes, nem os funcionários. Mas se você é apaixonado por isso e você acredita no que faz, você vai continuar dirigindo esse negócio para a frente. Então, se a paixão se foi, o negócio está morto. Mas se a paixão ainda está lá, pergunte a si mesmo: o que posso fazer para ir além da inconveniência do momento? Em minha experiência, os empreendedores são muito resistentes. Eles estão dispostos a suportar os tempos difíceis, porque acreditam que há um bem maior e um propósito maior. Então, apenas pergunte a si mesmo: você acredita que é hora de parar? Se você acredita que é hora de parar, então é hora.

16 - Investir em si mesmo
Eu acredito que o melhor investimento que você pode fazer é em si mesmo. Reconheçam que vocês são o ativo mais valioso em seus negócios. Eles precisam continuar a tomar o tempo que for necessário para este desenvolvimento. O problema é que muitas pessoas são pegas no dia a dia do negócio, então param de investir em si. Pensam apenas em executar o negócio e lidar com todas as coisas operacionais.

Reserve um tempo na sua agenda, uma a duas horas por semana, para chegar a um lugar como este e estudar, aprender, porque você é alguém que precisa investir em conhecimento e se mesmo assim seu negócio falhar e tiver perdido tudo, o aprendizado que você adquirir nunca será tirado de você. E lembre-se, todo o conhecimento e experiência que você adquiriu, sempre será útil em algum momento, sempre existirá um mercado para isso.

23

Organize seu próprio evento

Este capítulo aborda um tema relevante para as empresas porque, em algum momento, será necessário organizar um evento com qualidade que impacte, positivamente, os participantes, com a finalidade de realizar treinamentos e palestras, recebendo o público com excelência

Giselle Roncada

Giselle Roncada

Empresária do ramo da educação há 14 anos. Está à frente de uma franquia educacional, pela qual se formou em matemática, português e inglês. Pedagoga pós-graduada em neuropsicopedagogia e *practitioner* em Programação Neuro Linguística. Escritora com foco em assuntos como empreendedorismo, liderança, motivação e desenvolvimento de pessoas, além de escrever poesias e contos. Dirige uma empresa de desenvolvimento de projetos, eventos corporativos e palestras, além da franquia educacional.

Contatos
gi_se_lle@outlook.com
(11) 98149-6989

Organizar eventos é uma tarefa que faço com muito prazer! Tanto assim que, depois de anos organizando eventos para minha escola e para empresas parceiras, resolvi trabalhar com eventos corporativos.

Nesses anos todos, às voltas com a organização, aprendi que temos alguns passos que, seguidos, nos levam à realização de eventos inesquecíveis e, eternamente, lembrados pelas pessoas que participaram.

Percebi também, que os empresários dos mais diversos ramos, em algum momento, precisam realizar eventos de portes variados e que, muitas vezes, transformam um projeto num completo fracasso por não prestar atenção aos detalhes.

O leitor deve se lembrar de algum evento em que já tenha ido e que não tenha sido bem organizado ou talvez, lembre-se de ter precisado organizar uma palestra ou uma apresentação de projeto e se deparado com imprevistos que se tivessem sido prevenidos, teriam feito toda a diferença no resultado final e na boa impressão causada nos convidados.

No que tange a recepcionar pessoas, os detalhes fazem toda a diferença!

Para tratar desses detalhes, é preciso uma equipe atenta e bem treinada.

Tudo começa por aí!!!

Treinar... Treinar e... Treinar!

Há como contratar uma equipe específica para a organização dos eventos, porém, uma forma mais econômica é aproveitar a equipe que já trabalha na empresa, porque, a proposta é capacitar as empresas a organizar seus próprios eventos.

Nem sempre, numa equipe, quem se voluntaria para organizar um evento é quem melhor esteja preparado para tal.

Não adianta apenas força de vontade, muito embora, já seja um excelente começo!

É fundamental que as pessoas sejam treinadas a identificar todas as necessidades de um evento e a prevenir possíveis imprevistos.

Há como se preparar para quase todos os imprevistos. Isso depende de cuidado e dedicação.

Lembro-me de um evento que realizei para minha escola em que, mesmo do palco, enquanto eu discursava, minha equipe estava treinada e atenta ao meu mais sutil movimento de olhos.

Isso fazia com que eles já soubessem que providências deviam tomar, o que fizeram prontamente, para resolver os imprevistos.

Posso afirmar que isso fez com que transcorresse conforme o cronograma e tudo foi resolvido, sem que percebessem.

Para atingir esse nível de entrosamento entre a equipe é necessário saber a quem delegar cada tarefa e, principalmente, acompanhar a execução, mensurando os resultados de cada etapa e ajustando o que precisar.

Importante que quem vá trabalhar na organização tenha as informações de tudo o que precisa ser feito, assim como qual o público alvo, qual o objetivo a ser atingido, que modelo de evento será (porque pode ser uma palestra, um treinamento, um congresso, um jantar, uma reunião, enfim... São inúmeras as possibilidades e formatos de eventos possíveis), de quais recursos dispõe, quanto pode gastar e o que priorizar.

Isso definido, vêm a pesquisa, o orçamento, a formatação e definição do cronograma de trabalho, que ainda não é o cronograma do evento em si mas, sim, do que precisa ser feito antes do evento acontecer e quais os prazos.

Independentemente do tipo de evento, a escolha do local é imprescindível para o sucesso. Estrutura como banheiros, equipamentos de som e imagem, boa ventilação, local para o evento em si, como mesas se as pessoas precisarem fazer anotações (em palestras e treinamentos, por exemplo), caso haja coffee break o local e a disposição das mesas e aparadores precisam viabilizar o trânsito de pessoas, impedindo-as de "estacionar" ao redor da mesa principal, atrapalhando quem deseja se servir (e isso é muito comum acontecer, provocando atrasos e desorganizando o cronograma).

Eventos abertos (aqueles que serão cobrados ingressos) é obrigatório levar um ofício ao batalhão da polícia militar para que seja feita a segurança pública.

Ideal, também, encaminhar um ofício à prefeitura porque eventos abertos precisam de alvarás.

A legislação exige que o local tenha extintores, saída de emergência sinalizada e iluminação de emergência além de uma ambulância de plantão no local quando o número de pessoas for alto,. Em São Paulo, a lei é a Lei nº 15.352, de 20 de dezembro de 2010. Importante que a equipe seja treinada para manusear os extintores e para orientar o público em caso de algum problema.

A responsabilidade dos promotores e organizadores de evento é objetiva, ou seja, independe da existência de culpa. Segundo o código de defesa do consumidor, os organizadores são responsáveis por danos materiais, físicos e morais. A fim de se resguardar, é preciso ter seguranças particulares também. Lembrando que a venda ou oferta de bebidas alcoólicas é proibida para menores de 18 anos e que, nesse caso também, assume a responsabilidade quem promove o evento.

No caso de eventos esportivos, as exigências são mais abrangentes. Porém, é conveniente pesquisar a legislação de cada Estado.

Definidos esses detalhes, é preciso orçar tudo o que será servido aos convidados ou participantes e, também, todos os materiais que serão disponibilizados, como certificados, impressos, canetas, pastas e brindes.

Sempre é possível buscar parcerias para diminuir custos e, automaticamente, aumentar os lucros.

Vale salientar que parceria é uma via de mão dupla e que para ser duradoura, precisa ser baseada no "ganha-ganha", ou seja, ser boa para ambos os lados.

Uma dúvida que surge, constantemente, é como elaborar uma proposta de parceria.

Para isso, primeiramente, devemos pesquisar a respeito da empresa que desejamos ter como parceira e verificar se temos algo que a interesse.

A partir daí é que se esboça a proposta.

Sabendo o que a empresa que deseja ter como parceira precisa e busca, é possível elaborar uma boa proposta que seja interessante às partes envolvidas.

Importante cumprir tudo o que foi acordado e buscar, sempre, entregar mais do que o empresário parceiro espera. Ter, sempre, um benefício a mais a oferecer que não esteja listado na proposta.

Assim, sua parceria será longeva e sua credibilidade crescerá perante os parceiros.

Digamos que, hipoteticamente, o evento que sua empresa vá promover seja um congresso de palestras para os líderes.

Porém, deseja fazer sem custo alto e com qualidade.

Existem empresas cujo público alvo são líderes de todas as áreas, então, procurá-las e propor parceria para realizar esse evento, vai otimizar o investimento e ampliar os benefícios, porque as empresas parceiras poderão proporcionar descontos, brindes, custear o *coffee*, enfim, arcar com custos de seu evento e ainda divulgar a marca dela a um custo menor do que se o fizesse sem ser através de parceria.

Quando faço eventos em escolas, sempre tem gráficas, lojas de material escolar, confecções de uniformes, que trabalham com aluguel de decoração para festas, com doces e salgados, *buffets*, lojas de carros, lojas de aluguel de trajes, salões de beleza, enfim, os mais variados segmentos cujo público alvo são pais de alunos ou alunos.

O leque é amplo e é importante estar atento para buscar os parceiros certos.

Lembrando, como já citei anteriormente: parceria é via de mão dupla e isso precisa ser levado em consideração para que a parceria seja duradoura!

Na proposta é recomendável ter diversos preços para viabilizar a participação de todos os que deseja para parceiros e para ficar claro qual benefício está sendo oferecido.

Todos os benefícios que irá oferecer, precisam ser orçados com antecedência para que os custos sejam bem calculados.

Eventos que têm visibilidade nas mídias sociais e impressas são bem interessantes para quase todos os segmentos de mercado e tornam sua proposta muito mais atrativa para os parceiros.

Portanto, depois do seu evento organizado, definido tudo que acontecerá, é importante buscar quais os meios de divulgação nos quais irá investir.

Como a marca do seu parceiro irá aparecer para o público alvo?

Através de *banners*, de outdoors, *busdoor*, material impresso, jornais, revistas, mídias sociais?

Tenha tudo isso precificado para poder ratear entre os parceiros e diminuir ou zerar seus custos.

Pontualidade é uma questão importantíssima para que seu evento tenha credibilidade e para que o público se sinta respeitado.

Atrasos não são vistos com bons olhos nunca!

É imprescindível respeitar o tempo das pessoas, pois, tempo é algo que, quando perdemos, não temos como recuperar.

Colocar um cronograma claro para que as pessoas se organizem e saibam em que momento cada coisa acontecerá é uma forma de manter o comprometimento delas com horários de chegada, credenciamento, respeitarem o período reservado para o *coffee*, otimizando o tempo e proporcionando conforto aos participantes.

Um evento no qual o palestrante começará a palestra às 09:00h, precisa ter seu horário de credenciamento (para que os participantes identifiquem-se, assinem a lista de presença e peguem os kits que usarão durante o evento), estabelecido para iniciar às 08:30h. De acordo com o número de participantes, deve-se disponibilizar recepcionistas para atender a todos.

Então, no convite deve estar, por exemplo:

Credenciamento: 08:30h
Palestra: 09:00h
Coffee Break: 10:00h
Palestra: 10;30h
Encerramento: 11:30h

Lembrando que a quantidade de alimentos oferecida no *coffee break*, depende do número de pessoas e do tempo destinado ao *coffee*.

As quantidades são calculadas de acordo com a variedade de itens e de bebidas.

A lógica é, quanto mais variedade, mais alto o custo do *coffee break*. Pessoas para repor os alimentos na mesa e também para retirar guardanapos, copos e xícaras já utilizados são muito importantes para que o ambiente fique limpo e organizado, tornando esse tempo em que os convidados estarão fazendo *networking* ou interagindo, muito mais agradável.

Os equipamentos de som e imagem devem ser testados com antecedência para evitar atrasos e até o fracasso do evento.

Claro que um bom palestrante consegue falar sem o apoio de recursos audiovisuais, porém, não é o ideal que isso aconteça, a menos que seja uma estratégia da palestra dele.

Incrivelmente, numa das palestras mais impactantes que tive a oportunidade de assistir, o palestrante falou o tempo todo sem nenhum recurso. Sem *datashow*, sem imagens comoventes no telão, sem apelos sensoriais... Apenas ele e a plateia, que já havia assistido a dezesseis palestras em dois dias de evento e a dele era a décima sétima, que encerraria o encontro dos empresários. Ele conduziu a todos através de sua *storytelling*, emocionando, impactando, motivando, levando-os a repensar muitos pontos de suas vidas e, simplesmente, levantou a plateia.

A escolha de bons profissionais para passar ao público, a mensagem que desejamos é fundamental!

Muitos eventos são arruinados pela escolha errônea de quem falará.

Nem sempre a pessoa técnica sobre determinado assunto, é a mais indicada para fazer uma palestra.

Em uma ocasião, assisti a uma palestra e, no final, o profissional que palestrou pediu minha opinião. Perguntei a ele com qual objetivo ele havia palestrado. Se era para marketing da empresa dele, com a finalidade de conquistar mais clientes ou se era com objetivo institucional para que, apenas, conhecêssemos o trabalho dele.

Ele disse que um pouco dos dois.

Pois bem, ele não havia atingido nenhum dos dois objetivos e a palestra tinha sido cansativa e pouco elucidativa porque ele usara muitos termos técnicos.

Estar preparado para falar, sabendo para quem vai falar e o que quer dizer, é muito... Muito importante, sempre!

Existem muitos palestrantes no mercado e escolher o profissional que abrilhantará um evento passando a mensagem desejada não tem sido tarefa fácil, visto que, agora *coaching* é moda.

Um cuidado que pode facilitar a escolha é buscar referências dos palestrantes, saber sua formação, com quais empresas já trabalhou, qual o *feedback* dessas empresas, procurar assistir palestras deles (no *YouTube* há várias à disposição).

Caso o profissional que vá falar seja um especialista no assunto, porém, não domine oratória, é produtivo que ele se prepare para, além de falar do que entende, esteja pronto para encantar a plateia com estratégias próprias para isso.

Enfim e não menos importante, organizar os eventos de sua empresa é possível, desde que sejam seguidos os passos e que toda a equipe tenha foco para que seja um sucesso!

# 24

Framework de negócios de futuro

Se você deseja iniciar uma *startup* ou um movimento de transição da sua empresa para a Nova Economia e não sabe por onde começar, eu gostaria de convidá-lo a conhecer neste capítulo o *Framework* de Negócios de Futuro: uma abordagem ampla e descomplicada para que você possa entender melhor as grandes mudanças pelas quais nosso planeta está passando e a partir daí criar negócios de alto impacto alinhados ao seu propósito de vida

Gustavo Machado

Gustavo Machado

Possui Mestrado em Design nos EUA e cidadania canadense. Conta com mais de 25 anos de experiência de mercado e 15 anos de experiência acadêmica no Brasil e Canadá. Profissional premiado internacionalmente, publicou trabalhos disponíveis em mais de 20 livros pelo mundo. Empreendedor, Consultor de Inovação e Mentor de Empreendedorismo. Cofundador da Teach the Future Brasil, movimento que leva Futurismo à crianças e jovens. É também Professor de MBA na FIAP, uma universidade de tecnologia de ponta que substituiu o TCC pela criação de *startups* e que reúne hoje mais de 2.000 projetos de Empreendedorismo. Gustavo tem feito uso das mais inovadoras abordagens e tecnologias existentes no mercado mundial adaptadas ao contexto brasileiro: *Blended Learning*, Futurismo, Liderança Exponencial, *Sensemaking*, *Design Thinking*, *Design Sprints*, *Agile*, *Lean Startup*, *Gamification*, Internet das Coisas, Transformação Digital, Indústria 4.0, entre outras.

Contatos
gustavo@gustavo-machado.com
http://www.linkedin.com/in/consultorinovacao
(19) 99238-3918

Era exponencial

Você já parou para pensar que o mundo tem mudado em ritmo exponencial? *Startups* como *Uber, AirBnB, WhatsApp* e *Facebook* tem apenas uma década de existência e já figuram entre as organizações mais bem-sucedidas do planeta. Foi no mesmo período em que o *smartphone* da *Apple* foi lançado e sem o qual já não conseguimos mais viver hoje. Em suma: estas novas tecnologias mudaram radicalmente nosso comportamento e rotina frente ao nosso dia a dia cada vez mais acelerado.

Diante deste cenário cada vez mais volátil, incerto, complexo e ambíguo, empreender no século XXI se tornou ao mesmo tempo mais desafiador e recompensador. Se pegarmos a *Uber* como exemplo: trata-se de uma *startup* que foi criada com o propósito de revolucionar a mobilidade urbana, mas que hoje é também sinônimo de aplicativo de prestação de serviços nas mais diversas áreas: médicos, encanadores, manicures, entre outros.

Enfim, *startups* no mundo inteiro foram criadas nos últimos anos baseadas neste modelo de negócios de futuro em nosso presente, o qual leva profissionais em sua casa via aplicativo. Isto sem contar os novos serviços prestados pela própria *Uber* mundo afora: entrega de comida, celulares novos na China, remédios nos EUA, dentre inúmeros outros serviços que estão por vir. Mas a história não para por aí: a própria *Uber* poderá se tornar obsoleta em um futuro próximo por conta de carros voadores, ônibus autônomos ou ainda tecnologias de desintermediação como a *Blockchain*.

Por onde eu começo?

Foi pensando nestes inúmeros desafios que o *framework* de negócios de futuro foi criado. Ele contempla as mais recentes abordagens do mercado: Futurismo, Tecnologias Exponenciais, Tendências e Propósito de vida.

Por meio dele, você poderá:

- Mapear e analisar constantemente novos negócios, tecnologias e tendências emergentes no Brasil e no mundo

- Gerar ideias de negócios baseadas nas atuais e futuras demandas de mercado, alinhadas com as suas paixões e propósito de vida
- Validar ideias de negócios através de *Design Sprints*

Vamos aos seus elementos básicos:

Tecnologias exponenciais

Baseadas na Lei de Moore, as tecnologias exponenciais dobram sua velocidade e poder de processamento a cada 24 meses. Além disso, seu preço tem em média caído pela metade ano após ano. Se estas tecnologias separadamente já possuem força suficiente para revolucionar praticamente todos os setores da Economia, quando integradas poderão nos levar a um mundo completamente diferente do atual. Em outras palavras: repleto de futuros desejáveis para a sociedade.

Segundo a Singularity University (parceria entre Google e NASA), estas são as tecnologias que vão revolucionar nosso planeta nas próximas décadas: 1) impressão 3-D; 2) Inteligência Artificial e Robótica; 3) Computação, Redes e Internet das Coisas; 4) Realidade Virtual e Realidade Aumentada; 5) Biologia Sintética 6) Medicina Digital

Além destas, diversas outras tecnologias emergentes estão disponíveis no relatório do Gartner Hype Cycle, publicado semestralmente por esta importante empresa de pesquisa[1]

Megatendências

Megatendências representam as grandes forças de mudança no mundo em todas as esferas: social, política, econômica, tecnológica e ambiental. Elas têm o poder de exercer forte influência em praticamente todas as áreas de negócios e na sociedade como um todo por muitas décadas.

Eis alguns exemplos: explosão demográfica, urbanização, envelhecimento populacional, mudança climática, conectividade global, economias emergentes, robótica, inteligência artificial

Tendências Comportamentais

Não apenas as tecnologias evoluem com o passar do tempo, mas as pessoas também. E por sinal em um ritmo cada vez mais acelerado. Desta maneira, as tendências comportamentais também representam uma fonte muito rica para criação e desenvolvimento de novas ideias de negócios. Exemplos nesta área não faltam: *makers*, nômades digitais, empreendedores sociais...

---

[1] Link: https://www.gartner.com/technology/research/hype-cycles

Tendências de Negócios

As *megatrends*, tendências comportamentais e tecnologias exponenciais potencializam novas tendências de negócios. Da mesma forma que os novos comportamentos do consumidor, as tendências de negócios também podem revelar preciosos *insights* sobre o mercado em relação a qual oportunidade levar a frente.

Podemos citar como tendências recentes: transformação digital, *big data*, *chatbots* e *blockchain*.

Propósito

Encontrar o seu propósito de vida pode ser tanto algo muito simples para você, quanto representar uma atividade que pode levar a vida inteira para fazer sentido. Caso você esteja com dificuldade, eis alguns questionamentos que podem ajudá-lo nesta empreitada:

-Quais são as coisas mais importantes na sua vida? Quais interesses, paixões e *hobbies* você tem?

-Em quais atividades você se sobressai? Quais são os seus talentos? Qual é a sua essência como ser humano?

-Que impacto você quer gerar e deixar como legado no planeta? Com quem? Para quem? Onde?

-Qual futuro desejável você deseja criar? Por que?

Outro ponto interessante para reflexão: você já percebeu que as organizações exponenciais (que crescem pelo menos 10 vezes mais rápido que as tradicionais) compartilham um propósito maior e externo à organização? Isto se chama propósito transformador massivo (MTP) e habitualmente está vinculado a desafios globais capazes de impactar as vidas de centenas de milhões ou até mesmo bilhões de pessoas em nosso planeta.

A título de inspiração, as Nações Unidas desenvolveram em 2015 uma agenda com 17 objetivos de Desenvolvimento Sustentável que foram adotados por diversos países. São eles: redução da pobreza, fome zero, saúde e bem-estar, educação de qualidade, igualdade de gênero, água e saneamento básico, energias renováveis, trabalho e crescimento econômico, indústria, inovação e infraestrutura, redução da desigualdade, cidades e comunidades sustentáveis, produção e consumo responsável, ações climáticas, vida marinha, vida terrestre, paz e justiça e parcerias para estes objetivos.

Já a Singularity University apresenta uma lista semelhante de grandes desafios interligados, os quais também podem ser promovidos por organizações exponenciais e seus respectivos propósitos transformadores massivos: energia, meio ambiente, alimentos, abrigo, espaço, água, resiliência a desastres, governança, saúde, educação, prosperidade e segurança.

Problemas/Oportunidades

Agora que você já definiu o seu propósito e o conectou a grandes desafios do planeta, chegou a hora de escolher os problemas/oportunidades com os quais você mais se identifica:

Em que contexto ele ocorre? Quais são as partes interessadas? Que tal descrever o problema e o cenário por meio de uma história?

Soluções

A cada problema encontrado, as mais diversas soluções são possíveis: novos produtos, serviços, experiências, plataformas digitais, aplicativos, campanhas, parcerias, entre outras.

Para se criar soluções para cada problema escolhido você pode utilizar algumas técnicas de geração de ideias, como o *brainstorming*.

Proposta de Valor

Depois de estimularmos a geração de uma grande quantidade de ideias, chegou a hora de revermos a qualidade das soluções criadas:

-O que a sua solução realmente entrega de valor para o cliente?
-Quais são as suas dores em seu dia a dia?
-De que forma eles resolvem o problema hoje? O que os levaria a trocar e adotar a sua solução no lugar da dos concorrentes?
-Quais são os possíveis ganhos esperados e aqueles que poderiam de alguma forma surpreender seus clientes de forma positiva?

Estas e outras questões de aprofundamento da solução criada precisam ser respondidas para que se tenha uma visão mais abrangente de sua relevância junto ao seu público.

Concorrentes

Mapear a concorrência também pode ajudá-lo muito a decidir se você deve investir seu tempo e energia ou não em um determinado segmento:

Quem são seus concorrentes diretos e indiretos? Como é o modelo de negócios deles? De que forma eles ganham dinheiro? Qual é o seu diferencial competitivo frente à concorrência? Quais são as barreiras de entrada que podem dificultar novos concorrentes em seu setor?

Design Sprints

Provavelmente até agora o que você e sua equipe possuem são hipóteses de negócios que precisam ser efetivamente testadas e validadas junto às partes interessadas, antes de se partir para a execução.

Esta etapa pode ser realizada através de uma abordagem chamada de *Design Sprints*, criada pelo *Google Ventures* em 2012 e utilizada no mundo inteiro por *startups* e organizações dos mais variados portes e setores.

Um *Design Sprint* começa com um desafio e é geralmente organizado em 5 dias:

- **1º dia.** Você e sua equipe compartilha e mapeia tudo o que sabe e não sabe sobre o desafio em questão

- **2º dia.** Os participantes colocam as ideias no papel através de desenhos e esboços

- **3º dia.** Vocês selecionam as melhores ideias e as organizam em um *storyboard*

- **4º dia.** As melhores ideias são tangibilizadas através de protótipos

- **5º dia.** Os negócios são simulados e experimentados pelos usuários. Todo o aprendizado decorrente é revertido em melhorias e revisão dos conceitos empregados na versão originalmente idealizada. Ou pode ser ainda que o projeto seja completamente descartado, caso ele não faça sentido algum para as partes interessadas.

Como se trata de um assunto bastante amplo, caso você queira se aprofundar no tema, sugiro a leitura do livro *"Sprint - O método usado no Google para testar e aplicar novas ideias em apenas 5 dias"*.

Em caso de eventuais dúvidas, sugestões, treinamentos e mentoria no uso do *framework* de negócios de futuro, eu me coloco à disposição para ajudá-lo nesta jornada evolutiva da sua organização rumo ao sucesso exponencial e nosso futuro compartilhado!

25

A importância do *compliance* no empreendedorismo

Trabalhar em conformidade com as leis, regras, normas, procedimentos e cumprimento de todas as obrigações trabalhistas, tributárias e fiscais, são requisitos indispensáveis a todos os empreendedores que almejam o sucesso duradouro e a alta performance. Se for essa a sua meta, seja bem-vindo(a) ao universo do *compliance*

Gutemberg Leite

Gutemberg Leite

Mestre em Ciências da Comunicação, pós-graduado em Comunicação Jornalística pela Faculdade Cásper Líbero e especialização em "Novas Tecnologias da Comunicação" pela Universidade da Flórida, Estados Unidos. Pós-graduado em Administração com ênfase em Recursos Humanos pela FECAP e em Direito Empresarial pela EPD–Escola Paulista de Direito. Administrador de Empresas e Jornalista. Certificado em Coaching pelo IBC – Instituto Brasileiro de Coaching e em Mentoria Empresarial pela Valor Empresarial. Iniciou a carreira em Recursos Humanos em 1969, tendo atuado em empresas nacionais e multinacionais até 1982, em recrutamento, seleção, treinamento e desenvolvimento organizacional. Em 1983, fundou o Grupo Meta RH, empresa especializada em serviços de recursos humanos. Coautor dos livros *Ser+ inovador em RH*, *Gestão de pessoas e comunicação*, da Editora Ser Mais e, com Fábio França, *A comunicação como estratégia de Recursos Humanos*, Editora Qualitymark, em sua segunda edição.

Contatos
www.grupometarh.com.br
gutemberg@grupometarh.com.br
(11) 5525-2722 / (11) 9 9953-851

"A vida é um grande contrato de risco,
cujas cláusulas mais importantes não estão escritas." Augusto Cury

Empreendedorismo e inovação são ações que vieram sofrendo adaptações no decorrer do tempo, mas que, infelizmente para o universo administrativo e tudo o que ele representa, não tem carregado consigo formas mais éticas no pensar para agir.

Esse fato pode ser traduzido em uma só palavra: "corrupção", e a prova de sua ocorrência não tem se restringido apenas às manchetes de jornais e revistas; ao contrário, a corrupção tem feito parte da vida cotidiana das empresas e, como consequência, modificado toda uma realidade social, ou seja, a que hoje se vê no Brasil e no mundo.

Como antídoto anticorruptivo visando sanar essa "nova" situação, uma inabitual forma de expressão jurídica, o *compliance*, está sendo colocada como exigência de lei e que, sob determinado ângulo se direciona ao "ser empreendedor" pelo seu caráter ético, solicitando que o mesmo possa rever seus próprios conceitos e, por que não dizer, que faça com que sejam cumpridos em sua empresa, desde a primeira fase quando da implantação, com a transparência que eles merecem.

O "ser empreendedor" com *compliance*

Relacionado à criação de empresa de todos os ramos de atividade, o termo empreendedorismo sugere que a pessoa consiga identificar oportunidades, transformando-as em algum tipo de negócio que seja lucrativo.

Para tanto, se faz necessário que possa haver uma incorporação de valores – tangíveis e intangíveis - que só poderão ser bem administrados quando o que se imagina (tipo de negócio) e o que se determina, ou seja, a motivação que se tem para geri-lo, possa estar em comum acordo com as características de liderança que a pessoa já possui, bem como com suas habilidades adquiridas, a fim de que exerça adequadamente as suas funções.

Nos dias atuais, todos os valores descritos precisam necessariamente ser compreendidos em conformidade com a etimologia da palavra *com-*

pliance que, partindo do inglês *to comply*, sugere que se atue de acordo com alguma regra, instrução, comando ou pedido. A isso se equivale dizer que o(a) candidato(a) a "ser empreendedor" deve se desassociar do antigo conceito de que "empreendedor é quem possui um negócio próprio", mesmo que pela lógica essa relação seja mantida, e perceba que deverá adotar melhores posições que se adaptem ao intraempreendedorismo[1], ou em outras palavras, alguém que consiga ir além de suas obrigações visando entregar mais de si mesmo, tanto para os que com ele interagem quanto para si próprio, dentro do cumprimento de leis, normas e procedimentos; entrando e permanecendo em conformidade com regulamentos.

Estudando o *compliance*

Seja a partir de uma ideia de negócio preexistente, como por exemplo, investir em nível de franquia, ou a partir de algum tipo de inovação de mercado, faz-se necessária a adoção de regras passíveis de desenvolvimento que estejam em conformidade com a ética empresarial. Recentemente o *compliance* se apresenta com tal disposição.

A dificuldade nesse sentido, porém, parece ter se instalado no universo empresarial, devido ao fato de que princípios éticos, provavelmente por sua natureza filosófica, variam entre formas que divergem em quesitos de comportamentos e de valores, fato que obriga os empreendedores de todos os nichos de mercado a mesclarem seus princípios e condutas, adotando ações em conformidade com o meio social onde suas empresas encontram-se inseridas.

No tópico anterior, o conceito doutrinário para *compliance* foi apresentado intencionalmente de forma derivada, para que aqui, mais especificamente, seja possível ao leitor estudá-lo observando algumas diferentes expressões de linguagem em torno do mesmo tema, e fazer dele – é o que se espera - uma natural convicção.

Coimbra[2] e Manzi apud Silva e Covac (2015, p.3) expressam *compliance* como "o dever de cumprir, estar em conformidade e fazer cumprir leis, diretrizes e regulamentos internos e externos, buscando mitigar o risco atrelado à reputação e o risco legal/regulatório".

Silva e Covac, em mesma obra, acrescentam a essa ideia de *compliance* como sendo também um "conjunto de disciplinas ou procedimentos destinados a fazer cum-

---

1 Conceito firmado por Gifford Pinchot III (cofundador da Universidade Pinchot-USA) em 1978: uma pessoa empreendedora, mas que atua como colaborador em uma organização
2 COIMBRA, Marcelo de Aguiar; MANZI, Vanessa Alessi (orgs.). *Manual de compliance: preservando a boa governança e a integridade das organizações*. São Paulo: Atlas, 2010, p.2.

prir (...), bem como as políticas e as diretrizes institucionais, além de detectar, evitar e tratar qualquer desvio ou inconformidade que possa ocorrer dentro da organização".

Os autores ainda dispõem outros três estudiosos no assunto, Candeloro[3], De Rizzo e Pinho, que afirmam que "o *compliance* não existe apenas para assegurar que a instituição cumpra com suas obrigações regulatórias, mas também para assistir à alta administração na sua responsabilidade de observar o arcabouço regulatório e as melhores práticas na execução das estratégias e dos processos decisórios".

O bom empreendedor precisa hoje reunir seus recursos financeiros e planejar sua organização operacional agindo com transparência ética em seus negócios, constantemente reciclando conhecimentos e habilidades pré-adquiridas, para que nesse nível de autoliderança criativa, usufrua do *compliance* como uma ferramenta básica operacional e auxiliar de boas práticas a tudo que já possa ter concebido como ordem para execução em seus negócios empreendedores. E por quê?

Devido ao reconhecimento de que para que seja possível colocar uma ideia subjetiva (sonho) em prática concreta e viável, correm-se inúmeros riscos que partem do escopo (pensamento desimpedido), se movimentam durante o ciclo de desenvolvimento e culminam na concretização para a viabilidade de aceitação de mercado. Necessário se faz então, a atuação de gerenciamento de riscos, durante todas as fases, impedindo-se assim que irregularidades frente aos contextos socioeconômicos, políticos, legais e tributários sejam instaladas e perpetuadas de forma a impactar negativamente a empresa, colocando tudo a perder.

Apesar de o *compliance* ser ainda um assunto relativamente novo, presente em nossa realidade apenas a partir da última virada do século, os empreendedores devem se manter atentos no papel ativo que suas empresas devem estabelecer frente o combate à corrupção moral, social e econômica para que obtenham as garantias de cumprimento legal de que necessitam, podendo assim fazer cumprir os princípios éticos e sustentáveis que decidiram adotar e, como consequência, "transparecer segurança" para seu público interno e externo.

As características empreendedoras aliadas do *compliance*

A dinâmica evolutiva que envolve assuntos sobre empreendedorismo é um constante desafio devido os diferentes pontos de vista que suscita. Quando se observa o conjunto de mensagens que ela exprime, o "tripé da sustentabilidade" deve ser levado em grande consideração.

3 CANDELORO, Ana Paula P., De Rizzo, Maria Balbina Martins e PINHO, Vinícius. *Compliance 360°: riscos, estratégias, conflitos e vaidades no mundo corporativo.* São Paulo: Trevisan Editora Universitária, 2012, p.37.

Sob o ângulo ambiental, um exemplo de proposta de ação é a de se desenvolver preços especiais para revendedores que adotem medidas sustentáveis compatíveis com as políticas da empresa em questão; já sob o aspecto econômico, a alternativa poderia ser adotar um posicionamento mais cooperativo, somando competências profissionais para obtenção de projetos mais viáveis e, no âmbito social, inserções periódicas de cursos de aperfeiçoamento.

Todas as características empreendedoras que o empreendedor conseguir reconhecer – e potencializar! - devem ser utilizadas para sustentar o tripé sustentável, de forma que agregue formas comunicativas eficientes, expressas pelos verbos ser, saber e conseguir.

Dessa forma, um empreendedor administra caminhos assumindo riscos, mantém a atenção com percepção de aproveitamento de oportunidades, questiona mantendo o interesse no ramo de negócio que pretende investir, pensa de forma sistêmica atuando organizadamente com lógica e racionalidade, decide com maior base em práticas de liderança do que em práticas de gerenciamento, dosa inconformismo com efetivação de talentos, determina que "o chão onde pisa" será sempre ladeado pela responsabilidade, administra conflitos utilizando os "ruins" como incremento para os "bons", se entusiasma sem agressividade porque confia em si mesmo e em sua(s) parceria(s) e, como destaque, se mantém inflexível no que diz respeito à aplicação e controle das políticas internas de sua empresa, visto ser essa uma das exigências do *compliance*.

Cabe acrescentar aqui que a inflexibilidade mencionada precisa ser transmitida aos *stakeholders* com adoção de estratégias comunicativas. Entre elas, pode-se destacar o autoconhecimento e o reconhecimento dos sentimentos alheios, visto ser essa uma prática de liderança corporativa que o bom empreendedor se utiliza para trabalhar a própria resiliência, visando gerar melhorias e autodomínio.

Os comportamentos interpessoais e o *compliance*

Todo planejamento que resulte em um plano de negócio eficaz, ou seja, possuidor de metas e recursos definidos, estratégias elaboradas, riscos avaliados e verbas contabilizadas para planos operacionais, deve ser obtido por intermédio da soma de dados sobre a análise do mercado, a observação da economia e a avaliação interna da empresa.

Durante todo esse processo, os comportamentos interpessoais ou, mais especificamente, a comunicação como forma de comportamento interpessoal é colocada à prova, pois desse fator dependerá o sucesso do projeto como um todo. Não existe sucesso sem ação. Não existe ação sem prática verbal concreta. Não existe prática verbal concreta sem comunicação.

Antônio Alberto Saraiva, médico, escritor e empreendedor conhecido pela sua rede *fast-food* Habib's se inspirou em vinte e cinco verbos para escrever o sumário de sua segunda obra com o objetivo, segundo ele, de que em cada um deles consiga explorar os sentimentos quando o assunto for o lado racional para negócios. Um dos verbos por ele utilizado com esse intuito é "comunicar", afirmando ser esse o grande diferencial na busca do sucesso e, assim como faz com todos os demais verbos que utiliza nesse livro, introduz o capítulo, fazendo uma análise subjetiva em torno de uma imagem artística em que destaca o fato de nela estar presente a frase de Henry Ford: "Se eu tivesse um único dólar investiria em propaganda" como reforço à necessidade de se comunicar.

Conquistas materiais ou pessoais são mais facilmente alcançadas, quando o empreendedor adquire melhores práticas de comportamento interpessoal. Quando se trabalha com Recursos Humanos, se percebe que o sucesso no cumprimento das metas de uma empresa depende de como os comportamentos interpessoais são travados.

Quando eu disse "melhores", me referi a determinadas características positivas que objetivam esse tipo de assertividade, assunto esse trabalhado em meu livro, quando então busquei identificar os diferentes tipos de comportamento para entender qual seria a reação das pessoas frente a tais estímulos, bem como saber se, por intermédio deles, conseguiriam ou não conquistar abordagens mais eficazes:

Tipo de Comportamento	Assertividade	Comunicação
Passivo	Baixa assertividade	Comunicação inexpressiva
Agressivo	Assertividade compulsiva	Comunicação descontrolada
Passivo-agressivo	Assertividade ambivalente	Comunicação ambígua
Assertivo	Assertividade equilibrada	Comunicação eficaz

Fonte: França e Leite, 2015, p. 64.

O grau de assertividade comunicativa se relaciona com o grau de maturidade emocional. O comportamento intrapessoal deve visar posturas equilibradas e, portanto, mais empreendedoras.

Aprendendo a empreender com *compliance*

A informatização da era em que vivemos facilita que candidatos ao empreendedorismo aprendam sobre suas realidades concretas e cognitivas para que consigam se tornar persistentes, proativos, independentes e também autoconfiantes, ou em outras palavras, verdadeiros empreendedores.

Tais aprendizados possibilitam que as pessoas consigam reestruturar seus objetivos, identificando oportunidades dentro do que gostariam de desenvolver como atividade, seja ela inovadora ou repetível (como as franquias, por exemplo) e, em meio a esse processo de grupos de pessoas com projetos promissores conhecidos como *startups*, surge como necessidade o aprendizado em *compliance*, fazendo com que empreendedorismo e educação sejam arrematados por seu fio condutor de boas práticas.

Para que você consiga continuar sua aprendizagem de empreender com *compliance*, segue abaixo encerrando este tema as quatro etapas que antecedem a efetivação de uma *startup* com minhas sugestões de questionamentos, por acreditar que elas serão passíveis de encontro para melhorias e soluções mais viáveis ao seu negócio.

1. DESCOBERTA (Impulso para tomada de decisões geradoras de impacto):
• Meus clientes esperam quais garantias seguras do negócio?

2. VALIDAÇÃO (Atuar repensando o modelo de negócio):
• Qual seria a melhor maneira de me posicionar frente às exigências do meu mercado?

3. ESCALA (Observar o foco no crescimento e controle de mudanças)
• O que eu sei realmente fazer pode ser diversificado no momento atual do meu negócio?

4. EFICIÊNCIA (Fazer mensurações observando o desempenho)
• Como meus indicadores (operacionais, de custos e financeiros) estão de acordo com as exigências de *compliance*?

Referências
CANDELORO, Ana Paula P., De Rizzo, Maria Balbina Martins e PINHO, Vinícius. Compliance 360°: riscos, estratégias, conflitos e vaidades no mundo corporativo. São Paulo: Trevisan Editora Universitária, 2012.
COIMBRA, Marcelo de Aguiar; MANZI, Vanessa Alessi (orgs.). *Manual de compliance: preservando a boa governança e a integridade das organizações*. São Paulo: Atlas, 2010.
FRANÇA, Fábio. LEITE, Gutemberg. *A comunicação como estratégia de recursos humanos*. 2.ed. São Paulo: Qualitymark, 2015.
SARAIVA, Antônio Alberto. *25 verbos para construir sua vida*. São Paulo: Planeta do Brasil, 2016.
SILVA, Daniel Cavalcanti. COVAC, José Roberto. *Compliance: como boa prática de gestão no ensino superior privado*. São Paulo: Saraiva, 2015.

26

As personalidades do empreendedor

Descubra quais seus pontos fortes e de melhoria para alcançar ainda mais sucesso em seu negócio. É necessário ter um conjunto de comportamentos para empreender, porém ter consciência de seus pontos fortes e de melhoria farão com que o empreendedor possa maximizar as chances de sucesso no negócio. Nesse artigo, você irá aprender quais são as quatro personalidades do empreendedor e quais as principais dicas para se desenvolver de acordo com seu perfil

Janderson Santos

Janderson Santos

Formação acadêmica em Administração com habilitação em *Marketing*, Especialização em *Marketing* e Vendas, é *coach* e analista comportamental. Coautor e autor de vários livros, entre eles o *best-seller* "Sucesso é mandioca". É empresário, consultor, pesquisador do comportamento humano, palestrante internacional e ilusionista. Considerando um dos maiores especialistas em vendas e motivação de equipes comerciais do Brasil, e um dos mais jovens a se destacar no cenário nacional e internacional, é reconhecido por sua simpatia, bom humor e domínio de conteúdo.

Contatos
www.jandersonsantos.com.br
contato@jandersonsantos.com.br
(62) 3321-1258

Uma grande maioria de livros e filmes sobre empreendedorismo mostram o processo de empreender como um desafio divertido, percorrendo caminhos inóspitos, cheios de obstáculos que serão superados com genialidade até a alegria final, a tão sonhada liberdade financeira.

Mas será que realmente é sempre assim? Não! Só quem empreende de verdade e sente na pele os riscos que muitas vezes envolve mais que valores financeiros, sabe que os desafios são maiores do que realmente podemos prever. Há sempre um problema que não foi pensado e não estava no *script*. E, desta maneira, o empreendedor deve ser um conhecedor de si mesmo e de suas limitações, para que saiba como agir em caso de problemas. Se você não quer correr riscos, nem pense em empreender

Portanto, é fundamental que conheça a sua personalidade, seus pontos positivos e pontos de melhoria, pontos fortes e frágeis quanto à liderança, para que seus instintos como empreendedor sejam mais eficazes em sua atuação.

Essa parte do livro diz respeito ao seu processo de crescimento e, para isso, o primeiro passo crucial é: saber quem é você!

Linda Rottenberg cofundadora da Endeavor e sua equipe, analisou milhares de empreendedores em mais de 50 eventos internacionais, aplicou questionário a 200 empreendedores, além de entrevistas mais aprofundadas e, no final, chegou a quatro tipos de personalidade predominantes entre os empreendedores. Os perfis encontrados se relacionam especificamente à personalidade do indivíduo. São eles:

Empreendedores diamantes: Visionários que comandam empreendimento revolucionários.

Empreendedores Estrelas: Carismáticos, capazes de transformar seu nome em grandes marcas

Empreendedores Transformadores: Promovedores de mudança

Empreendedores Foguetes: Pensadores analíticos e autores de melhorias estratégicas.

Para cada perfil, existem pontos que devem ser empoderados e outros que precisam de uma atenção especial para que possam ser melhorados. Vejamos:

Empreendedores Diamantes

Como exemplo de empreendedores diamantes temos: Steve Jobs(Apple), Elon Musk(Tesla) e Mark Zuckerberg (Facebook). São empreendedores brilhantes, capazes de mudar totalmente o comportamento das pessoas em todo o mundo. Estão sempre com o discurso de querer promover uma grande revolução, e vislumbram um ambiente muito melhor em todas as suas empresas.

Embora bastante determinados e confiantes, empreendedores desse grupo muitas vezes não tem um plano claro para o desenvolvimento futuro, e também são bastante impulsivos. São capazes de mudar uma ideia rapidamente. Em um momento estão interessados em venda via *e-commerce*, em outro estão falando de um software para aluguel de imóveis. São autocráticos, orgulhosos e teimosos; muitas vezes preferem quebrar a cara a ter que confiar em ideias alheias e, por isso, podem se tornar pessoas centralizadoras. Gostam de resultados rápidos e precisos, e têm pouca paciência com quem é mais lento nas atitudes.

Os empreendedores diamantes são como foguetes. Ou eles têm sucesso rapidamente ou então fracassam depressa.

Os principais conselhos para esse perfil, segundo Linda Rottenberg, são:

Aprendam a ouvir. Pessoas com esse perfil empreendedor muitas vezes dizem que querem ser seus próprios patrões, mas ninguém pode fazer isso sozinho. Você precisará de uma equipe. Se você insistir em ser teimoso demais para aceitar críticas, o processo de identificação de problemas será lento e você perderá tempo importante.

Divida o sucesso. Não basta apenas ter uma equipe ao seu lado. É importante recompensar as pessoas. Lembre-se de dar créditos, elogiar e fazer sua equipe se sentir dentro do seu negócio.

Às vezes, o cliente tem razão. A visão e a determinação do empreendedor diamante são seus maiores trunfos, mas não desconsidere seus clientes. O produto ou serviço que você oferece pode ser bastante inovador, mas isso não significa que seus clientes vão adorar. Crie uma maneira de ouvir seus clientes e tome medidas a partir das críticas que receber.

Empreendedores Estrelas

São empreendedores que construíram grandes marcas através de suas ideias. Como exemplo desse perfil podemos citar Oprah Winfrey, Richard

Branson, Giorgio Armani e Donald Trump. Esses são grandes lançadores de tendências e donos de grande personalidade, capazes de inspirar profunda lealdade de diversos públicos. Estão sempre dois passos à frente de todo mundo e se transformam em fonte de orgulho para suas comunidades e grupos. Seus pontos fortes incluem o carisma, a sensibilidade para captar as tendências, a capacidade em atrair seguidores e de estar sempre antenados com o que acontece em sua volta. Por outro lado, os aspectos negativos saltam aos olhos.

Empreendedores estrelas mudam de ideia com frequência e podem ser indisciplinados quando a questão envolve tempo ou dinheiro. São ótimos para farejar tendências, mas são péssimos em administração e questões cotidianas associadas à gestão. O maior problema desse tipo de empreendedor e que eles escutam o tempo todo o quanto são carismáticos e atraentes, mas esquecem que para crescer precisam de colaboradores. São empáticos, agregadores, espontâneos, lideram grupos com leveza, são interativos e têm um bom poder de persuasão.

Wolfgang Puck, famoso *chef* austríaco, conhecido por estar sempre em *talk* shows e por ter seu rosto estampado em estantes de livrarias e prateleiras de supermercado revela que o empreendedor estrela precisa compreender que a marca tem de ser maior do que a pessoa.

As dicas importantes que precisam ser observadas são:

Siga a receita na íntegra. Para se fazer um bolo, um ingrediente apenas não é suficiente. O mesmo vale para a criação de uma marca de sucesso. A empresa precisa estar cercada de pessoas que vão cuidar de todos os aspectos, das operações financeiras ao atendimento aos clientes.

Forme promotores internos e externos. Empreendedores estrela precisam de pessoas de personalidade forte ao seu lado. Elas o ajudarão a manter o caminho certo. Portanto, na hora de escolher sua equipe, cuidado com os bajuladores. Você não precisa de mais bajulação. Você precisa de colaboradores que possuem habilidades complementares às suas.

Encontre o lado esquerdo do cérebro. Geralmente os empreendedores do tipo estrela são mais atividade no lado direito do cérebro, ou seja, de forma mais intuitiva, imaginativa e criativa. São habilidade fantásticas, mas você precisa de habilidades mais analíticas e rigorosas.

Empreendedores transformadores

Nesse perfil se incluem Howard Schultz (Starbucks) e Ray Kroc (Mc Donald's). Os transformadores agem como catalisadores de mudanças. Em geral, atuam em setores tradicionais, mas ainda assim desejam revolucionar suas empresas. São socialmente orientados pelo forte desejo de melhorar o mundo e capazes de fazer o antigo parecer novo outra vez. Transformadores podem ter o poder de promover revoluções, mas seu sucesso se baseia em vantagens temporárias ou na ação direta do fundador do empreendimento. As mudanças tendem a perder o fôlego quando esses fatores deixam de atuar. Seu principal lema é "fazer diferente". São criativos e intuitivos. Tem foco no futuro, são curiosos e flexíveis.

São motivados pela liberdade de se expressar e ausência de controles rígidos. Tem a tendência de serem sonhadoras, arrogantes, perfeccionistas, irônicos e ansiosos. Porém, são orientados para as ideias. Têm ótima visão global e reagem bem à mudanças, além de serem inovadores.

De acordo com Linda, esse grupo de empreendedores deve estar atento ao seguinte: Verifique se seu modelo de negócio é tão consistente quanto a sua missão. Transformadores querem sempre se desafiar e mostrar que podem inovar em todos os setores, até os mais tradicionais. Você precisa entender que nem sempre a inovação é abrangente o suficiente. Sua estratégia precisa se sustentar ao longo do tempo.

Fique atento. Muitas vezes os transformadores propõem mudanças, mas elas são mais cosméticas do que reais.

Não subestime os números. Embora o compromisso com seu propósito seja importante, tente equilibrá-lo com uma análise objetiva da situação. Não descarte relatórios e esteja atento a eventuais sinais negativos.

Empreendedores Foguetes

Jeff Bezos (Amazon), Bill Gates (Windows), Michael Dell (Dell). Empreendedores foguetes são pensadores aguçados que mantêm um foco preciso nas métricas para acelerar o crescimento e a mudança. São hábeis na avaliação e na correção de problemas, com um tato incrível para eficiência. Têm como objetivo melhorar todos os elementos de seus empreendimentos, transformando-os em mais baratos, mais ágeis e melhores. Uma característica curiosa é que é normal empreendedores desse grupo terem formação em áreas como matemática, engenharia, sistemas. O lado esquerdo do cérebro também é muito usado, e isso faz com que seus pensamentos analíticos os ajudem a definir com clareza os objetivos e fórmulas de obtenção de sucesso. São organizados, estrategistas e estão sempre em busca de conhecimento. Costumam ser conservadores e previsíveis.

Apesar de serem considerados os cientistas do mundo, aqueles que colocam a mãos na massa, também têm pontos de melhoria. Eles possuem uma certa dose de arrogância, falam rápido, sempre têm uma resposta para tudo e um arsenal estatístico pronto. Não são tão abertos a ouvir, movem-se tão rápido que podem ignorar as necessidades dos colaboradores. Preferem o trabalho solitário e tem dificuldade com o coletivo. São detalhistas, estruturados e demasiadamente sistematizados. Esses empreendedores têm mentes formidáveis, mas às vezes causam dores de cabeça nas pessoas que os cercam. Suas motivações incluem a compreensão exata de quais são as regras e ter conhecimento específico do trabalho.

Para os empreendedores foguetes as recomendações são:

Não se limite aos resultados numéricos. Empreendedores desse grupo amam planilhas, mas no empreendedorismo muitas vezes você não terá todos os dados necessários para se sentir 100% confiante na hora de tomar uma decisão.

Deixe sua curiosidade fluir. Muitos empreendedores foguetes preferem lidar com modelos já provados, em vez de descobrir o que ainda carece de comprovação. Essa postura ajuda reduzir riscos, porém pode impedir os avanços.

Abra espaço para o coração. Essa é uma dica difícil de se quantificar, porém ela é válida. O sexto sentido pode te ajudar. Então, afaste um pouco o pensamento racional e tente se aproximar das pessoas.

A ideia de identificar os diferentes tipos de empreendedores é que no empreendedorismo não tem nenhuma receita secreta que fará de você e sua marca um grande sucesso; tudo que precisa está dentro de você mesmo. Você precisa olhar para dentro de si e identificar aquilo no que você se sai bem, além de investir no que tem de melhor.

Na entrada do oráculo de Delfos, local destinado ao Deus Apolo (mitologia grega), via-se a frase "conhece-te a ti mesmo". Tal frase nos ensina que conhecer-se é o ponto de partida para uma vida equilibrada e, por consequência, mais feliz.

Podemos ainda dizer que todo empreendedor seja ele diamante, estrela, transformador ou foguete possui comportamentos em comum indispensáveis para o sucesso em qualquer negócio.

O primeiro é o otimismo, capacidade de ver e esperar sempre pelo melhor, apesar das incertezas e dúvidas do caminho.

O segundo comportamento é a autoconfiança. É completamente incoerente um empreendedor que não confia em si mesmo e em suas ideias. A autoconfiança é necessária para que você possa convencer os outros a estar contigo no projeto.

O próximo é coragem para aceitar riscos. Um empreendedor irá sempre fazer o possível para reduzir os riscos, porém eles não desaparecem por completo. Muitos consideram correr risco algo pulsante que dá energia e faz crescer.

Desejo de protagonismo vem em consequência dos comportamentos anteriores. O empreendedor tem um desejo intenso de assumir as rédeas da vida e de ser reconhecido pelo que faz.

Resiliência e persistência, pois empreendedores acreditam no potencial do sonho. Por isso, lutam até o fim, se sacrificam muito, mas não desistem.

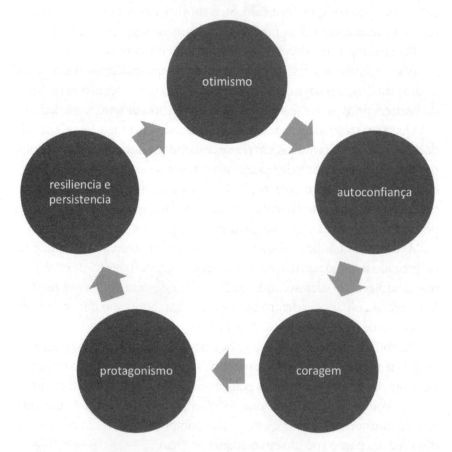

Esses comportamentos formam uma engrenagem, e se um deles falta ou a pessoa não consegue se desenvolver, provavelmente não será um empreendedor. Sendo assim, vemos que nem todo mundo nasceu para empreender. Por mais que hoje em dia algumas faculdades já ensinem empreendedorismo em sala de aula, esses comportamentos devem ser desenvolvidos por si só.

27

Marketing digital para empreendedores que fazem acontecer

Neste capítulo, mostrarei a você como obter resultados por meio do *marketing* digital de forma simplificada, saiba como potencializar e analisar dados, reduzindo custos

Jânio Lima da Cunha

Jânio Lima da Cunha

Graduado em Direito, Empresário, Profissional *Coach* Certificado pela SLAC (Sociedade Latina Americana de Coaching), Mentor e Consultor de Marketing Digital, Especialista em Posicionamento Digital e Vendas. Com mais de 8 anos de experiência em desenvolvimento web e empreendedorismos, Ministra Palestras, Cursos e *Workshops* por todo o Brasil. Cofundador da Moura Academy Cursos & Treinamentos. Fundador e Palestrante do treinamento" Marketing Digital Definitivo Para Vendedores" Curso que capacita profissionais de marketing de rede e consultores técnico de vendas. Ajudando centenas de empresas e profissionais a gerar posicionamento digital inteligente, usando estratégias e ferramentas de marketing para alcançar resultados e alavancar suas vendas.

Contatos
www.janiocunha.com.br
contato@janiocunha.com.br
janiolimadacunha@gmail.com
Instagram: @janio_cunha
Facebook: /janiocunhaoficial
(16) 99286-4343

Ao analisar o mercado, nota-se que muitos empresários que estão iniciando as suas atividades em um determinado segmento, ou que já estão ativos há décadas, acabam concentrando grande parte de suas energias em prover melhorias em diversos setores da empresa com foco no cliente. No entanto, as estatísticas mostram que não adianta o empresário somente direcionar as suas forças para o consumidor final, se ele não for capaz de trazer tais consumidores para adquirir seus produtos e serviços. Dessa forma, o empreendedor necessariamente deve diversificar a sua atenção, primeiro trazendo o cliente para sua empresa e, após isso, pensar no tratamento que será dispendido a ele.

Segundo Philip Kotler, existem três tipos de empresas e pessoas. As que fazem as coisas acontecerem, as que ficam vendo as coisas acontecerem e as que perguntam: o que aconteceu? Você que é ou aspira se tornar um empreendedor de sucesso, deve analisar as palavras de Philip Kotler com muita seriedade. Inclusive, neste capítulo, você conhecerá as ferramentas de estratégia comumente utilizadas pelos maiores empreendedores do marketing digital. Independente de ser iniciante ou experiente, acredita-se que você tenha chegado até aqui por buscar alta performance em seus negócios, potencializando seus resultados, objetivando melhores rendimentos e reduzindo custos. Com isso bem delineado, o empreendedor tomará decisões mais assertivas quanto às suas estratégias digitais, cobrando a sua equipe ou agência de marketing de tal forma a obter a resposta desejada.

Existe o mito em que dizem que o *marketing* digital é complexo e difícil de se utilizar, nas minhas palestras sempre mostro que os conceitos do *marketing* tradicional são sim aplicáveis a *Internet*, pois a internet trata-se apenas de "um meio de veiculação digital" extremamente poderoso, seja pelo lado positivo ou negativo, tendo como exemplo as *fake news* (notícias falsas).

Independente do seu segmento, se você não consegue magnetizar o tempo e a atenção da persona de sua empresa na mensagem que você quer transmitir para ela, sua empresa está fadada ao fracasso em curto ou longo prazo, justamente por não ter trabalhado da maneira correta para que a persona entenda e se prenda ao que você tem a dizer.

Dentro do processo de *marketing,* a única moeda de troca (tempo e atenção) é o *marketing* de conteúdo, que possibilita a proximidade com o cliente, proximidade essa estabelecida ao utilizarmos a ferramenta para geração de conteúdo, gerando valor ao seu produto ou serviço.

Utilizando as estratégias do *marketing* digital será possível potencializar resultados, como por exemplo, criar uma imagem melhor, posicionar o seu produto ou marca, levando sua mensagem mais longe e se relacionando com seus clientes pelo funil que será detalhado melhor a seguir. No decorrer desse processo, você conseguirá entender se o cliente é ou não um consumidor em potencial do seu produto ou serviço, se ele já está pronto para consumir novamente e qual a melhor forma de enviar uma mensagem para ele, monitorando suas atividades por meio de plataformas automatizadas.

Recebo diversos *e-mails* e mensagens de pessoas que perguntam como ter mais resultados gastando menos no *marketing* digital, explico que o segredo é sempre que quanto mais você entregar um conteúdo de qualidade, mais engajamento você terá, e até o presente momento você já deve ter percebido que conteúdo é o "Rei" e que as pessoas estão na internet em busca de entretenimento e principalmente para consumir, seja conteúdo, informações, produtos, bens ou serviços. Empresas que estão inovando e promovendo conteúdos relevantes, consequentemente estão tendo melhores desempenhos em suas vendas, dado a zona de engajamento que é possível de se alcançar criando desejos, necessidades e demanda, entregando o produto certo para o cliente certo na hora certa.

Antes de atingir um resultado com maestria, primeiro é necessário que você tenha presença no mundo digital de forma que isso lhe proporcione um ambiente de engajamento, não basta ter uma página no *Facebook*, *Instagram*, *YouTube* etc., alimentar as redes sociais com pouca ou nenhuma frequência acaba limitando os resultados para o empreendedor e isso é frustrante. O *marketing* digital requer tempo, persistência, paciência, dedicação e principalmente foco na persona da sua empresa, entregando a ela o conteúdo que ela busca e que você se predispõe a entregar.

O importante é você saber que o segredo é conseguir aplicar o método estratégico que será compartilhado com você agora, esse método tem gerado resultados favoráveis para mim e para meus clientes. Esse processo consiste em dez passos aplicados na minha empresa de desenvolvimento profissional e clientes que presto assessoria de *marketing* digital.

Primeiro passo:
É fundamental que toda empresa deva começar a agregar credibilidade perante sua persona (público consumidor) expondo informações relevantes através de um site institucional gerando confiança, mas com baixo engajamento. O *one page* (*site* de uma página só) é um excelente instrumento, dinâmico e retém um número maior de audiência, proporcionando aumento real das vendas. Assim, o cliente não precisará ficar

navegando por abas e mais abas de seu *site*, causando assim um cansaço em sua busca, com o site em página única facilita em sua busca, já que o conteúdo estará de forma mais evidente para ele.

Blog (páginas atualizadas com frequência) essencial para gerar valor e confiança ao cliente qualificado do nicho do mercado de sua empresa, com conteúdos que levam a uma ação direcionada à demanda da empresa.

Segundo passo:

Aplicativo (Proposito de facilitar o dia a dia com infinitas possibilidades) é o que empreendedor deve agregar a suas estratégias, as pessoas estão mais conectadas no celular do que no computador. Que podem estar disponíveis na *Google Play* e *App Store* para estar na mão do seu cliente e falar com ele o momento que você quiser por meio de *Puchs* e podendo compartilhar vídeo do *YouTube* e Promoções.

Terceiro passo:

SEO (Otimização de Mecanismo de Busca) é uma das principais estratégias do *marketing* digital que traz resultados sem precisar realizar compras de mídias pagas. É comum no mercado as empresas pagarem para desenvolverem seu site e não tendo resultado por não estarem na primeira página do *Google*, gerando frustração, mas você que está nesse momento lendo e pesquisando saberá exatamente o que é e como funciona essa técnica poderosa do marketing digital.

Imagine o proprietário de uma gráfica para que o *site* dele possa aparecer nas primeiras paginas do *Google* será necessário aplicar técnicas de SEO dentro de seu *site* ou *blog* e otimizar seu conteúdo por meio palavras-chaves para que outros consumidores encontrem seu conteúdo de acordo com a necessidade, importante saber o que o seu público-alvo esteja pesquisando para maior assertividade quando o usuário buscar pelo seu produto, uma excelente ferramenta a ser utilizada é o planejador de palavra chaves do *Google* ou *Wordze.com*, são as melhores ferramentas que irá facilitar o seu trabalho para encontrar palavras-chaves.

Quarto passo:

Os vídeos ricos e interativos, sendo a visão um dos seus sentidos mais importante, a memória visual mostra o poder da imagem associada a um produto por estabelecer uma conexão mais humanizada, as pessoas memorizam mais o visual do que a leitura, um relacionamento que gera audiência e atrai público qualificado, ferramenta de venda deixando espaço abaixo para classificar, *deslike* e comentar sobre o seu vídeo estabelecendo confiança e credibilidade forçando uma tomada de decisão que você solicite no vídeo com a oportunidade de compartilhar com outros amigos.

Saiba que tipo de vídeo irá criar sua audiência e as dores que irá solucionar e o segundo passo para que alavanque suas vendas, lembrando que o tempo de duração é de cinco segundos a um minuto, veja alguns exemplos:

Vídeos de dicas, uma empresa contábil, poderia dar dicas para facilitar para quem está iniciando sua empresa e facilitar sua vida. Dicas são excelentes ideias que irá aumentar a sua audiência e viralizar.

Webnários, vídeos ao vivo (ou *livestreams*). Estabelece conexão como transmissões ao vivo no *Facebook*, *Instagram* e *Stories* ferramentas que aumentam o alcance e engajamento atingindo diretamente o seu público, tendo revolucionado a forma de interagir com os clientes.

Vídeos explicativos, criar vídeos tutorial explicando as dúvidas de sua audiência é interessante e traz muitas visualizações e engajamento.

Vídeos promocionais, crie vídeos curtos, objetivos e que se venda nos primeiros segundos, tem que impressionar e cria a necessidade no cliente do produto ou serviço.

Vlogs, excelentes tipos de conteúdo em vídeo que pode gravar sobre sua rotina, como qual evento você foi ou vai participar e o que aprendeu.

Chalk talks, consiste em desenhar de forma clara para a audiência (passo a passo).

Review de produtos, vídeos que mais geram visualizações. Seja produto físico ou online, antes de qualquer compra o usuário irá buscar vídeos com mais informações sobre o produto.

Vídeos que gerem motivação, gera conteúdo que estimule a motivação são excelentes para manter uma audiência entretida e educadas.

Colabs, vídeos colaborativos, você pode convidar outras pessoas do mesmo mercado para trazer conteúdo de valor e conseguir novos seguidores.

Depoimentos, reunir depoimentos de clientes satisfeitos pelo produto ou serviços traz credibilidade.

Quinto passo:
Marketing de conteúdo sendo o quinto passo, anunciar para vender seu produto ou serviço é o caminho e funciona, mas para quem pensa a longo prazo o *marketing* de conteúdo é mais lucrativo por funcionar por muito tempo cada peça dentro do seu planejamento de *marketing*, diferente do anúncio que funciona apenas dentro do prazo impulsionado.

O tempo em que a única opção era assistir a grade de comerciais da TV se foram. Hoje, o público pode escolher o consumo de conteúdo e como responder. A qualidade de como você irá focar no desejo do seu produto através da criação de conteúdo relevante e de valor, irá ser o poder de produzir campanhas vitoriosas.

O público é mais propenso a comprar com marcas de que já são familiares e para que isso o corra o melhor caminho é educar o mercado com conteúdo relevante que proporciona conectar com os clientes e aumentar o engajamento e o valor percebido do seu produto ou serviço.

Impulsionar vendas e gerar *leads* (contatos novos), significa focar na produção de conteúdo que os *leads* passem por todo um processo de funil de quatro passos para prepará-los para tomada de uma ação, seja deixar o e-mail, fazer um cadastro, ou download de um *e-book*, compra etc.

A primeira parte do processo funil é aprendizado e descoberta, atrair trafego desconhecidos através das ferramentas como: Blogs, Redes Sociais, Anúncios e Sites.

Segundo parte reconhecimento do problema, converter os visitantes em *leads* por meio de *Landing Page* (Páginas de Capturas), formulários e contatos.

Terceiro passo considerando a solução, relacionar os *leads*.

Quarto passo decisão de compra, encantar e recomendação do cliente.

Sexto Passo:

Rede Sociais, comunicação direta com a sua audiência e poderoso canal de aquisição de *leads*. Faça parte das redes sociais onde seu público esteja mais presente, *Linkedin* requer uma linguagem formal e conteúdo relevante já o twitter é uma rede dinâmica, aceitas textos pequenos e informal.

A algumas estratégias a serem aplicadas que impulsionara seus resultados de forma orgânica uma delas é criar chamadas atrativas que deixe curioso o público, uma das formas que mais utilizo são as perguntas como: você sabe? Qual a diferença? E por quê? Há um maior poder em despertar interesse no conteúdo postado. Saiba quais os melhores horários para as publicações, o *Facebook* fornece uma ferramenta completa fornecendo diversos dados, para acessar, basta clicar em "informações" no menu da página no *Facebook*, em seguida "publicações". A maioria das pessoas está no Facebook buscando se relacionar e busca vender algo, mas o que realmente irá fazer a diferença são as que tem uma linguagem mais pessoal que conecta tentando ajudar a audiência com algum conteúdo, é importante ter objetivos muito bem definidos para focar em resultados e melhorias.

Instagram, a rede social que todo empreendedor deve utilizar e aproveitá-la mais. Hoje, o Brasil é o terceiro país com maior número de usuários, uma ferramenta que humaniza a empresa por ser uma rede social de compartilhamento de imagem, em que as pessoas compartilham o tempo todo foto e vídeos, e para que você se destaque no Instagram o primeiro passo é ter fotos com qualidades, elas dão ar de profissional em seu perfil. As pessoas irão se conectar pelo o que você entrega o visualmente, mas é importante dar atenção ao texto da imagem, crie textos persuasivos. Utilize *hashtags* do seu nicho, são *hiperlinks* que, clicando em determinado assunto, você acompanha ao vivo a discussão das pessoas falando, além das *hashtags* que o seu público esteja utilizando, use algumas exclusivas também relevantes e interativas, utilize até no máximo dez *hashtags*.

Faça promoção do seu produto compartilhando foto de clientes utilizando o produto e de razões para comprá-lo: últimas unidades, vai virar o lote, somente hoje, tempo limitado. De forma a gerar urgência levando a pessoa a uma ação.

Utilize o *Stories* para vídeos de até um minuto, ao vivo é transmitido por até uma hora, aproveite o *Direct Message* para tirar dúvidas e agradecer os usuários, criar *voucher* e pesquisas. Poste com frequência de 1 a 2 *posts* diários, durante a semana os melhores horários com picos de audiência no *Instagram* são após às 18h, seguidos pelo final de semana entre 13h e 18h.

Algumas postagens que valorizam o seu perfil: falar sobre conteúdos técnicos que tragam credibilidade, conteúdos sobre inspiração são excelentes conectar com o público, as pessoas gostam de se inspirar. Conteúdos contando sobre *cases* de sucesso transmitem valor e constroem uma rede de fãs pelo seu trabalho e, por consequência, um conteúdo do cotidiano que o aproxima do público.

O alcance do orgânico (sem impulsão) vem caindo e a disputa pela atenção e demanda tem aumentando diante disso, o impulsionamento leva um papel muito importante em questão de competitividade aos concorrentes, podendo fazer espalhar para muita gente seu anúncio e atingir um público maior, podendo segmentar para seu perfil de cliente ideal, idade, gênero e interesses. Mostre seu produto para clientes em potencial. Antes, elabore a sua campanha. É impossível ter sucesso no cenário digital sem um planejamento e levar em consideração os comportamentos do seu público-alvo e hábitos de consumos dessas pessoas, preferências e informações de perfil.

Remarketing técnica fundamental para reter engajamento e *leads*, que mostra os anúncios para quem já teve contato com o seu *site*, para evitar que seu site caia no esquecimento daquele visitante que acabou de deixar seu site recente. Para que isso funcione, é preciso tanto no *Facebook ADS* como no *Google Ad-*

Words você precisa pegar um código e colocar no site para que a ferramenta entenda e identifique as pessoas que estão acessando seu e site para que, em seguida, ele mostre o anúncio, buscando trazer de volta aos seus produtos a pessoa que já o conhece, ficando mais fácil o processo de compra.

Sétimo passo:

E-mail marketing, para uma comunicação poderosa de promoção de conteúdo direta com o seu cliente podendo acompanhar seu resultado. Diminuíram muito a taxa de abertura, mesmo assim são tremendamente muito bons. Grandes empresas do mercado ainda continuam a utilizar por que dá muito resultado.

Após a captura do *e-mail,* por meio de isca digital como *e-book*, dicas grátis e em seguida começa uma sequência de mensagem e disparos específicos para cada momento da que o usuário se encontra dentro do processo de compra online. Nesse processo é importante mandar conteúdos que nutra o *lead* que gere confiança, entregando valor e depois uma chamada de venda com gatilhos mentais.

Oitavo passo:

Umas excelentes estratégias para adotar e alavancar resultado é a realização de parcerias com outros *blogs, YouTubers, digital Influencers* e instituições do mesmo segmento para colaborar em troca de conteúdos e atingir mais pessoas qualificadas para o seu negócio, os parceiros não precisa ter um milhão, mas que esteja ao mesmo nível de acesso mensal e qualificados.

Nono passo:

Marketing tradicional ficando em nosso nono passo para criar pontos de popularidade, mostra para sua audiência, matérias que você saiu no jornal, TV e rádio aumenta seu valor percebido, talvez não gera vendas no canais *off-line*, mas mostra você como referencia em seu segmento em relação aos seus concorrentes.

Decimo passo:

Como analisar resultados, agora você entenderá que só curtidas em sua página não gera resultados e saberá como cobra sua agência de publicidade ou equipe, você precisa entender o significado de todos os termos técnicos que os profissionais do Marketing utilizam, vou simplificar cada um dos termos: ROI, ROAS, CPM, CTR, CPC, CPL, CPA, e CPI para você saber como usá-los em cada momento, primeiro existem três métricas que indicam o preço a pagar por uma campanha que é pelas impressões, número de vezes que seu anuncio foi exibido, segundo é pagar por "cliques", neste caso paga somente quando um usuário clicar e acessar a *landing page*. Última métrica é por conversão, paga só quando o usuário acessou o anúncio e completou uma determinada ação: *download* de um *e-book* ou compra etc.

ROI (retorno do investimento), por meio desse indicador, sabe-se quanto de dinheiro está lucrando ou perdendo em cada investimento.

ROAS (retorno sobre investimento em anúncios), refere-se a quanto de dinheiro volta após uma venda.

CPM (significa custo por mil impressões), você pagará por cada 1.000 visualizações do seu anúncio, busca obter visibilidade.

CTR, (taxa de cliques feitos num anúncio), médias de cliques que são feitos em relação ao número de impressões.

CPC, (custo por clique), os mais comuns, usado muito no *Google* por anúncios pagos. É mais caro, mas gera tráfego segmentado que resultará em resultados.

CPL, (custo por *lead*), tem objetivos muitos mais definidos como: cadastrar em uma página ou completar um pedido, pagando só quando o usuário executar a ação específica.

CPA, (custo por aquisição) é o custo total investido para materializar uma venda, mais eficaz do que outros formatos como CPC, CPM e CPL

CPI, (Custo por instalação) paga por instalação de aplicativo ou *software*, não nada mais eficaz o anunciante pagar após a instalação.

Agora que você já sabe o que significa cada termo técnico, ao colocar em execução a suas campanhas, terá a comprovação e análise de relatórios se estão trazendo resultados ou não e onde precisa melhorar, principalmente em relação ao público-alvo, cliente potencial, segmentação, *site* e página de captura. Algumas dicas, ao analisar, é verificar os indicadores no seu relatório a taxa de conversão do CPA que acima de 4 % atenção ao preço do produto para aumentar e menos de 1% a página atenção para melhorar a página. A taxa de conversão do CPL atentar se estiver abaixo de 40% precisa melhorar a página de cadastro para diminui o custo por *leads*. CTR menos de 2%, CPC muito alto precisa melhora a qualidade do anúncio ou a segmentação do público, no mínimo uma vez por mês tem que ser analisado todos os relatórios por meio de plataformas de monitoramento como *Google Analytics* e automação como *LeadLovers* e RD Station, redes sociais, algumas opções são: *Buffer, Etus, Mlabs* e o *Quintly*. É essencial planejar já para os próximos meses com a sua equipe ou agência de *marketing*, esta é a chave para o sucesso, que estará na excelência da persistência e constância do *marketing* digital.

28

Empreendedorismo:
os desafios que ninguém conta

No mundo dos negócios não existe milagre: há preparo, planejamento, foco, persistência e muito trabalho. Descubra, neste artigo, outras dicas valiosas para empreender com um pouco mais de tranquilidade

Jaques Grinberg

Jaques Grinberg

Consultor de empresas e palestrante especializado em coaching de vendas. Contador, bacharel em direito, MBA em marketing na Fundace USP, curso de gestão de pessoas no IBMEC. Além de teatro executivo na FAAP, *coaching* na Sociedade Brasileira de Coaching (SBC), técnicas de negociação no Dale Carnegie, entre outros diversos cursos. É conhecido nacionalmente por diversos artigos e matérias nos principais jornais do país, rádios e TV. Foi capa da revista Exame, PME edição 40, participou como convidado do programa PEGN da Globo e é caso de sucesso no site Sociedade de Negócios do banco Bradesco. Empresário e empreendedor, conhece na prática as dificuldades e as emoções de empreender no segmento da educação. Há 25 anos atua no segmento educacional. Professor universitário e filho de professores, acredita que conhecimento é um investimento vitalício e não ocupa espaço. Autor do *best-seller 84 Perguntas que vendem*, publicado pela editora Literare Books, autor e coautor em outros sete livros.

Contatos
www.jaquesgrinberg.com.br
www.queroresultados.com.br
(11) 96217-1818

O conceito de empreendedorismo é o processo e a capacidade para inovar e lançar novos negócios ou mudar os já existentes. Quando surge em uma conversa a palavra empreendedorismo, alguns nomes são imediatamente lembrados, tais como Steve Jobs, Abílio Diniz e Bill Gates.

Uma das diferenças entre empreender e ter um negócio apenas, é a capacidade de inovação. Oferecer produtos ou serviços similares com um novo formato, do jeito que os clientes querem. *Uber* e *Netflix* são empresas inovadores dentro de segmentos que eram considerados sólidos. Em um país como o Brasil, economicamente instável, com uma política mais instável ainda, ter uma empresa é um grande desafio. Segundo o Sebrae, mais de 50% das novas empresas fecham em até dois anos. Mas, a crise gera novos empreendedores. É um conflito, mas fácil de entender e difícil de compreender.

Com o crescimento do desemprego, os profissionais buscam alternativas e o empreendedorismo é uma delas. Só depende do futuro empreendedor e de mais ninguém, tornando-se aparentemente fácil. Segundo o Sebrae, entre meados de 2013 e 2017, mais de 11 milhões de empresas foram criadas por necessidade. As dificuldades surgem logo no início, seja empreendedor formal ou informal. No mundo dos negócios não existe milagre: existe preparo, planejamento, foco, persistência e muito trabalho.

Sete desafios que prejudicam o crescimento dos empreendedores brasileiros:
1º Falta de planejamento;
2º Liderança de alta performance (gestão de pessoas);
3º Burocracia;
4º Marketing;
5º Vendas;
6º Concorrência;
7º Profissionais qualificados.

1º Falta de planejamento
Acreditar que somos bons e temos uma ótima memória é assumir um grande risco no mundo corporativo. Todos os passos e decisões devem ser pla-

nejados, não apenas financeiramente, mas também na viabilidade do processo e das ações que devem ser executadas. O conceito de planejamento estratégico é o processo de uma empresa definir suas estratégias ou o melhor caminho e tomar as decisões certas sobre a alocação de seus recursos para atingir as metas. O que só você pode fazer de diferente para ter um planejamento estratégico eficaz?

_____
_____
_____

2º Liderança de alta performance (gestão de pessoas).

O primeiro passo para o sucesso na liderança é entender que liderar é uma característica e não um cargo. Liderar é influenciar pessoas a alcançarem os resultados (metas da empresa). Conhecer e ter o domínio para aplicar inteligência emocional na liderança e ter um mentor profissional ao seu lado é dos destaques de líderes de alta performance. Para o líder, os seus funcionários são o maior ativo da empresa. As empresas inovadoras buscam novos profissionais com foco na ética e criatividade e treinam a técnica. A relação interpessoal e trabalho em equipe são fatores e características importantes nas empresas inovadoras. O que só você pode fazer de diferente para ter uma liderança de alta performance na sua gestão?

_____
_____

3º Burocracia

No Brasil, a burocracia não é uma surpresa e as dificuldades são muitas. As principais são na área jurídica e tributária. Abrir uma empresa (CNPJ) já é burocrático, imagine encerrar uma empresa – a burocracia e os custos são ainda maiores. Por este motivo, o preparo e planejamento antes de empreender é fundamental para o sucesso do negócio. O que só você pode fazer de diferente para potencializar os seus resultados, independente das burocracias brasileiras?

_____
_____
_____

4º Marketing

No Brasil, pequenas empresas e algumas médias não pensam em marketing como estratégia para crescer e fidelizar clientes. O marketing deve pensar no produto ou serviço, no longo prazo, na criação de valor. A missão do marketing é construir a marca. Atrair e reter clientes. Criar e implantar estratégias que solidifiquem e expandam a posição da empresa no mercado. Vive em função do consumidor, da criação e da satisfação das expectativas e necessidades do cliente. O que só você pode fazer de diferente para ter um marketing estratégico eficiente, com foco em vendas e fidelização de clientes e funcionários?

_____
_____
_____

5º Vendas

Todas as empresas, independente do tamanho e número de funcionários, precisam vender. Vender é pensar na transação comercial, no curto prazo, em realizar o negócio. A missão de vendas é buscar o resultado. Cumprir e superar a cota do mês. Gerar fluxo de caixa. Vive em função do comprador, da emissão de pedidos e do pagamento. Vendas valoriza muito o relacionamento pessoal, no nosso caso, com os alunos e seus responsáveis. Empresas pequenas, médias ou grandes, precisam ter foco em marketing e vendas juntos, para vender mais e aumentar o lucro. O que só você pode fazer de diferente para aumentar as vendas da sua empresa?

_____
_____
_____

6º Concorrência

Concorrência desleal muitas vezes e empresas de grande porte "esmagando" as pequenas. Com produtos e serviços cada vez com diferenciais menos nítidos e preços mais próximos, algumas empresas entram na famosa "guerra de preço", onde no lugar de lucro, as empresas podem ter prejuízo. O empreendedor busca diferenciais inovadores e atendimento gourmet ao invés de baixar os preços. O que você só você pode fazer de diferente para crescer, independente da concorrência e sem entrar na "guerra de preço"?

_____
_____
_____

7º Profissionais qualificados

As empresas querem contratar, mas faltam profissionais qualificados e motivados. Por exemplo, um trabalhador americano produz como quatro brasileiros, segundo dados de 2015 do *Conference Board* (organização americana que reúne cerca de 1.200 empresas públicas e privadas de 60 países e pesquisadores). Grande parte da culpa deste resultado são dos profissionais, mas das empresas também. Para as empresas brasileiras, faltam a cultura de investir na qualificação de seus profissionais; algumas consideram como despesas e esquecem que estamos na era do relacionamento com os clientes. O que só você pode fazer de diferente para ter um time qualificado e motivado?

_____
_____
_____
_____

Para os empreendedores brasileiros, atualmente, estes são os principais desafios. Imagine em 1993, um jovem, filho de professores e com apenas 16 anos, ser emancipado para abrir a sua primeira empresa! Para muitos, tudo para dar errado!

Na verdade, as dificuldades eram muitas e os erros no início, prejudicaram o crescimento da empresa. Os principais erros na época foram:

1º Falta de preparado, conhecimento sobre empreendedorismo, vendas, finanças, gestão de pessoas e muito mais;

2º Imaturidade profissional e pessoal. Não apenas pela idade, mas principalmente pelo projeto de negócio e empreendedorismo;

3º Acreditar que ao abrir um novo negócio, podemos contar com os amigos e familiares como clientes fiéis;

4º Falta de capital de giro – na época não imaginava o significado desta empresa;

5º Dividir os estudos (na época, chamado de ensino médio técnico: curso técnico em contabilidade, no Colégio Municipal COTECA na cidade de Aparecida – SP) com os desafios do negócio.

Como resolver os problemas acima?

O primeiro passo é assumir os erros e querer resolvê-los! Ou fazia dar certo ou fechava a empresa. O segundo passo foi buscar um mentor para entender a minha situação e ajudar nas decisões, eliminando as chances de erro. Eu não tinha sócio, não tinha com quem conversar e debater as opções nas decisões – administrar um negócio com sócio é difícil, imagine sem sócio! Ter alguém para compartilhar o sucesso e também o fracasso é fundamental para uma gestão mais assertiva.

Com a ajuda do mentor, desenvolvemos um planejamento de gestão marketing e vendas. Foram quase quatro meses, com no mínimo duas horas de dedicação por dia. Estruturar uma empresa, principalmente já funcionando e dando errado, dá muito trabalho. Porém, eu sabia que se não fizesse, em menos de um ano estaria com a empresa encerrada e possivelmente com dívidas.

1º Para a falta de preparado, conhecimento sobre empreendedorismo, vendas, finanças e muito mais além do apoio de um mentor, busquei cursos, palestras, livros e artigos. Atualmente, temos a internet com conteúdo gratuito e de altíssima qualidade – mas com 16 anos eu não imagina que um dia a internet teria tanto conteúdo como existe nos dias de hoje. Foram diversos cursos, começando com o Empretec, do Sebrae. Livros de venda, atendimento, gestão de empresas e de pessoas foram diversos. Aproveitei o curso técnico em contabilidade para buscar apoio também dos professores, chegando mais cedo, fazendo visita no escritório do professor ou empresa onde trabalhavam. O segredo é não ter vergonha, o empreendedor tem que ter "cara de pau" e curiosidade para aprender e descobrir coisas novas. Aliás, para render é preciso aprender!

2º Aos 16 anos, são raros os adolescentes preparados para empreender. Eu era um deles e não sabia. Acreditamos que somos mais capazes do que realmente somos. Acreditamos que somos melhores do que somos. Com o *coaching* eu aprendi que o importante não é apenas o que acreditamos que somos, mas como as pessoas nos veem.

3º Todo negócio precisa de clientes, de vendas para faturar, pagar as contas e dar lucro. Para um iniciante, para alguém que está abrindo a sua primeira empresa, consideramos no planejamento, que amigos e familiares serão nossos clientes – garanto que na inauguração com coquetel eles irão – mas depois um ou outro. Amigo é amigo e negócios são negócios. Se você misturar, têm grandes chances de perder um amigo. Como sugestão para ajudar nas vendas, recomendo o livro 84 Perguntas que vendem, publicado também pela editora Literare Books, com milhares de exemplares vendidos. É um livro prático e interativo com técnicas de *coaching* de vendas.

4º Abrir um negócio é o sonho de muitos, mas o investimento inicial pode ser alto, estar acima das condições dos sonhadores. Os sonhos podem ser realizados, desde que você tenha foco, persistência e o coloque como meta. No caso do negócio próprio, você consegue juntar o dinheiro para abrir a empresa e realizar o seu sonho. Pede as contas no trabalho e com a rescisão, estrutura o projeto, coloca a placa e sonho realizado. E agora? As contas pessoais continuam a vencer, no início do próximo mês já vencem as contas da nova empresa, tais como aluguel, salários, impostos, compra de mercadorias, telefone, contador, verba para marketing etc. Por falta de conhecimento na época, não sabia que o dinheiro que eu deveria ter guardado para estas despesas chamava-se capital de giro. Na verdade, eu não sabia que precisava! O capital de giro é o começo do sucesso de um negócio, é a vacina obrigatória para quando nasce uma empresa e para o empreendedor de sucesso, o capital de giro é para sempre. Todas as empresas, independente do tempo de vida, têm que ter uma reserva financeira de no mínimo dois ou três meses da soma das suas despesas mensais.

5º Com 16 anos eu estudava todas as noites e na época não tinha carro. Andava de bicicleta ou ônibus para todos os lados. Morava na cidade de Guaratinguetá, no Vale do Paraíba, e a minha empresa e o colégio eram na cidade de Aparecida, cidade vizinha. Não tinha tempo de estudar para provas, fazer trabalhos de casa, não tinha tempo! Mas sabia que estudar era preciso para o meu sucesso no futuro e não podia perder a oportunidade e nem um ano de estudos. Mesmo sendo escola pública, valorizava a oportunidade de cada aula, transformando cada aprendizado em uma oportunidade. Hoje, com 40 anos, continuo trabalhando e estudando; acredito que com planejamento do tempo é possível fazer tudo, desde que você tenha vontade e dedicação. Lembre-se, se você tem uma empresa que depende de você, você tem um emprego e não uma empresa.

Os desafios não mudam, podem estar atualizados, mas garanto que os empreendedores atuais passam por dificuldades semelhantes. Independente das suas dificuldades ou medo, busque a ajuda de um mentor profissional que seja empresário, que conheça na prática as dificuldades de empreender no Brasil. Diga não para o medo de crescer e de buscar ajuda, transforme as suas crenças limitantes em novas descobertas e oportunidades. Você quer, você pode! A sorte é consequência de muito trabalho com planejamento e foco em resultados. Gostar de dinheiro, querer ter um lucro viável, qualidade de vida e realização pessoal é possível e não precisa ter vergonha – a sociedade pode achar que é errado, mas é o desejo de muitos que poucos realizam por falta de coragem de fazer acontecer.

Com foco em vendas, pense em marketing e vendas sempre juntos. Pesquise os 4Ps das vendas: produto ou serviço, processo da venda, planejamento estratégico e pessoas. Faça diferente para fazer a diferença!

29

Comunicar bem para empreender bem

A comunicação é um meio eficiente de empreender, cabe ao empreendedor se utilizar habilmente desse meio, para propiciar a abertura do diálogo entre os funcionários, fornecedores, compradores e investidores. Criando assim, o ambiente necessário para o desenvolvimento de seu empreendimento. Afinal, não basta saber. É preciso saber fazer e querer fazer acontecer de verdade. Este artigo traz à luz a importância da comunicação e oratória para os empreendedores que visam o pleno sucesso em seus nichos de atuação. Pois, comunicação não é o que você diz e sim o que os outros entendem

João Manuel dos Santos Domingues

João Manuel dos Santos Domingues

Empresário do Instituto 4Evolution Treinamentos Comportamentais. Atua como *head trainer*, palestrante e coach. Graduado em administração de empresas e pós-graduado (MBA) em gestão de negócios em estratégia de vendas, pela USCS- Universidade de São Caetano do Sul. Especialista em comunicação e oratória com as seguintes formações: formado em técnicas de apresentação e oratória pela FGV, formado pela Honda&Gentil em técnicas de apresentação, venda de ideias e formação de multiplicadores. Formado em desenvolvimento de instrutores pelo SENAC, formação em vendas consultivas pela HUTHWAITE BRASIL (SPIN SELLING). Treinador comportamental pelo IFT do Prof. Massaru Ogata e formado como treinador de alto impacto – Power Trainer, pelo treinador Rodrigo Cardoso. *Practitioner* em PNL pelo INEXH, com formação em hipnose clínica e clássica & ericksoniana pelo IBFH. Especializado em coach com PNL. Professor convidado para cursos livre no Centro Universitário Belas Artes- SP.

Contatos
www.instituto4evolution.com.br
joao.manuel@instituto4evolution.com.br
(11)99242-5877

"Quem não se comunica, se trumbica". Essa é uma frase célebre do grande comunicador e apresentador Chacrinha, e ele tinha razão.

A comunicação e o domínio das técnicas de oratória são fundamentais para o sucesso em qualquer negócio e ou atividade, seja o indivíduo o proprietário ou simplesmente contratado. Uma coisa é certa, ambos obterão o sucesso que desejam dentro de seus desafios.

Os empreendedores não são exceção, pelo contrário, é através do domínio da comunicação que se motiva e engaja os colaboradores. O que se torna fundamental para o sucesso do seu negócio.

São os empreendedores que criam soluções, que criam produtos e serviços, que enxergam oportunidades onde a maioria das pessoas só conseguem ver barreiras e problemas. Através da visão de empreendedores, que muitos negócios surgiram em mercados que aparentemente não tinham mais como evoluir, como por exemplo: *Uber* (táxi), *Airbnb* (hotelaria), *Netflix* (locadoras de filmes) etc.

Entretanto, muitos empreendedores quebram em até cinco anos de vida, conforme estudo do Sebrae. E os principais motivos que engordam essa estatística são: a falta de planejamento prévio, gestão empresarial e o próprio comportamento do empreendedor.

Os empreendedores dominam a área que atuam com ideias incríveis, porém nunca atuaram nos bastidores de um negócio, ou seja, nas áreas financeira e administrativa e na sua comunicação. Serão essas as barreiras que podem decretar o fim de um sonho.

Assim, é importante desenvolver as habilidades técnicas, bem como as habilidades e competências comportamentais. A comunicação e oratória estão inseridas no item das competências comportamentais.

Será por meio da habilidade de se comunicar que o empreendedor irá apresentar com eficácia as suas ideias para investidores, fornecedores, compradores e colaboradores.

Um empreendedor que não busca o aperfeiçoamento de sua comunicação pode causar um dano irreversível no seu negócio: os ruídos na comunicação.

O ruído em uma comunicação acontece quando uma pessoa fala uma coisa e a outra pessoa entende algo totalmente diferente. O famoso "telefone sem fio" que distorce a mensagem original, causando impactos no crescimento de qualquer empresa.

Uma empresa sem ruídos em sua comunicação, obterá melhorias contínuas em seus processos, aumentando a produtividade e criando um diferencial competitivo.

Comunicação e oratória para empreender

O que os grandes empreendedores têm em comum?

Eles são capazes de transmitir confiança, empatia e inspiração. Além disso, também são carismáticos, bem-humorados e principalmente, persuasivos.

A comunicação do empreendedor é capaz de conectar a verdade às palavras, levando o público a acreditar na ideia dele. Além disso, ele é capaz de apresentar de forma inovadora o seu projeto, despertando a atenção do público.

Um exemplo foi Steve Jobs, ao apresentar o *MacBook* Air, no *Macworld Expo 2008* (vídeo disponível no *YouTube*). Foi algo impressionante, simples e genial ao mesmo tempo. Ele apresentou o novo notebook da *Apple* que de tão fino, coube dentro de um envelope de correspondência.

Uma cena que rompeu com padrões de uma apresentação convencional.

Através de uma comunicação persuasiva, o comunicador empreendedor é capaz de "pintar" um quadro na mente do seu cliente, criando assim, a necessidade de adquirir o produto, ou seja, ele cria uma experiência sensorial.

Foi isso que o Steve Jobs fez com a apresentação do *MacBook Air*. As pessoas se imaginavam carregando um *Macbook Air* da *Apple*, ao utilizar um envelope de correspondência em suas empresas.

Quando o empreendedor dominar as técnicas de oratória, irá perceber que tudo se comunica. A fala, o tom e o ritmo da voz, os gestos, as expressões faciais, a postura e sua imagem pessoal (como você está vestido). Perceberá que o conteúdo é importante, porém o peso dado é menor em relação aos itens anteriores.

Será que a sua oratória está contribuindo para o seu sucesso quando você vai vender uma ideia?

Por que todos ficam nervosos ao falar em público? E por que está tudo bem?

Quando falamos em comunicação e oratória, é obrigatório um capítulo exclusivo para o medo de falar em público, afinal ele está entre os três maiores medos da humanidade.

O medo de falar em público é o maior impeditivo do sucesso de muitas carreiras e a razão pelo qual muitos negócios não prosperam: as pessoas não conseguem falar de seus negócios, não conseguem vender suas ideias, não conseguem passar credibilidade. Consequentemente, não alavancam suas vendas, não conseguem linhas de investimentos para o seu negócio e acabam fechando as portas de suas empresas.

O medo de falar em público é irritante, porque não há um remédio mágico, uma pílula na qual você toma e logo passa.

Quem promete uma cura definitiva está mentindo para você, pois o medo, o nervosismo, a ansiedade são partes integrantes de um discurso.

É um mecanismo de defesa que todos os seres humanos desenvolveram, que afeta o sistema límbico, responsável pelas emoções e decisão de lutar ou de fugir.

Quando estamos de frente para um público, o organismo libera uma grande quantidade de adrenalina para o nosso organismo, nos preparando para lutar.

Como não existe uma luta física, essa liberação de adrenalina acaba tendo efeitos secundários desagradáveis, tais como: mãos suadas, batimentos cardíacos acelerados, borboletas pelo estômago, tremor nas pernas, fala mais acelerada, perda da linha de raciocínio, entre outros.

É importante entender que isso é normal, que qualquer pessoa tem essas sensações, e o que difere uma pessoa da outra é o controle sobre elas e principalmente o entendimento do porquê do surgimento dessas sensações.

Logo, o medo de falar em público é o responsável em nos preparar para uma apresentação, afinal se não sentíssemos medo, a preparação não seria a mais adequada, e neste caso, o resultado poderia ser uma catástrofe.

Seis passos para lidar com o medo de falar em público

Há muitas maneiras de lidar com o medo de falar em público. Apresento alguns passos que ajudarão a superar esta barreira:

1. Lembre-se: a audiência está ao seu lado. O público não deve ser temido. Eles estão do seu lado, eles querem que você tenha sucesso na sua apresentação;

2. Encontre seu aliado em meio a plateia. Procure achar alguém que está sorrindo e/ou balançando a cabeça em concordância com o que você está dizendo. Sempre há este tipo de pessoa em uma reunião e ou apresentação;

3. Faça exercícios. O exercício mantém seu intelecto afiado. Se você só pode fazer uma curta caminhada de 15 minutos, faça isso. Você se sentirá melhor depois;

4. Respire. Sim, todos dizem isso, mas você tem que respirar;

5. Conheça a sua introdução. Você precisa conhecer muito bem a introdução de sua apresentação. Assim, sua apresentação se iniciará perfeitamente, logo irá trazer a sua confiança e segurança para o restante da apresentação;

6. Visualização. Visualize o seu sucesso. Imagine você se apresentando e terminando com todos de pé o aplaudindo e com um grande sorriso no rosto.

A visualização é tão eficaz quanto a experiência real. Aceite o medo, todos nós o temos.

O papel do comunicador empreendedor

O comunicador empreendedor tem como característica o entusiasmo, a iniciativa, a criatividade, a agilidade em solucionar problemas e principalmente o relacionamento com o público interno. Se destaca ainda pela habilidade de saber se relacionar e transmitir suas ideias com clareza, objetividade e simplicidade.

O consumidor se sentirá atraído por uma empresa em detrimento de outra, através da forma de comunicação com ela.

Essa comunicação vai desde uma campanha publicitária, até a origem da empresa. Muitas empresas utilizam os próprios colaboradores em campanhas publicitárias, buscando comunicar: "o meu funcionário é igual a você" e assim, atrair cada vez mais consumidores.

É nesse contexto que surge o comunicador empreendedor, uma pessoa que é capaz de inovar no seu ambiente de trabalho, trazendo melhorias e redefinindo a forma de agir da empresa, perante seus públicos.

O comunicador empreendedor sabe que a comunicação é um fator fundamental para crescimento e perenidade do seu empreendimento.

Então, o comunicador empreendedor deve encarar as técnicas da comunicação e oratória, como uma ferramenta estratégica para propiciar um ambiente favorável ao diálogo, mitigando os desperdícios de custos e criando na sua empresa um diferencial frente aos seus concorrentes.

Quando a comunicação sabota o empreendedor

A comunicação pode sabotar o empreendedor se ele:
- Não souber apresentar suas ideias de forma clara. Isso acontece quando você tem uma ideia bem formada na cabeça, mas, na hora de externá-la, a mensagem sai truncada;
- Usar termos muito técnicos. Na hora de apresentar o seu projeto, deve procurar usar palavras que as pessoas entendam com facilidade;
- Falar muito ou falar pouco. Ao falar muito, transmite ansiedade e falta de foco. Da mesma forma, se você fala pouco, parece que falta conteúdo, denota uma fraqueza e uma insegurança;
- Falar sem um objetivo em mente. Tenha previamente em mente qual é o objetivo da sua reunião. Assim, sua fala será direcionada para atingir ao objetivo.

Criando empatia e persuasão para empreender

O que os comunicadores empreendedores e os palestrantes de sucesso têm em comum?

Ambos dominam com muita habilidade a arte de criar empatia, ou *rapport* com suas plateias, ou seja, criam uma sintonia. Quando isso acontece, a voz, os gestos, a postura corporal é a mesma.

O *rapport* é uma sintonia na comunicação, que pode ser verbal e não-verbal e quando isso acontece, cria uma atmosfera de confiança, de credibilidade, eliminando eventuais objeções.

Para a obtenção do *rapport*, uma técnica utilizada é a do espelhamento, ou seja, espelhar um movimento, um gesto com discrição e sutileza. É diferente de micagem.

A mensagem persuasiva é capaz de ligar as emoções e sentimentos das pessoas com o seu produto, criado o desejo pela compra do produto apresentado.

Os seis poderosos gatilhos mentais para a persuasão

Os gatilhos mentais são uma das mais poderosas técnicas de comunicação, visto que possuem alto poder persuasivo, seja com quem for.

Um empreendedor que não utilizar os gatilhos mentais em seu dia a dia, está cometendo um grande erro.

Curiosidade

Uma das emoções mais presentes e fortes no ser humano é a curiosidade. O vendedor não pode mostrar tudo sobre o produto, para deixar o cliente pensando sobre como o produto irá resolver o problema dele.

Aplicação

Usar as frases tais como:
- Você comete esse erro em_____?
- Poucas pessoas têm acesso ao _____

Novidade

O ser humano adora novidades. Quando ele tem acesso a alguma coisa nova, há um aumento da dopamina no organismo, que é um neurotransmissor responsável pela sensação de prazer.

Aplicação

A *Apple*, antes de lançar um novo modelo do *iPhone* e *iPad*, passa alguns meses rebatendo fotos "vazadas", alegando não serem de um novo modelo, até que por fim, anunciam um novo modelo de aparelho.

Prova social

Este gatilho é muito utilizado no processo de vendas de produtos e/ou serviços, ao apresentar para o consumidor que o produto e ou serviço é adquirido por muitas pessoas.

Responda: em uma cidade que você não conhece, em qual restaurante você levaria sua família para jantar: em um restaurante vazio ou em um restaurante quase cheio?

Se respondeu o restaurante quase cheio, significa que você é um ser social, acredita e concorda com a maioria.

Porque

Utiliza-se muitas vezes a palavra "porque" em textos ou discursos, para justificar o que está sendo dito. A mente sempre procura uma resposta racional para justificar algo, e a palavra "porque" causa a sensação de que algo está sendo justificado.

Autoridade
As pessoas, em geral, têm uma tendência a obedecer às figuras de autoridade, assim acontece quando vamos a um hospital, esperamos ser atendidos por uma pessoa de jaleco branco e não de calça jeans e camiseta.

Aplicação
Transmita a ideia de que você é uma autoridade em seu nicho. Ainda, seja realmente uma autoridade!

Escassez
Este gatilho se baseia principalmente, em que as coisas são mais atrativas e valiosas, quando disponibilizadas em poucas quantidades, ou ainda quando se corre o risco de perder a oportunidade de adquiri-las.

Aplicação
- Escassez de tempo (acaba hoje)
- Escassez de vagas (somente dez vagas)
- Escassez de preço no tempo (promocional)

Conclusão
Os empreendedores e empresários falam com paixão sobre os seus negócios, de como começaram, quais eram os seus sonhos, as dificuldades e obstáculos que tiveram que superar.

É com essa paixão e eloquência, que eles envolvem e encantam todos aqueles que os escutam, sejam eles colaboradores, amigos e os potenciais investidores.

Por isso, a importância de dominarem as técnicas da comunicação e oratória, para canalizarem essa energia e emoção, criando experiências e conectando os clientes com seus produtos e serviços.

Assim, para ser um empreendedor de sucesso, você precisa saber se expressar e falar bem em público.

Agora, o *show* é com você!

Referências
CAPDEVILLE JUNIOR, Ivan. *O discurso sobre a arte de fazer discursos e o ensino moderno de oratória.* Dissertação (Mestrado em Estudos Linguísticos), Minas Gerais, Universidade Federal de Minas Gerais, 2013.
CARNEGIE, Dale. *Como falar em público e influenciar pessoas no mundo dos negócios.* 27. ed. Rio de Janeiro: Record, 1994.
DILTS, Robert. *Enfrentando a audiência.* São Paulo: Summus, 1997.
LIMA, Marcos Aurélio de. *A retórica em Aristóteles: da orientação das paixões ao aprimoramento da eupraxia.* Natal: IFRN, 2011.
Mazur, Michelle. *Speak up for your business: presentation secrets for entrepreneurs ready to tell, sell, and compel* (p. 178). The difference Press. Edição do Kindle.
POLITO, Reinaldo. *Fale muito melhor.* São Paulo: Saraiva, 2003.
5 motivos que levam os empreendedores ao fracasso
https://exame.abril.com.br/pme/5-motivos-que-levam-os-empreendedores-ao-fracasso/ acesso: 27/02/2018
Causa morti das empresas – Sebrae. https://m.sebrae.com.br/Sebrae/Portal%20Sebrae/UFs/SP/Anexos/causa_mortis_2014.pdf acesso: 27/02/2018

30

Intraempreendedorismo: a saída para a competitividade e sustentabilidade nos negócios

Ser criativo nunca foi tão necessário como nos dias de hoje. A diversidade de produtos disponíveis, novos serviços, projetos e processos, provocam uma corrida que só não é insana para aqueles que procuram disputar cada consumidor/cliente, entregando valor e soluções através do desenvolvimento de inovações. A modernidade pede que cada colaborador seja parte do sucesso das organizações, que os consumidores reconheçam isto e proporcionem riquezas num círculo virtuoso e permanente

Joaquim Maciel

Joaquim Maciel

Sócio-Gerente da Mackim Consultoria Assessoria e Treinamento Ltda., Mestre em Administração Estratégica pela Unifecap, Professor de graduação e pós-graduação, Escritor, Palestrante e *Master Coach* pelo Instituto Holos de Qualidade.

Contatos
www.mackim-treinamentos.com
joaquim.mackim@gmail.com
(11) 99652-4220

Caro leitor, provavelmente alguns de vocês acham que o empreendedorismo é uma disciplina ou comportamento apenas para grandes empresários que aparecem em todos os tipos de mídias nos diversos meios de comunicação.

É fato que nas grandes corporações, os conceitos de empreendedorismo caminham mais enfaticamente, o que as coloca em destaque no mundo dos negócios em todos os níveis. Encontramos também outras organizações que, mesmo sabendo que os desenvolvimentos destes conceitos são muitas vezes a sobrevivência delas, caminham a passos lentos com os programas de treinamento aos indivíduos e equipes para fixar os conceitos de inovação para que se destaquem no ambiente concorrencial. Empreendedorismo do inglês *entrepreneurship*, na sua essência é o ato de transformar uma ideia inovadora em algo que poderá fazer diferença na vida das pessoas, e que de alguma forma gerará valor tanto a elas como também para os idealizadores de qualquer produto, projeto ou processo.

As empresas que saírem na frente, preparando seus colaboradores com as ferramentas e comportamentos adequados, certamente ocuparão uma posição de destaque no cenário econômico da sua área de atuação.

Quando uma ideia é colocada em prática, há uma grande possibilidade de se obter bons resultados. De um lado, as inovações podem gerar benefícios para os consumidores desta ideia e, por outro, aos responsáveis pela criação dela. Se com uma inovação nos produtos ou serviços os consumidores, acionistas e fornecedores estiverem satisfeitos e o retorno financeiro esperado chegar, cria-se então massa crítica e um círculo virtuoso de economia de escala, garantindo a sustentabilidade nos negócios e sobrevivência das empresas.

Alguns significados.

No *Dicionário Online de Português – Dicio*, verifica-se que empreendedorismo é:

> Capacidade de projetar novos negócios ou de idealizar transformações inovadoras ou arriscadas em companhias ou empresas. Vocação, aptidão ou habilidade de desconstruir, de gerenciar e de desenvolver projetos, atividades ou negócios. Reunião dos

conhecimentos e das aptidões relacionadas com essa capacidade. (Dicio-Dicionário Online de Português).

Outra consideração é "[...] uma forma de pensar, raciocinar e agir obcecada pela oportunidade, com abordagem holística e equilibrada em termos de liderança, com o objetivo de criação e captura de valor" (DORNELAS; TIMMONS; SPINELLI, 2010, p.75).

Para Soares (2015, p-11) o conceito é:

> [...] o empreendedorismo é um comportamento, cujo movimento tem início dentro das pessoas, que passam a agir de forma diferente, passando por um processo de formação de competências para geração de resultados, através da criação de novas formas de trabalho.

Outra fonte para nos dar ideia sobre empreendedorismo é o site do Instituto Endeavor Brasil que, assim como o SEBRAE, investe em pesquisas e treinamentos para o desenvolvimento do empreendedorismo. Segundo eles, empreendedorismo: "é a disposição para identificar problemas e oportunidades e investir recursos e competências na criação de um negócio, projeto ou movimento que seja capaz de alavancar mudanças e gerar um impacto positivo".

Empreendedor é um "indivíduo que possui capacidade para idealizar projetos, negócios ou atividades; pessoa que empreende, que decide fazer algo difícil ou trabalhoso" (Dicionário Online Dicio).

Microempreendedor conforme pesquisado no Dicionário Online Dicio, é um "pequeno empresário; indivíduo que trabalha por conta própria, que desenvolve o seu próprio negócio e se regulariza legalmente como um pequeno empresário.

Intraempreendedor é a mesma coisa, porém se dá em uma célula ou departamento da organização em uma área ou função onde um profissional funcionário que trabalha numa delas se comporta seguindo os conceitos do empreendedorismo, por acreditar em inovação ou ajustes necessários para a melhoria dos processos.

A única diferença entre eles é o nível de investimentos. No caso do empreendedor de um negócio, os recursos necessários podem vir de investimentos que são conseguidos em rodas de negócios, anjo investidor etc. No Intraempreendedorismo, os investimentos podem vir com o pagamento dos salários e uma dose de premiações por alcance de metas previamente negociadas, como é o caso de um colaborador em uma organização ou empresa. Tanto um como o outro, comportando-se como empreendedor, estará contribuindo para a geração de valor para a empresa/produto para as quais se dedica.

Desenvolvendo o intraempreendedorismo (*intra-enterpreneurship*)

Para Krummenauer (2017),

> Intraempreendedorismo influencia diretamente na satisfação do colaborador, auxiliando ainda na retenção de talentos, otimização de recursos e manutenção do capital intelectual. É possível afirmar ainda que essa modalidade de empreendedorismo pode estar condicionada a três aspectos: o perfil dos colaboradores, o ambiente e, finalmente, o papel da liderança.

Soares (2015, p-7) sugere que [...] para se desenvolver o potencial intraempreendedor nos colaboradores, e estabelecer uma cultura empreendedora em todos os níveis organizacionais", as empresas devem se preocupar com alguns aspectos e "forjarem" as pessoas para enquadrarem-se. São eles:

a. Cultura organizacional;
b. Treinamento;
c. Processo de recrutamento e seleção;
d. Liderança;
e. Criatividade;
f. Inovação e motivação.

Maciel (2011), também sugere algumas competências que os Intraempreendedores deveriam possuir para a manutenção das suas habilidades e empregabilidade nas diferentes organizações ou no mercado de trabalho como um todo. São elas:

a. Criatividade – Possibilidade de ter ambiente favorável para criar;
b. Cooperação – Trabalhar em equipe;
c. Participação – Ser proativo. Agir no sentido da ação. Atuação interdisciplinar – Ninguém é especialista em tudo;
d. Capacidade de análise – Decidir o que precisa ser feito;
e. Valor da informação - Como vantagem competitiva;

f. Senso crítico – Pertinência com o que deve ser executado;

g. Comprometimento - Com os objetivos organizacionais; e

h. Ousadia – Somente cresce profissionalmente quem tem coragem de assumir riscos calculados;

i. Servir o cliente interno e o externo – As dimensões da sustentabilidade encontram-se diretamente relacionadas à satisfação dos consumidores dos bens tangíveis e intangíveis dentro e fora da organização.

Um caso real

Quando era executivo em uma multinacional da saúde, uma das líderes mundiais no ramo, final da década de 80, tive os primeiros contatos com a famosa sigla SWOT (Pontos Fortes, Pontos Fracos, Oportunidades e Ameaças) e conceitos de Planejamento Estratégico, como ferramentas de administração direcionais para nos conduzir de onde estávamos para onde deveríamos ir, ambos muito difundidos nos negócios nos dias de hoje.

Chegava também, junto com a "Reengenharia dos processos", o conceito de "Qualidade Total", seguindo a cartilha de Philip B. Crosby, P.B. (1988).

A empresa, a partir dos conceitos da Gestão de Qualidade de Crosby, reuniu todos os gestores, e o resultado foi a definição de dez tópicos importantes a serem disseminados, treinados e praticados por todos da organização. Para cada um desses tópicos, foram definidos também um Gerente dentre as diferentes áreas da empresa que teriam a incumbência de passar e disseminar a todos os colaboradores o tema sob sua responsabilidade. Veja que o processo de treinamento deveria ser realizado para a presidência até a mais simples função da empresa nos conceitos das excelentes práticas a serem executadas para se conseguir a certificação ISO (International Standard Organization), que é o documento que atesta que a empresa possui boas práticas e está engajada nos requisitos da Qualidade Total.

Foram feitas outras reuniões e definidos os "donos dos dez processos", ou seja, para cada um deles, havia um gerente que além de sua responsabilidade das funções empresariais, como Gerente de Marketing, Treinamento, RH etc, teriam também que realizar os treinamentos para todas as pessoas da empresa no tópico da qualidade para o qual teria sido escolhido como "gestor" do processo.

Foi então que todos perceberam a importância da prática de empreender, possuir um desafio a mais, ser "dono" de um dos passos para se treinar a qualidade em todos os colaboradores, e ter a responsabilidade de criar e gerir as duas funções.

No meu caso, além de ser o gestor com responsabilidades específicas como Gerente de Produtos, minha função na época, tinha que cuidar também do processo/capítulo da qualidade total intitulado "Comunicação" (CROSBY, 1988, p.160-161), e treinar toda a organização a seguir as boas práticas neste aspecto; promover uma comunicação eficaz e contribuir para se conseguir a Certificação da Qualidade Total.

Por fim, vai uma sugestão para as decisões que devem ser tomadas e os caminhos a serem utilizados para encorajar o Intraempreendedorismo nas organizações: inicialmente, deve-se realizar um *assessment* com todos os envolvidos nos diversos processos.

Referências

CROSBY, P.B. *Qualidade é investimento.* Rio de Janeiro: José Olympio, 1988.

DICIO. *Dicionário Online de Português.* Disponível em https://www.dicio.com.br/. Visitado em 10 de set. de 2017.

DITKUM, S. *Afinal, o que é um intraempreendedor?* 2011. Disponível em http://www.administradores.com.br/artigos/carreira/afinal-de-contas-o-que-e-um-intra-empreendedor/55872/. Acesso em: 10 de set. de 2017.

DORNELAS, J; TIMMONS, J.A.; SPINELLI, S. *Criação de novos negócios: empreendedorismo para o século 21.* São Paulo: Elsevier, 2010.

ENDEVOR BRASIL. *O que te diria um dicionário se você perguntasse a ele o que é empreendedorismo?* Disponível em: https://endeavor.org.br/tudo-sobre/empreendedorismo/ Acesso em: 03 de ago. de 2017.

KRUMENNAUER, A. *O intraempreendedorismo é algo que vem sendo cada vez mais praticado pelas empresas, mas será que seu negócio tem o melhor ambiente para essa tática?* Disponível em: https://endeavor.org.br/intraempreendedorismo-inovacao-empresa/. Acesso em: 10 de set. de 2017.

MACIEL, J.D. *Competências para a empregabilidade nas organizações.* Qualis Sumaré-Revista Acadêmica Eletrônica. São Paulo: v.6 n.2 p-4, 2011. Disponível em http://revistaqualis.sumare.edu.br/index.php/revista/article/view/90/123. Acesso em: 07 de set. de 2017.

SOARES, T.C. *Intraempreendedorismo e o novo modelo econômico: novos tempos, novos desafios.* Disponível em: http://www.bibliotecas.sebrae.com.br/chronus/ARQUIVOS_CHRONUS/bds/bds.nsf/DA94F7A76B3FAAD9832576F20046FD42/$File/NT00043D12.pdf. Acesso em: 07 de set. de 2017.

31

Superando limites e vencendo obstáculos

Quando você começa a vencer seus obstáculos,
adquire força para vencer novos desafios

Jorge Moura

Jorge Moura

Graduado em Engenharia Ambiental pelo Centro Universitário Barão de Mauá – Ribeirão Preto, Pós em Gestão da Qualidade. Especializado em Gestão de Pessoas e Liderança; Professor de Comunicação Empresarial; Professor Universitário pelas Faculdades Anhanguera e Metropolitana; *Professional Life Coach* – Certificado pela IAC – The International Association Of Coaching; PDC – *Professional Disc Certific*, Analista Comportamental e Membro da Slac- Sociedade Latino Americana de Coaching. *Coach* de Carreira, dedicando-se atualmente ao desenvolvimento de pessoas por meio de treinamentos, palestras e processos de *Coaching* individual e de grupos, *Coaching* para liderança com atuação voltada ao mercado corporativo e ao Desenvolvimento Pessoal. Diretor fundador da Empresa Moura Academy – Cursos & treinamentos.

Contatos
www.jorgemoura.com.br
contato@jorgemoura.com.br
Skype: Jorgemoura.coach
(16) 99128-7734 (*WhatsApp*)

Superando limites e vencendo obstáculos

Comecei a trabalhar muito cedo, aos 13 anos de idade. Sempre ouvia dos meus pais conselhos sobre o trabalho, isso me despertou um interesse em trabalhar ainda criança.

Meu primeiro trabalho foi em uma padaria como atendente, adorava chegar da escola e ir para lá. Isso realmente me deu uma bagagem muito boa para conhecer desde cedo os perfis de liderança que me relacionava, ainda que inconscientemente naquela época.

Quando completei 18 anos, fui trabalhar em uma multinacional alemã, empresa do ramo automotivo, e essa oportunidade foi o maior ganho que obtive na minha carreira profissional. Aprendi tudo sobre disciplina, comprometimento, liderança e desenvolvimento. A empresa foi a porta de entrada para o meu progresso profissional, mas, naquele tempo, ainda muito jovem, eu não dava tanta importância, embora tinha consciência de que precisava crescer como profissional, mas, em muitos momentos, eu me autossabotava fortemente, são perdas que temos na vida profissional e não nos damos conta, ao irmos cada vez mais longe de nossos objetivos. Inclusive, meu comportamento poderia ter sido muito melhor se eu soubesse o valor que a nossa imagem representa para a organização.

Havia uma incongruência com o que eu queria e o que eu fazia, mas como me comportava de forma inconsciente, não despertava para a mudança, pois não sabia o que alterar, de fato, em minhas atitudes e comportamentos. Mas, de certa forma, isso me trazia um resultado e devido a não aceitar, era o que me fazia a ter o mesmo comportamento, entrando em um ciclo vicioso com minhas atitudes.

Decidi entrar para a faculdade, prestei vestibular para gestão da qualidade e segurança do trabalho, pois na empresa eu havia sido selecionado para atuar na área da qualidade e tomei gosto por ela. Foi um período de bastante aprendizado tanto pessoal e profissional, isso devido a cursar algo que exerça na prática diária e fez com que meu aprendizado fosse mais acelerado.

Lembro-me que, quando eu havia terminado a faculdade de Gestão, não queria ficar sem estudar mais, me sentia muito novo para não estudar mais, foi quando decidi que faria Engenharia Ambiental. Comecei o curso e os dois primeiros anos foram de muitos sonhos, planejamentos com a nova profissão, mas, a partir do terceiro, o entusiasmo havia sido perdido e não me sentia realizado profissionalmente, o que me gerou uma certa preocupação em não saber qual rumo eu tomaria na minha vida profissional. Nesse período, pedi demissão da multinacional, entrei para trabalhar em uma empresa menor e familiar, mas foi a pior decisão da minha vida. Eu vinha de uma cultura alemã para uma empresa de visão bem fechada e desorganizada. Isso me gerou um desconforto total, fiquei nela por um ano e dois meses e também pedi demissão por não adaptar a nova cultura.

Fiquei desempregado por um período de cinco meses e acreditava que, quando finalizasse meu último mês de seguro desemprego, arrumaria algo. Este era o meu pensamento e assim aconteceu, quando recebi o sexto mês de seguro, fui chamado para trabalhar em uma empresa nacional, que tinha uma grande parceria com outra companhia alemã. Esta, por sua vez, possui cerca de 400 funcionários e é uma empresa ótima para trabalhar, nela consegui me adaptar porque sua visão é parecida com a da multinacional em que havia trabalhado.

Foi nesta empresa que comecei a adotar medidas de autoconhecimento para fazer diferente e não cometer os mesmos erros. Em uma dessas mudanças, conheci uma gestora de recursos humanos que me enxergou como um ponto fora da curva, pois lá havia profissionais muito rebeldes e que não obedeciam a gerência. Como eu comecei a trabalhar meus comportamentos, estava obediente e cumpria o que me era solicitado. Essa gestora me convidou para realizar um processo de autodesenvolvimento profissional e pessoal, passei três meses em um processo de *coaching* que mudou a minha vida. Todas as minhas dúvidas, crenças e a procrastinação que cometia vieram à tona, principalmente o motivo de estar tão confuso.

Sou eternamente grato a essa mulher por mudar minha vida, eu costumo dizer que as pessoas entram na nossa vida para fazer cumprir nossa missão, seja para o bem ou para o mal, mas todos que passam por nós têm uma missão, verdadeiramente eu compreendi que o papel dessa senhora foi despertar a minha mudança, renovar a minha vida. Hoje, não tenho mais contato com ela, embora a tenha procurado para manter contato e não haja uma aproximação como antes. Acredito que esteja impactando outras vidas neste momento, talvez seja a missão dela. Com o autodesenvolvimento, percebi que posso tudo e que minha mente é que define quem sou e quem serei no futuro.

A escolha consciente

No ano de 2017, decidi pedir demissão da empresa em que estava e abri meu próprio negócio, a Moura Academy – Cursos & Treinamentos, uma empresa de treinamento voltada ao desenvolvimento de líderes e consultoria em gestão de pessoas. Sozinho e sem muito conhecimento do que é ser empresário, pois na minha família ninguém teve esse conhecimento para me orientar, no começo eu precisava correr atrás do básico. Por um período de dois meses eu tinha muito trabalho a fazer, existia aquela correria gostosa. Eu gerava conteúdos para o *marketing* colocar no meu *site* que estava em desenvolvimento, estava à procura de um local físico, a organização me deixava feliz, mas essa felicidade terminou no momento em que tudo ficou pronto, agora era o momento da prospecção de clientes. Para mim, isso foi uma tortura. Lidar com a busca de clientes e vender foi o meu maior desafio, eu não estava pronto para ouvir o "não" das pessoas e isso me deixava muito mal.

Tinha medo de fazer um telefonema porque sabia que o "não" era certeza e isso iria me abalar profundamente, com isso fui perdendo minha renda financeira e meu estado emocional ficou completamente abalado. Quanto mais medo eu tinha para prospectar, mais me fechava para o novo. Houve semanas em que fiquei deitado assistindo filmes de motivação para ter ânimo e continuar. Perdi as contas de quantas vezes assisti aos filmes do Walt Disney nessa época. Mas, os vídeos motivacionais não eram tudo, eu precisava estar em ação, por isso o *networking* é de extrema importância para os empresários.

Nesse período de muito aprendizado, comecei a perceber e vivenciar o que gerava resultado nas pessoas. Algo que ficou muito claro foi a forma como eu usava minha imagem para conectar com os outros e como valorizavam isso. Comecei a me apresentar de forma mais convicta e muito mais impactante, divulgava os meus trabalhos de forma bem criteriosa e discreta para as pessoas e isso foi gerando uma repercussão muito grande a ponto de uma universidade me chamar para ministrar aulas na pós-graduação e foi a virada de chave da minha vida, autoconfiança passou ser parte a minha vida, afinal me sentia mais capacitado devido a estar ministrando aulas na faculdade, foi nesse período que conheci meu sócio Jânio Cunha que, inclusive, também está neste livro. Juntos criamos forças para melhorar nossas imperfeições e crescermos de maneira saudável. Formamos a Moura Academy Cursos e Treinamentos, o formato da nossa empresa é bem diferente de tudo que há no mercado, por isso, vem sendo um sucesso para as empresas que trabalhamos.

Juntos passamos por vários desafios e obter inteligência motivacional para lidar com as diversidades foi o fator principal para que pudéssemos seguir adiante.

Muitos empresários acabam desistindo devido às dificuldades que enfrentam, mas o que diferencia um empresário de sucesso daquele que fracassa é que, o empresário que fracassa sempre olha na dificuldade e acaba se tornando vítima da dificuldade. Quando nos colocamos na posição de vítima, culpamos as pessoas, o país e, com isso, não geramos mudanças, porque não conseguimos enxergar que elas devem primeiro partir de nós.

São nessas horas que a vida vai exigir de você comprometimento e confiança. Agora, sabemos que precisamos dessas qualidades, mas nos momentos difíceis da vida, acabamos esquecendo disso. Foram dias sofridos e desanimadores, mas eles que tornaram minha fonte de conhecimento mais rica de conteúdo, quem seria Jorge Moura senão tivesse passado por todo o processo doloroso. Hoje, entendo que a pessoa somos é uma construção e lapidação e é preciso compreender isso, somente com a compreensão consegue-se aceitar o momento presente com mais equilíbrio emocional.

Muitos empresários acreditam na realidade por tratar-se de algo plausível, mas nós podemos mudá-la conforme alteramos a rota do nosso foco. Se você ficar focado nas coisas que impendem o seu crescimento, suas energias serão direcionadas para isso e atrairão muitas dificuldades. Você precisa começar a compreender que, independentemente de qual seja a sua realidade, é necessário gerar mudanças de atitudes. Talvez por medo começamos a criar barreiras que impendem nosso crescimento ou que saímos da nossa realidade. O medo acaba sendo uma forma protetiva para que não dificultamos mais as coisas, então sua mente começa a enxergar o que pode acontecer se piorar a situação, nesse momento, você projeta um futuro pior do que a sua realidade, pois passa a compreender que sua vida não está tão ruim e, por isso, é melhor manter do jeito que está, caímos na chamada zona de conforto, se eu mudar pode piorar então eu prefiro ficar desse jeito. Mas, esse pensamento é equivocado para quem empreende, porque arriscar é nossa única tentativa para crescer em nossos negócios.

Você deve estar se perguntando, mas como eu arrisco em meio a tanta dificuldade? Isso é impossível, o que eu quero lhe mostrar é a busca pelo conhecimento, a capacitação do seu intelectual faz você mais assertivo nas decisões, pois, assim, encontra meios e estratégias, e começa mudar a sua realidade. Uma mente desenvolvida é capaz de gerar grandes resultados utilizando seus conhecimentos. Mas, muitos empresários não pensam dessa maneira, o conhecimento deve ser equilibrado, cursos técnicos para aprender mais sobre seus negócios são muito importantes, mas não adianta você dominar seus negócios se não souber lidar com a sua mente, seja no relacionamento com sua equipe, sócios, clientes e família. Quantos pequenos empresários conhecemos que têm um grande *know-how,* mas não prosperam, não são estratégicos. Eu falo muito para quem é meu aluno, você prefere ter dinheiro para investir em conhecimento ou investir em conhecimento para ter dinheiro?

O conhecimento sobre sua mente irá proporcionar caminhos para que consiga obter tudo que deseja. São escolhas conscientes e tudo começa na sua forma de pensar e agir.

Qual a maneira de buscar o conhecimento, então, Jorge Moura? Existem várias maneiras e as que mais me fazem bem são: os livros que leio, empreendedor deve ser amante da leitura pois, assim, ele consegue desenvolver o seu *mindset,* treinamentos, palestras, vídeos e cursos de curta duração que ajudam a expandir o nosso conhecimento e, principalmente, as pessoas com quem você se relaciona. Com certeza, já deve ter ouvido falar que você é a média das cinco pessoas quem convive, esta é uma das maiores verdades para os empreendedores, pois são em seus relacionamentos profissionais que seus ganhos aumentam. Pessoas com preparo e definição de propósitos que nos mantêm em pé. Não adianta buscar algo maior ao lado de pessoas que pensam pequeno ou que não possuem sonhos audaciosos, elas não serão suas incentivadoras nas adversidades.

Acreditar que sou capaz é o que me torna audacioso, muitos me chamam de audacioso, mas toda pessoa audaciosa é preparada, seria insanidade ser audacioso sem o preparo. Conforme você começar a vencer seus obstáculos, irá adquirir força para vencer novos desafios e isso o tornará forte, mas, se em todos os seus desafios você retroagir, sua mente começará a dizer para você o quanto é incapaz, pois em outros momentos desistiu. Desse modo, faça tudo o que se propuser para que sua mente não crie janelas *killer* para afrontá-lo em momentos de decisões nos quais precisará estar em ação.

No início da minha empresa, eu criei uma frase que hoje meus alunos utilizam muito e acho incrível, porque eles viram a essência de minha trajetória nela: "Tem sucesso quem busca".

Tem sucesso quem busca
Se você não buscar e for persistente com o que acredita, viver a persistência e obtiver a coragem de matar um leão por dia, acabará como eu estava no início, deitado numa cama e sem direção, sem saber se estava no caminho certo, mas quando decidi buscar meu sucesso, aprender todos os dias e ser comprometido com o que queria, os resultados foram outros. Acredite em seu potencial o máximo que puder, esteja preparado para o seu negócio, porque o preparo irá permitir que você tenha audácia. O mundo precisa de pessoas audaciosas, são pessoas assim que vencem o mundo.

O desafio que você não enfrenta vira seus medos, os medos que você não elimina o torna a pessoa que é.

Um dia eu imaginava estar escrevendo um livro, mas isso não seria possível se eu não tivesse enfrentado minhas dificuldades e os meus medos. Hoje, aqui estou, coautor de um livro com profissionais renomados e terminando meu primeiro livro solo que será lançado em 2019. Não é por acaso que o livro chamará: "Tem sucesso quem busca", pois foi nessa busca que meus objetivos foram sendo concretizados. Eu espero que você consiga enxergar quais mudanças precisam ser feitas em sua vida, quais atitudes precisa tomar para obter os resultados que deseja, somente com a consciência de seus comportamentos, de que você pode começar a criar uma nova realidade. Você pode ser tudo aquilo que deseja ser, apenas se entregue a viver como se já tivesse conseguido, eis o segredo fundamental do sucesso.

32

O clamor por mais personalização no atendimento

Facilitar a aquisição de hábitos, atitudes e conhecimentos necessários à melhora do desempenho dos colaboradores, visando a excelência no atendimento
ao cliente interno e externo

José Luiz Junior

José Luiz Junior

Administrador Graduado pela ESAN/FEI (2000), com Pós-Graduação em RH (FGV-SP), MBA em Capacitação Gerencial (BSP-SP), MBA em Desenvolvimento Organizacional (Universidade Federal de São Carlos), Pós MBA em Capacitação Gerencial na (FIA). Qualificação como Auditor em RH pela Alcoa, Membro da Associação dos Ex-alunos da FGV, Membro atuante do grupo de RH/RT formado pelo Peixoto e Cury, Membro do Grupo dos Vicentinos da Arquidiocese de Santo Amaro.

Contatos
jose.luizjunior@superig.com.br
luiz.jjunior@yahoo.com.br
Instagram: jose_luiz_junior
Linkedin.com/in/jose-luiz-júnior-52865810

Nos dia atuais utilizamos tecnologia, controle, pesquisa, comunicação eletrônica, mas nada irá substituir o atendimento humano, pois ter alguém lhe dando atenção e olhando nos seus olhos para resolver o seu problema, não tem preço e a satisfação é imensurável. Investir em um bom atendimento é muito importante.

Atendimento com excelência: a arte de encantar

Para alguns, pode parecer apenas um verbo, porém, para os empresários e empreendedores é uma palavra de ouro que pode ser a linha tênue entre o sucesso e o fracasso de um negócio, independente do porte e tamanho da empresa.

Atender é muito mais do que um simples verbo, mas sim uma arte: a arte de encantar.

Vivemos em um mundo cada vez mais digital, onde basicamente tudo pode ser feito através de códigos binários, sites, *app's*, telefones e o contato humano quase está extinto. Basta assistir a alguns episódios da série *Black Mirror* para ter certeza de que realmente o futuro pode ser um espelho negro e que a tecnologia, a robótica e a inteligência artificial substituirão inúmeros empregos e trabalhos hoje ocupados por humanos.

No entanto, por maior que seja a evolução tecnológica, outros trabalhos e formas de trabalhar surgirão e o atendimento sempre será necessário, seja em um *Help Desk* na Índia, ou da empresa da sua companhia celular.

E acreditem, pela minha experiência, estamos vivendo um apagão na área de atendimento. Mesmo não vivendo ainda na era da inteligência artificial, somos atendidos por robôs que leem, sem nenhuma emoção, roteiros pré-montados em uma tela de computador para atender os clientes.

De acordo com Sheyla Dal-Ry Issa, em seu artigo Atendimento ao cliente: reclamação: a hora da verdade, as mesmas "são uma ameaça ou trazem consigo um problema, e é na solução desse problema, que muitas empresas conseguem fidelizar seus clientes pela solução certeira ou então afastá-lo de vez de sua empresa...."

Hoje em dia temos inúmeras ferramentas de medir o atendimento de uma empresa (como um dos mais famosos, o Reclame Aqui). Elegem as empresas com maior ou menor aprovação, qual a latência de respostas das empresas e se o cliente faria ou não negócio com a empresa novamente. Mas mesmo uma ferramenta moderna como essa, acredito eu que olha para o retrovisor, onde o problema já ocorreu e é uma intermediadora de conflitos e correção do erro. Ao que trata esse artigo: o que levou esse site a receber uma reclamação? Simplesmente um mal atendimento, em algum lugar, de alguma empresa desse país.

Todos os anos, vemos empresas realizando LNT (levantamento de necessidade de treinamentos) e orçando em seus "Opex" valores expressivos para seu PAT (Programa Anual de Treinamento) para treinar e qualificar seus funcionários, colaboradores ou parceiros. Excluindo os treinamentos técnicos (NR's, entre outras), considero os outros treinamentos de como melhorar o atendimento às pessoas. Explico: atender não é somente o funcionário em um balcão de uma famosa lanchonete. Nem aquele atendente leitor de telas que está no Nordeste ou Norte do Brasil (onde a mão de obra é mais barata), te pedindo para *resetar* o seu aparelho de RV a cabo ou internet. Muito menos aquele funcionário que abastece o seu carro ou passa suas compras no supermercado, entre outras inúmeras funções e cargos que haja interação entre dois seres humanos.

Atender é uma arte, um serviço prestado a outra pessoa, desde a mais simples, até a mais complexa atividade. Afinal, o mundo está cada vez mais passando, realizando a transição de produtos para serviços, ou seja, serviços exigem um item fundamental: contato e o atendimento deve ser cada vez mais diferenciado, pois de nada adianta o quanto o prestador é bom ou exímio naquilo que realiza, se sua entrega é afetada por um atendimento medíocre ou até mesmo mal feito.

Dentre outras competências, "a tríade empatia, sinergia e confiança, forma o bom atendedor."

É da empatia que vem o sentimento: se eu fosse o cliente, era dessa forma que gostaria de estar sendo tratado? Era exatamente isso que eu gostaria de estar recebendo? (não o serviço ou produto, ou solução), mas da forma e formato que estou recebendo.

Da sinergia, extraímos aquilo que podemos obter de ajuda do próprio cliente, seja ele interno ou externo. É o que aprendemos com nossos contratantes. Muitas vezes, isso pode não ser fácil, pois exige humildade, paciência e a possibilidade de voltar atrás, quantas vezes por possível.

E por último, e não menos importante, vem a confiança. A meu ver, uma das mais difíceis de se conseguir e a mais fácil de se perder. Se alguém confia no seu processo, produto ou solução e tem um bom atendimento, você estará fidelizando um cliente, sem exageros, para a vida toda.

Então o verbo atender, que virou uma competência essencial, é de extrema importância para as empresas e empreendedores (as) no mundo atual. E isso é simples de explicar: as soluções, serviços ou produtos são ilimitados, ou seja, possuem uma gama de variedades de pessoas fazendo aquilo que você faz nesse exato momento, desde um assistente de RH, até um engenheiro naval que projeta aviões ou um neurocientista que faz cirurgias complexas. Mas o segredo não está no que se faz (óbvio, a qualidade conta e todos estão cada vez mais tentando melhorar os seus produtos, serviços e soluções), mas sim na forma como atendemos nosso cliente quando há algum problema na venda, pós-venda, assistência técnica, GAPE, CRM, entre outros modelos. Se você tem uma marca boa, um produto excelente, com grande competência, empatia e confiança no mercado, mas um atendimento ruim que faz com que todas as qualidades do que entrega fique em segundo plano, de nada adiantou o seu esforço.

E ser um bom "atendedor" não é fácil: exige esforço. Tenha certeza que trabalhar com "gente" não é um ato dos mais fáceis, pois cada uma possui uma tipologia, uma personalidade e um jeito de ser. Não existe uma técnica que funcione com todos e por isso, não acredito em treinamentos milagrosos e prontos. Aqui entrará a empatia, onde se consegue extrair de cada cliente a forma como quer ser atendido. Sei que é complicado e às vezes financeiramente inviável, mas o segredo é realizar pesquisas de satisfação, investigar, mesmo nas menores empresas, se o cliente está satisfeito com seu atendimento, ou do atendimento prestado pela empresa contratada.

No mundo das *Startups*, *FinTechs*, *HRTechs* e *AllTechs*, não adianta apenas ter uma ideia mirabolante, que culmina em um serviço ou produto de ponta. Um exemplo típico disso é "Steve Jobs". O mesmo sempre focou na experiência entre o produto e o usuário, onde os mesmos se fundissem em um só. Infelizmente ele não conseguiu viver para ver que a empresa que ele criou hoje é uma das maiores empresas em valor de mercado do mundo.

Quem leu ou estudou sua biografia sabe que ele, Jobs, não produziu absolutamente nada. Ele não era programador, não era um bom homem negócios e muito menos um bom líder. No entanto, em meados dos anos 70, ele já sabia que a experiência que o cliente deveria ter tinha que ser única, intensa e sempre focou nisso: ouvindo o que as pessoas querem, mudando projetos quase finalizados, atendendo de forma quase personalizada. Basta olhar para um Iphone e para o extinto Nokia e tirar suas próprias conclusões.

Seja ou transforme as pessoas que trabalham para você em "atendedores, não em simples atendente" e você verá a arte de encantar, se realizar no seu negócio.

Foi realizada a primeira entrega feita por *drone*, que aconteceu nos EUA. O *drone* foi usado para entregar medicamentos em uma área de difícil acesso. Serão os *drones* ferramentas que vão alterar o futuro da logística? Ainda não dá para saber. Mas o que sabemos é que é muito importante que o cliente sinta que o atendimento que está recebendo é diferenciado e que a empresa está comprometida em resolver o problema do cliente de verdade.

Não existe uma fórmula mágica que Capacite seu colaborador em Como receber o seu Cliente da melhor forma possível, pois tudo isso irá depender de como e o que você se propõe a entregar ao consumidor e de quem é o seu cliente, por exemplo o que ele esperava de você.

Se você observar, a Disney atua com alguns pilares como por exemplo: atentar os detalhes, pois pequenos erros podem destruir sua reputação, manter o show. Você não precisa ser feliz para trabalhar na Disney, mas precisa se mostrar feliz no horário de sua jornada de trabalho, procurar pessoas certas para o trabalho e organização, ou seja, selecionar bem, ter uma entrevista específica para a função a ser ocupada. Elaborar perguntas impactantes para obter respostas sinceras e despender tempo para uma contratação o mais próximo da exatidão. Treinamento com qualidade, enfim, treinar com excelência, ter tempo para capacitar o novo colaborador, engajá-lo na cultura da empresa para que o parceiro receba de maneira única cada visitante que venha se distrair e curtir a sua estadia no parque.

Os atendentes da Fedex, antes atendiam ao telefone assim que tocava, agora levam em média 81 segundos para atender uma ligação. A Google, não tem um telefone fixo, ou seja, não quer interagir com a maioria dos seus usuários. O McDonald's não te oferece um guardanapo de linho. Nenhum desses comportamentos é necessariamente ruim, apenas exemplos de possibilidades de alinhamento (ou falta de alinhamento).

É muito recompensador receber bem o seu consumidor

"Uma empresa pode gastar quase nada no treinamento em como receber bem o seu cliente e ainda assim ser bem-sucedida em alcançar suas metas". Especialistas ensinam que você deve investir no atendimento da sua empresa para aumentar a expectativa do consumidor, entregando muito mais do que é esperado. Isso já é um grande diferencial.

Nas palavras de alguns especialistas, as empresas recorrem a isso, no final de uma triste jornada. Assim que o negócio começa a demonstrar queda nas vendas, aí colocam soluções rápidas para melhorar a performance. Mas isso é tudo o que eles fazem, a não ser que sejam muito pressionados. O problema é que muitos dos clientes estão ocupados demais para reclamar, então eles simplesmente vão para o concorrente. Já os que de fato criticam e você finalmente tenta ajudar, já estão tão p* da vida que é tarde demais.

Além disso, quando você investe neste sentido, também está construindo uma relação de confiança e tratando de forma justa e com clareza a solução dos problemas apontados.

Por fim, a qualidade do atendimento precisa estar incorporada na cultura da empresa, pois caso contrário, você sempre estará na contramão das mudanças que te levarão ao sucesso. Por isso, seja exemplo, atue, ensine, repita, opine e faça que todos os membros desta organização saibam que este é o primeiro pilar e o mais importante para que o negócio tenha sucesso.

33

Revolucione o faturamento de seu negócio em um ano

O faturamento de seu negócio junto com os custos e despesas, formam o tripé essencial ao lucro de seu negócio. O fato é que apesar de terem ciência de sua importância, a grande maioria dos negócios não têm um método que proporcione melhorias constantes que alavanquem seu faturamento. Ensino aqui um método infalível que irá transformar seu negócio em uma "fábrica" de melhorias comerciais que irão, em apenas um ano, revolucionar o faturamento de seu negócio!

Júlio Reis

Júlio Reis

Especialista em gestão empresarial com histórico de atuação em grandes corporações, por meio da implantação de projetos de gestão e/ou pela orientação profissional de seus executivos, sempre com foco na melhoria dos resultados destas empresas, com destaque para: Petrobras, B2W, Ultragaz, Itambé, Fundação Dom Cabral, ASJ, etc. Se destaca na busca incansável por melhoria de resultados de seus clientes, por meio de uma gestão intensiva de indicadores de desempenho e metas. Atuou 12 anos na Falconi Consultoria, onde começou como *trainee*, até chegar à liderança de projetos na condição de associado. Desde 2013 é CEO da Smart Valor Consultoria, na qual concilia a condição de executivo com a atuação técnica junto aos seus clientes. Em sua jornada já desenvolveu diversos treinamentos, com destaque para o "Liderança Eficaz", um treinamento prático com ampla aceitação dos líderes treinados. Formado em engenharia civil, pós-graduado em engenharia de produção, com MBA em finanças e formação profissional no Programa de Conselheiros da Fundação Dom Cabral.

Contatos
www.smartvalor.com.br
contato@smartvalor.com.br
Facebook: julioreisconsultor
Instagram: julioreisconsultor
LinkedIn: julioreis78

Qual o segredo para revolucionar o faturamento?

Em mais de 15 anos atuando em consultoria de gestão com foco em resultados, em dezenas de clientes, aprendi que ideias de melhorias todos têm. Tanto negócios menores quanto grandes corporações detêm pessoas com conhecimentos sobre o negócio suficientes para propor dezenas de ideias para alavancar o seu faturamento.

Portanto este não é o segredo. Definitivamente! O segredo está em duas práticas que raramente encontrei nestas empresas:

1) Fazer com que estas ideias fluam com frequência e;
2) Fazer com que estas ideias sejam de fato implementadas.

O segredo está em implementar um **método** que estimule que as ideias sejam propostas e implantadas com frequência, na medida certa para que os resultados esperados sejam alcançados. E que fique claro que resultados esperados devem ser convertidos em metas!

Qual é a base deste método?

Este método consiste na implantação de três elementos na gestão de seu negócio. Ao implementá-los, pode-se dizer que há gestão no seu negócio. Um negócio que tenha gestão, promove a geração e implementação de melhorias o tempo todo! É a famosa melhoria contínua!

Figura 1 – Elementos que compõem o Método!

Atenção! Sempre que encontrar neste texto a marca (MC), significa que irei disponibilizar um material complementar sobre o assunto, que podem ser modelos ou exemplos da ferramenta citada. Para recebê-lo, basta enviar um e-mail para contato@smartvalor.com.br.

Como implementar este método?

Este método deve ser implantado em ciclos anuais.

No 1º ano, você deve buscar uma implantação mais simples para fazer acontecer e ano após ano, você terá oportunidade de melhorar o método incorporando técnicas mais sofisticadas.

A implementação deste método é feita em quatro etapas divididas em duas fases: as etapas 1 e 2 formam o planejamento e as etapas 3 e 4 compõem a implementação propriamente dita.

Figura 2 – Cronograma de Implementação do método!

Atenção! Caso você esteja lendo este livro depois de janeiro, não espere até o final do ano para começar! Implemente a método para um período menor (do mês vigente até dezembro). Apenas considere que a meta deverá ser proporcional a um período menor e estará tudo certo!

1. PRIMEIRA ETAPA: Definição das metas

Conforme dito, o elemento meta é o carro chefe deste método. Há três passos essenciais para definição das metas e de seus componentes obrigatórios e estes passos serão apresentados a seguir.

Passo 1.1 - Definição da estrutura de desdobramento de sua meta
A meta de faturamento de seu negócio deve ser desdobrada em pedaços menores sempre. Isso facilita a criação de novas ideias e o controle dos resultados. Você está dividindo as responsabilidades com seu time. Na prática, é mais gente brigando de uma maneira orientada pelo bom resultado de seu negócio.

A prática mais recorrente e que recomendada para um 1º ciclo é quebrar a meta anual por família de produtos/serviços. Agrupe seus produtos/serviços similares em quatro ou cinco famílias e, depois, defina uma pessoa de seu time para ser o responsável por cada uma (gestor da família). (MC)

> **Atenção!** O gestor será o responsável por todo o método no que se refere à sua família. Desde a negociação das metas até seu alcance. A definição de um bom nome é essencial. Se seu negócio tiver poucos produtos/serviços, trate cada um como se fosse uma família;

Passo 1.2 - Definição da meta de cada família
Neste passo, cada gestor deverá propor uma meta anual para sua família. Há muitas maneiras de chegar a uma meta, mas no 1º ciclo do método o ideal é utilizar o histórico de faturamento de cada família como parâmetro. Busque o melhor faturamento dos últimos três anos de cada família (*benchmark*) e proponha como meta um valor que fique entre o valor do último ano e este *benchmark*.

> **Atenção!** Uma boa meta é aquela que é desafiadora e, ao mesmo tempo, factível; meta ousada demais pode desmotivar sua equipe, e uma fácil demais não irá extrair o melhor da mesma. Caso não tenha o faturamento dos últimos três anos, proponha um aumento em relação ao último inflacionado;

Passo 1.3 – Consolidação e escalonamento das metas
Após negociação com cada gestor, as metas devem ser consolidadas. A soma de todas as metas precisa atender às expectativas do negócio. Caso contrário, faz-se necessária uma nova rodada de negociação (Catch-Ball).

Depois de negociadas, elas devem ser escalonadas mês a mês, observando as sazonalidades históricas. Repita o percentual de faturamento médio histórico de determinada família em cada mês, na nova meta pactuada. Depois disso, divulgue amplamente e formalize (MC). Dica! Uma apresentação formal para divulgação das metas é uma ótima prática para engajar seu time. Cada gestor apresenta sua meta e o quanto está motivado para chegar lá;

2. SEGUNDA ETAPA: Planejamento das ações de melhoria
Não há como se alcançar metas desafiadoras sem implementar ações de melhoria e estas precisam ser planejadas. Para construção de planos de ações de melhorias consistentes, para cada uma das famílias, há também três passos.

Passo 2.1 – Reuniões de brainstorming

Os gestores de cada família devem agendar uma reunião com seu time e convidados para levantar as ideias que irão ser a base dos planos que irão garantir o alcance das metas. Nesta reunião, irão promover o chamado *brainstorming*, que é uma técnica de discussão em grupo que se vale da contribuição espontânea de ideias por parte de todos os participantes, no intuito de resolver algum problema ou de conceber ideias criativas.

A sessão deve ser aberta com um acordo de compromissos (MC) e em seguida deve-se lançar a seguinte pergunta: "Temos um desafio de aumentar as vendas de nossa família em x% para o próximo ano. Precisamos de ideias que possam nos ajudar a melhorar nosso faturamento e nos levar a este novo patamar! O que vocês acham que poderia ser implementado em nosso setor neste sentido?". Os participantes devem ser orientados a anotar suas ideias para oportunamente compartilhar com o grupo. (MC)

Atenção! O segredo do *brainstorming* é não interromper e questionar as ideias dos colegas. Isso fará com que os participantes se inibam de contribuir. Não se preocupe, ideias ruins serão descartadas no passo seguinte.

Passo 2.2 – Priorização das ideias levantadas

Com um volume considerável de ideias geradas no passo anterior, agora é necessário priorizar estas ideias.

Neste passo, cada participante deve apontar individualmente, qual o impacto que em sua opinião cada ideia terá sobre o aumento do faturamento naquela família, sendo que devem receber a Nota 1 as ideias de menor impacto, Nota 3 as de médio impacto e Nota 5 as maior impacto nas vendas.

Depois que todos votarem, as notas devem ser consolidadas, classificadas em ordem decrescente e divididas em três partes.

A primeira, com as ideias que devem ser implementadas imediatamente. A segunda, com as ideias que devem ser implementadas em um segundo momento e terceira, com as ideias que devem ser descartadas.

Passo 2.3 – Elaboração do plano de melhorias

Com as ideias priorizadas, já há o principal insumo para elaborar os planos de melhorias. Agora, cada gestor deve transformar as ideias (do primeiro grupo de priorização) em ações para garantir que as mesmas sejam implantadas na prática. Para cada ideia priorizada, deve haver uma ação equivalente

Uma ação completa deve ser composta, no mínimo, dos campos: "O que fazer", "Até quando fazer, "como fazer" e "quem vai fazer". (MC)

Cada gestor de família terá seu plano de melhorias e ainda que as ações sejam delegadas, a responsabilidade pela execução do plano é dele.

3. TERCEIRA ETAPA: Implementação das melhorias planejadas

Com as metas definidas e planos de melhorias elaborados, o próximo passo é começar a implantação de fato destas ações. Os responsáveis precisam ter compromissos com os prazos, já que os mesmos foram acordados.

Não há como esperar que os resultados mudem e, assim, as metas sejam alcançadas se mudanças não forem efetivadas e as mudanças só serão efetivadas por meio da implantação dos planos de melhorias.

4. QUARTA ETAPA: Ciclo mensal de controle

Esta etapa irá girar uma vez por mês até o final do ano. Seu objetivo é identificar situações em que as metas não estão sendo alcançadas e/ou os planos não estão implementados conforme previsto e atuar rapidamente.

Esta etapa também é realizada em 3 passos que devem ser repetidos todos os meses até o final do ano.

Passo 4.1 – Apuração e divulgação dos resultados

No início de cada mês, os resultados de faturamento do mês anterior devem ser apurados por família e as ferramentas de controle e gráficos de gestão à vista devem ser atualizados.(MC)

Passo 4.2 – Reuniões de análises dos resultados

Com os resultados em mãos, cada gestor deverá reunir seu time para avaliar o faturamento do mês contra a meta de sua família.

É essencial que os resultados indesejados sejam analisados com muito cuidado. Esta análise deve trazer as causas do mau desempenho e propostas para reverter a situação.(MC)

Estas propostas devem obrigatoriamente ser incluídas nos planos de melhorias da respectiva família.

Passo 4.3 – Reuniões de status dos planos de melhorias

É essencial que o plano de melhorias de cada gestor seja atualizado. Ações que estejam atrasadas também devem ser analisadas e, caso necessário, tratadas. Se ações estão no plano, sua implantação foi considerada importante para o alcance das metas. Não há espaço para a procrastinação.

Assim como os resultados, o *status* do cumprimento dos planos deve ser divulgado em relatórios e nos painéis de gestão à vista. (MC)

> **Atenção!** O ciclo mensal de controle é sagrado. Bastar um mês sem que ocorra para comprometer a credibilidade do projeto. Siga com disciplina, e assim, os resultados serão controlados e tratados e as ações implementadas até que o ano se encerre com as metas batidas!

Conclusões

Não há dúvidas de que, se as metas forem bem definidas, os planos de melhorias bem planejados e executados e o controle for bem realizado, ao fim do ano sua equipe terá implementado dezenas ou até mesmo, mais de uma centena de ações para melhorar seus procedimentos, pessoas, recursos e produtos/serviços envolvidos no processo comercial. É esta fábrica de melhorias que irá provocar uma verdadeira revolução no faturamento de seu negócio. O ótimo é inimigo do bom. Implemente! Não deixe de fazer por insegurança. Ano a ano, você irá conseguir sofisticar seu sistema de gestão. Caso tenha alguma dificuldade, entre em contato e alguém do nosso time irá ajudá-lo (contato@smartvalor.com.br).

Temos uma equipe experiente que já implementou este método dezenas de vezes em dezenas de clientes. Com ele, o crescimento de seu faturamento não terá limites. Este método vem sendo implementado com sucesso há décadas por grandes corporações, mas normalmente com o importante apoio de consultorias de resultado (assim como a Smart Valor). Este tipo de consultoria se diferencia das chamadas consultorias de relatório, pois diferentemente destas, põem a mão na massa. Conduzem os trabalhos junto aos seus clientes em todas as etapas do método e o intuito deste texto é exatamente trazer estas técnicas de uma maneira resumida e didática para que você mesmo implemente e é muito possível! Gostou de nosso método ou ficou com alguma dúvida? Quer material complementar com exemplos e mais detalhes? Mande-nos um *e-mail* que responderemos. Sucesso!

34

Despertando o interesse para empreender

O empreendedorismo costuma ser definido como o processo pelo qual as pessoas iniciam e desenvolvem seus negócios. É um fenômeno complexo, que envolve o empreendedor, os seus projetos e o público envolvido. Para empreender, é importante desenvolver três competências fundamentais: visão, estratégia e execução

Kathiane Hernandes Nigro

Kathiane Hernandes Nigro

Psicóloga, Consultora Organizacional, Palestrante & *Coach* de Carreira, Vocacional, Educacional e *Executive*. Sócia proprietária da INTEGRAÇÃO COACHING: empresa especializada em técnicas e ferramentas de Coaching, que visa contribuir para o desenvolvimento de pessoas e empresas através de palestras, cursos, atendimentos e *mentoring*. CEO da DINÂMICA – Consultoria & Treinamento, especializada na gestão de pessoas, planejamento estratégico e desenvolvimento de lideranças. Experiência no meio organizacional em palestras de alto impacto, treinamentos motivacionais, aconselhamento de carreiras, recrutamento, seleção e promoção. Conduz *Workshops* de aprimoramento de performance para inúmeros profissionais do setor público e privado há mais de 15 anos. Pós-graduada em Gestão de Pessoas, Gestão de Negócios e Gestão de Recursos Humanos.

Contatos
www.integracaocoaching.com.br
www.dinamicapsicologia.com.br
kathiane@integraçaocoaching.com.br
(14) 3326-2167 / (14)99658-5274

A palavra empreendedorismo se origina do termo francês *entrepeneur*, que significa fazer algo ou empreender. Numa visão mais simplista, podemos entender como empreendedor aquele que inicia algo novo, que vê o que ninguém vê; enfim, aquele que realiza antes, aquele que sai da área do sonho, do desejo, e parte para a ação.

Na prática, o empreendedorismo costuma ser definido como o processo pelo qual as pessoas iniciam e desenvolvem seus negócios. É um fenômeno complexo, que envolve o empreendedor, os seus projetos e o público envolvido.

Ser empreendedor não é condição exclusiva de empresários ou de quem está à frente dos negócios. Tem a ver com atitude!

Louis Jacques Filion pesquisador e um dos maiores especialistas na área, descreve que o empreendedor é uma pessoa que imagina, desenvolve e realiza visões. Ou seja, alguém que pensa, planeja, e age, arquitetando todas essas etapas de maneira estratégica para conquistar metas e objetivos.

Vivemos hoje no Brasil uma verdadeira explosão de empreendedorismo. Muitos de nossos empreendedores criam negócios por falta de oportunidade de trabalho, os chamados empreendedores por necessidade, mas, apesar de esta parcela ser alta, o brasileiro tem um alto grau de ousadia, aceitar assumir riscos e tem proatividade para criar novas empresas.

Com a instabilidade econômica no Brasil e em diversos outros países, o mercado de trabalho tem se tornado cada vez mais desafiador, para não dizer cruel; com isso, muitos profissionais têm despertado o interesse em empreender como uma alternativa a esse mercado volátil. Ocorre que, para empreender, é preciso mais que dinheiro para iniciar o negócio. É necessário apoio para ter resiliência, foco, disciplina, objetivos claros e muitos outros detalhes que separam o sucesso do insucesso.

A resiliência não constitui uma habilidade a parte das demais, mas sim um aspecto do caráter do empreendedor que deve caminhar em sinergia com suas atribuições técnicas. Mais do que aprendida, a "arte" de ser resiliente deve ser treinada a partir da percepção do próprio empreendedor em verificar a importância de solucionar os problemas que se apresentam, independente das interferências que possam lhe atrapalhar.

Em tempo, é necessário ressaltar (por mais óbvio que possa parecer) que persistência e resiliência andam juntas, mas em nada tem a ver com a insistência no erro. Ser resiliente é aceitar as mudanças e buscar novas formas de planejar e organizar o seu negócio a fim de torná-lo mais competitivo diante das novas etapas que serão enfrentadas.

Sabemos que para se atingir o sucesso no mundo dos negócios, é preciso lidar com habilidades específicas para reagir de forma positiva às mudanças do mercado, cenário econômico e até mesmo comportamento dos consumidores.

Uma ferramenta que vem contribuindo no mercado do empreendedorismo atualmente é o *coaching*. Oriunda do mercado americano e do europeu, está conquistando seu espaço auxiliando o empreendedor a ter sucesso em sua jornada através da aceleração de resultados baseada em análise de cenários, planejamento e acompanhamento motivacional.

O *coaching* é um processo de desenvolvimento pessoal e profissional cuja estrutura e conjunto de ferramentas permitem aos empreendedores melhorar o desempenho dessas competências e, consequentemente, os resultados que obtém nos negócios.

Para empreender, é importante desenvolver três competências fundamentais: visão, estratégia e execução.

A primeira dessas competências, a visão, está relacionada com a capacidade de sonhar, imaginar e ambicionar. A segunda, a estratégia, significa reunir os recursos para transformar o sonho, a imaginação e a ambição num projeto com uma proposta de valor de que o mercado necessite. A terceira, a execução, trata-se de colocar em prática esse projeto empresarial, de traçar metas e de ter métodos definidos para desenvolver ao longo dos anos.

O *coaching* tem os processos e as ferramentas necessárias para que os empreendedores melhorem as suas competências-chave, visa justamente despertar e aprimorar essas habilidades, de forma a capacitar o empreendedor a identificar essas mudanças e o surgimento de novas oportunidades, transformando-as em resultados para o negócio.

É por isso que cada vez mais o trabalho de *coaching* passa a estar presente nas etapas de planejamento e preparação de novos negócios. A formatação do projeto é importante, mas igualmente importante é a preparação das pessoas envolvidas.

A aplicação do *coaching* no empreendedorismo é uma opção para as pessoas que desejam desenvolver habilidades que visam à ampliação da visão que possuem de um determinado objetivo, e a partir dessa compreensão mais detalhada das questões envolvidas, tomarem decisões mais acertadas sobre os rumos do negócio.

O *coaching* para empreendedores é um processo assistido de autoconhecimento que leva o empreendedor a conhecer melhor suas forças e a tirar proveito delas em prol de seus negócios. A aplicação das técnicas de *coaching* para empreendedores tem trazido resultados impressionantes em termos de sucesso nos negócios e redução de riscos.

Novas empresas tendem a fracassar por diversos motivos, como: falta de planejamento; falta de foco no objetivo; ausência de uma analise apropriada para o empreendedor saber se tem aptidão para aquele negócio; falta de incentivo e motivação; despreparo; escolha do negócio não congruente com os valores do empreendedor. Para fazer isso, são estabelecidas metas e a congruência do negócio com a missão de vida e valores, são avaliados aspectos de como ele avalia se está preparado, assim como avalia se realmente aquele é o momento certo para aquela decisão. São questionados quais os recursos que ele dispõe no momento e quais os que pode adquirir, assim como quais os obstáculos que existem e os que podem aparecer, qual seu nível de comprometimento com o objetivo, o que ele está ganhando ou perdendo com a situação atual e a desejada, como está sua vida no momento em todos os seus sistemas e identidades e como isso pode ajudar ou atrapalhar. Na verdade, o processo todo é uma autoanálise que envolve escolhas, metas e motivação.

No mundo empresarial altamente concorrido, o empreendedor precisa estar alinhado com seus valores, mantendo o foco e sendo competitivo. Para isso, o *coaching* tem muitas ferramentas à disposição para ajudar você, empreendedor, em um processo de aceleração de resultados, sejam profissionais ou pessoais, instigando quem empreende a obter os resultados esperados no menor tempo possível e de forma mais eficiente.

Elabore um plano de ideias empreendedoras da seguinte maneira:
Primeira etapa – Escolha um objetivo de valor (Uma ideia de valor)
- Motivação: por que você quer fazer isso?
- Forças: que habilidades ou recursos são necessários para colocá-lo em prática? E quanta força de vontade?
- Entusiasmo: qual o seu grau de empolgação com isso?

Segunda etapa – Pratique até alcançar a perfeição
- Quais são os critérios para uma ideia eficaz?
- Onde e como você vai praticar a nova ideia (ou sistema)?
- O que você vai tentar primeiro?
- Como refinar sua solução?
- Onde ou como você pode experimentar?
- Quem pode lhe dar *feedback* útil?
- Quando poderá começar?
- De quanto tempo ou dinheiro precisa para desenvolvê-lo?

Terceira etapa – Escreva sua história
- Que objetivo de valor – desafio máximo – você vai enfrentar a despeito das opiniões negativas até atingir a objetivo?
- Qual será o legado do seu avanço, depois de inaugurar essas possibilidades?
- Quem se beneficiará com sua ideia ou realização?

Tirar uma ideia do papel e colocá-la em prática é tarefa para pessoas determinadas a vencer na vida, não importa o tamanho do sacrifício.

Se estiver pensando em como deixar a sua marca no mundo, comece a praticar tudo o que aprendeu até agora, caso contrário, vai ficar apenas querendo.

Quando se trata de empreender, ideias somente não bastam. O mundo está cheio de boas ideias que vagam sem destino e são desperdiçadas porque ninguém acredita nelas e os autores desistem ao primeiro "não".

Mais do que obter uma ideia, você precisa de iniciativa, esforço, otimismo e, na maioria dos casos, persistência para conseguir, assim, quando as ideias surgirem do nada, seja disciplinado.

Faça de cada ideia uma possibilidade. Se não for hora de aproveitá-las, guarde-as com carinho. Um dia você vai precisar delas.

Sendo assim, reserve um tempo hoje para se questionar sobre a trajetória que você vem construindo.

Deixo aqui algumas provocações — com ferramentas que o ajudam a encontrar as respostas.

O que você desejava conquistar quando escolheu empreender?

Para você, empreender é um meio para conquistar o quê? Para muitos é autonomia, crescimento e liberdade. Para outros, é lucro, reconhecimento e poder. Pode ser também uma forma de transformar o mundo e criar algo maior que você. Essa pergunta não tem resposta certa ou errada. O mais importante é continuar se questionando. Até porque empresas abrem e fecham. Mas você, empreendedor, precisa ter consciência do seu propósito: isso vai dar energia para continuar a jornada.

Reflita sobre as verdadeiras razões que o levaram a empreender (e alinhar essa motivação à missão e à visão do seu negócio).

Se hoje a sua visão de futuro está muito associada à estratégia do seu negócio, é preciso fazer um planejamento estratégico pessoal. Encontre oportunidades para se desenvolver e trace um plano que possa alinhar as ambições do seu negócio com o que você deseja conquistar no futuro.

Se queremos que algo mude, precisamos ter novas atitudes, criatividade, iniciativa, coragem, autoconfiança, ousadia, comprometimento, responsabilidade, capacidade de avaliar riscos, habilidade de planejamento, perseverança, autoconfiança, habilidade para manter uma rede de relacionamentos, desenvolver a gestão das emoções e dos pensamentos.

Ser empreendedor é ter um olhar multifocal para si mesmo, para as pessoas e para as situações. É ser inconformado com tudo aquilo que tenta nos paralisar.

Espero que este texto seja um estímulo para você despertar suas habilidades e competências, construindo grandes motivos para se mover e empreender!

Um grande e forte abraço!

35

Desbloqueando o sucesso na controvérsia entre a vida profissional e pessoal

Nossa vida é muito curta, quando acabamos de ler este artigo já irá ter passado um tempo que você não conseguirá voltar atrás e fazer qualquer outra coisa que gostaria. Desse modo, precisamos lidar com uma excelente administração em duas áreas de nossas vidas: a pessoal e a profissional. Percebemos em todos os tempos grandes desafios de administrar e gestar nosso dia a dia. Assim, descrevo neste artigo embasamentos para que possa alinhar essas áreas e obter sucesso em sua vida

Leandro Rennê Camilo

Leandro Rennê Camilo

Administrador de Empresas, Mestre em Agronegócios pela Universidade Federal da Grande Dourados (UFGD), possui MBA em Gestão Estratégica de Negócios, Gestão Pública, Recursos Humanos e Psicologia Comportamental. Graduação em Administração de Empresas e Ciências Contábeis. Professor Universitário. Avaliador do MEC/INEP. Atua como *Personal Coach*, incorporando as áreas de carreiras, finanças pessoais, empresariais, analista comportamental e educacional. Atuando como Palestrante motivacional e treinamentos de lideranças.

Proprietário da LS Consultorias & Treinamentos, com atuação nas áreas de Recursos Humanos, Departamento Pessoal, Recrutamento e Seleção, Financeira, Contábil, Desenvolvimento de Líderes e Marketing Empresarial.

Contatos
www.lsconsultorias.com.br
leandro@lsconsultorias.com.br
Instagram: leandrocamilo85
https://www.facebook.com/leandro.camilo.3
https://www.facebook.com/lsconsultorias.com.br/
(67) 3020- 8090 / 99614-2549

Como as estratégias de coaching da sua carreira e seus objetivos pessoais se misturam

Usar estratégias de *coaching* em sua vida é algo que você deve apreciar. Você precisa trabalhar duro para fazer tudo acontecer. Deve ser capaz de pensar sobre o que é mais importante e sobre o que está acontecendo em sua vida, este é o primeiro passo que deve fazer. Pense em algo que você quer em sua carreira ou em sua vida pessoal. Até onde você está disposto a ir para que tudo aconteça? Após responder esta pergunta, continue lendo este artigo.

Deixar a sua vida pessoal e a sua vida empresarial se misturarem pode ser um erro em alguns casos. Você deve trabalhar duro para entender se está pronto para tudo o que vai acontecer no seu caminho e tudo o que você deseja de seus objetivos. Lembre-se que os objetivos são algo para ajudá-lo a trabalhar mais e estar comprometido com tudo que você espera da vida.

Não há limites para o que você deve fazer na vida. Se tem um bom método para fazer as coisas funcionarem, então você terá o poder de ser praticamente o que quiser. As estratégias de *coaching* são diferentes para cada um. Não há ninguém que faça tudo igual. Você deve deixar sua carreira e vida pessoal trabalhar para você, para que você não perca a felicidade e a satisfação.

Quando o seu trabalho estiver progredindo, descobrirá que sua vida pessoal também progredirá, pois se parar e analisar verás que precisará estar em perfeita harmonia em diversas áreas de sua vida para ser feliz e atingir o ápice da felicidade plena e assim você estará no controle e, com certeza, pronto para tornar seu mundo inteiro diferente. Você deve se animar com tudo que faz, dar o seu melhor. Não deixe ninguém derrubá-lo e faça com que seu objetivo pareça pequeno. É preciso estar animado com o que está fazendo e o que quer fazer. Você é o único que está no controle e não pode deixar ninguém te dizer algo diferente, afinal você é o único responsável pelo sucesso.

Manter sua vida pessoal e sua carreira profissional separadas nem sempre é fácil. Você descobrirá que há coisas que estarão em seu caminho e você terá que estar pronto para resolvê-las. Você deve trabalhar duro para manter tudo separado para que você não misture sua carreira com a vida pessoal. Você tem que saber o que você quer em ambas as partes e correr atrás de maneira alinhada com seus objetivos de vida.

Seus objetivos pessoais serão uma das coisas mais importantes em sua vida. Você tem que ter certeza de que você tem toda a ajuda que necessita para que possa ser um grande sucesso e capaz de atingir seus objetivos mais importantes. Não exagere e pense sobre no que será mais importante para você dentro dos limites de sucesso desejado. Vai ser emocionante quando você descobrir o que você pode com suas próprias habilidades.

Muitas pessoas possuem grandes potenciais, porém estão ocultos e podem até serem enterrada com elas, em diversas pessoas esses potenciais não conseguem florescer sozinhos e precisam de auxilio para que isso ocorra e possa ser desfrutado em tempo.

Preparar-se para as coisas à frente é algo que você deve fazer. Você precisa estar preparado e capaz para manter sua motivação na vida. Se você não trabalha duro para manter sua vida nos trilhos, então você não será capaz de ter a vida feliz que você merece. Fazer uma lista de seus objetivos para a vida é algo que você pode fazer para progredir. Quando você está acompanhando o que é mais importante, você achará isso muito mais fácil e mais satisfatório.

Encontrar metas que irão funcionar para você é importante. Você deve pensar em tudo o que está acontecendo em sua vida e no que você precisa para fazer tudo acontecer. Você é o único que está no controle, então tenha isso em mente e traga tudo de sua vida para um círculo completo. Se você acha que precisa de alguma motivação, então você deve tentar encontrar um treinador motivacional para ajudá-lo a encontrar a energia que está em algum lugar dentro de você, ou seja descobrir e assim colocar em pratica o seu grande potencial.

Como descobrir soluções para encarar os desafios em sua carreira

Todas as pessoas têm desafios durante sua vida tanto pessoal quanto profissional. E muitas vezes você acaba se preocupando com os possíveis desafios que podem atrapalhar sua carreira? Você precisa parar de pensar nos desafios e começar a pensar sobre as maneiras com as quais você pode lidar com os desafios e como você pode superar seus possíveis obstáculos. Haverá muitos desafios que você enfrentará em sua carreira, mas tudo depende de como lida com eles ou se você se mantém firme para superá-los.

O único desafio que você terá que enfrentar é o desafio de equilibrar sua carreira e sua família. Você pode achar que, como mulher, vai ter que tirar um tempo para dar à luz e se conectar com seu filho, mas, com a licença maternidade, você terá que escolher entre seu emprego e a sua família. A chave para superar esse desafio é decidir o que é melhor para você no momento. É fácil dizer que você sempre escolherá sua família, mas nem sempre pode fazer isso. Você não pode estar sempre em seus jogos de futebol, mas você pode estar lá para as coisas importantes. Também precisa discutir com seu chefe sobre o desafio de equilibrar trabalho e família, e na maioria das vezes eles entenderão se você tiver que ir para casa cedo para cuidar do seu filho, contanto que não abuse da desculpa da família...

Quanto ao seu casamento, terá que lidar com certos desafios em sua carreira. Você precisará falar com seu chefe sobre a possibilidade de estar em casa em alguns dias para o jantar e que não está disposto a fazer hora extra. Você nem sempre poderá compartilhar seus fins de semana junto com o seu(a) companheiro(a), mas você tem que aprender a manter as linhas de comunicação abertas para que sua esposa ou marido possa entender o que aconteceu quando você cancela uma reserva de jantar ou quando você é incapaz de levá-lo(a) a algum evento especial.

Depois, há toda uma linha de razões e obstáculos que você encontrará em si mesmo. Você pode simplesmente não se sentir seguro no trabalho. Você pode sentir receio. Ter dúvidas sobre suas habilidades. Você pode não conseguir lidar bem com a mudança. Há muito mais dificuldades que você pode ter consigo mesmo, mas vai ter que aprender a lidar com esses sentimentos. Você precisará usar seu tempo e conversar sobre as coisas. Você também precisará dedicar algum tempo para priorizar a si mesmo e suas listas de tarefas para que as coisas não fiquem sobrecarregadas. Você precisa se preparar para os dias difíceis que virão e aprender a aproveitar seu tempo como período de relaxamento. Quando você aprender a separar seu horário de trabalho e seu tempo de lazer, descobrirá que você não está tão sobrecarregado.

Para aqueles que sentem que há muitos obstáculos que bloqueiam sua carreira, você deve querer conversar com um conselheiro de trabalho. Um conselheiro de trabalho irá ajudá-lo a aprender a lidar com os sentimentos e medos, enquanto também ajuda você a subir e avançar na empresa ou negócio. Você descobrirá que até conversar com um amigo ou colega de trabalho por algum conselho pode ajudá-lo a se sentir muito melhor consigo mesmo e com quem você é na empresa ou no negócio atual em que você trabalha. Quando você começar a se sentir seguro, poderá desfrutar do trabalho e da carreira que está à sua frente.

Como desenvolver mais confiança em seus negócios
Quando tratamos de negócios empresariais, você verá que há muitas maneiras de desenvolver confiança no mundo dos negócios, mas descobrirá que, com um *coaching* bem-sucedido, as coisas funcionarão mais fáceis e você será mais produtivo. Você será capaz de trabalhar para o sucesso do seu negócio, selecionando profissionais para conversar com os trabalhadores e com as equipes de gerenciamento do negócio. Você vai descobrir que este é uma das melhores coisas a funcionar em uma rede de negócios. Você vai querer tornar seus colaboradores e equipe de gerenciamento mais forte do que nunca, e a melhor maneira de fazer isso é através do *coaching*.

Para aqueles que não têm certeza sobre como interagir e conversar com os colaboradores, você vai querer considerar a contratação de uma equipe de profissionais. Você não apenas desejará contratar alguém que possa motivar os colaboradores, mas também desejará contratar alguém que possa controlar a mudança dos negócios. Você descobrirá que com o controle você será capaz de desenvolver confiança em suas decisões de negócios, mas também oferecendo aos seus colaboradores a mesma educação com a qual você será capaz de trabalhar para ter uma equipe bem-sucedida de colaboradores confiantes.

A melhor maneira de orientar e desenvolver a confiança do negócio, é enviando um grupo de seus colaboradores para uma conferência de algum tipo, para que eles possam trabalhar em seus próprios problemas pessoais e também trabalhar em lidar com o problema de confiança que está no negócio. Você vai querer ter certeza de conseguir que os colaboradores se voluntariem para que eles possam se comprometer totalmente com o *coaching*.

Você também vai querer conversar com um pequeno grupo de trabalhadores sozinhos, para que possam trabalhar a conversação com seus funcionários, um a um, e para educá-los sobre o moral e a ética da empresa. Você também vai precisar considerar o fato de que o vínculo das relações patrão-colaborador será facilmente feito quando você descer ao seu nível. Você não apenas fará com que seus colaboradores trabalhem mais para você, mas trabalharão com você para que a empresa fique maior do que nunca.

Você vai querer usar muitas ferramentas para transmitir a mensagem aos colaboradores. Você vai querer reunir muitas apresentações para elaborar uma mensagem clara aos seus colaboradores. Você também vai querer considerar trabalhar duro nos memorandos para que você possa manter a confiança e o excelente trabalho. Por meio do *coaching* e de muitos seminários, poderá trabalhar em uma excelente empresa. No entanto, você vai querer considerar o fato de que você precisará se comunicar com seus colegas de trabalho e suas equipes de gestão de forma eficaz para que você possa ter uma grande empresa. Você vai querer ter certeza de que você dá valor a isso tanto quanto seus colaboradores. Você precisa ter o mesmo compromisso com os colaboradores, pois os colaboradores têm compromisso com a empresa.

Você precisará ter em mente que cada um tem seus próprios medos, preocupações e preocupações com o modo de agir e com a carreira. Você pode apenas achar que, se você der uma chance a seus colaboradores, todos poderiam ter um tempo maravilhoso trabalhando em prol de lucros progressivos. Você vai querer ter certeza de que pensa em ser mais um sistema de apoio para seus colaboradores do que um ditador. Quando olhar para os seus colaboradores com preocupação, será capaz de encontrar um respeito além do esperado.

36

Faça a sua marca pessoal vender por você

Como conquistar vantagem competitiva praticando etiqueta digital

Lú Nogueira

Lú Nogueira

Especialista em comportamento na Internet com mais de 15 anos de experiência em áreas de comunicação e marketing de renomadas empresas no Brasil e no exterior. Uma das raras experts em educação digital no Brasil, idealizou uma plataforma de capacitação comportamental para profissionais que querem atrair novas oportunidades usando a visibilidade e boa reputação na Internet como poderosas aliadas. Divide conhecimento sobre presença online em palestras, mentorias, cursos e livros. Nos últimos 10 anos, treinou milhares de profissionais e orientou individualmente centenas de executivos sobre exposição estratégica na Internet. É autora do livro "A Linguagem da Empregabilidade. O valor da Exposição Social em Ambientes Corporativos" e coautora do título "Criativos, Inovadores e Vencedores". Graduada em Publicidade & Propaganda e pós-graduada em Semiótica Psicanalítica pela PUC-SP, pós-graduada em Administração de Empresas pela FGV-SP e certificada em Personal Branding pela University of Virginia/Coursera.

Contatos
www.portaldalunogueira.com.br
estrategistadigital@gmail.com
linkedin.com/in/luciananogueirasilva

Sua reputação chega antes de você

Já não se discute o papel das redes sociais como fortes aliadas para alavancar os negócios. Mas, qual é a relação entre o gerenciamento dos seus perfis pessoais e as suas vendas?

Tão comum quanto pensar no aumento de exposição da marca para ampliar o reconhecimento do mercado e vender mais, é pensar em criar uma boa reputação para conquistar e fidelizar clientes. Porém, na prática, essa associação pode não acontecer, quando o assunto é a gestão de uma marca pessoal no ambiente digital.

Saber lidar com a sua exposição pessoal de maneira prudente, racional e coerente, pode reduzir riscos de imagem para o seu negócio, quebrar barreiras e gerar mais oportunidades. Estes são fatores vitais para a manutenção de todo empreendimento, independentemente do tamanho ou do setor.

Se você está em dúvida sobre como vem sendo percebido na *internet,* avalie:
• Os seus perfis pessoais nas redes sociais transmitem uma boa impressão sobre quem você é, o que você gosta e em que acredita?
• A forma como você se comunica via aplicativos de mensagens pode afastar potenciais clientes ou criar novas possibilidades?
• As suas mensagens de *e-mail* são tão coerentes e claras quanto você gostaria de recebê-las se estivesse no lugar do destinatário?
• A forma como você se expressa na *Internet* honra o propósito do seu negócio?

Esteja o seu empreendimento ainda no papel ou em atividade, se você deseja apenas transmitir uma boa imagem como pessoa jurídica, veiculando anúncios no ambiente digital, expondo a marca de forma expressiva nas redes sociais, comprando palavras-chave em ferramentas de busca, ou criando uma lista poderosa de contatos, saiba que, para garantir a sobrevivência em um mercado altamente competitivo, há algo tão importante quanto tudo isso: você!

A gestão da sua marca pessoal, particularmente na *internet,* faz muita diferença para o seu negócio. Se os seus potenciais clientes não tiverem uma boa impressão sobre você ou sobre as pessoas que trabalham com você, como confiarão em seus produtos e serviços?

É a sua reputação. E é esse o cuidado que todos nós, empreendedores ou empregados, devemos ter ao navegar no mundo sem limites da *internet*.

Foi-se o tempo em que navegar na *internet* não exigia qualquer preocupação relacionada ao impacto de reputação nos negócios ou na carreira. Mas já sabemos (ou devíamos saber) que as opções curtir, comentar, compartilhar ou postar revelam muito sobre a nossa visão de mundo, expondo os nossos gostos, preferências, angústias e, principalmente, as nossas divergências de opinião.

Quando nos percebemos na condição de "donos da palavra", a sensação de empoderamento liberta, encoraja e pode nos levar a agir de forma inconsequente, como postar sem considerar diferentes pontos de vista.

A exposição desnecessária e imprudente é uma das principais armadilhas para empreendedores. Essa relação se estabelece quando negligenciamos o "eu S/A" e deixamos de desenvolver ou cuidar da nossa expressão pessoal na *internet*, apenas profissionalizando as atividades *online* da pessoa jurídica, quando ambas são igualmente importantes.

Geralmente, na posição de funcionários de uma organização, tendemos a ficar mais atentos em relação ao que postamos nas redes sociais, quando recebemos diretrizes claras do empregador sobre cuidados e boas práticas em relação ao uso dessas plataformas de comunicação. Estes alertas podem reduzir drasticamente comportamentos imprudentes.

Ainda dentro dessa tendência, empresas atentas à exposição dos seus funcionários no ambiente digital – o que pode representar tanto uma ameaça como uma oportunidade para impulsionar o alcance da marca – investem em palestras e treinamentos sobre a importância de um comportamento coerente e estratégico na *internet*, assim como em orientações individuais sobre este mesmo tema para os seus executivos. Desta forma, todos ficam mais bem preparados para lidar com o ambiente digital, além de gerar mais conexões qualificadas por meio das redes sociais.

Entretanto, quando você é o empreendedor e/ou o empregador, este cuidado está em suas mãos. Você é a marca. Seus funcionários são a marca. E a forma como todas as pessoas envolvidas com o seu negócio se comportam influencia diretamente a percepção do seu público-consumidor.

Dez perguntas sobre a gestão da sua marca pessoal na *internet:*

1. Você procura usar os canais de comunicação digital mais adequados ao seu estilo de vida ou apenas participa das redes em que os outros estão?

2. Você procura usar os canais de comunicação digital mais adequados ao seu estilo de vida ou apenas faz parte das redes que disseram para você entrar?

3. Você adéqua à frequência de envio, o formato e as mensagens de acordo com o interesse da sua rede de contatos ou envia tudo para todo mundo, o tempo todo?

4. Você responde às pessoas dentro de um prazo razoável ou é rápido ou lento demais?

5. Você faz uma autocrítica sobre a forma como apresenta as suas ideias, argumenta e defende opiniões, ou divulga tudo por impulso, sem pensar?

6. Você avalia o jeito como aborda as pessoas *online*, ou trata todo mundo com a mesma saudação, independentemente da ocasião?

7. Você pratica a cordialidade e a boa educação nas mensagens e perfis que carregam o seu nome, ou não se importa com isso?

8. Você dá o exemplo sobre o que entende como boas práticas na *internet* em suas interações *online*, ou só diz e não faz?

9. Você compartilha e troca dicas de utilização da rede com os seus amigos e familiares, ou guarda o que sabe só para você?

10. Você orienta os seus funcionários sobre os cuidados que eles precisam ter com as redes sociais ou acha que isso é invasão de privacidade?

11. Você acompanha notícias sobre os riscos de exposição pessoal na *internet*, ou não acha isso importante?

Para preservar a sua reputação é importante responder "sim" à primeira opção, em todas estas perguntas. Trata-se de ter atenção primeiro a si mesmo, para depois oferecer o melhor do seu negócio ao outro.

É um trabalho constante, que demanda aperfeiçoamento contínuo. Ser quem você é não quer dizer que você não possa ajustar ou melhorar algo. É um exercício diário, que envolve várias esferas, incluindo o ambiente digital. Assim, aos poucos, você estabelecerá uma relação de confiança entre você e o seu público.

Pensar no outro e considerar diversas perspectivas sobre um mesmo assunto, permitindo novas compreensões do mundo, é o que chamo de etiqueta digital. Agindo assim, passamos a defender as nossas opiniões com civilidade e respeito, não com radicalismo, fanatismo ou intransigência, e nos abrimos para novas possibilidades. É uma forma gentil e muito estratégica (por que não?) de lidar com pessoas não tão amigáveis e situações desconfortáveis, em especial na *internet*.

Etiqueta digital nada mais é do que refletir antes de publicar qualquer conteúdo na rede. Nada além do bom senso – capacidade crítica necessária para conduzir ações e reações respeitosas, íntegras e coerentes.

Ser alguém interessante, que compartilha, produz ou comenta materiais com autenticidade e boa educação é um exercício intenso de etiqueta, que se distancia de uma postura interesseira, a qual não considera pontos de convergência entre as pessoas.

Etiqueta digital na prática
- **Redes sociais**

Polêmicas, aqui estão. Da mesma maneira que são capazes de construir um "império de fãs" e gerar negócios, também podem destruir a avaliação social sobre você e/ou sua empresa, em instantes.

Estar aberto ao que é diferente, sem necessariamente ter que concordar, é uma estratégia para não se envolver em polêmicas sem embasamento ou apenas por impulso.

A partir do momento em que você se apresenta de forma positiva, as pessoas ficam mais abertas a se relacionar com você – eventualmente, um potencial cliente. E ao exercer os princípios de etiqueta digital, você se diferencia, criando uma percepção favorável logo na primeira oportunidade de contato. Sua reputação chega antes de você. Lembra?

Publicar informações sobre assuntos que fazem parte da rotina e dos interesses dos seus contatos também é uma forma de conquistá-los no ambiente digital. Para isso, existem formatos de configuração nas redes sociais, que segmentam o envio de mensagens para um grupo predefinido, assim como é possível estabelecer níveis de privacidade para as suas postagens, ao liberar a visualização de conteúdo apenas para quem você permitir. Use estes recursos a seu favor.

Entre os cuidados de uso está o risco de processos judiciais. Dependendo do que você publica, isso pode servir de prova e gerar problemas com a justiça, além da perda de um cargo para os profissionais que trabalham para uma empresa/instituição.

- **Aplicativos de mensagens instantâneas**

Úteis para a dinâmica de trabalho, também são gatilhos para gafes, inconveniência e invasão de privacidade.

Há quem não se importe, mas pode ser um tanto quanto desconcertante chegar em um estabelecimento pela primeira vez e ser recebido com uma série de comentários sobre a foto que está no perfil do aplicativo que você usou para marcar o atendimento ou fazer a reserva. Não?

Igualmente desagradável é receber mensagens em uma frequência não compatível ao interesse pelo que está sendo comunicado, de forma incessante.

Não respondeu a mensagem em dez segundos? Não "visualizou"? Não tem o *status "online"* visível? Nada disso é motivo para uma nova mensagem, e outra, e outra.

Três dicas sobre comportamentos irritantes

1. Se estiver representando uma pessoa jurídica: evite fazer comentários sobre a foto atrelada ao perfil do cliente, no aplicativo/rede social que ele usou para fazer contato. Isso pode gerar constrangimento e desconforto de ambas as partes;

Se for uma pessoa física: sua foto de perfil pode estar pública para pessoas que você não conhece ou com quem não tem intimidade. Portanto, avalie essa exposição antes de escolhê-la. Além da privacidade, é uma questão de segurança;

2. Nos grupos de mensagens sobre assuntos de família, do trabalho ou escola dos seus filhos, o problema vem com o excesso de grupos e mensagens. Não seja chato, procure enviar apenas mensagens que tenham real interesse para quem você as disparou. Você pode ser silenciado e perder a atenção de potenciais compradores ou multiplicadores das suas ideias;

3. Velocidade é outro ponto crítico. Se a pessoa à qual você enviou a mensagem não respondeu ao recado imediatamente, considere que ela esteja ocupada naquele momento. Na maioria das vezes, a falta de resposta não é nada pessoal. Ela apenas responderá quando for possível. Paciência é virtude, em tempos de imediatismo virtual.

- **E-mail profissional**

Chegou um pedido de orçamento. Como você responde? As chances de conquistar ou perder um potencial cliente neste primeiro contato são as mesmas. Além de não errar, você precisa encantar.

Atenda ao pedido de forma objetiva, respeitosa e atenciosa. Use uma saudação profissional, responda de forma clara o que foi perguntado. Evite caixa-alta ou muitas exclamações no texto. Também revise a ortografia, confira o destinatário e releia a mensagem antes de enviá-la.

Se puder encerrar a mensagem com um telefone para contato em caso de dúvidas, ou perguntando se pode ajudar em algo mais, isso pode fazer a diferença na sua comunicação.

Preferencialmente, crie um endereço de *e-mail* apenas para fins profissionais ou use um endereço de *e-mail* pessoal, que não cause constrangimento.

- **Blogs, fóruns de discussão, portais de *Internet***

"(...)a minha opinião não tem nada a ver com o que eu vendo", ele disse.
A liberdade de expressão tem sido usada, frequentemente, como justifi-

cativa para falta de educação e desrespeito. Porém, esses comportamentos em comentários postados na *Internet* interferem diretamente na gestão de uma marca pessoal. Gentileza, boa educação e relevância precisam ser pré-requisitos de comunicação entre as pessoas, seja qual for o canal.

Afinal, o que vale no final do dia é ter praticado a etiqueta digital, mesmo sem ninguém ter explicado do que se trata.

Conquiste vantagem competitiva na *Internet*

Etiqueta digital é vantagem competitiva.

Quando estamos abertos para contribuições intelectuais, só temos a ganhar. É por isso que a etiqueta digital significa, também, uma vantagem competitiva. Você evita exposições desnecessárias, inadequadas ou arriscadas e tem a chance de aprender sempre, exercendo diariamente a atenção e ficando aberto a diferentes e novas possibilidades.

Não importa o que você vende. A primeira venda acontece com base na sua imagem. As pessoas querem conhecer, interagir e saber o que pensa quem está no comando.

Para influenciar, é preciso primeiro ser uma referência. Essa posição é conquistada com uma boa reputação, embasada, por sua vez, em relacionamentos de valor. O verdadeiro influenciador é quem converte, ou seja, é aquele que transforma um objetivo em resultado, e não só aquele que gera ruído e desconforto o tempo todo.

Conquiste o seu espaço, respeitando o espaço do outro. Aproveite as oportunidades de se expor e de se posicionar positivamente na *Internet*. Marque presença. Faça a sua marca pessoal vender por você!

37

Socorro! Sonhei em empreender e já acordei quebrado

O que faz do brasileiro um povo com os maiores índices de empreendedorismo do mundo? Como este povo tão criativo não consegue sustentar seus negócios vivos no decorrer dos anos? Então, como iniciar um negócio que possa ser sustentável e se tornar um empreendedor de sucesso?

Lucas Guerharth

Lucas Guerharth

Formado em administração de empresas, com pós-graduação e especialização em liderança e desenvolvimento humano. Estudou o impacto do endividamento no desempenho dos colaboradores de algumas empresas nas cidades de São Paulo e Rio de Janeiro. Trabalhou no setor financeiro durante 20 anos, o que não o isentou de sofrer uma grande crise financeira familiar. Após vencer tais crises, tem o prazer em ensinar o que aprendeu com isso e hoje se dedica a estudar o empreendedor brasileiro e compartilhar conhecimento para gerar resultados. Palestrante e *coach* nas áreas de empreendedorismo e finanças pessoais, ajuda pessoas a se desenvolverem e encontrar oportunidades para potencializar suas ações.

Contatos
www.lucasguerharth.com.br
lguerharth@gmail.com

Quem ainda não quebrou, cuide-se para não ser o próximo. Criar um negócio novo no Brasil pode parecer tarefa ousada, mas desafiador mesmo é manter a empresa viva.

Segundo o relatório da **Global Entrepreneurship Monitor** (GEM)[1], a taxa de empreendedorismo no Brasil é crescente, chegando, em 2015, a 39%. Ou seja, aproximadamente 52 milhões de brasileiros com idade entre 18 e 64 "são" empreendedores.

Por outro lado, o relatório de sobrevivência das empresas, apresentado pelo SEBRAE[2], informa que a taxa de mortalidade é superior a 24% nos primeiros 24 meses e, para a Fundação Dom Cabral[3], 25% das *startups* morrem nos primeiros dois anos, e 50% não ultrapassam quatro anos.

O que faz o povo brasileiro ter os maiores índices de empreendedorismo do mundo? Como este povo tão criativo não consegue sustentar seus negócios vivos no decorrer dos anos? Então, como iniciar um negócio que possa ser sustentável, e tornar-se um empreendedor de sucesso?

Ser dono do próprio negócio é um sonho de um número considerável de brasileiros. Podemos encontrar dois principais grupos de empreendedores, os de necessidade e os de oportunidade. No primeiro grupo, encontramos aqueles que empreendem, principalmente, para sobrevivência. Geralmente são os que, de forma inesperada ou não planejada, deixaram ou perderam seus empregos formais. Já no segundo grupo, alocamos aqueles que estão explorando um nicho de mercado e estão se destacando por encontrar ou até mesmo gerar uma necessidade.

---

1 - GLOBAL ENTREPRENEURSHIP MONITOR - <http://www.bibliotecas.sebrae.com.br/chronus/ARQUIVOS_CHRONUS/bds/bds.nsf/c6de907fe0574c8ccb36328e-24b2412e/$File/5904.pdf>, acessado em 04/11/2016 às 18h.
2 - SEBRAE - <https://www.sebrae.com.br/Sebrae/Portal%20Sebrae/Anexos/Sobrevivencia_das_empresas_no_Brasil=2013.pdf>, acessado em 04/11/2016 às 18h00
3 - FUNDAÇÃO DOM CABRAL - <https://www.fdc.org.br/blogespacodialogo/Documents/2014/causas_mortalidade_startups_brasileiras.pdf>, acessado em 04/11/2016 às 18h.

A síndrome do vale

Imagine-se em um lindo vale, um lugar tranquilo, com um campo verde e um rio que corre suave. Logo após o rio, uma gigantesca montanha íngreme e rochosa, onde passará por algumas horas ou até mesmo dias de intenso esforço, escalando para alcançar o cume. Se, por um lado, a montanha representa os desafios da vida, o vale lhe parece um território de pouco esforço e sem sustos, ou simplesmente a "zona de conforto".

Chamo "síndrome do vale" a sensação que se tem, quando estamos diante dos desafios. A figura representada pelo alpinista, que antes de escalar a montanha passa por alguns minutos no vale. Apesar de uma aparência tranquila e de paz, o vale pode ser o grande ladrão dos sonhos.

Enquanto você faz esta leitura, milhões de pessoas estão e talvez você mesmo esteja no vale, em sua zona de conforto, observando de longe teus sonhos. Neste exato momento, muitos estão adiando o início da jornada, enquanto outros jamais atravessarão o rio em direção à montanha.

Há um grupo de pessoas, no entanto, que, não admitindo o conformismo, lança-se com toda vibração em direção ao topo. Pode algo dar errado para estes valentes inconformados? Sim! A procrastinação pode sufocar sonhos, mas a jornada, sem autoconhecimento e adequado preparo, também pode destruir qualquer boa intenção.

Então vamos trabalhar para potencializar os esforços, com ações congruentes, com o objetivo desejado.

Foco

Percebo que os desafios para novos empreendedores iniciam com o estabelecimento de foco. Pessoas sem foco são facilmente abduzidas por distrações que roubam muito tempo, e com isso, não prosperam em sua jornada. Ser dono do próprio negócio pode dar ao empreendedor uma falsa sensação de liberdade, mas é necessário entender que uma empresa é um organismo vivo, se o dono não der a ela a atenção devida, certamente não resistirá.

Por ânsia ou por necessidade de ter o negócio ativo, o excesso de atividade também pode ser considerado uma distração que poderá prejudicar a qualidade de suas entregas.

Para não ser impedido de alcançar o sucesso pelas distrações, é preciso saber, exatamente, para onde vai. Estabeleça o objetivo, estipule pequenas metas, foque nisto e não deixe que as distrações impeçam você de caminhar. Quando estabelecemos o pico da montanha como alvo e o deixamos em foco, tanto a tranquilidade do vale quanto as dificuldades da montanha ficarão em segundo plano, com uma visão desfocada e distorcida, porém relevante, que estará ali para dar destaque ao que de fato é importante. Isto é foco.

Autoconhecimento

Algo indispensável para o empreendedor é conhecer competências, tanto as que já possui quanto as que serão necessárias desenvolver para seguir em direção ao objetivo. É como um GPS: indique a ele onde você quer chegar e, com base em sua localização atual, ele irá traçar a rota. Não tem como saber o caminho sem conhecer a origem e o destino.

Valores individuais são muito importantes para o direcionamento de ações, para a tomada de decisão. Anthony Robbins comenta que: "são nos momentos de decisão que o seu destino é traçado." Por esta razão, o empreendedor precisa ter muito claro seus motivadores.

Também é possível observar intenção por negócios direcionados pelo valor econômico. Sem autoconhecimento, o empreendedor pode trilhar por veredas distantes de sua real missão, isso poderá trazer o retorno financeiro, mas não será sustentável. Para que o negócio seja prazeroso e duradouro, encontre algo que esteja alinhado com sua essência, relacionado com sua missão de vida e lhe dê prazer. Venda este produto ou serviço com lucro, ao maior número de pessoas possível e poupe para reinvestir e crescer.

Escreva a sua história pautada em sua missão e valores, não queira fugir muito disso para não se frustrar. Seja reconhecido pelo seu talento e o lucro será a recompensa por um trabalho realizado com excelência. Para isso, conheça suas competências e desenvolva as que serão necessárias para alcançar seu objetivo. Conheça suas forças e seus limites, trabalhe isto e suas chances de chegar ao ápice se multiplicarão.

Planejamento estratégico

Ficar atento aos acontecimentos cotidianos da empresa é importante para o bom andamento dos negócios. Programar o período atual, acompanhar e tomar decisões rápidas é indispensável para a sobrevivência e avanço, porém o empreendedor não pode deixar de olhar para frente e ter o seu planejamento estratégico definido. Isso significa que, o empreendedor deve saber os rumos da empresa, em que patamar estará em um, três ou dez anos.

Após uma jornada de autoconhecimento, será possível saber o que deverá ser realizado para se alcançar o objetivo, então invista tempo para planejar!

No planejamento será necessário conhecer o mercado no qual o negócio está inserido; tendências, clientes, concorrentes, leis, normas e políticas que controlam a atividade. Além de estar preparado física e financeiramente para atender tais quesitos, também deverá haver reserva para as oportunidades e ameaças que possam surgir.

A ausência de planejamento financeiro tem sido um dos principais obstáculos enfrentados por empreendedores novos. Deve-se realizar um exercício de provisão orçamentária para o ano atual e se possível, para os próximos. Estimar todos os custos, despesas e receitas, acompanhar com detalhe o realizado e sempre que necessário, elaborar um plano de ação para corrigir desvios.

Que fique claro: apesar de ser o dono da empresa, o empreendedor precisa entender que os recursos da empresa devem ser respeitados. Para isso, é importante compreender a diferença entre o lucro, dividendos e pró-labore. Dinheiro da empresa não é dinheiro dos sócios.

Saiba quais desafios você encontrará no próximo quilômetro, mas também esteja ciente do caminho que irá seguir para chegar ao patamar esperado. Tenha a provisão de necessidades e comece a se preparar para cada etapa da escalada com antecedência. A esta altura, você já sabe qual é o seu foco, onde e quando quer chegar. Agora, estabeleça metas, crie marcos, estipule pequenas ações e quando elas deverão ser concluídas.

Atitude

De fato, aqui começa a sua jornada rumo a excelentes resultados! Coloque o seu plano em ação. Por melhor que seja o seu planejamento, no papel, ele não garantirá o sucesso. É momento de descruzar os braços, olhar para o topo e partir para a conquista. É chegada a hora de fazer acontecer!

Pode ser que ,neste momento, você perceba os maiores sintomas da "síndrome do vale". Por um lado, a situação atual (o vale) pode até não ser muito favorável, contudo é algo conhecido. Por outro, o grande desafio de empreender uma jornada cheia de desafios (a montanha íngreme e rochosa), duas opções aguardando por sua decisão. Ao decidir por permanecer no vale, você abrirá mão de conquistar o cume, mas ao decidir partir, você deixará para traz a zona de conforto e enfrentará o solo rochoso.

Você pode não perceber, mas há aqui um grande conflito interno gerado pela dor de perdas e a alegria pelas conquistas. Motivadores e sabotadores que poderão influenciar em suas decisões. Conhecê-los ajudará neste conflito e lhe trará paz.

Se a sua decisão é obter o sucesso e alcançar o cume, não demore a se levantar e atravessar o rio que separa o vale da montanha. Quanto mais cedo você começar, mais cedo alcançará seu objetivo. Quanto mais tempo você tiver, mais tranquila será a viagem e mais proveitoso o caminho. Não deixe para depois, comece já sua caminhada.

Avaliação de resultados

Todo grande objetivo merece metas congruentes que direcionam sua realização. Toda meta exigirá ações efetivas, realizadas por pessoas responsáveis e prazos predeterminados. Estas ações irão proporcionar ao empreendedor a possibilidade de fazer uma avaliação dos resultados obtidos a cada etapa do processo.

Toda ação tomada visa um fim efetivo e benéfico ao negócio, cabe ao empreendedor ter a clareza dos resultados que se espera com cada uma dessas ações. Para medir estes resultados é importante prever quais indicadores serão utilizados para avaliar a eficiência e os resultados. Ao realizar este acompanhamento, será possível avançar no que deu certo, buscar oportunidades para acelerar o plano e ajustar ou corrigir as ações que obtiveram desvios nos resultados esperados.

Um empreendedor de sucesso deve estar sempre atento às tendências do mercado e com um planejamento que identifique as possíveis variações. Assim como novas oportunidades poderão surgir inesperadamente, ameaças também podem. Estas situações poderão afetar os resultados de ações em andamento e até mesmo as etapas de modo geral, então, novas ações serão necessárias para mitigar os riscos e desvios, além de manter a realização do plano.

Aqui faço uma pausa para voltar ao item anterior. Comece a trilhar o caminho com a maior brevidade possível, isto lhe dará flexibilidade para ajustar a rota e tranquilidade nas intervenções estratégicas.

Ao final de cada ciclo, faça um balanço e avaliação de seus avanços e não perca o hábito de ser grato por cada etapa alcançada. Não deixe de comemorar.

Contemplação do objetivo

Fé! Na minha opinião este é um fator crucial para o sucesso do empreendedor. Esta fé empreendedora pode chocar as pessoas que estão à sua volta, pois a convicção nem sempre é coletiva e muitos poderão não entender tamanho esforço e dedicação. O empreendedor se vê no topo da montanha, mesmo durante a escalada, enquanto as pessoas só enxergam o momento atual.

A melhor definição de fé que encontro, está registrada no livro bíblico de Hebreus 11.1, que descreve a fé como "o firme fundamento das coisas que se esperam, e a prova das coisas que não se veem." Esta convicção é que vai motivar o empreendedor a estabelecer foco, planejar e agir, pois ela pode contemplar a realização de sua jornada, durante todo o percurso. Caso não a tenha, dúvidas poderão surgir, distrações e perda do foco, reflexões sobre a relevância de toda a disposição de energia.

Transformando o sonho em uma realidade sustentável

Somos um povo rico em criatividade, isso faz com que a cada grupo de dez brasileiros economicamente ativos, quatro estejam empreendendo. Porém, um deles não permanecerá assim, por mais de dois anos. Então chegou a hora de iniciar um negócio que possa ser sustentável, aproveitar os grandes talentos e formar empreendedores de sucesso!

Se você está disposto a deixar o vale, alcançar o cume e lá de cima contemplar a realização dos seus sonhos, eu posso ajudá-lo.

Esta é a finalidade do *coaching* para empreendedores. Por meio de um processo estruturado, você será capaz de entender a sua realidade, definir o foco, realizar um planejamento estratégico, que o direcionará na jornada rumo a situação desejada e trabalhar ações e atitudes para realização de seu plano e conquista de seus objetivos.

Desenvolva o conhecimento, habilidades, atitudes e competências necessárias para lhe proporcionar um estado de transformação de vida. Entenda sua situação atual, o objetivo e descubra as ações necessárias para sua realização pessoal.

Vamos atravessar o rio!

Empreendedorismo e saúde integrada

Atualmente, o empreendedorismo foi incorporado ao mundo competitivo dos negócios devido a necessidade de constante progresso e desenvolvimento global das empresas e pessoas. Aqui, detalharemos as dez características do comportamento empreendedor unindo com o projeto Sementes Tecnológicas, que tem como conceito a saúde integrada que envolve o conhecimento sobre a mente, corpo e espírito

Marcelo Cunha Ribeiro

Marcelo Cunha Ribeiro

Graduado em Ciência do Esporte pela UEL. Pós-Graduação em Nutrição Esportiva pela UGF – São Paulo e em Treinamento Personalizado pela UniFMU - SP. *Master Trainer Coach* na Febracis 2018. Pós-Graduação em Manejo Florestal – WPOS. Diversos Cursos como Empretec, Aprender a Empreender, Jardinagem Florestal, Medicina Genômica, Liderança e Empreendedorismo. Quase 20 anos estudando a área de saúde e bem-estar, atuando como professor, *personal trainer*, proprietário de academia, palestrante e consultor. Idealizador do projeto Sementes da Vida (Racional, Emocional, Físico, Nutricional e Espiritual).

Contatos
www.sementesdavida.com
marcelo@sementestecnologicas.com.br
(14) 99754-8142

Primeiramente gostaria de agradecer a você leitor(a) pela oportunidade de obtermos um melhor relacionamento e parabenizá-lo pela busca de constante aprendizado. Desejo, por meio dessa literatura, levá-lo ao conhecimento da história de como o empreendedorismo fez a diferença em minha vida e pode também transformar a sua e de muitas pessoas.

Resumidamente, vamos apresentar um conteúdo teórico e prático que visa detalhar um pouco da história do início da idealização da empresa Sementes Tecnológicas, integrando com os momentos atuais de desenvolvimento e detalhando com exemplos práticos de acordo com a metodologia das 10 Características do Comportamento Empreendedor (CCEs), que o curso Empretec do SEBRAE em parceria com a ONU realiza no Brasil e mundo há muitos anos.

Sementes tecnológicas

Uma empresa com objetivos de melhorar a saúde e bem estar dos seus clientes, parceiros, e demais interessados por meio da conscientização teórica e atividades práticas. Nosso conceito é chamado Sementes da Vida, que integra os princípios racional, emocional, físico, nutricional e espiritual.

O "Sementes" é a missão de semear a saúde integrada. E semear com uma leve relação de "somente propor/disseminar" esses princípios. E "Tecnológicas" é a visão, de tecno + logia (o estudo da técnica), sempre melhorando a didática e inserindo recursos tecnológicos para melhor compreensão da saúde integrada.

Um melhor detalhamento da história do Sementes da Vida, de onde vieram as conclusões sobre o racional, emocional, físico, nutricional e espiritual se encontram na edição do livro como coautor *Coaching – mude seu mindset para o sucesso* – Editora Literare Books, capítulo *Coaching e saúde integrada*, de 2018.

Empreendedorismo

Atualmente o empreendedorismo foi incorporado ao mundo competitivo dos negócios, devido a necessidade de constante progresso e desenvolvimento global das empresas e pessoas.

Segundo Menezes (2003), o empreendedor é o indivíduo de iniciativa que promove o empreendimento a partir de um comportamento criativo e inovador, que sabe transformar contextos, estimular a colaboração, criar relacionamentos pessoais, gerar resultados, fazendo o que gosta de fazer, com entusiasmo, dedicação, autoconfiança, otimismo e necessidade de realização.

Para Dornelas (2008) é recente a concepção de que o empreendedorismo possa ser desenvolvido ou ensinado. Até pouco tempo, pensava-se ser a pessoa predestinada ao sucesso ou ao fracasso, conforme os dons recebidos por ela ao nascer. Atualmente trabalha-se com a noção de que o sucesso é o resultado de uma vasta gama de fatores internos e externos ao negócio, das características pessoais do empreendedor e da maneira como ela lida com os imprevistos que o cenário econômico, político e social apresenta.

A aptidão do empreendedor pode ser moldada, ensinada e aprendida por pessoas predispostas a esse comportamento. Farah (2008).

Empretec

Segundo o SEBRAE, o Empretec é uma metodologia da Organização das Nações Unidas (ONU) que busca desenvolver características de comportamento empreendedor, bem como a identificar novas oportunidades de negócios. Atualmente, é promovido em cerca de 40 países. No Brasil, o Empretec é realizado com exclusividade pelo Sebrae desde 1993 e já capacitou 258 mil pessoas em 11 mil turmas distribuídas por todos estados da Federação. Todo ano, cerca de 10 mil participantes passam pelo Empretec.

Características do comportamento empreendedor (CCEs)

A partir de pesquisas realizadas principalmente na década de 80 por David McClelland e outros estudiosos, foram elencados diversos aspectos comuns no padrão de comportamento das pessoas consideradas empreendedoras. Houve um agrupamento destas informações nas chamadas 10 Características do Comportamento Empreendedor – CCEs. SEBRAE (2013).

Assim, vamos detalhar teoricamente cada CCEs integrando com a prática de acordo com a estruturação e desenvolvimento do projeto Sementes Tecnológicas:

1. Busca de oportunidade e iniciativa

Desenvolve a capacidade de se antecipar aos fatos e de criar oportunidades de negócios com novos produtos e serviços. Um empreendedor com essas características bem trabalhadas: age com proatividade, antecipando-se às situações, busca a possibilidade de expandir seus negócios e aproveita oportunidades incomuns para progredir.

Dando início a esses detalhamentos da trajetória realizada até aqui e exemplificação prática em relação à busca de oportunidade e iniciativa, tenho como base a integração entre atividade física e nutrição. Na época que fazia Ciência do Esporte na UEL, por volta do ano 2000, existia uma crença muito grande entre a disputa entre exercícios x alimentação. Qual é o melhor? Procuro uma nutricionista ou academia? Foco em não comer mais ou foco em realizar muita atividade física? Hoje, já existe um conceito de harmonia entre esses dois pontos, fazer exercícios e me alimentar bem estão unidos. Então esse fator integridade é o que se busca no Sementes, mas não apenas o físico e nutricional, mas também o mental e espiritual.

Uma outra oportunidade buscada é de ajudar as necessidades de saúde dos mais de 70% dos brasileiros que estão e são sedentários atualmente.

2. **Persistência**

Desenvolve a habilidade de enfrentar obstáculos para alcançar o sucesso. A pessoa com essa característica: não desiste diante de obstáculos, insiste ou muda seus planos para superar objetivos e se esforça além da média para atingir suas metas.

A persistência ocorre durante todo tempo, onde o projeto vai se moldando e aperfeiçoando. Um dos principais pontos ocorridos que poderia ter se tornado um ponto de desistir dessa missão em saúde foi a compra do Sítio Ribeirão por minha família, onde tive que me dedicar totalmente na gestão e liderança. Porém esse sítio, que tem plantação de *pinus elliottii* e extração de resina foi uma benção, onde através dele podemos obter recursos financeiros para conquistar uma vida mais estruturada e também investir no desenvolvimento do empreendimento.

3. **Correr riscos calculados**

Envolve a disposição de assumir desafios e responder por eles. O empreendedor com esta característica: procura e avalia alternativas para tomar decisões, busca reduzir as chances de erro e aceita desafios, com boas chances de sucesso.

Vou citar aqui o controle financeiro metódico e constante para se correr um risco calculado. É muito necessário realizar um planejamento macro de vários períodos, estruturar planilhas e também todo controle dos gastos e receitas. Depois de tudo isso, realizar uma análise anual dos lucros para ter conhecimento onde realizar os investimentos corretos. Em certos momentos, investir um pouco mais na produção de materiais necessários ou o que for útil para andamento do projeto.

4. **Exigência de qualidade e eficiência**

Relaciona-se com a disposição e a inclinação para fazer sempre mais e melhor. Um empreendedor com essa característica: melhora continuamente seu negócio ou seus produtos, satisfaz e excede as expectativas dos clientes e cria procedimentos para cumprir prazos e padrões de qualidade.

Exigir a melhor qualidade continuamente é a própria visão do Sementes. Nossa visão vem das palavras Tecno + Logia (estudo da técnica) ou aperfeiçoamento didático constante para explicar as Sementes da Vida (racional, emocional, físico, nutricional e espiritual).

Vamos procurar sempre o melhor e mais atual, dentro das condições adequadas e necessidades existentes. Um exemplo foi a gravação do treinamento físico do nosso produto *Vida10.Online*, onde buscamos profissionais capacitados e experientes.

5. Comprometimento

Característica que envolve sacrifício pessoal, colaboração com os funcionários e esmero com os clientes. O empreendedor: traz para si a responsabilidade sobre sucesso e fracasso, atua em conjunto com sua equipe para atingir resultados e coloca o relacionamento com os clientes acima das necessidades de curto prazo.

Se exigir qualidade contínua está unida a nossa "visão", o comprometimento está integrado em nossa "missão". Semear é nossa missão, espalhar virtualmente conteúdos de uma vida em harmonia entre a mente, corpo e espírito é nossa promessa. Temos a autorresponsabilidade de buscar viver também na prática esses princípios. Com certeza, isso não é fácil e teremos que obter um compromisso firme para não desviar o foco e assim poder se dedicar na criação de produtos adequados para melhorar a saúde integrada de nossos clientes.

6. Busca de informações

Característica que envolve a atualização constante de dados e informações sobre clientes, fornecedores, concorrentes e sobre o próprio negócio. O empreendedor: envolve-se pessoalmente na avaliação do seu mercado, investiga como oferecer novos produtos e serviços e busca a orientação de especialistas para decidir.

Buscar informações é um dos passos mais fáceis atualmente devido ao conteúdo praticamente infinito existente por meio da Internet. Logicamente a fonte desse conhecimento é importantíssima. Pesquisas amplas e detalhadas por temas específicos, leituras de livros variados, cursos práticos, busca por resumos e artigos científicos devem ser sempre realizados nessa busca por mais sabedoria, assim podendo tomar as melhores decisões em cada etapa do planejamento e execução de qualquer atividade.

Já realizei três pós-graduações para buscar as informações mais adequadas e integrá-las dentro do nosso projeto. E pretendemos realizar cada vez mais cursos, leituras, palestras, pesquisas etc.

7. Estabelecimento de metas

Compreende saber estabelecer objetivos que sejam claros para a empresa, tanto em longo como em curto prazo. Assim, o empreendedor: persegue objetivos desafiantes e importantes, tem clara visão de longo prazo, cria objetivos mensuráveis e com indicadores de resultados.

Um planejamento macro sempre deve ser executado a cada período desejável. Pelo menos uma vez por ano um cronograma é essencial para buscar as metas necessárias. Costumo me utilizar de datas especiais para traçar os alvos a se atingir, as principais são o fim de ano e aniversários, e também para metas macros e mais longas utilizo a Copa do Mundo e Olimpíadas. Devido a ter feito Ciência do Esporte, gosto desses eventos mundiais como momentos em que alguns pontos principais do projeto devem ser finalizados e outros ciclos de minha vida pessoal aperfeiçoados.

8. Planejamento e monitoramento sistemáticos

Desenvolve a organização de tarefas de maneira objetiva, com prazos definidos, a fim de que possam ter os resultados medidos e avaliados. O empreendedor com essa característica bem trabalhada: enfrenta grandes desafios, agindo por etapas, adéqua-se rapidamente seus planos às mudanças, acompanha os indicadores financeiros e os leva em consideração no momento da tomada de decisão.

Um dos principais planejamentos que realizei foi entre os anos de 2010 a 2014 e depois 2014 a 2018. Falta espaço para detalhá-los, mas resumidamente estruturei mentalmente e posteriormente em planilhas e desenhos ciclos de quatro anos para execução e monitoramento de diversas atividades para estruturação de nosso propósito em saúde integrada. Acredito que quanto mais nos desenvolvermos mais necessários serão os controles e acompanhamentos sistematizados de cada fase das etapas do projeto. Considero essenciais os nossos sonhos e missão estarem unidos nesse planejamento, pois assim todas as outras etapas do empreendedor são realizadas com mais amor, determinação, paciência e muito mais.

9. Persuasão e rede de contatos

Engloba o uso de estratégia para influenciar e persuadir pessoas a se relacionar com pessoas-chave que possam ajudar a atingir os objetivos do seu negócio. Dessa forma, o empreendedor: cria estratégias para conseguir apoio para seus projetos, obtém apoio de pessoas chave para seus objetivos, desenvolve redes de contatos e constrói bons relacionamentos comerciais.

Uns dos principais pontos que aprendi somente quando realizei o Empretec. Anteriormente, eu não percebia a importância de uma boa rede de contatos.

Ainda demorei algum tempo para procurar especialistas, professores, empresários, etc que fossem ter algum auxílio eficiente no projeto.

Uma frase ou ensino que me marcou nesse curso foi de que com seis contatos, você consegue falar com qualquer pessoa que queira. Um exemplo desse conceito é se seu objetivo é falar com um presidente de alguma empresa, então você começa por algum funcionário, porteiro, depois recepção, gerente de projetos, secretária e assim chega ao presidente ou qualquer pessoa e objetivo que buscar.

10. Independência e autoconfiança

Desenvolve a autonomia para agir e manter sempre a confiança no sucesso. Um empreendedor que possui essa característica: confia em suas próprias opiniões mais do que dos outros, é otimista e determinado, mesmo diante da oposição, transmite confiança na sua própria capacidade.

Essa característica foi a última a se realizar. Sempre obtive o apoio de minha família em todas etapas da minha vida e esse auxílio foi incrível. Tornar-me independente foi uma conquista. Creio que a confiança sempre está ligada a motivação pessoal e acredito que tudo tem o momento certo e que os planos de Deus são maiores do que pensamos e planejamos. Então, essa independência e autoconfiança podem ter um amigo auxiliar, o nosso Criador, Mantenedor e Salvador.

> "O coração do homem planeja o seu caminho, mas o Senhor lhe dirige os passos."
> Provérbios 16:9

Referências

DORNELAS, José Carlos Assis. *Empreendedorismo: transformando ideias em negócios*. 3.ed. Elsevier. Rio de Janeiro, 2008.

FARAH, O. E. et al. *Empreendedorismo estratégico: criação e gestão de pequenas empresas*. Cengage Learning. São Paulo. 2008.

MENEZES, L.C.M. *Gestão de projetos*. 2 ed. São Paulo: Atlas, 2003.

SEBRAE. *Conheça as características empreendedoras desenvolvidas no Empretec*. Disponível em: <http://www.sebrae.com.br/sites/PortalSebrae/Programas/conheca-as-caracteristicas-empreendedoras-desenvolvidas-no-empretec,d071a5d3902e2410VgnVCM100000b272010aRCRD>. Acesso em: 08 de ago. de 2018.

SEBRAE. *Empretec: Fortaleça suas habilidades como empreendedor*. Disponível em: <http://www.sebrae.com.br/sites/PortalSebrae/sebraeaz/empretec-fortaleca-suas-habilidades-como-empreendedor,-db3c36627a963410VgnVCM1000003b74010aRCRD>. Acesso em: 23 de set. de 2018.

SEBRAE. *O empreendedor. manual do aluno. Disciplina de empreendedorismo*. Módulo 1. Brasília – DF, 2013.

39

Plano B – Comece o quanto antes

Há muitas possibilidades de você ajudar os outros a solucionarem os problemas deles, e pode ser que a solução que você ofereça tenha valor real para quem precisa e, se tem valor, pode ter preço e tendo preço, pode ser vendida.
Pense nisso: Quais problemas eu posso ajudar a resolver e lucrar com isso?

Marcelo Simonato

Marcelo Simonato

Graduado em administração de empresas pela Universidade Paulista. Possui pós-graduação em finanças empresarias pela Fundação Getulio Vargas (FGV) e MBA em gestão empresarial pela Lassale University, na Philadelphia-EUA. Possui mais de 20 anos de experiência profissional e já atuou em grandes empresas nacionais e multinacionais em cargos de liderança. Ao longo de sua carreira já realizou diversos treinamentos nas áreas de liderança e comportamento humano. É escritor, palestrante e mentor de carreiras. Atua com treinamentos e palestras em todo território nacional. É professor convidado pela Universidade Mackenzie e pelo SESCON (Sindicato das empresas de serviços e contabilidade do Estado de SP). É também facilitador formado pelo instituto Haggai Internacional, na área de liderança. Tem como propósito levar conhecimento e informação de qualidade com base em sua experiência profissional e acadêmica, deixando uma marca de motivação e transformação por onde passa.

Contatos
www.marcelosimonato.com
contato@marcelosimonato.com
Facebook,Instagram e Youtube: marcelosimonatopalestrante
(11) 98581-4144

Há muitas possibilidades de você ajudar os outros a solucionar os problemas deles. Pode ser que a solução que você ofereça tenha valor real para quem precisa e, se tem valor, pode ter preço e tendo preço, pode ser vendida.

Diante disso, tendo o que oferecer, você pode ganhar dinheiro. Os profissionais começam a tomar consciência de que o mercado de trabalho é muito maior do que o conjunto das grandes empresas. Pequenas e médias corporações formam o grande mercado.

Hoje, as grandes empresas estão buscando se reinventar com base em muitas *"startups"* de sucesso, pois com processos mais enxutos, menos burocracia e hierarquias é possível ganhar em agilidade e economia de custos.

Pense nisto: quais problemas eu posso ajudar a resolver e lucrar com isso?

Empreender é para todos?

Existem pessoas que já nascem empreendendo, seja porque seguem um modelo já existente na família, porque não conseguem uma oportunidade de emprego, ou porque efetivamente não possuem interesse em trabalhar para alguém e decidem ser "donos do próprio negócio". Por outro lado, há muitos profissionais que se dedicam durante uma vida toda pela empresa e, quando se aposentam ou são demitidos, decidem investir todas as suas reservas num negócio, e para dificultar, decidem investir em algo que não conhecem ou possuem experiência.

Como já dito anteriormente, quando identificamos uma demanda e podemos atendê-la, há uma chance de surgir aí um empreendimento de sucesso.

O grande problema é que a maioria dos empreendedores não planejam adequadamente o início do seu negócio, ou não sabem administrar bem os recursos financeiros. Pesquisas revelam que 27% dos novos negócios fecham no primeiro ano e 56% não completam cinco anos de existência.

Que tal ter um plano B?

Há quem se considere realizado somente em conseguir relacionar o trabalho tradicional, aquele focado apenas na remuneração, com a vida pessoal ou familiar. Contudo, quem trabalha com algo relacionado ao dom ou vocação que possui, mesmo que este seja um plano alternativo à carreira já construída, têm mais chances de se sair bem depois de uma reviravolta na carreira, como uma demissão inesperada, uma falência etc.

Podemos ter boas ideias, desejos, mas nada muito estruturado. Isso é um erro. O que chamamos de "plano B" é uma alternativa para o caso de sua profissão principal falhar. Hoje, a volatilidade dos empregos é grande. Há algum tempo, as pessoas ficavam até duas décadas no mesmo emprego.

Hoje, esse prazo foi reduzido para cinco anos. Como sabemos, muitas empresas estão em crise e, por isso, sua vaga pode ser eliminada. E o que você fará? É aí que entra o plano B. Se um profissional fica desempregado ou se aposenta, pode ocupar-se com outra atividade e dela gerar sua nova renda. Esta alternativa pode tornar-se definitiva ou temporária, complementar ou única.

Analisar o mercado e encontrar uma função que possa desempenhar com competência e prazer. Muitos escolhem um *hobby*. É uma possibilidade, mas pode, também, ser algo derivado de sua profissão. É importante destacar que o plano B, muitas vezes, funciona como uma motivação, inclusive para a atividade principal. Para alguns, é uma válvula de escape. Para outros, um complemento de renda. Fundamental é que o planejamento da carreira também possa contar com um plano B.

É comum a pessoa ficar desempregada e querer montar um negócio. Ela nunca foi empresária e tenta fazer isso com o último recurso que lhe resta. O que acontece, normalmente, é que a empresa quebra alguns anos depois. Por isso, o indicado é começar uma atividade paralela quando ainda se está na ativa, mesmo estando no auge da carreira.

Como fazer isso?

Escolha uma atividade que tenha prazer em fazer nas horas livres sem se preocupar em transformar isso na sua fonte principal de renda, pelo menos no começo.

O primeiro passo, em qualquer das situações, é pensar no seu *hobby* como um negócio, não mais como um *hobby*. Se você gosta de esporte e decidiu que quer montar uma loja de itens esportivos, você precisa desvincular seus gostos deste negócio. Você precisa dedicar-se a isto, não mais como se dedicava quando era um passatempo.

Desenvolva este negócio sem atropelar as etapas e sem depender financeiramente do mesmo.

Descubra como o seu serviço pode atender melhor as necessidades do mercado e como agregar valor àquilo que entrega.

Com o tempo, aquilo que pode ter começado como um *hobby* ou uma renda extra vai tomando corpo e criando musculaturas suficientes para que você possa transformar o plano "B" em sua principal fonte de renda.

Aqui vai uma dica que pode ajudá-lo. Pense nas seguintes questões:

- Quais são os seus sonhos?
- Quais são as sete coisas que você mais gosta de fazer?
- Entre estas sete coisas, quais são as três que você mais gosta?
- Liste, pelo menos, cinco formas de como ser pago trabalhando com cada uma delas.

Aquela que mais lhe agradar deve ser a sua *startup*.

Tenha coragem

Um dos fatores determinantes para transformar o seu plano B em sua principal fonte de renda é a coragem de mudar. Geralmente as pessoas não conseguem sair da zona de conforto e deixam de se arriscar por medo. A falsa segurança de um emprego de carteira assinada convence muita gente a deixar o sonho de lado. Para não se render ao medo, liste os pontos positivos e negativos do plano A e do plano B, para conferir, de forma mais clara, todas as vantagens e desvantagens que essa mudança causará em sua vida. É preciso avaliar, com cuidado, o impacto que a ausência do emprego de carteira assinada gerará no seu orçamento, mas é essencial considerar também a sensação de realização e a felicidade que sentirá ao fazer o que realmente gosta.

Planeje a mudança

Antes de tomar qualquer decisão, é preciso se planejar. Montar um plano de negócio que estabeleça metas e objetivos; fazer o orçamento inicial de investimento; *budget* necessário para manter o negócio mês a mês; projeção de gastos e de lucro; entre outros aspectos que diminuirão riscos de fracasso e deixarão o sonho mais próximo da realidade. Pesquise também sobre a concorrência e estude o que fazer para superá-la.

Busque especialização

Ter o conhecimento necessário sobre o seu negócio é essencial para alcançar o sucesso. Não adianta mergulhar com tudo em um projeto, sem conhecer a fundo o negócio. Busque cursos que ofereçam formação, não só na atividade, mas em áreas que o fortalecerão como empreendedor, por exemplo, vendas, *marketing*, financeiro. Quanto mais conhecimento, menor a chance de erro.

Não tenha medo de mudar

Mudar exige coragem, ousadia e perseverança para que as mudanças sejam experiências positivas. No entanto, para que isso aconteça, é preciso estar realmente disposto a trocar o certo pelo incerto, o velho pelo novo e a segurança (de permanecer onde está) pelo risco.

Não se deixar paralisar diante do que nos incomoda (e acomoda) é essencial para virar a página e permitir-se às novas descobertas que toda mudança traz. Uma boa maneira de lidar com a situação, de forma assertiva, é transformar esta insatisfação em incentivo para promover o que desejamos.

A falta de dinheiro é o efeito. Mas onde está a causa? Ela se resume ao seguinte: a única maneira de mudar o seu mundo "exterior" é modificar o seu mundo "interior".

Quaisquer que sejam os seus resultados: abundantes ou escassos, bons ou maus, positivos ou negativos, lembre-se sempre de que o seu mundo exterior é apenas um reflexo do seu mundo interior. Se as coisas não vão bem na sua vida exterior, é porque não estão indo bem na sua vida interior. Para ter sucesso no seu empreendimento, será necessário mudar o seu modelo mental.

Regras de ouro para o sucesso na virada de mesa

Mantenha o otimismo. Para que a empreitada dê certo, é importante manter o otimismo. É natural que, ao deixar um emprego, a pessoa sinta-se deprimida, triste e até desnorteada. Isso não pode afetar o novo negócio. De acordo com o consultor de carreira, Eduardo Bahi, da Thomas Case & Associados, é fundamental saber filtrar as informações e opiniões daqueles que nos rodeiam. "Não perca tempo ouvindo pessoas que falam que o mercado está ruim, que as pessoas não estão comprando, que você fez a coisa errada. Não perca tempo com pessoas pessimistas e olhe sempre para frente, superando toda adversidade. Estude seu mercado, estabeleça metas e corra atrás delas".

Divulgação. Toda sua rede de contatos necessita saber sobre o seu paradeiro e seu novo negócio. Pessoas que já o conhecem e consomem o produto ou serviço que você irá ofertar serão seus primeiros clientes, pois já conhecem você. Isso facilita na geração de credibilidade e confiança.

A boa divulgação é uma arma fundamental para o sucesso do seu negócio. *Marketing* não é custo, mas sim investimento.

Conecte-se. Além da sua rede de contatos já estabelecida, busque ampliá-la por meio de contatos que possam ajudá-lo no novo negócio. Profissionais que atuam na mesma área ou em atividades complementares às suas são os mais recomendados.

Faça uma agenda de compromissos e siga à risca. Empreender exige disciplina. Elabore uma agenda com datas e horários para tudo. Defina horários que pretende seguir em suas atividades profissionais e pessoais.

Sinta-se feliz, mesmo trabalhando mais. "O maior sinal de que a pessoa está tendo sucesso no novo negócio é quando você liga para ela às 23h e ela ainda está trabalhando, cansada, mas o atende feliz. Ela não tem dúvidas de que fez a escolha ideal".

Procure ajuda profissional. Transformar o plano B em A exige estudo e dedicação. Buscar auxílio profissional especializado para montar todo o plano do negócio e estudar a viabilidade econômico-financeira é extremamente recomendado, especialmente se essa não for sua especialidade.

Corte custos. Menos é mais. Mantenha os dois pés no chão e corte todos os custos possíveis, para ter o máximo de tempo de estabilidade financeira". Lembre-se que seu negócio tem mais chances de sucesso se você não depender dos resultados dele, especialmente nos primeiros anos de exitência.

Reinvente-se sempre. Apesar da incerteza e dos medos de quem se aventura no plano B, você terá que mudar alguns hábitos e conceitos, especialmente no que diz respeito à estabilidade.

A liberdade traz muitas vantagens, mas também riscos. Portanto, é fundamental mudar os seus padrões mentais para ter sucesso nessa nova jornada.

Ter o seu próprio negócio, paralelamente à uma carreira, transmite a imagem de alguém que não quer apenas trabalhar por dinheiro, e sim por gostar do que faz. Além disso, o cenário atual do mercado mostra que é praticamente impossível prever a própria situação financeira dentro de dez anos, o que aumenta as chances de surgirem novas profissões e carreiras, diferentes das atuais. Um plano B, nessas horas, é fundamental.

Referência

SIMONATO, Marcelo. *Emprego 2.0: como conquistar, manter e crescer na carreira*. Editora Preparando, 2017.

40

Como eu fiz para florescer como empreendedora?

Comece de onde você está.
Use o que você tiver.
Faça o que você puder.

Arthur Ashe, Tenista Norte-Americano

Monique Souza

Monique Souza

Empreendedora individual, Cozinheira, Professora de Gastronomia, Palestrante, Consultora em A&B, Chef do Welcome Chef RJ/SP, Poetisa, inquieta e um ser humano muito sensível. Cursou Gastronomia na UNESA, é especialista em Comida Brasileira pelo Senac Rio e pesquisadora da filosofia alimentar vegetariana. Formada em Reiki, pela Reiki Sem Fronteiras Brasil. Formada em Meditação Raja Yoga pela Brahma Kumaris Brasil. Facilitadora em *Workshops*, Aulas e Cursos em escolas de educação livre. Possui mais de 10 anos de experiência, ministrando aulas na formação básica de cozinheiros. Tem como missão trocar conhecimento de uma forma leve, dinâmica e muito humana, elevando as pessoas à reflexão, sem respostas prontas.

Contatos
www.flordepimenta.eco.br
contato@flordepimenta.eco.br
instragram: flordepimenta.eco

Todos os dias, a grande maioria das pessoas acorda, levanta e sai para meditar, se exercitar, estudar ou trabalhar. Há quem acorde às 4 horas da manhã para iniciar a produção artesanal de produtos veganos.

Todos os dias, as pessoas acordam e vão em busca do sucesso profissional. Você já se perguntou o que é sucesso profissional?

No século 21, sucesso profissional está intrinsecamente ligado a ser feliz com a escolha profissional feita. Ou seja, estar empregado e estável financeiramente é legal, mas o mais legal ainda é estar realizado e feliz.

Será possível conseguir tamanho feito? Escolher uma profissão, ser bem-sucedido e ser feliz com a sua escolha?

Para uma pessoa dita como "um ponto fora da curva", não. Não é possível. Talvez até seja, mas será um trabalho árduo se adequar à sociedade de pessoas normóticas. Pessoas assim são muito diferentes. Nem mais nem menos. Somente muito diferentes. "Muito prazer, sou Monique Souza, conhecida como Flor, "um ponto fora da curva".

Mundo comum

Era o ano de 2016, estava como consultora fixa de um restaurante já há 2 anos, havia finalizado outras duas consultorias, era *chef* parceira de uma empresa paulista de eventos particulares e corporativos, era consultora de um sítio de produção orgânica e professora de uma instituição de ensino há 9 anos.

Com a rotina bem intensa de atividades, e prestes a fazer 30 anos, resolvi tirar 10 dias de férias e fui para Seattle, na Cidade de Washington, Estados Unidos. Um casal de amados amigos mudara para lá recentemente. Foram 10 dias de curtição, feiras livres, centros de abastecimento, sessões de jazz e conversa com empreendedores locais. Lá, há um movimento chamado Farmers Market, que nada mais é que um movimento de feiras que aproximam os consumidores dos produtores. As feiras são incríveis, as cores, o frescor dos alimentos, a simpatia dos produtores, a música alegre e de qualidade, o preço justo e a adesão do povo local é surpreendente. Pensei, porque no Brasil, não é assim? E o que aprendi? Que eu precisava fazer alguma coisa.

O chamado para o empreendedorismo

Depois de dez anos trabalhando como consultora, cozinheira, *chef* de cozinha, professora e, já tendo passado por várias riquíssimas experiências, sempre pensei em ter o meu espaço. Tendo passado tanto tempo, aprendi duas coisas: primeiro - nasci para trocar/ ensinar, logo, amo ser professora; segundo preciso juntar minhas três expertises em um único lugar. Desde os 15 anos, antes mesmo de saber o que eu faria profissionalmente, já sonhava como isso. Um lugar multidisciplinar.

Eu mal sabia, mas os 30 anos me reservavam muitas mudanças, perdas e enormes ganhos. Em setembro de 2016, fui afastada arbitrariamente das minhas atividades educacionais e com isso, mais da metade da minha semana ficara ociosa. Então, eis que a minha amiga, Simone Barbieri, empreendedora e pessoa de extrema resiliência, na tentativa de me animar, fez o convite que mudou a minha vida.

Em outubro daquele ano, aceitei o convite para rechear seus pães para uma feira vegana, hoje chamada Coletivo Primavera no mesmo estilo das *Farmes Markets*, e para minha surpresa, o sucesso foi absoluto. Naqueles meses, nasceram então dois de nossos produtos, a Maionese de Abacate e o *Falafel Burger*. Nos meses seguintes, voltamos com os produtos em formato sanduíche, combinado com o pão sem glúten vegano produzido por ela, através da sua empresa *Cozinha Crunch* e com os potinhos da Maionese de Abacate que sempre em duas horas felizmente acabavam. Estava aí, escrita, desenhada e em alto e bom som "A oportunidade de negócio".

Adaptação ao chamado

A primeira coisa a ser feita foi mudar a "cara" da empresa. No campo das ideias, tudo é sempre muito prático, lindo e possível. Já no campo real, custear esta mudança, causa um atordoamento financeiro. Paralelo ao novo direcionamento da empresa, eu continuava a atuar como consultora no restaurante onde aprendi boa parte do que sei e que me trouxe até aqui. Entre idas e vindas, consultorias e parceria, foram 11 anos de entrega, troca, aprendizado e extrema gratidão ao In House Café Bistrô. Aprendi com Alex e André Herzog as minúcias do mundo da restauração. Esse continuar, foi financeiramente importante para fazer com que a empresa fosse custeada. Usei também o FGTS e a rescisão da derradeira demissão que só aconteceu em maio de 2017.

Dizem que tudo tem um tempo, que tudo existe em ciclo. Então, o ciclo de mais de 10 anos foi encerrado na educação livre no modelo formal e abriu uma infinidade de possibilidades realmente livres.

A adaptação ao chamado foi começando a ser aceita, superando muitos desafios, e até hoje ainda está acontecendo, e a cada dia melhora mais.

Você sabe o que é expertise?

> **Expertise** (substantivo feminino)
> 1. Competência ou qualidade de especialista.
> 2. Perícia, avaliação ou comprovação realizada por um especialista em determinado assunto.

Pois então, a minha expertise, competência ou melhor qualidade é/são cozinhar, ensinar, criar e escrever.

Vamos lá. Leia outra vez. O que falta? Falta ser boa em vendas, em relacionamento com o público e saber negociar. Entenda que esse público são os pontos de venda e os clientes finais.

Valorize o que você tem de melhor. Isso não significa dizer para todo mundo que você é bom. Se você tem uma expertise (todos têm), potencialize ela, invista nela, viva ela. E olha que legal, você pode ter várias e elas podem trabalhar juntas.

Você deve estar se perguntando agora, como essa moça conseguiu chegar até aqui?

A empresa tem excelentes produtos, um direcionamento mercado atual e crescente que é o veganismo e a sustentabilidade, nosso rótulo é lindo, exclusivo e a Monique que vos fala, tem em seu apelido e nome da empresa, uma personagem, a Flor, pra ajudá-la a "tocar" suas "não-expertises" e fazer a empresa seguir em frente e alcançar seus objetivos e ainda fornecer para mais de 30 pontos de venda, como aconteceu no ano de 2017.

O encontro com parceiros e mentores

O nome da moda agora é parceria. O que é parceria para você?

> **Parceria** (substantivo feminino)
> 1. Reunião de indivíduos para alcançar um objetivo comum; companhia, sociedade.
> 2. Sociedade comercial em que os sócios, parceiros ou compartes, apenas são responsáveis pelo quinhão ou parte com que entrarem e só lucram na proporção do que deram.

O conceito parece até um pouco óbvio, mesmo nada sendo óbvio. Contudo, na prática não acontece necessariamente como lemos acima.

Sempre use a escuta como ferramenta e observe a escuta do seu interlocutor. E nunca deixe que alguém abuse do fato de que você está iniciando em determinado projeto. Você é iniciante ali, mas há uma experiência somente sua que deve sim ser valorizada e levada em conta. Valorize-se!

Em novembro de 2016, foi o momento que nosso primeiro produto começou a ser vendido nas lojas. Fiz um MEI, que é um cadastro de empreendedor individual, afim de obter um CNPJ e poder comercializar formalmente o produto. Logo que iniciei o novo direcionamento da empresa, conheci em uma feira, uma nutricionista recém-formada e que foi uma inspiração só. Ela veio a ser nossa nutricionista de apoio, fazendo as informações nutricionais e as definições necessárias para o futuro rótulo. Para a parte artística do rótulo, meu cliente de consultoria que também tem várias expertises e uma delas é a arte e criação de marcas, logos e afins, definiu para nós o que gostaríamos de reverberar por esse mundo através de nossas embalagens.

Você que lê assim, pode estar se perguntando... Uau, que rápido? Sim, foi mais rápido que eu poderia prever, mas não pense que foi fácil. No meio do caminho, havia várias pedras... Ôps, pessoas! No início, visitei muitos pontos de venda, e em raras exceções não fui bem acolhida. Gosto de destacar, pois o Rio de Janeiro, em particular vive um movimento em prol do pequeno produtor, mesmo que o mercado não esteja preparado para a sutileza desse tipo de relacionamento mais próximo, empático e intimista. Cobra-se destes produtores um fornecimento e serviço, como se fossem as empresas dominantes. A ideia deste movimento de produções artesanais é recuperar a essência e o sentido do consumo, e a atitude de muitos empresários locais é conflitante com o mesmo. Contudo o universo conspirando sempre de forma positiva, há também aqueles que se tornam, parceiros-amigos e que ajudam no crescimento da empresa.

Enquanto rótulos, embalagens, comunicação visual, site e afins estavam no forninho da criação, o produto era vendido com uma tag de papel kraft e barbante de sisal. Há quem sinta saudades até hoje desse formato. Demorava horas a fio. Mesmo assim, faria tudo outra vez. Até porque, tive e tenho muito apoio para realizar tanto. Pai e mãe por si só já são um belo símbolo de inspiração, mas os meus, sinceramente são parceiros de alma.

Papai, mesmo sem ter a noção exata do volume de trabalho e alcance da empresa, me dá respaldo no que eu decidir. Conversa sempre e me dá dicas e segurança para seguir.

Mamãe ajudava e ajuda em cada processo da empresa e da vida. Costumo chamá-la de *coach* de excelência. Primeiro porque ela é *coach* educacional, escritora, pedagoga e fundadora do Instituto Orientando quem Orienta e segundo porque ela é bem exigente.

Desde os papeizinhos da *tag* dos rótulos, degustação, venda, entrega, produção e claro, o colo de mãe, ela está sempre para me apoiar, emocionalmente inclusive. Conquistamos nosso primeiro ponto de venda em um domingo, dia 20 de novembro, durante a feira vegana. Sílvia, empresária local, possui 2 lojas na Zona Sul do Rio de Janeiro, o Armazém 14, fez uma única pergunta:

— Você me entregaria na terça-feira lá na loja?

Naquele momento, muitas borboletas e um belo calor interno me comoveram. "Caramba", o produto que criei é bom mesmo.

Acredite naquilo que você faz com amor.

Repito esse mantra para mim todos os dias, pois nunca foi fácil aceitar que sim, sou boa no que faço e ter confiança nisso. Não se trata de insegurança, mas de um senso crítico que sempre tive a respeito de não ser soberba, nem me sentir ou agir pensando ser mais que alguém, não menosprezar o saber do outro, tão pouco alguma falta de conhecimento ou experiência, não deter conhecimento, ser generosa.

Isso diz muito sobre o fato que me incomoda, que é ser chamada de Chef. Para a minha alegria, há uma campanha midiática para que todos sejamos pura e simplesmente cozinheiros.

E com crédito nesse sucesso da feira, nossa primeira parceria e parceira estavam surgindo. Crescimento a vista. Crescimento empresarial, de relacionamento interpessoal, de *Excel*, de sistema para emitir nota fiscal, de negociação de valor de boleto com o banco e de aprender a cobrar a quem te deve.

E falando em *Excel*, quando enxerguei que a rotina de produções e entregas estava ficando séria, me indicaram uma aceleradora para que fossemos melhor orientados sobre os caminhos e decisões para seguir. Foi então o momento em que a empresa virou uma *"startup"*.

Ah, desculpe. Você já conhece o termo *"startup"*?

Bem, vamos lá. Uma *startup* é uma empresa emergente que tem como objetivo principal desenvolver um modelo de negócio escalável, repetível, em condições de extrema incerteza, ao redor de um produto, serviço, processo ou plataforma.

Nossa mentoria durou 12 meses, nesse tempo em que a empresa se configurou uma *"startup"*, muito conhecimento sobre planejamento e métricas foi apreendido. O negócio foi pensado como deve ser. Fizemos tabelas de projeção, metas para curto e longo prazo, pensamos como melhorar as métricas a fim de conseguir um potencial investidor, analisamos cada produto e seu respectivo potencial de mercado. Foram várias reuniões de aproximadamente 60 minutos a cada 15 dias. Minha mãe ia sempre que podia comigo. É sempre importante, quando eventualmente não dominamos a linguagem empresarial, contratual ou algo que seja distante da sua área de atuação, que leve uma pessoa de confiança que possa ajudar.

Ao final de 12 meses, infelizmente não conseguimos um investidor. A minha análise na sequência foi entender que sem capital de giro (até hoje), o crescimento fica um tanto mais difícil. E assim sendo, as métricas são desinteressantes para um eventual investidor. Após esse tempo, voltamos a ser somente a Flor de Pimenta e entendi que muito teria que fazer e que era muito bom chegar onde havia chegado, sem nenhum capital de investidor. Uma tremenda ousadia.

Nessa altura, já estávamos com mais cinco produtos. Cinco produtos! Será mesmo que isso é viável de comercializar sem se enrolar? Desafio de todo dia: não criar mais nenhum produto. Atuei sempre criando prato, produto para meus clientes. A cabeça está habituada a isso. A cabeça não para, no entanto, o corpo já cansa, o tempo fica ainda mais curto e é muito necessário seguir em frente. Ano de 2018, sigo com a empresa, cada vez mais forte em seu direcionamento. Hoje temos menos pontos de venda, pois pensamos na qualidade do serviço mediante as limitações de uma produção artesanal em casa. Fizemos parceria com uma hamburgueria premiada da cidade, o Hell's Burger, onde nosso falafel burger é vendido como opção vegetariana. Somos muito modestos, mas o nosso hambúrguer é sem dúvida o melhor. Aos poucos, as vendas demonstram o caminho a seguir.

E, qual o meu maior desafio? Driblar a pessoa que vos fala e escreve. Floridxs (é assim que costumo me comunicar pelo instagram), pois diversidade é tudo. Tenho depressão desde criança e após ter sido arbitrariamente afastada das aulas, e em seguida a demissão, o que estava bem controlado há alguns anos, assim como um castelo de areia, fui "golpeada" e desmoronei. Em paralelo ao novo direcionamento da empresa, as consultorias, os eventos e as aulas, a Flor dribla todos os dias a depressão, a síndrome do pânico, o toque e a baixa autoestima.

Em suma, respondendo à pergunta inicial, como fiz para florescer como empreendedora, te respondo a seguir. Aceitei-me como sou, aceitei minhas limitações enquanto empreendedora (são muitas, especialmente por não ser uma vendedora em potencial), pedi ajuda médica, terapêutica e esportiva, entendi que os produtos que distribuo são maravilhosos, entendi que a soberba dos outros não pode nem deve permear a rotina. Uma curiosidade. A cabeça mirabolante pensa em muitos outros produtos, continuo buscando investidores ou até mesmo um sócio.

Você se orgulha de si? O que você fez de diferente que enriqueceu o seu dia hoje? Obrigada por me ler, ouvir e conhecer. Se tiver um sonho, uma meta, uma ou várias expertises, se olhe, se escute e se preencha. Siga em frente. Confie.

O mundo é feminino, eu sou feminina, a revolução já começou e é feminina. Ser mulher e empreender não é fácil. Ser mulher afrodescendente, baixinha, jovem, com a voz fina, tímida e classe média só torna tudo ainda mais desafiante. A parte boa disso tudo, quanto mais desafios, mais vou florescer no final. Empreenda seu sonho e empreenda a si mesmo. Venha florescer comigo!

41

Gestão de conflitos não é gestão por conflitos

Eu venho da roça e nunca abri mão da humildade, recurso que potencializa as três qualidades de um gestor: ser estratégico quando todos estão cegos, audacioso quando poucos demonstram brio e conservador quando ninguém tem freio.
Neste artigo, vou revelar como o presidente da empresa, por meio desta visão, pode evitar a gestão por conflitos, uma das principais problemáticas do século XXI

Orlando Marciano

Orlando Marciano

CEO da Cooperativa de Consumo Coopercica. Sua brilhante carreira de cinco décadas é inspiração para as pessoas que, assim como ele, vieram de formação e educação humilde. Da roça ao topo da liderança, é reconhecido por seu legado em defesa do setor e por seu estilo de enfrentar, com justiça, o que é errado. Em vez de funcionários e números, sempre contemplou o ser humano, antes e acima de tudo, como semelhante. Com o pai, na fazenda Guaxinduva, aprendeu as primeiras lições de liderança, em 1964. Antes da maioridade, foi contratado pela Cica. Depois de 23 anos e memoráveis vitórias, entregou seu cargo de confiança, para viver a missão que cumpre até hoje. Em 1990, quando assumiu a gestão, a Coopercica tinha uma loja, e 90 funcionários. Hoje, são seis lojas de grande porte, que empregam quase 1000 colaboradores e faturam mais de 300 milhões. Nas raras horas vagas, ministra palestras que revelam o segredo de tamanha prosperidade.

Contato
orlando.marciano@coopercica.com.br

A função de quem preside um negócio deve ser direcionada ao conjunto de estratégias, com atenção redobrada para a harmonia de toda a equipe e a habilidade de delegar. Entretanto, delegar não é esquecer que determinado processo ou setor existem.

Fala-se muito, por exemplo, sobre corrupção na gestão pública dentro dos muros corporativos. Quando o gestor fecha os olhos para os processos operacionais, a corrupção também dá um jeito de mostrar suas inúmeras faces.

Do cabo da enxada que calejava minhas mãos até ficarem em carne viva, ao cume da liderança corporativa, muitas pedras surgiram; algumas circunstanciais, outras humanas. Evidenciei os detalhes de tudo isso no livro "O que vi, aprendi e recomendo para a vida", que narra minha trajetória como presidente de uma das maiores cooperativas de consumo do país. Sempre que contemplei desvios de conduta ética ou escolhas equivocadas que resultariam em prejuízos, entrei em ação, mesmo contrariando interesses de pessoas ou grupos. Desde já, é a primeira lição que pode ser legada nesta breve contribuição.

> **Quem deseja crescer como executivo não pode abrir mão da humildade e da valorização do esforço dos semelhantes. Por outro lado, não deve fechar os olhos para nada que seja ilícito ou danoso à estrutura da empresa e do negócio.**

Na década de 1980, a cooperativa tinha transcendido e além de fornecer produtos aos funcionários, passávamos a atender também as empresas da região. Uma dessas companhias quebrou, deixando uma enorme dívida, que colocaria em risco o financeiro de nossa empresa. O presidente de nossa empresa malhou o gerente, fazendo gestão por conflito, em vez de promover a gestão do conflito estabelecido. Nessa ocasião, eu atuava como diretor. Fiquei inconformado e argumentei.

—Viu, me diga uma coisa. Você não se resguardou, não exigiu garantias? Antes de tratar o gerente como se fosse o único errado na história, você foi até a empresa tentar resolver e receber o dinheiro?

— Ok, Orlando. Então, vou te incumbir disso. Várias pessoas já foram até lá e nada conseguiram.

Ele não sabia que todo desafio me fortalece, que a minha fé e conexão com algo maior abre caminhos. E lá fui eu, fazer o que tantos tinham tentado. A empresa devedora era gerenciada por dois jovens irmãos. Descobri que a mãe deles, uma senhora viúva, muito educada e sensata, também fazia parte da gestão. Dei início ao diálogo.

— Eu sei que vocês estão passando por um momento difícil e lamento muito. Porém, tenho uma situação grave a resolver. — Pode dizer, meu filho, o que houve?

Ela nem conhecia o problema. Continuei.

— O montante que a empresa de vocês deve à nossa não faz parte da massa falida. Já foi descontado do salário dos funcionários. Eles pagaram pelo próprio alimento. Alguém se equivocou.

Ela pensou por um instante, anotou o valor num pedaço de papel e respondeu com muito afeto.

— Filho, eu concordo com você. Deve existir um jeito. Vou falar com o advogado. Aliás, dentro de 15 dias, se a burocracia do processo não permitir que isso se resolva, farei um cheque da conta pessoal para liquidar a dívida. O alimento é sagrado e se os nossos funcionários nutriram as famílias com os produtos de sua empresa, não é justo que fiquem com o prejuízo.

Diante dos maiores desafios, a fé sempre me aproximou de pessoas como ela. Deixei seu escritório vibrando, feliz e grato.

Uma quinzena depois, ela me chamou e pediu que eu levasse o recibo de quitação. Quando cheguei lá, o cheque estava pronto.

Aos olhos da cooperativa, a inadimplência continuava sem solução, pois deixei para dar a boa notícia na reunião da diretoria, que ocorreria no dia seguinte. Antes de entrar na sala, o clima era de sarcasmo. Do corredor, escutei um comentando com o outro:

— Ué, cadê o bonzão, recebeu o dinheiro?

Entrei e interpretei. Cabisbaixo, com semblante de derrotado, esperei a previsível sabatina.

— E aí, Orlando, conseguiu alguma coisa daquela empresa falida?

— É, realmente a coisa não é fácil. – respondi, demonstrando estar resignado.

— Você não disse que resolveria, que iria até lá defender os nossos interesses?

Com muita calma, eu os desafiei.

— De fato, reconheço que receber esse dinheiro não é tarefa para amadores. O cara que conseguir, se é que existe a possibilidade, deveria ser presidente. Concordam?

Eles disseram que sim, e quase todos riram de meu suposto insucesso. De repente, tirei o cheque do bolso, coloquei sobre a mesa e disse, com muita calma:

Então, por favor, registre-se na ata que eu, Orlando Marciano, sou candidato à presidência da Coopercica, nas próximas eleições.

Os risos e gracejos deram lugar a um silêncio profundo e constrangedor. A eleição se daria em um trimestre, eles já tinham chapa e gostariam de vê-la eleita.

– É alguma brincadeira, Orlando?

– Não. Vocês concordaram; quem conseguisse receber esta fortuna que colocaria em risco toda a nossa operação, mereceria ser presidente da empresa. Logo, eu sou candidato.

Olhei para dois diretores aliados e pude ver um discreto sorriso de satisfação em seus semblantes. Quanto aos demais, o jeito foi registrar a candidatura em ata, mesmo a contragosto.

Cabe, então, validar outra lição.

Quando alguém disser que tudo foi feito e nada se conseguiu, duvide, vá em frente, renegocie e prove que "impossível" não passa de uma palavra, inventada por quem insiste em gerenciar a vida e a carreira com pouca disposição para sair da cadeira.

Dias depois, recebi propostas diversas. Os concorrentes da outra chapa tentaram uma fusão. No fundo, sabiam que eu tinha chances reais de vencer e articulavam. Recusei a aliança, e tentaram invalidar minha candidatura. Como não tinham elementos para isso, chegaram a registrar outra chapa. E mais vez, debocharam.

– Sua chapa melou, né, Orlando? Ficamos sabendo que outra chapa entrou na disputa e a sua vai ficar de fora.

Eu os ignorei e, suspeitando de algo errado, telefonei para os possíveis candidatos desta chapa. Eles confirmaram minhas suspeitas. Não tinham se candidatado e os seus nomes foram usados inadvertidamente. Decidi denunciar a irregularidade.

Como funcionário da Cica, sozinho, eu tinha enfrentado o sindicato da categoria, que tentava promover uma greve desproposital. Todos os colaboradores ficaram ao meu lado e viraram as costas para o sindicato. Portanto, é de se imaginar que, anos depois, quando apresentei esta denúncia, o diretor de recursos humanos, no mínimo, me ouviu.

Ele deu alguns telefonemas e descobriu o mesmo que eu; a chapa era fria.

– Orlando, chegou a hora de você assumir a presidência da Coopercica. Eu vou te desligar, como funcionário da Cica, para que você possa viver esta outra missão e cuidar de tantas famílias que precisam da cooperativa bem administrada. Vou apoiar sua candidatura. Vá e inscreva sua chapa!

A chapa que não existia foi retirada. Faltando alguns dias, com receio de perder feio, os integrantes da outra chapa concorrente também renunciaram, alegando motivos particulares.

Nos meses e anos seguintes, sempre tentaram atrapalhar minha administração. Contudo, idoneidade, honestidade e capacidade eram recursos que blindavam, naturalmente, o trabalho.

Na eleição seguinte, uma chapa-surpresa surgiu. Cientes de que uma assembleia não é o tipo de evento que atrai multidões, por dois anos fizeram uma campanha silenciosa. Calcularam que bastaria levar 200 eleitores e seu candidato a presidente ganharia, pois estimavam que 100 eleitores votariam em mim. No dia da assembleia, o candidato compareceu com seus eleitores e um advogado. Quando tive a oportunidade de discursar, não poupei a verdade.

– No chão onde vocês, que tentam assumir este legado, estão pisando, nossa equipe trabalhou muito. Partimos de uma pequena loja para quatro unidades. Foi difícil chegar até aqui. Nas mãos de pessoas desconhecidas por nós e desconhecedoras do segmento, um ano e este patrimônio pode ir para o ralo. Não faz muito tempo que outra renomada cooperativa foi assumida por um grupo semelhante, e, sem vínculo de amor, administrada com politicagem. Esta cooperativa quebrou de maneira meteórica. A decisão está nas mãos de vocês. Além de ser um dos fundadores, eu amo esta empresa!

Em vez de 100 eleitores, como supunham os concorrentes, tínhamos mais de mil pessoas na assembleia e a vitória sobre o candidato-surpresa foi esmagadora.

Outra lição pode ser compartilhada, neste caminho.

> **Chegar é diferente de manter-se. No corporativo hierárquico ou nas empresas de formação estatutária, antes de desejar a mesa do principal executivo, é preciso provar que está pronto para ser promovido ou eleito.**

Durante o primeiro trimestre daquela inicial gestão, eu apenas anotava. Tínhamos um gerente "mandão" na empresa, figura que inspirou o título deste artigo. Gestão por conflito era sua especialidade. Na época, contávamos com uma loja, e aproximadamente 90 colaboradores.

– O João disse que o produto chegou hoje pela manhã e até agora, você não o colocou para vender.

– O Pedro comentou que até agora, você não consertou a registradora do caixa 7.

Assim era o seu estilo. Fui anotando o que deveria mudar. O clima era tenso, muita fofoca e pouca harmonia. Certa vez, uma pessoa que gostava de mim, alertou sobre o que escutara deste gerente.

– Este baixinho aí não apita nada, só fica anotando. É outro que vou colocar debaixo do braço!

– Na hora certa, eu vou falar. – respondi, sem esticar a conversa.

Na semana seguinte, solicitei uma reunião. Era a hora de lavar a roupa suja. O responsável por TI se gabava de não ter um manual. Estava tudo "em sua cabeça" e ele supunha, equivocado, que isso fazia a empresa refém de seus caprichos. Ocorre que os afins se atraem e este rapaz era um dos propagadores do estilo gestão por conflito, alimentado pelo gerente. Fui objetivo...

– Viu, é o seguinte: este fuxico precisa acabar. Quem sabe mais da área do outro, de agora em diante, vai se propor a ajudar ou trocar. A pessoa entende mais de depósito do que o próprio responsável? Ou ela ajuda, pega nas mãos e mostra, sem fofoca, como e o que este responsável pode melhorar; ou prova que está mais preparada e se oferece para assumir o seu lugar. Quero pessoas com sinergia, remando para o mesmo lado, sem divisão de força.

O responsável pelo TI, visivelmente incomodado, disparou:

– Você tá chegando agora e não sabe como a coisa funciona por aqui. Se eu apertar um botão, a partir de amanhã, não se vende mais nada. Posso parar cada *check-out*, se eu quiser.

Um velho dito popular diz que a maior sabedoria daquele que está progredindo é quando chega à beira do precipício e dá um passo para trás.

– Vamos interromper a reunião. Preciso pensar um pouco sobre o que fazer com todo este poder.

Dei uma pausa, para não responder comprometido pela emoção. Telefonei para uma empresa de consultoria. Desejava saber se existia uma solução, sem prejuízos, para que não ficássemos "nas mãos" do colaborador. Gostei do que escutei:

– No máximo, em dois dias, nossa empresa decifra toda a leitura do sistema e estará pronta a entregar um mapa digital, para que isso não ocorra outra vez.

Em paralelo, recrutei um profissional de TI com experiência em varejo. Ainda me lembro da prece que fiz.

"Deus, eu não posso deixar este desmando na empresa. Peço que ilumine minha decisão, para que seja a mais certa e justa possível."

Agora sim, estava pronto. Quando retomamos, eu disse aquilo que o líder precisa falar, em busca de harmonia entre a equipe, solução nos processos e crescimento das vendas.

– O senhor está demitido. Terá que exercer tanto poder assim em outro lugar!

Foi a vez do gestor por conflitos defender o colega de TI.

– Orlando, isso tá errado. Você pode quebrar a empresa com esta decisão. Só ele sabe mexer no sistema!

– É uma ordem. Como presidente, se a empresa quebrar por esta decisão, a responsabilidade é minha. E caso esteja com receio de que a empresa quebre e você não consiga receber seus direitos, aproveite agora, enquanto a empresa pode te pagar, e eu demito você, junto com ele. Quer ir embora?

Sua resposta foi um sussurro gago.

– Não, eu na-não quero!

Chamei o segurança e determinei outra ordem.

– Por favor, conduza o ex-funcionário até a saída. No trajeto, caso ele se aproxime de qualquer botão, pode imobilizá-lo e chamar a polícia.

Sem o poder, não tardou para que o mandão, o gestor por conflito, pedisse para sair. E ainda tentou nos prejudicar de diversas maneiras. Levou segredos ao concorrente, e fez até *lobby* com deputados, para aprovar leis em detrimento do setor.

Nossa empresa permanece firme, administrada por mim e pelos aliados. A gestão de conflitos sempre foi a nossa marca maior e as pessoas amam trabalhar na Coopercica. Ou seja, a lição final que vale legar é a seguinte:

> **A fé representa a salvaguarda energética do executivo. A resiliência para não se curvar aos rivais, é a sua blindagem. A família é a luz, o porto seguro. O mercado é a sua arena. E o desafio, seu mais nutritivo alimento.**

Faça contato. Ficarei feliz pela oportunidade de contribuir com a sua vida ou a sua empresa. Tocando em frente, quem sabe a gente se encontra por aí...

42

Empreendedorismo cocriativo

Neste capítulo, o profissional que deseja empreender encontrará estratégias para "fazer mais com menos", utilizando um formato de empreendedorismo diferenciado e que se baseia na economia criativa, na gestão do comportamento empreendedor e no compartilhamento de conhecimento, de negócios e resultados

Patrícia Gonçalves

Patrícia Gonçalves

Master Coach & Trainer de Carreiras e Lideranças, Mentora de Líderes e Empreendedores, Palestrante e Diretora-Presidente da Cocriarte Produções, Graduada em Gestão Tecnológica de Hotelaria e Turismo (CEFET-GO), possui mais de 25 anos de experiência no universo corporativo. Possui formações em *Knowledge Management* pelo HDI EUA em São Paulo-SP (2011), PPC – *Personal & Professional Coaching* pela Sociedade Brasileira de Coaching (2012), PSC- *Personal & Professional Coaching* e Analista Comportamental (2014), BEC – *Business & Executive Coaching, Leader Coaching Training e Master* Coach pelo IBC – Instituto Brasileiro de Coaching (2016) e *The Inner Game of Life* com W. Timothy Gallwey (2018) com certificações internacionais em Center of Advanced Coaching, Behavioral Coaching Institute, Global Coaching Community, European Coaching Association, Metaforum International, International Association of Coaching e IAC Coaching Masteries, The Inner Game of School from EUA, além de titulações de *frameworks* das melhores práticas internacionais em Gestão de Qualidade. Idealizadora dos projetos Empreendedorismo Cocriativo e do MNC – Meu Negócio de Coaching.

Contatos
www.patriciagoncalves.com
patricia@patriciagoncalves.com
Instagram: coachpatriciagoncalves e cocriarteproducoes
https://www.facebook.com/coach.patriciagoncalves/
https://www.facebook.com/cocriarteproducoes/

"A mentalidade empreendedora é percebida na adversidade e não no sucesso."
Patrícia Gonçalves

Muitos negócios nascem a partir do desemprego, do desejo de ser "seu próprio dono", para se sustentar e/ou de um sonho. Alguns são planejados e outros não, pelo menos como deveriam ser, e esses começam simplesmente como uma forma de sobrevivência e vivem por anos assim, até que a empresa passe por uma crise e feche as suas portas, perde-se todo o dinheiro investido e o pior, ainda compromete o seu nome.

Mas, também existem negócios que dão certo, pois têm uma visão mais ampla das possibilidades e para atender as oportunidades que podem surgir, utilizam estratégias diferenciadas e um planejamento adequado, investindo pouco e fazendo muito ou até mesmo investindo muito para obterem um retorno rápido. A diferença entre esses dois negócios, ou seja, os que não dão certo e os que dão certo, além do planejamento, é como eles reagem às adversidades. Afinal, a crise não está em uma situação ou em um país, a crise está na mentalidade das pessoas.

Existem pessoas que vê um problema como oportunidade e já existem aquelas que o vê como ameaça, outros enxergam oportunidades observando o comportamento das pessoas. Quando Steve Jobs pensou no *iPhone* e sua multiplicidade de aplicativos, muita gente disse que ele estava louco, pois quem compraria aquilo, não viam necessidade, e sabe qual foi a resposta dele? "As pessoas não sabem o que querem." E eu concordo com o que ele disse. Sim, muita gente não sabe o que quer até ser apresentado para algo novo que aguce os seus desejos - apesar da necessidade ser a mãe da invenção. Unida a colaboração da AT&T, anteriormente *Cingular Wireless*, a *Apple* teve um custo estimado de desenvolvimento da colaboração de US$ 150 milhões ao longo de um período de trinta meses. Jobs, num discurso, apresentou o iPhone ao público em 9 de janeiro de 2007. O iPhone foi colocado à venda nos Estados Unidos em 29 de junho de 2007, às 06:00 horas no horário local, enquanto centenas de clientes faziam fila fora das lojas por todo o país. E desde quando foi lançado, o iPhone virou mais que um telefone celular, ele se tornou um estilo de vida. Então, por que não criar essa necessidade e transformá-la em desejo de consumo? Por que não observar o comportamento e hábitos das pessoas e criar uma oportunidade?

Se você é empreendedor, tem alma de empreendedor ou quer ser um empreendedor, entenda uma coisa, é no desafio que nosso destino é traçado, é na concorrência que aparece o diferencial, é observando o comportamento das pessoas que surgem oportunidades e inovação. Só existe um serviço ou um produto, porque existe "gente" por trás deles e para ver essas oportunidades, é preciso antes de tudo, enxergá-las. E nesse momento, mais do que ser um empreendedor criativo, que se "vira nos trinta", é preciso ser um empreendedor cocriativo, capaz de multiplicar e não apenas de somar em meio à adversidade ou até mesmo, quando tudo vai bem e já se alcançou o sucesso.

Quando eu falo do empreendedorismo cocriativo, isso em outras palavras significa unir forças com outros profissionais e negócios, numa espécie de negócio colaborativo. E aqui, cai por terra a concorrência e entra o diferencial e a inovação, como redução de custos, ampliação do leque de serviços prestados e *networking*, tão fundamentais para qualquer empreendimento.

Alguns exemplos típicos do empreendedorismo cocriativo são os motoristas de aplicativos. As companhias que fornecem suas viagens, não têm carros. Elas credenciam motoristas e os pagam pelos seus serviços. Assim como, Instagram, que sequer possui uma máquina fotográfica, mas que, por meio da publicação de imagens anunciadas, proporcionam aos seus usuários uma atração maior de vendas de seus produtos ou serviços. E o mesmo ocorre com várias plataformas que oferecem serviços de profissionais variados pagando pela associação/assinatura, sem que esses sejam empregados da empresa responsável pela tecnologia. Os *coworkings*, com seus escritórios compartilhados que estimulam a troca de conhecimento, redes de relacionamentos, novos negócios; os *colivings*, com formatos de moradia compartilhadas para a divisão de despesas e convivência, também entram nessa esfera do empreendedorismo cocriativo. O que esses negócios fazem é maximizar oportunidades e minimizar riscos, transformar execução em estratégia que mostra um resultado "ganha-ganha", além de alinharem valor, lucro e pessoas ao que está sendo oferecido.

A cocriação, segundo estudos, é uma iniciativa de gestão ou simplesmente uma forma econômica de estratégia e que reúne diferentes cabeças, também chamadas partes de um negócio, a fim de produzir conjuntamente um resultado mutuamente valorizado. Esse termo de cocriação começou a ser usado em 2004, no *bestseller O futuro da competição* de C. K. Prahalad e Venkat Ramaswamy, que disseminou o conceito mundialmente.

Os modelos tradicionais de negócio que não abrem sua visão para isso, infelizmente correm o risco de ficarem para trás. A cocriação nos negócios na prática acontece quando a empresa associa-se com as pessoas fora dela, como fornecedores e clientes, e até mesmo dentro dela, como colaboradores, agregando inovação de valor a um produto ou serviço. Essa associação não quer dizer uma sociedade formal e jurídica, mas de parceria, de colaboração com o negócio, onde todos criam, trocam experiências, desenvolvem os serviços e produtos, compartilham informações e suas dores, e também ganham no final. Essa relação "ganha-ganha" proporciona benefícios e a sustentabilidade a todos os envolvidos.

> Mais do que enriquecer em um negócio, ao empreender é preciso buscar significado internamente naquilo que se faz. (Patrícia Gonçalves)

Como bem diz Napoleon Hill em seu livro, *Quem pensa enriquece*, 2009, (p.22), "Pensamentos são criaturas" – e criaturas poderosas quando se misturam com propósitos definidos, persistência e um desejo ardente de que tudo se traduza em riquezas ou em outros bens materiais."" Sim, é preciso ter propósito naquilo que se faz, além da riqueza que se pretende acumular. Também é preciso movimento, pois nada disso acontecerá se simplesmente cruzar os braços, esperando a oportunidade bater na porta. É preciso ação, atitude e ousadia para alcançar aquilo que se deseja, ou seja, o famoso "T.B.C." (Tirar o Bumbum da Cadeira) e fazer acontecer.

Quando eu criei a minha empresa, eu buscava um estilo de vida diferente da que vivi por mais de vinte anos no universo corporativo – buscava um significado maior do que as experiências que tive ao longo dos anos de trabalho, que por sinal, foram muito boas e me ajudaram a chegar até aqui. Mas eu queria algo que me desse a liberdade e que eu não ficasse presa ao padrão empresarial tradicional. Optei por um modelo de cocriação de conhecimento com clientes e fornecedores, e a prestação de serviços fosse feita de forma que todos pudessem ganhar em qualquer lugar do Brasil ou do mundo. Escolhi gerenciar empreendedores digitais, com a especialidade que eu precisasse para trabalhar em projetos pontuais e com métodos bem estruturados. Um dos fatores que me ajudou na escolha desse tipo de profissional foi o de observar o mercado com muitos profissionais desempregados, porém com talentos valiosíssimos e que estivessem abertos a parcerias. E com a diplomacia unida à relação "ganha-ganha" construí a base do meu empreendimento cocriativo, que é a união de pessoas cocriando conhecimento (aquilo que sabem) para a entrega de resultados significativos. Esse modelo beneficia o meu negócio, por agregar valor ao serviço ou produto oferecido, beneficia o meu parceiro que reduz seus custos com vendas diretas, mas principalmente o cliente, que recebe um atendimento personalizado de acordo com sua necessidade, com agilidade, qualidade e melhor custo-benefício nos serviços recebidos.

Mas, quais são as principais características do empreendedor cocriativo? O que ele tem de diferente do empreendedor comum?

Após anos de estudo sobre o comportamento humano, trabalhando em empresas, bem como atendendo como *coach* a muitos empreendedores e executivos, analisei as principais características que diferenciavam o empreendedor comum do empreendedor cocriativo, o qual eu chamo de *mindset do empreendedor cocriativo*:

O mindset do empreendedor cocriativo

1. Tem conhecimento de si mesmo: o empreendedor cocriativo se conhece bem, ele conhece seus valores, propósito, missão de vida e não os vende em troca de estabilidade ou de status. Para ele, mais do que ganhar dinheiro, é preciso ter um desejo ardente por aquilo que faz. Ele é livre e vai à busca de suas conquistas, custe o que custar, doa o que doer, pois sabe que isso faz parte da sua jornada. Ele se encaixa na sua própria posição e tem brilho nos olhos pelo que faz e cria negócios que tem significado para si mesmo e para a vida de outras pessoas. Além disso, ele entende que o fracasso faz parte do sucesso e sempre busca uma maneira de se fortalecer em meio a alguma crise ou obstáculo.

2. Tem visão de futuro: o empreendedor cocriativo vê além do estado atual, ele olha para o futuro e cria o presente, com desejo de construir uma sintonia com o cliente e com a comunidade em que vive, a fim de levá-los a uma nova experiência, do começo ao final. Ao invés de fazer o que todo mundo faz e ter que reduzir seu preço para competir, o empreendedor que tem como filosofia a cocriação, agrega valor ao que tem e busca a excelência para deixar sua marca no universo.

3. Cria oportunidades e tem iniciativa: o empreendedor cocriativo vê oportunidades onde existem pessoas. Ele é um ótimo observador e não espera ser forçado pelas circunstâncias para agir, pois tem iniciativa para criar oportunidades e soluções onde todos enxergam apenas problemas.

4. Corre riscos calculados mantendo a qualidade, custo e tempo: o empreendedor cocriativo está atento aos seus riscos e prefere manter a qualidade, custo e tempo aumentando o valor agregado daquilo que oferece, ao invés de reduzir drasticamente o seu preço para não perder clientes. Ele tem o seu negócio na palma de sua mão e sabe o que fazer na hora certa.

5. Possui persistência e comprometimento: o empreendedor cocriativo quando se depara com um obstáculo ou interferência em seu caminho, ele age e não se deixa paralisar, pois sabe que o seu objetivo maior requererá dele ação e atitude para ser alcançado. Ele tem perseverança e pensa em todas as alternativas e muda estratégias para enfrentar os desafios e problemas que surgem durante a sua caminhada. Muitas vezes esses empreendedores, sacrificam sua vida pessoal em prol do resultado de uma atividade, porque mais do que comprometidos com o seu negócio, eles são comprometidos com seus clientes e consigo mesmo.

6. É curioso e atualiza-se constantemente: o empreendedor cocriativo atualiza-se constantemente, buscando informações sobre aquilo que vai fazer em seu negócio, quem são seus concorrentes e faz avaliação do cenário do mercado, fornecedores e principalmente clientes. Além disso, ele tem curiosidade e investiga pessoalmente como criar um produto e um serviço do começo até o final, antes de oferecê-los e está sempre de olho nas mudanças e nas tendências que possam impactar seu negócio e seus clientes, e antecipa-se para evitar crises ou superá-las de forma mais rápida.

7. Tem objetivos e metas claras: o empreendedor cocriativo tem objetivos e metas claras, desafiadoras, mensuráveis e com significado pessoal. A partir daí, ele cria o seu planejamento e ações específicas e foca para alcançá-las. Trabalha estruturado, é organizado e, por não ter um comportamento centralizador, sabe delegar atividades que, ele não tenha tanta afinidade, para outras pessoas que possam executá-las com excelência. Analisa possibilidades, sabe bem os resultados que quer alcançar e não perde tempo com negócios que não fazem parte do seu propósito de vida e da sua empresa.

8. Gerencia seu negócio: o empreendedor cocriativo é um bom administrador do seu negócio e gerencia resultados. Acompanha seu planejamento, o cumprimento de suas metas, os seus ganhos e suas perdas. Quando alguma ação não saiu conforme o planejamento, ele revê estratégias, levando em conta os resultados obtidos e as mudanças circunstanciais e altera a ação com criatividade sempre que necessário, até alcançar o resultado pretendido dentro do seu planejamento.

9. É diplomata e cria redes de contato: um de seus maiores talentos é a diplomacia, ou seja, saber enxergar talentos e colocá-los em contato um com o outro, convergindo em um mesmo ambiente a tecnologia e o capital intelectual na busca de soluções inovadoras para o alcance de negócios produtivos, significativos e rentáveis. Nessa perspectiva, se insere a comunicação, persuasão e rede de contatos, considerados essenciais para o sucesso de qualquer empresa.

10. Possui independência e autoconfiança: a independência e autoconfiança são duas características marcantes do empreendedor cocriativo. Com esses dois comportamentos, ele consegue transmitir credibilidade e assertividade através da sua postura e do seu propósito nos seus relacionamentos, por expressar clareza de seus objetivos, determinação e confiança na sua capacidade de enfrentar novos desafios. Com isso, ele mantém seu ponto de vista firme, mesmo diante de resultados desanimadores ou de alguma proposta que vá contra seus princípios e valores pessoais e profissionais.

"Não existe conforto na zona de crescimento."
(Autor desconhecido)

Quando estamos verdadeiramente preparados para o sucesso, ele acaba acontecendo – É o famoso "o universo conspira a favor". E por isso, é tão fundamental que o empreendedor esteja sempre atento a mudanças e se prepare para lidar com elas, sempre que for possível e ele quiser crescer e abraçar as oportunidades que aparecerem, mas também, para criar a oportunidade onde puder. E nesse sentido, em tempo de adversidade, certamente, o empreendedor que estiver pronto, será "rei, em terra de cego" ou quem sabe, "vai fazer do limão, não apenas uma limonada, mas a bebida que ele quiser e gostar."

Convido você a algumas reflexões:

1. Você se considera um empreendedor ou um empreendedor cocriativo? Por quê?

2. Qual é o *mindset* que você acredita que precisa desenvolver para alcançar resultados diferentes em seu negócio?

3. O que você nunca fez em seu negócio, que se fizesse a partir de agora, cocriando, mudaria a sua história como empreendedor?

Finalizo este capítulo com uma frase que me inspirou como empreendedora a ir além das pedras que encontrei no meu caminho ao longo da minha jornada e por isso, divido com você:

> "Estou procurando um lugar que precise de muitas reformas e consertos, mas que tenha fundações sólidas. Estou disposto a demolir paredes, construir pontes e acender fogueiras. Tenho uma grande experiência, um monte de energia, um pouco dessa coisa de 'visão' e não tenho medo de começar do zero."(Currículo de Steve Jobs no site. *Mac* da *Apple*)

Mude seu *mindset*, cocrie, cresça, multiplique e apareça!

Gratidão!
Patrícia Gonçalves

Referências
HILL, Napoleon. *Quem pensa enriquece*. São Paulo: Editora Fundamento, 2009.
KAHNEY, Leander. *A cabeça de Steve Jobs*. Rio de Janeiro: Editora Agir, 2008.
SEBRAE. *Empretec. Manual do Participante*. Brasília, 2011.
WIKIPEDIA. *Cocriação*. Disponível em: < https://pt.wikipedia.org/wiki/Cocriação>. Acesso em: 01 de jun de 2018.

43

Formando um empreendedor

O quanto e o que é preciso investir para se tornar um empresário no Brasil? A cultura de igualdade pode ser implantada em nosso País? Descubra, neste artigo, a respostas a estas perguntas e muitas outras dicas para empreender

Renato Ticoulat Neto

Renato Ticoulat Neto

Empresário experiente em limpeza e *franchising*. Ex-Diretor da Associação Brasileira do Mercado de Limpeza Profissional (ABRALIMP), da Associação Brasileira de Franchising (ABF), da Associação Brasileira de Facility (ABRAFAC) e professor de limpeza sustentável da Universidade Secovi e da Facility University, *Expert* em Auditoria em Processos de Limpeza e em Definição de Produtos Químicos pela ISSA (International Service Suplyie Association). Pioneiro no mercado de franquias de serviços, sendo o primeiro *Master* Franqueador da Jan-King no Brasil em 1991, lançou em 2002 o Sistema de Franquia chamado hoje de Limpeza com Zelo e atualmente é também *Master* Franqueador da Jan-Pro do Brasil. Participou muito ativamente do 1º registro de *Master* Franquia no INPI, da elaboração do 1º Código de Autorregulamentação do *Franchising*, da aprovação da *Lei do Franchising* e da Câmara Setorial do *Franchising* do Ministério da Industria, Comércio e Serviços, em que redigiu-se a atual atualização da *Lei do Franchising* que está em tramitação no Congresso Nacional.

Contato
(11) 98536-6855

Sou de uma família de empresários, sempre morei e estudei em São Paulo, mas passei boa parte da infância e adolescência frequentando uma fazenda de café no Paraná, onde a meritocracia era fortemente estimulada. O pagamento dos funcionários, por exemplo, era feito baseado em números de sacos de café colhidos.

Dos cinco aos 20 anos de idade vi muitos colonos ficarem ricos, e hoje convivo com seus filhos e netos, que frequentam os mesmos lugares que os meus filhos. Ou seja, muitas destas pessoas tiveram uma força e vontade de empreender e melhorar de vida que poucos têm.

Basta dizer que um deles montou a maior fábrica de peças de motocicletas do mundo, empregando na cidade que frequentei durante a infância mais de 3.000 pessoas, metade com curso superior e falando mais de dois idiomas. Este empresário, junto com outros, que acredito serem uns dez, criaram um parque fabril que alterou radicalmente a região, ao ponto de ninguém hoje em dia se lembrar do apelido daquele pedaço de Brasil: ramal da fome.

Aprendi, sem entender na época, que o empreendedorismo gera renda, que gera consumo, que atrai crescimento, que eleva os padrões de vida, que gera mais oportunidades, e que faz a roda da fortuna girar e girar.

Na faculdade, veio o choque que me alertou para as dificuldades da vida e a necessidade de tentar mudar o mundo. Meus colegas não queriam ser empresários, e sim, empregados. Uma cultura sindical estava se estabelecendo, afinal, eu estudava no ABC de São Paulo e não conseguia me encaixar naquele contexto. Meus amigos de colégio também estavam sentindo a mesma coisa; o momento brasileiro era difícil, vivíamos o final do período militar. Cada vez ficava mais claro que a saída para tornar nosso país um lugar de primeiro mundo estava ficando mais longe.

O instinto de autodefesa falou mais forte nesta hora: eu tinha que me preparar para enfrentar as dificuldades que estavam por vir. Assim, passei a fazer cursos complementares (até hoje foram mais de 50) e comecei a frequentar diversas associações de empresários. Primeiro, a Associação Rural Brasileira, depois O Instituto de Engenharia, passando pela Associação Comercial de São Paulo e a Federação das Indústrias do Estado de São Paulo.

Logo depois de me formar em Engenharia Civil, fui convidado por amigos de infância a fazer parte de um grupo chamado CORPES – Corporação de Estudos Sociais, que uma vez ao mês convidava um grande empresário para almoçar e discutir oportunidades de desenvolvimento para nós e para o país.

Um destes empresários nos convidou para, na Associação Comercial, criarmos o primeiro grupo de Jovens Empresários do Brasil, e assim fizemos. Ajudei a fundar na Associação Comercial de São Paulo e na Fiesp a 1ª Associação de Jovens Empreendedores.

Estava, desta forma, criando e definindo o meu propósito de vida: ajudar as pessoas a se tornarem empresárias. Na época, tinha 25 anos e demoraria ainda sete anos para me tornar franqueador da primeira franquia de serviços do Brasil, realizando na prática e enfrentando no dia a dia a realidade brasileira para desenvolver o empreendedorismo de mais de 500 franqueados, desde então.

Neste período, fui convidado a ajudar a fundar a 1ª Empresa Júnior do Brasil, na FGV, e depois na FAAP, convite feito pela professora Ofélia Torres durante minha breve participação na Câmara Brasil – França. Participei das aulas e do curso de pós-graduação da USP, realizadas pelo professor Cleber Aquino, chamado História Empresarial Brasileira Vivida, em que grandes empresários eram entrevistados por alunos e estes depoimentos se transformavam em pesquisas acadêmicas e depois, em livros. Este com certeza foi o período mais enriquecedor de toda minha vida.

Realizei, junto com quem considero até hoje os meus melhores amigos, o 6º Congresso Mundial de Jovens Agricultores no Brasil. Aproveito para contar uma história que marca um dos grandes exemplos de empreendedorismo que tive na vida.

Este congresso aconteceu porque o Grupo CORPES recebeu uma delegação de representantes da Associação Nacional de Jovens Empresários Portugueses – Anje. Na época, não existia nenhuma entidade que representasse os jovens no Brasil e fomos convidados pelo Itamaraty, por meio de um dos empresários que almoçaram conosco, se não me engano o Sr. Trajano de Azevedo Antunes, a receber a delegação portuguesa.

Os portugueses ficaram maravilhados com o Brasil e com o nosso grupo, e resolveram defender no Mercado Comum Europeu que este congresso fosse realizado no Brasil. Só que tinha um probleminha: nós deveríamos arranjar os fundos para realizar o evento, uns U$ 500 mil! Fácil, ora pois!

De cara, achamos que era mais uma das famosas histórias de portugueses que se conta por aqui. Só que o assunto foi parar no jornal da ACSP, e um diretor da extinta Cruzeiro do Sul, recém-encampada pela também extinta Varig, leu.

Este diretor me ligou, em casa, à noite, pois eu era o único do grupo que tinha o mesmo nome que meu pai, que constava na lista telefônica. Na ligação, ele me perguntou se eu poderia ir ao Rio de Janeiro dois dias depois para conversar sobre o Congresso. Eu aceitei, desde que fosse com mais dois amigos e as passagens fossem enviadas pela Varig. E lá fomos nós de Ponte Aérea (numa sexta, com volta no domingo, afinal ninguém é de ferro) para saber o que ele queria de nós.

A reunião foi no último andar do edifício mais alto da praia do Botafogo, com a vista mais incrível do mundo, com direito a almoço. Ele começou perguntando por que achávamos impossível fazer um congresso destes no Brasil? Entre muitas razões, a primeira era que deveríamos participar de umas dez reuniões na Europa e que não tínhamos dinheiro para ir. Ele falou: isto é fácil, está resolvido, qual é outro problema? Eu disse que faltavam uns míseros U$ 500 mil... E ele respondeu que, com a Varig nos apoiando, nos levando para a Europa de graça e pagando nossas despesas na viagem, e ainda colocando todos os seus escritórios internacionais à nossa disposição, com salas e secretárias bilíngues, não teríamos motivos para não arranjarmos este dinheiro.

Pedimos uma semana para pensar, mas ele nos deu um fim de semana. Saímos de lá e ligamos para os diretores do CORPES, que imediatamente pularam fora dizendo que nós não os representávamos, e que estávamos embarcando numa loucura.

Isto foi o suficiente para acender a chama do empreendedorismo, do desafio, da motivação para fazer algo grande; aquela coisa que só quem é empresário sente ao ser desafiado, e topamos!!! Nesta hora aprendi que ao empreender precisamos fazer escolhas que podem nos afastar dos amigos que mais amamos, e que só fará sentido se entrarmos de cabeça e alma no que vamos fazer.

Esta é, com certeza, a sensação que uma pessoa tem que ter ao tomar a decisão de se tornar um franqueado. Pois foi o que senti quando me transformei em *master* franqueado. Uma esperança de dar certo, uma oportunidade na sua frente que talvez não volte mais, o apoio de uma grande e renomada empresa, e uma grande, mas uma grande vontade de fazer e de conquistar, e a certeza de que daqui para frente depende só de mim. Afinal, para que serve a vida se não para ser vivida?

Mas precisávamos de um plano. Assim, decidimos neste fim de semana que iríamos fazer cinco cotas de patrocínio de U$ 150 mil. Que venderíamos a primeira para a Varig, e que iríamos atrás do Bradesco para vender a segunda, afinal, seu presidente esteve no nosso grupo nos incentivando a assumirmos o papel de líderes empresariais. O banco iria nos suportar se a ideia fosse boa. Achávamos que assim 60% estariam garantidos, e que em um ano arranjaríamos o resto.

A Varig não topou ficar com a cota, mas confirmou todo o patrocínio estratégico para que o congresso se realizasse; em troca queria a garantia de que seria a empresa aérea oficial do evento. No final, ela investiu U$ 20 mil e faturou mais de U$ 1 milhão e nós, com o apoio do Bradesco, que comprou a primeira cota, realizamos o congresso e ainda doamos U$ 10 mil no final do evento para o CORPES a título de ajuda por conta do plano Collor que acabava de ser instalado, o que fez com que muitos sócios não tivessem dinheiro para pagar as mensalidades.

O Bradesco só concordou com uma condição: que fosse feito um plano de marketing e de mídia que comprovasse que era bom para o Bradesco fazer este investimento, não para nós. Contratamos o melhor marqueteiro da época e ele escreveu o que para mim é até hoje o pai de todos os meus planos de negócios. O documento mostra ao Bradesco que mesmo dando errado para eles ia dar certo, pois estariam apoiando o empreendedorismo, o movimento nascente de jovens empresários, apoiando um congresso internacional, apoiando a agricultura...

O plano ficou tão bom que o Bradesco garantiu que se faltasse uma cota para ser vendida, eles ficariam com ela. Imagine como ficamos pilhados com esta provocação. E aí veio mais uma grande lição: se for para fazer que faça bem feito, não aja como amador (trocadilho com...), seja profissional e se cerque dos melhores, nivele por cima seu empreendimento. Pense Grande, apesar de começar pequeno.

Formei-me aos 22 anos, trabalhei na construção de 22 prédios de apartamentos de alto luxo em São Paulo, participei de tudo que existiu na área de empreendedorismo, sempre fazendo cursos complementares de administração, recursos humanos, gerenciamento, segurança do trabalho, contabilidade, planejamento real integrado e de tudo mais que aparecesse. Num período de crise bastante intensa, a inflação chegou a 30% ao dia, e o BNH – Banco Nacional de Desenvolvimento- foi desmontado e quebrou, oito planos econômicos se passaram, a moeda perdia zeros como eu perdi meus dentes de leite... Vi todos os meus colegas de faculdade ficarem desempregados, ou subempregados; vi meus amigos quebrarem. Eu quase quebrei várias vezes, fechei muitos empreendimentos que iniciei, tive que vender três vezes a empresa que criava para poder sustentar a minha família, pois me casei ao completar 26 anos.

Até que em 1991, com 32 anos, acabei me tornando o 1o Master Franqueado de Serviços de Limpeza no Brasil.

A decisão de formar empreendedores

No início dos anos 90, o Brasil estava dando sinais que sairia das suas crises porque estava se abrindo para o mundo. Nossos carros passaram a ser considerados charretes, lembram?

Retrofit era a palavra da moda,; todas as empresas estavam se reorganizando; demissões e planos de desligamentos voluntários estavam começando a existir e todas as pesquisas diziam que o povo brasileiro queria empreender. A Associação Comercial, patrocinada pelo extinto Bamerindus, fez um estudo sobre que era o jovem da década de 90 e chegou à conclusão que eles queriam empreender. O jovem daquela época tinha estudado, o emprego que lhe aparecia era muito inferior às suas capacidades, ele morava com os seus pais e assim a sua chance de empreender era maior, já que tinha conhecimento e poucos custos e responsabilidades inadiáveis.

O Brasil tinha poucos *shoppings* -dava para contar nos dedos da mão-, mas planejava-se construir 60 em três anos. Isto incentivava o aparecimento de novas lojas. Os primeiros movimentos de franquia começavam a aparecer, a ABF – Associação Brasileira de Franquias – tinha acabado de ser fundada. Os bancos internacionais criavam suas estruturas de *private bank*, e estes, para conquistar clientes, falavam de planos de sucessão e colocavam as franquias na mira de grandes empresários.

Eu estudava o tema franquias apenas por curiosidade, para ficar a par de novos modelos de trabalho, para ter novas ideias, até o dia que vi na extinta Gazeta Mercantil que o LLoyds Bank estava patrocinando o primeiro Congresso de Franquia Internacional no Brasil. E uma delas me chamou muito a atenção por ser de limpeza e por não precisar de ponto comercial.

Este mercado me chamou a atenção porque eu contratava muitas empresas de limpeza para as minhas obras, e todas eram péssimas. Chamou-me a atenção o debate sobre a terceirização que ocorria na época, quando o ministro do TST, Almir Pazzianoto, editou o famoso enunciado 368, que permitia que as empresas terceirizassem atividades que não eram de seus *corbussines*, o que acabou impulsionando o segmento de limpeza.

Franquia sem ponto me chamou a atenção porque era uma novidade;, os pontos no Brasil naquela época eram quase inexistentes e custavam caríssimo.

Não fui ao Congresso, pois minha sogra faleceu na semana que ele aconteceu, mas escrevi para as pessoas que participaram pedindo informações sobre as empresas e os negócios que queriam fazer no Brasil. No final do ano fui passar o réveillon em Orlando, com a família, na Disneylândia (na época tinha dois filhos, um com um ano e outro com quatro anos). E no avião fui lendo um exemplar da revista Exame, que tinha como matéria principal o seguinte titulo "51 Coisas que você deve saber antes de comprar uma franquia para ter sucesso".

Achei que eram muitas coincidências acontecendo ao mesmo tempo, e assim, ao chegar em Orlando, resolvi ir a Dallas, sede da empresa de franquia de limpeza para conhecê-la.

Na apresentação inicial, logo na primeira hora ouvi o barulho das águas do tal famoso oceano azul bater no meu ouvido com toda a força. O segredo da franquia era pagar o empregado de limpeza por serviço e não por hora.

Aí, o ciclo se fechou: pagar o empregado por saco colhido, por m^2 de alvenaria e agora por m^2 de limpeza foi a gota d'água que faltava para me tornar empresário do setor de limpeza.

Aquilo que me movia desde a infância explodiu dentro de mim, e meu propósito de vida começava a ficar claro, definido. Eu descobri que, com tudo que havia estudado, trabalhado e participado estava pronto para, por meio, do *franchising*, num processo de liderança, ajudar as pessoas a se tornarem empresárias e, com isso, mudar o Brasil, de uma cultura de igualdade para uma de meritocracia, sem que elas tenham que fazer um grande investimento.

44

Como driblar as ilusões do empreendedorismo

Descubra quais seus pontos fortes e de melhoria para alcançar ainda mais sucesso em seu negócio. É necessário ter um conjunto de comportamentos para empreender, porém ter consciência de seus pontos fortes e de melhoria farão com que o empreendedor possa maximizar as chances de sucesso no negócio. Nesse artigo, você irá aprender quais são as quatro personalidades do empreendedor e quais as principais dicas para se desenvolver de acordo com seu perfil

Ricardo Giovanelli

Ricardo Giovanelli

Especialista em Inteligência Emocional - SBie. Formação Internacional em *Master Coach & Business Advanced Coaching* - Febracis. Master Programador Neurolinguístico (PNL) - Elsever Institute. Hipnólogo - Study Academy. Analista de Perfil Comportamental – Febracis. Especialista em Crenças Limitantes e Traumas Emocionais. Trainer e Palestrante.

Contatos
ricardogiovanelli.com.br
ricardogiovanellicoach@gmail.com
(12) 99702-3010 (WhatsApp)

Muitas pessoas decidem abrir uma empresa com a esperança de que irão mudar sua vida financeira em seis meses, um ano, dois anos...

Baseados simplesmente no sonho da conquista da independência e prosperidade financeira, buscam apenas lucratividade, sem se preocuparem em levar soluções para seus clientes, somente em vender.

Com isso, usam a fórmula: local certo + produto certo = lucro certo!

Mas será que isso dá certo? Se sim, quantas vezes você já passou por algum local, que fosse um ponto incrível e o mesmo estivesse fechando?

Então como fugir dessa falsa esperança?

Como fazer o sonho de ter sua independência financeira não virar um pesadelo?

Poderia listar diversos recursos, caminhos, fórmulas e experiências que poderiam responder todas as questões. No entanto, escolhi um único caminho que julgo ser o mais excelente:

AMOR! O amor em suas ações e atitudes fazem toda a diferença na sua vida profissional, e terá forte impacto em seus resultados!

Vivemos em uma época instável. Crises nas ordens políticas, econômicas e de ética permeiam sobre nossos noticiários e pensamentos diariamente. Nesse momento, pessoas desesperadas resolvem colocar em prática os sonhos de ser seu próprio patrão, mesmo sem planejamento ou missão e valores! Ou até mesmo aqueles que não pensam em nada no cliente, apenas no lucro que ele trará!

As pessoas estão cansadas de empresários que abrem empresas e tentam empurrar goela abaixo seus produtos e serviços, sem ao menos perguntar se o cliente realmente quer ou deseja aquele serviço ou produto. Pior, se realmente irá trazer algum benefício ao cliente.

Seguindo esses modelos, você estará rumo a ser mais um na estatística a fechar seu sonho de empreendedor antes mesmo do que seu lado mais pessimista tenha imaginado.

E isso devido às crenças de que apenas ter o produto certo, no local certo fará tudo dar certo. NÃO!!! Não caia nessa armadilha!!!

Você precisa comprar uma simples bola de futebol; você vai à uma loja de esportes. Porém o empresário odeia esportes, e por acaso odeia ainda mais futebol.

Mas ele viu a oportunidade de abrir uma loja de esportes naquele ponto movimentado. Você entra nessa loja. Como seria essa experiência? Conseguiria comprar a bola?

Agora você entra em outra loja: o empreendedor é um apaixonado por esportes, ama futebol. Como seria sua experiência nessa loja? Compraria apenas uma bola de futebol? Aproveitaria e compraria algo mais?

Visualize essas duas empresas daqui a dois anos. Levando em conta ainda que a primeira loja estaria em um ponto melhor. Ainda assim, qual probabilidade do sucesso de ambas?

O primeiro empresário abriu algo pensando no dinheiro, focou no dinheiro. Ah, mas ele fez estudo de mercado. E?

Faltou amor! Faltou algo muito importante, e vamos falar sobre isso aqui:

Missão, valores e visão!

É aonde entra o amor. Quando você coloca a paixão na frente do seu negócio, amor em cada cliente, amor na sociedade em que vive, amor no querer ajudar, você enxergará oportunidades à sua frente, pois você se tornará um solucionador de problemas, você estará buscando o melhor para seu cliente e não apenas cifrão atrás de cada cliente. Não importa se você é um grande profissional se não tiver amor com seus amigos. Isso mesmo, tratar seus clientes como amigos. Você estará sempre remando contra a maré. Pense: como você queria ser tratado por um amigo? Sua visão sobre seu negócio mudará.

Aí que começa a esquentar seu sonho de empreender, e entramos no ponto principal: qual sua missão de vida? Quais seus valores?

Antes de ajudar a descobrir sua missão, vamos voltar no tempo.

Quantas vezes ouviu falar que você, porque adorava brincar com um cachorro ou gato, que iria ser veterinário? Ou para satisfazer o sonho frustrado dos seus pais, ser médico? Advogado?

O pior, falas como essas abaixo, que viraram crenças poderosíssimas:

Se não estudar e virar um "doutor", não será ninguém na vida!

Só com carteira assinada você conseguirá estabilidade na vida para sustentar sua família!

Essas são apenas algumas das mais comuns falas que ouvimos de pessoas que tanto admiramos: nossos pais!

As crenças limitantes que se instalam em nossas infâncias têm um poder destruidor em nossas vidas adultas. Crianças tão cobradas pelos pais, de forma muito rígida ou com forte emoção para não os decepcionar, que hoje são tão perfeccionistas que não conseguem tirar um projeto do papel, porque sempre tem algo extra a ser feito.

Ou a insegurança de fazer algo, tomar uma atitude de agir e sair do lugar talvez venha do fato dos pais falarem que você não estudou como seu irmão, que você nunca ia ser alguém na vida se não fizesse exatamente tal coisa? E nesse momento, uma dessas falas entre tantas outras, dita com forte emoção, entrou diretamente no seu subconsciente, fazendo aqueles fatos virarem uma crença.

Em meu consultório já ajudei uma cliente a superar uma crença que por anos a atormentava sem saber o que passava realmente. Ela tinha um incrível poder de iniciar um projeto e fazer ele gerar renda. Porém, quando chegava a um certo nível, algo acontecia, e ela quebrava. E quando não tinha motivos aparentes para ela quebrar, simplesmente entrava em depressão e o mundo dela desmoronava.

Ela simplesmente, num momento de forte emoção e alto impacto na vida, descobriu que os pais estavam falidos. E ela se viu obrigada a ser virar aos 22 anos.

O que aconteceu? Ela tinha uma crença de que não merecia; de forma alguma poderia ter mais dinheiro que o pai dela...

Somente depois que ressignificou essa crença, ela sentiu uma paz e deslanchou na vida profissional, superando a barreira que a impedia de ter mais dinheiro que seus pais.

Outra cliente que nunca conseguia alcançar o topo, sempre sentia algo dando errado e a puxando de volta para a linha medíocre da vida. O fato dessa cliente que ajudei superar essa crença era de que, na infância, em uma brincadeira boba de crianças, sentiu forte impacto emocional quando na brincadeira com a irmã, havia uma amiga perto, e por isso se sentiu tão humilhada e ridicularizada que se encolheu.

Além de viver uma vida adulta tão tímida, descobrimos na sessão que era essa sensação que a impedia de brilhar, realizar seus sonhos e conquistas. Afinal de contas, quem é ridícula merece conquistar todo o sucesso? Quem é ridícula merece estar entre os vencedores?

Então devemos tratar nosso interior primeiro antes de dar o segundo passo, pois mesmo com grande uma oportunidade nas mãos, com grande demanda de clientes, se existir alguma ferida, alguma crença limitante dentro de você, ela vai te derrubar, assim como talvez já tenha te derrubado antes.

Ressignificar uma crença sozinho é bem difícil; recomendo buscar ajuda com um profissional qualificado.

Mas o primeiro passo seria identificar qual foi o momento no passado que ocasionou tal crença. Como isso ocorre? Um bom exemplo é no filme "Duas Vidas", com Bruce Willis, do ano 2000. No filme, ele volta ao tempo com sua versão mirim, e ambos veem o pai brigando com o garotinho. Nesse exato momento aparece um tique-nervoso que dispara e fortalece uma crença nele.

Feito isso, o segundo passo é entrar em estado de relaxamento total, como uma meditação; trazer o momento, a cena em sua mente e depois ressignificar. Como podemos fazer tal façanha? Você precisa dar um novo significado para aquela cena, algo que você desassocie aquela cena que seu subconsciente gravou, associada ao forte impacto emocional.

Agora que suas crenças limitantes estão eliminadas, ou ressignificadas, e crenças impulsionadoras foram ativadas, podemos trabalhar sua missão e valores.

O que é Missão: é um compromisso, uma obrigação assumida por você para sua vida.

A missão da empresa deve estar alinhada com sua missão de vida. Ela será o propósito da empresa, a razão de existir o negócio, o que é e para quem se propõe. A missão da empresa estará voltada, com a essência de seu(s) fundador(es), para a definição do negócio e especialmente para o cliente.

O que é Visão: É descrição do futuro desejado para seu empreendimento. Através de metas e conquistas, a visão é descrita na forma que se deseja que sua empresa esteja em determinado período de tempo.

Que são Valores: São crenças e princípios que regem a empresa, que servem de parâmetros para os critérios que definem comportamentos, atitudes e decisões de TODAS as pessoas envolvidas no empreendimento. Devem ser passados ao cliente, para que o mesmo possa identificar com o que a empresa realmente está lidando. Todas as relações com colaboradores, parceiros, fornecedores e clientes da empresa devem ter os valores como base em suas ações.

Para elucidar ainda mais como desenvolver sua missão, visão e valores, te faço algumas perguntas para que você possa refletir e responder sinceramente cada uma delas:

1- O que é realmente importante para você a respeito desse empreendimento?

2- O que você ganha fazendo isso?

3- De que maneira isso é importante para você?

4- Por que você quer isso?

5- O quanto você quer isso?

6- O que é importante para você em conseguir o sucesso desse empreendimento?

7- Quais são as cinco coisas de que você mais gosta em relação à sua vida?

8- Por que elas são importantes para você?

9- Com o que você se importa?

10- Que qualidade de experiência quer ter na sua vida?

11- Se a vida é uma jornada, quais princípios são seus guias?

12- O que realmente é importante para seu cliente?

13- O que move sua vida e suas ações?

14- O que lhe tira realmente do sério, fazendo você ficar com raiva e frustrado?

15- Que valor é violado com essa situação?

Se você está com grandes dificuldades em responder as perguntas acima, recomendo o auxílio de um *Coach*, inclusive com atendimento online.

Depois de responder todas as perguntas acima, você poderá, de forma mais clara, conseguir as respostas para as perguntas abaixo, mas somente responda depois que estiver em um local tranquilo e confortável.

Qual é meu Objetivo?

Qual é minha Missão?

Qual é minha Visão?

Quais são meus Valores?

O que realmente importa para você? O que essa oportunidade vai lhe trazer verdadeiramente?

Sua jornada deve ser prazerosa. Se você acordar com alegria no coração, desejoso de ir empreender todos os dias, como se fosse seu primeiro dia, feliz por estar fazendo de algum jeito, a diferença na vida das pessoas, você está empreendendo com amor, e seus resultados serão consequência de todo seu trabalho e dedicação.

O contrário é verdadeiro. Ir trabalhar cansado, pesado e pensando apenas no dinheiro que está ganhando, uma hora irá se virar contra você, e esse sentimento irá diretamente influenciar sua empresa. Lembra das crenças que falamos lá em cima?

Com essas respostas, colocando como propósito de vida o amor no que você faz, e o desejo em solucionar o problema do seu cliente, do seu nicho, você estará no caminho certo para se tornar um empreendedor de sucesso, com resultados satisfatórios.

Lembre-se que todas as metas e objetivos são incrivelmente potencializados pelos seus valores e missão de vida.

É muito comum as pessoas estabelecerem metas, mas tentam conquistá-las sem satisfazer os valores tão importantes em outros momentos da vida, como na época em que, para oferecer muitas coisas boas para sua família (que outrora valorizava em primeiro lugar), deixou de lado a esposa e os filhos. A família ficou infeliz, ele também ficou infeliz. Ele poderá até conquistar suas metas e sonhos profissionais e financeiros, mas será muito infeliz no relacionamento dele, podendo até mesmo perder sua família. Porque o que ele sempre valorizava, o que sempre foi valor principal para ele, esta negligenciando! E por estar violentando seus valores e deixando o que importa para trás, estará entrando num estado de incongruência que poderá trazer auto sabotagens...

Já vimos sobre isso, né? Seja congruente em suas decisões! Em sua vida profissional! Em sua vida familiar!

O maior ganho do empreendedor em seu casamento é ter um verdadeiro *mindset* com seu cônjuge!

Mesmo sendo superficial, já dá para se ter uma ideia de como agir e abrir seus horizontes em busca de seus sonhos e objetivos.

Sucesso a todos!

Caso surjam dúvidas, estou à disposição pelo *e-mail* ou *WhatsApp*.

45

Empreendedorismo com prosperidade

Neste capitulo os leitores encontrarão uma visão realista do escritor com relação a empreendedorismo e prosperidade. Se você é empreendedor, ou quer seguir por este caminho vai encontrar dicas e informações importantes. empreendedorismo com prosperidade se completam, e formam a unicidade do "SUCESSO". Boa leitura...

Rogério de Caro

Rogério de Caro

Economista graduado pela Fundação Santo André, com especialização em Tecnologia da Informação e Novos Negócios pela Fundação Getúlio Vargas. *Executive Coach* pela Sociedade Brasileira de Coaching (SBC), instituto reconhecido pela International Coaching Coucil(ICC), *Master Coach* Internacional pela Center For Advanced Coaching (CAC). Tendo mais de 3.000 horas de trabalho com executivos e empresários. Apresentador do programa "Momento Coaching" pela UPTV, sempre levando esclarecimentos do processo *coaching*, autoconhecimento e superação. Hoje atua como palestrante nos segmentos motivacional, empresarial e consultor/mentor estratégico de empresas. Trabalhou por 25 anos em empresas do segmento automobilístico Volkswagen e Ford, passando por diversas áreas como executivo, TI, Processos e Controller Financeiro . Grande experiência em fusão e separação de empresa, Autolatina.

Contatos
www.rogeriodecaro.com.br
rogerio@rogeriodecaro.com.br
(11) 94777-9496

> "Pensar é o trabalho mais difícil que existe. Talvez por isso tão poucas se dediquem a ele" Henry Ford

Neste capitulo, proponho ao leitor que, reflita e tome a melhor decisão analisando pontos levantados de risco e oportunidades. E de forma nenhuma tem-se a pretensão de substituir um planejamento estratégico, analise de mercado e outras ferramentas necessárias para iniciar um negócio. O ponto é que tome a melhor decisão e não engorde a estatística dos empreendedores falidos e não prósperos.

Vamos começar pela definição de empreendedorismo, características necessárias do empreendedor, definição de prospero e características de pessoas prosperas. Depois analisamos alguns números e indagações para refletir.

> "Empreendedorismo é o processo de criar algo diferente e com valor, dedicando tempo e esforço necessário, assumindo riscos financeiros, psicológicos e sociais correspondendo e recebendo as consequentes recompensas de satisfação econômica e pessoal."
> Robert D. Hisrich

As características necessárias para um empreendedor são, otimismo, autoconfiança, aceitar riscos, desejo de protagonismo, resiliência e perseverança.

Principais tipos de empreendedores, Nato criador de grandes empresas, Aprende e se depara com oportunidades, Corporativo transformadores dentro da empresa, Social busca o bem social, Necessidade pela falta de mercado de trabalho, Herdeiro dar continuidade ao legado da família e o Normal que busca se capacitar e analisa riscos.

Definição de Prosperidade (do latim *prosperitate*) refere-se à qualidade ou estado de próspero, que, por sua vez, significa ditoso, feliz, venturoso, bem-sucedido, afortunado (Novo Dicionário Eletrônico Aurélio, versão 5.0, e Dicionário Houaiss da língua portuguesa, 2001.).

Característica de pessoas prosperas, saúde, riqueza e amizade, problema de dinheiro se resolve ideias e planejamento, pensar é o rascunho do futuro, gasta parte do que ganha, tenha amizade com pessoas prosperas, aprende com o fracasso, faz o dinheiro trabalhar por você, aprenda educação financeira, pessoas prosperas são remuneradas pelo resultado e não pelo valor hora.

Nos dias atuais o termo Empreendedorismo é muito valorizado, e ser empreendedor é o sonho de muitos. É sinônimo de pessoas bem sucedidas e afortunadas. Será que é verdade?

Quando analisamos os números de estudos sobre empreendedorismo no Brasil, concluímos que no mundo real, o céu não é tão azul assim, como muitos pensam e que buscam como alternativa de vida. E estes números comparados com os de outros países, identificamos grandes discrepâncias, que nos mostram que temos muito a melhorar, por outro lado temos enormes oportunidades. Um dos fatores que não podemos deixar de considerar que um "Empreendedor" é um ser humano, que tem emoções, hábitos, e crenças. Comete erros e acertos e lidar com tudo isso não é tão simples assim.

O empreendimento nasce como um sonho, e ele remete a realizações, reconhecimento, felicidade e dinheiro. Se ele é um sonho, esta na cabeça, e é imaginário.

Este sonho para se realizar e vir para o mundo real, ele tem que passar por algumas etapas pensamento, sentimento, ação e resultado.

O seu empreendimento (sonho) só se realizara se você acreditar e tiver certeza do que quer, onde esta e onde quer chegar, e porque ele é importante para você. Se for só para ganhar dinheiro é pouco, ele tem que trazer realização, reconhecimento, felicidade e dinheiro. Não esqueça que nesta empreitada terá que vender o seu sonho a sua família, possíveis sócios, colaboradores, agentes financeiros e outros. E todos terão que acreditar e se encantar, se houver duvida, com certeza tudo ficara mais difícil.

Analisando alguns números que levaram pessoas optarem pelo empreendedorismo, fica claro, que muitos não fizeram uma analise com mais critério e profundidade, o que leva a engordar a estatística dos empreendedores, frustrados, falidos e "NÃO PROSPEROS".

Pessoas que sonham ser empreendedores	
82%	Turquia
76%	Brasil
51%	USA
37%	União Europeia

Números Brasil
48 milhões empreendedores
21 milhões entram necessidade falta emprego

	Brasil	Países Desenvolvidos
Formação Superior	14%	58%

Números Brasil
56% Buscam empreendedorismo pela oportunidade
44% Buscam empreendedorismo pela necessidade

Pesquisa recente nos EUA mostram que o sucesso nos negócios depende principalmente de nossos próprios comportamentos, características e atitudes e não tanto do conhecimento técnico de gestão.

Já vimos definições de empreendedorismo e prosperidade, alguns números e agora fatores que levam as pessoas no Brasil optarem pelo empreendedorismo.

Principais fatores que levam pessoas optar pelo empreendedorismo, perda de emprego, insatisfação com a carreira ou empresa, demora na relocação, empresa em dificuldade, crise econômica, convite a participar de sociedade, sócio investidor, sociedade em família, e ter conhecimento no negócio e não dispor de capital.

Relaciono algumas perguntas para reflexão:

1- A sua área de conhecimento é a mesma do negócio que pretende empreender?

2- Tem conhecimento do mercado que pretende atuar, tem informação suficiente e confiável?

3- Sua carreira não decola e você acha que tem capacidade para ser empreendedor?

4- Recebeu um convite para participar de uma sociedade, analisou o que levaram a convidá-lo?

5- Analisou a estória da empresa e dos sócios?

6- O que realmente você pode contribuir com esta empresa?

7- Que área irá atuar? Tem poder de decisão?

8- Tem contrato, que defini participação e de cada sócio e nível de responsabilidade?

9- Já teve sócio?

10- Observou o seu sócio com um olho mais critico, caráter, comprometimento com o trabalho, seus valores e família, com reage sob stress?

11-Esta preparado financeiramente, tem um plano B, caso de tudo errado?

12- Apresentou a sua família o seu projeto, qual a opinião deles, refletiu sobre as consequências se der tudo errado?

Faça uma analise mais profunda, com os números do empreendedorismo, os fatores que levam as pessoas optarem pelo empreendedorismo e as perguntas para reflexão e as características de pessoas prosperas. Se é muita informação coloque no papel tudo que se encaixa com o seu perfil pessoal e o do seu empreendimento. A que conclusão esta chegando? Como esta se sentindo? O risco de insegurança é alto? Algo não fecha? Ótimo, entenda que hora de analisar mais obter mais detalhes, busque ajuda de terceiros e esteja preparado para ouvir, não se feche as criticas, elas poderão trazer duas situações a certeza que esta no caminho certo, mesmo que não concordem com você, ou que é hora de repensar ou parar.

Optar por empreender pela falta de emprego, ou entrar em uma sociedade sem analisar sócios e a empresa, é uma decisão de alto risco.

O risco, a insegurança, acompanhado do medo sempre irão existir, o objetivo desta analise, é minimizar o erro que ocorre por decisões movidas pela emoção e por falta de informação.

Seja um empreendedor próspero e caminhe para o sucesso.

Referências:

EKER, T. Harv. *Os segredos da mente milionária*, 2006

HILL, Napoleon. *A lei do Triunfo*, 2014

GOLEMAN, Daniel. *Inteligência Emocional*, 2005

Sebrae *Informações de empreendedorismo*, 2014, 2015

LEVVY, Gabriela. *Endeavor Portal do Empreendedor Brasil*, 2015

HISRICH, Robert D. Empreendedorismo,

46

Pessoas poderosas em vendas: coaching para a alta performance

Você está preparado para buscar seu autoconhecimento, ter o controle de sua vida e ser tornar uma pessoa extraordinária? Descubra, neste artigo, dicas valiosas para alcançar resultados incríveis!

Selma Garcia

Selma Garcia

Coach de gestão empresarial, empreendedora, especialista em vendas. Analista comportamental, *coach* em desenvolvimento pessoal. *Executive, leader & life coach.* Palestrante, sócia proprietária na empresa Melhor Palestra Consultoria. MBA em empreendedorismo, gestão de pessoas e negócios. Ministra cursos e palestras por todo Brasil e exterior.

Contatos
http://www.melhorpalestra.com.br
contato@melhorpalestra.com.br
selmapgarcia@yahoo.com.br
Facebook : Selma Garcia
Instagram: Selmapgarcia
(11) 97552-4322

Pessoas: cada ser humano considerado individualmente por seu físico e espírito. Dotado de atributos como racionalidade, autoconsciência, linguagem, moralidade e capacidade para agir.

Poderosas: que tem força ou grande influência. Altamente colocado na sociedade, que produz efeito impressionante, intenso, enérgico, marcante.

Vendas: transferência da posse ou do direito sobre alguma coisa mediante pagamento.

Coach: treinador.

Alta performance: maneira como atua ou se comporta alguém ou algo, avaliada em termos de eficiência, rendimento.

Você está preparado para buscar seu autoconhecimento, ter o controle de sua vida e ser tornar uma pessoa extraordinária?

Quando você têm tantas perguntas sem respostas, procrastinação, quando seu dia começa e termina do mesmo jeito, você nem consegue mais saber quais são seus sonhos ou se você deseja melhor qualidade de vida, mais realizações profissionais e pessoais, aperfeiçoar suas atividades como líder ou empreendedor.

É hora de mudar, você deve procurar um *coach*!!!!

O *coach* te ajudará a desenvolver sua inteligência emocional e capacidade de ter mais opções para atuar no seu cotidiano e obter melhores resultados em sua vida.

Embora nós acreditássemos que sabemos quais são os nossos desejos ou objetivos, muitos não conseguem defini-los, nem traçar metas de como alcançá-los. Precisamos de metas claras que conseguiremos atingir de forma gradativa. Sobreviver é bem diferente de viver. Temos que ter foco e disciplina, mas para isso, teremos que definir nossos objetivos.

Quatro regras para formular objetivos:

Seja positivo, seu cérebro precisa ser reeducado para receber coisas que te darão satisfação;

Desafie-se, libere adrenalina, use sua criatividade a seu favor, comemore cada conquista, mantenha-se motivado;

Seus objetivos devem ser claros e mensuráveis. Como? Quando? Onde? O que você irá ganhar com esse resultado? Seus objetivos devem ter evidências.

Pense nas áreas que você quer mais resultados, no que te inspira e como ficará com o resultado alcançado. Ilustre os seus objetivos, procure fotos que te incentivarão visualmente.

Na sequência quero comentar algumas ferramentas utilizadas no coaching de vendas de alta performance. Elas nos levarão a refletir sobre o significado de nossa vida, motivos e desafios que encontraremos em nossa caminhada. Expectativas – Fé – Razão de Ser – Projetos.

Projetos: o projeto de vida é a trilha que você irá percorrer ao executar os diversos planejamentos que tem e terá. São as diretrizes básicas que determinam o rumo da sua vida. A interligação e a sequência desses planos é que faz um projeto de vida ser bem-sucedido ou não.

Não há tempo suficiente para que possamos fazer tudo o que temos vontade. A vida é feita de escolhas, no momento em que você faz uma escolha, está abrindo mão de todos os outros "futuros" pertencentes às opções recusadas. Portanto, de nada adianta planejar cada ação, se não houver direcionamento, pois os resultados serão aleatórios dentro do contexto geral da vida. Quando se tem um projeto de vida, cada planejamento, por mais específico que seja, está relacionado às metas principais e gerais definidas nesse projeto. A vantagem de um projeto de vida é que se evita o desperdício de tempo.

Expectativas: é o estado ou qualidade de esperar algo ou alguma coisa que seja viável ou provável que aconteça; um grande desejo ou ânsia por receber uma notícia ou presenciar um acontecimento que seja benéfico ou próspero. O sentimento de expectativa só pode existir na ausência da realidade, ou seja, quando o objeto que motiva a expectativa ainda não se tornou viável e real, sendo apenas uma condição presente. Outra característica necessária para que possa existir a expectativa é a previsão, informação ou condição que sustente esta esperança.

Razão de ser: onde você está? Onde quer chegar? O que já alcançou? Trás consigo um sentido de realização, feitos, metas atingidas, significados, resultados alcançados. Muito mais do que palavras, são atos, é o olhar, o sonho, a expressão, uma nova forma de agir; uma mudança necessária de *mindset*.

Fé: é a certeza daquilo que esperamos e a prova das coisas que não vemos.

As metas nem sempre estarão visíveis, mas creia, você estará trabalhando para que elas aconteçam. Liste abaixo pelo menos três exemplos a realizar:

Projetos (materialização dos seus desejos);
Razão de ser (conquista a ser alcançada);
Fé (o que você acredita que não vê);
Expectativas (o que traz um sentido forte de sonho, de construir diferenciais, deixar um legado).

Todos nós buscamos a felicidade em nossos relacionamentos, seguindo nossos critérios de crenças e valores.

Roda da vida: ferramenta de autoconhecimento

Muito utilizada em sessões de *coaching*, a roda da vida surge no papel como um círculo separado em partes e ajuda a criar um panorama pessoal e mapear como estão as principais áreas da sua vida. Com ela em mãos, é possível analisar problemas, rever prioridades e traçar planos futuros para atingir um novo equilíbrio. É um sistema de autoavaliação, originalmente desenvolvido pelos hindus, é uma das ferramentas mais simples, mas de grande valia.

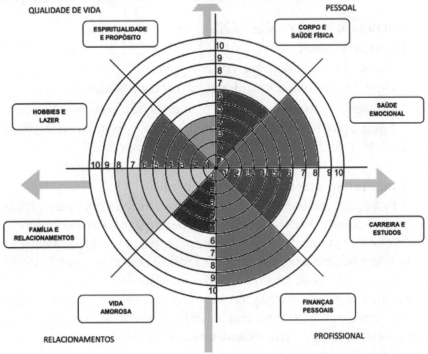

Para preencher sua roda da vida, é necessário que você atribua uma nota de zero a dez, que se refere à satisfação que você já tem em cada área. A roda da vida o ajudará a refletir em quais pontos a sua vida se encontra nessas áreas e para onde você realmente deseja ir. Você terá maior clareza para definir quais são suas prioridades, pontos importantes e de interesse, além de usá-los para anular e consequentemente impedir o seu crescimento pessoal. De acordo com os hindus, você deve alcançar pelo menos 60% de satisfação em cada área da sua vida. Áreas que estejam abaixo desse índice, precisam urgentemente ser trabalhadas.

Vendedor de alta performance
Competências: adaptabilidade, empatia, disciplina, capacidade investigativa, tenacidade comercial.

Habilidades: saber ouvir, ser um entusiasta, ser organizado, saber encontrar soluções, boa comunicação.

Atitudes: ter foco, ser persistente, ter objetivos claros, saber vender valor e não preço, ter paixão pelo que faz.

Processo de comunicação

Emissor → intenção → mensagem → interpretação → receptor

Comunicação em vendas – PNL
O que perguntar?
- Que sensação você tem quanto a esse produto?
- Que tal experimentar aguardar até eu falar com meu gestor?
- Já imaginou a sensação de economizar dinheiro e ter mais conforto?
- Pegue o produto ou se imagine alcançando seu objetivo perfeito, não é mesmo?

Como interpretar as objeções dos clientes
- Está muito caro. Esclareça e reforce todas as vantagens que você pode oferecer para o cliente. O valor que você consegue agregar ao seu produto/serviço durante a conversa com o cliente, é imprescindível para o sucesso de vendas.
- Você pode me ligar mais tarde. O desafio é descobrir se isso é, de fato, interesse ou tentativa de dispensar o vendedor. Uma das formas de descobrir é, ao concordar em retornar a ligação depois, perguntar qual horário é melhor e mais conveniente. Uma vez recebida e resposta, é hora de colocar a mão na massa e realmente ligar e tentar converter isso em vendas.
- Preciso mais tempo para pensar. A grande chave dessa objeção é descobrir sobre o que o cliente precisa pensar com mais calma e tempo.
- Eu não preciso do seu produto. Para resolver essa questão, é necessário conversar com o cliente a respeito do que a sua empresa faz e como ela pode ajudá-lo, apresentando cases de clientes de companhias e indústrias similares ou até mesmo de concorrentes.
- Você pode me enviar mais informações a respeito. Um tipo de pergunta adicional é "em que tipo de informação você está interessado?" ou "quais são suas maiores dúvidas a respeito da nossa empresa, produto ou serviço?".

- Estou satisfeito com o produto/serviço que já tenho. Essa é uma das objeções mais desafiantes já apresentadas, pois é preciso convencer o cliente de que é importante para ele trocar algo que já tem (e que ele afirma estar dando o resultado esperado) por algo desconhecido construída. Após conversar sobre os benefícios e vantagens do seu produto, é hora de conquistar o cliente com algo que ele não está esperando.

Princípios básico de negociação
- Diferencie pessoas de problemas;
- Focalize os interesses, não as posições;
- Tenha alternativas com ganhos para ambos;
- Persista sobre critérios objetivos;
- Concentre-se nos pontos fortes da outra parte;
- Atue com entusiasmo.

Regras para uma negociação de alta performance
- Planeje em conjunto com a equipe;
- Lide com os problemas de emoções e percepções;
- Crie valor para o seu objetivo negocial;
- Estabeleça legitimidade para os assuntos conflitantes;
- Certifique-se de que os planos de contingência, reclamação e garantias estão claros e respaldados pelas partes.

Táticas de negociação

1. Gatilhos mentais

Os gatilhos mentais nada mais são do que necessidades e estímulos primitivos que todos nós temos. Quando o vendedor anuncia para o cliente que determinado item está em escassez nos estoques, por exemplo, ele está mexendo com um sentimento de urgência, movido pela possível ausência do produto referido. Acionar esses gatilhos mentais, definitivamente pode ser um diferencial.

2. Rapport

Também conhecido como técnica do espelho, o *rapport* nada mais é do que uma forma de se estreitar a relação com o cliente, por meio de uma aproximação "cultural". O vendedor deve adaptar a sua forma de falar, sua postura e até a maneira como manifesta suas ideias para se aproximar ao máximo do cliente. Sem dúvidas essa é uma das mais recomendadas táticas de negociação, mas só está completa com o passo a seguir.

3. Automação

Com a automação é possível recolher informações do cliente em tempo real e converter todos os dados em ações efetivas para a melhoria. Além disso, estamos trabalhando também no nível de satisfação do cliente, o que certamente é ponto positivo na negociação.

4. Roteiro de vendas

Embora, de fato, não seja recomendado apenas seguir um *script* às cegas, essa é uma etapa fundamental para o planejamento da negociação. Com ele, é possível estabelecer quais são as prioridades durante todo o discurso de venda, como pontos-chave a serem abordados, possíveis recusas e direcionamentos no caso de cada uma das objeções. É claro que, para que o roteiro seja eficaz, ele não deve ser lido de maneira robotizada.

Funil de vendas

O começo de um processo de expansão da sua consciência, descobertas das suas potencialidades e desenvolvimento de um plano profissional realmente eficaz – a arte de vender.

"As pessoas aprendem umas com as outras, assim como o ferro afia o próprio ferro." (Prv 27:17)

47

Aposte em seu potencial: empreenda!

Quem nunca pensou em ser chefe de si mesmo, transformando um sonho de vida em realidade? Será que empreender é atividade inata de alguns poucos visionários que, enxergando à frente de seu tempo, conseguem deixar suas marcas no mundo? Quais as habilidades e atitudes de um empreendedor de sucesso?

Sergio Bialski

Sergio Bialski

Graduado em Comunicação pela USP e Mestre em Ciências da Comunicação pela USP. Eclética formação acadêmica, com três pós-graduações: Gestão de Processos de Comunicação pela USP; Jornalismo Institucional pela PUC-SP; e Comunicação Empresarial & Relações Públicas pela Cásper Líbero. Vinte e cinco anos de experiência no mundo corporativo, sendo 15 deles como Gestor de Comunicação em empresas multinacionais como Dun & Bradstreet, Wyeth, Rhodia, Aventis e Sanofi. Professor, há dez anos, em universidades como ESPM e Anhembi Morumbi, nos cursos de Publicidade, Relações Públicas e Jornalismo. Palestrante na área de Criatividade & Inovação, Excelência em Atendimento, *Branding* e Comunicação para o sucesso. Ganhador de dez Prêmios de Reconhecimento, nos últimos dez anos, nas universidades em que leciona, como resultado das avaliações feitas pelos próprios alunos de graduação, com a adoção de metodologias inovadoras de ensino em sala de aula.

Contatos
www.sergiobialski.com.br
sergio.bialski@outlook.com
(11) 99389-4558

Quantas vezes você já viu e ouviu, em sua vida, pessoas se queixando das empresas em que trabalham e de seus gestores, ou mesmo se queixando do baixo salário que recebem e da falta de valorização de seu esforço e talento pessoal?

Ao mesmo tempo em que percebemos essa situação ocorrer com frequência, inversamente proporcional é a quantidade de profissionais que se arriscam a buscar novos caminhos e estabelecer novos limites para a vida, já que a zona de conforto parece ser um terreno aparentemente menos pantanoso e desconhecido. E é por esse medo do imponderável que oportunidades são perdidas e deixam de se transformar no sucesso que tanto se almeja.

Certa vez ouvi de um colega empreendedor a seguinte frase: "somos o resultado da soma de tudo o que plantamos, subtraindo as oportunidades que deixamos de aproveitar ao longo de nossa existência."

Se o resultado for positivo e você estiver motivado com o seu salário, clima organizacional e gestor, e se sentir realizado com o alto nível de reconhecimento que tem, considere-se um privilegiado e continue a sua trajetória. Mas, se estiver descontente, e se sentir que cada dia que levanta para ir ao trabalho é um peso e sofrimento, não dá para ficar parado, reclamando da vida: é chegado o momento de mudar.

Durante os quase 25 anos de minha vida corporativa, uma lição de ouro que aprendi foi não resistir às mudanças, e, acima de tudo, enxergar oportunidades onde outros veem apenas ameaças. Aí, sem dúvida, encontra-se o primeiro grande aprendizado sobre o que é empreender.

Empreender não é apenas levar adiante uma ideia ou um sonho com o objetivo de atingir resultados. Empreender é estar disposto a assumir riscos, ter em mente que, como toda nova aposta, não há garantias de sucesso. Dentro desse contexto, criatividade, autoconfiança, capacidade de implementação, pró-atividade, disciplina, desejo de assumir responsabilidades e ser independente, foco nas metas, perseverança, otimismo, visão e, acima de tudo, paixão, são algumas características que devem ser levadas em conta por um empreendedor.

Uma recente pesquisa sobre empreendedorismo do *Global Entrepreneurship Monitor* (GEM), que analisou dados provenientes de 65 países no ano de 2016, revela que ter um negócio é o quarto sonho do brasileiro, atrás apenas de viajar pelo Brasil e comprar a casa própria ou um automóvel. Além disso, 36% dos brasileiros possuem um negócio ou realizaram alguma ação, no último ano, para ser dono da própria empresa.

As histórias que ouvimos sobre empreendedorismo, muitas vezes, são grandiloquentes. Algo do tipo: "como larguei meu emprego bem-remunerado e dei um pontapé no meu chefe" ou "como vencer na vida sendo um empreendedor de sucesso."

Se ainda não teve oportunidade, digite no *Google* a palavra "empreendedor" e consulte as imagens a ela associadas. Você verá executivos engravatados, gráficos com traçados ascendentes, pessoas sorrindo, estilingues, cifrões e até mesmo gravuras reproduzindo Clark Kent abrindo sua camisa, prestes a se transformar no *Superman*.

Devo confessar que jamais acreditei em histórias, imagens estereotipadas, receitas de bolo desse tipo, ou, muito menos, em fórmulas mágicas de ganhar dinheiro. Tudo o que conquistei na vida foi sempre resultado de muito planejamento, trabalho duro e investimento de tempo para aperfeiçoamento.

Apesar dos dados animadores, que colocam o brasileiro como um entusiasta do empreendedorismo, de cada dez empresas abertas no Brasil, seis não sobrevivem após cinco anos de atividade, segundo a pesquisa *Demografia das Empresas,* do IBGE (Instituto Brasileiro de Geografia e Estatística). Para endossar estes dados, o estudo *Sobrevivência das Empresas no Brasil,* realizado pela Fundação Getúlio Vargas (FGV) em parceria com o Sebrae, em outubro de 2016, aponta que um terço das novas empresas no Brasil fecha em dois anos.

Você deve estar se perguntando por qual motivo este tamanho entusiasmo, em busca de um sonho, não se reflete nas estatísticas de sucesso. Os dados da pesquisa FGV nos dão algumas pistas: em primeiro lugar, constatou-se que boa parte das empresas que quebraram antes de dois anos possuíam uma proporção maior de empreendedores que iniciaram um negócio quando ainda estavam desempregados, ou seja, em um momento desfavorável, em que a busca por soluções imediatistas acaba falando mais alto que o pensamento estratégico, focado numa solução racional para o momento.

Você pode ter o sonho de empreender, mas colocá-lo em prática estando no controle da situação é sempre muito melhor do que sendo pressionado por ela. Essa é a diferença entre empreender por necessidade e empreender por oportunidade.

Outra informação relevante está ligada às empresas que sobreviveram. Pesquisas apontam que cerca de 70% delas continuaram operantes devido à experiência anterior do proprietário no ramo, ou seja, é essencial ter conhecimento sobre o mercado, tamanho e potencial de crescimento, e, acima de tudo, saber se planejar.

Finalmente, que também salta à vista, nesta pesquisa, é que as empresas que sobrevivem aos dois anos iniciais e prosperam têm um período maior de incubação, levando-se em conta o início das conversas e seu efetivo lançamento. Portanto, deve haver um período de "gestação" da ideia, com discussões e absoluta lucidez para praticar o que preconiza a orientação de marketing, tão bem ensinada por Philip Kotler, professor, consultor e especialista em negócios: encontre o produto certo para o cliente e não o cliente certo para o produto. Ou seja: o alcance de metas depende do conhecimento das necessidades e desejos dos clientes que se pretende atender (mercado-alvo), bem como da entrega da satisfação desejada com mais eficiência que os concorrentes.

Rubem Alves, psicanalista, escritor, teólogo, notório educador e profundo conhecedor da alma humana, escreveu um texto intitulado "Sobre Jequitibás e Eucaliptos", em que compara professores e educadores.

Para ele, ser professor é profissão, e isso há aos milhares, tal como eucaliptos plantados de forma enfileirada, em posição de sentido, preparados para o corte e para o lucro num espaço de floresta que se submete à lógica das cifras e dos negócios. Ser educador, contudo, é vocação que nasce de um grande amor e de uma grande esperança, tal qual o jequitibá, uma árvore secular diferenciada, cujo mistério, sombras não penetradas e personalidade são insubstituíveis.

Levando a analogia para o universo do empreendedorismo, você pretende que o seu negócio se assemelhe a um eucalipto - igual a tantos outros e obedecendo tão somente a uma lógica econômica - ou pretende que se pareça com um jequitibá, sendo diferente e levando os seus valores para o mundo? Se optar por plantar um jequitibá, lembre-se de que há um longo e natural período de incubação para que ele se torne uma árvore forte e frondosa.

Jequitibás podem ser plantados por todos. Não é necessário um quintal ou um sítio particular para que prosperem. Com isso, quero dizer que empreender não é tarefa restrita aos que são donos de seu próprio negócio. Basta olhar para os programas de inovação que são lançados pelas empresas, todos os anos, cujo objetivo é fazer com que os funcionários, imbuídos do espírito empreendedor, contribuam com ideias e as coloquem em prática para dar resultados às empregadoras.

A bem da verdade é que, não raramente, passamos a vida colocando à disposição de terceiros nossas habilidades, ideias e talentos de empreendedor, e nem sempre somos recompensados por isso.

Mas, se nossas ideias podem ser boas para o empregador, por que não servem para nós mesmos? Infelizmente, muitos potenciais empreendedores subestimam a si mesmos e não percebem que boas ideias surgem, via de regra, de pequenas melhorias e modificações cotidianas. É o que se chama de "inovação incremental". Os japoneses, ao usarem a prática de melhoria contínua, denominada *Kaizen*, partem do princípio do "hoje melhor do que ontem, amanhã melhor do que hoje."

Há que se entender, então, que para empreender não é necessária a chamada "inovação disruptiva", genial e revolucionária do tipo *Google*, *Facebook* ou *Waze*. São muitos os casos de empreendedores bem-sucedidos, que enxergaram oportunidades, lançando um olhar diferenciado de curiosidade e estímulo à criatividade, sobre problemas, muitas vezes simples, do cotidiano.

Boa parte de minha vida profissional foi dedicada à área de comunicação corporativa na indústria farmacêutica. Lembro-me bem de uma visita a campo que fiz, acompanhando um representante de vendas (conhecido como propagandista), e como ele me mostrava sua rotina de divulgar os produtos da empresa para os médicos, em consultórios particulares.

Visitamos oito consultórios naquele dia, e, em um dado momento, o representante abriu o meu olhar para algo que nunca havia percebido. Disse-me ele: "olhe para esta sala de espera e veja como os pacientes se sentem aborrecidos, esperando o médico atender. Imagine se eu desenvolvesse um aplicativo, para oferecer aos médicos, que ao mesmo tempo informasse os pacientes sobre o tempo aproximado de espera até o atendimento, e que possibilitasse a eles algum tipo de entretenimento enquanto aguardam a consulta? Por exemplo, uma parceria com a lanchonete da esquina para oferecer descontos se os pacientes comerem lá enquanto aguardam a consulta; ou uma parceria com o minimercado da esquina, para que também ofereça descontos caso os pacientes aproveitem o tempo ocioso para fazer compras; ou ainda, quem sabe, uma parceria com a drogaria, também nas proximidades, para os pacientes aproveitarem para comprar com vantagens os medicamentos de uso contínuo, que estão faltando na farmacinha de casa. Bastaria dizer que são pacientes do Dr. Fernando e tudo se resolveria."

Achei a ideia de uma simplicidade e brilhantismo incríveis, porque eu mesmo estava de olhos bem abertos, acompanhando o trabalho do representante ao longo de todo aquele dia, mas não fui capaz de ter a empatia de me colocar no lugar do paciente e enxergar este tipo de oportunidade, já que o meu olhar estava focado apenas em acompanhar a visita a campo.

Imediatamente respondi que achava incrível a ideia e que ele deveria pensar seriamente em levá-la adiante. Em alguns minutos, escutei o representante me fazer uma lista de obstáculos e pontos negativos, maior do que a grandeza de sua própria ideia, matando-a no nascedouro, e percebi o quão destrutiva era a autorrecusa de uma oportunidade. Naquele momento, me dei conta de que o número de pessoas que desistem de suas ideias certamente é muito maior do que o número das que fracassam. As que desistem nunca se dispuseram a sair de sua zona de conforto, enquanto as que fracassam tiveram ao menos a coragem de transgredir as linhas demarcadas por elas mesmas e se deram uma chance de arriscar.

Correr riscos faz parte da essência da vida. Todo dia, quando levantamos, saímos de nossa ilha de segurança e remamos num oceano de incertezas. Não sabemos o que nos acontecerá e quais os desafios que se colocarão à nossa frente. Mesmo assim, há pessoas que ilusoriamente pensam que suas rotinas de ir e vir do trabalho parece um porto seguro e confiável. Pleno engano! E, para elas, como também para todos, sugiro que leiam a obra *Cem dias entre o céu e o mar*, de Amyr Klink.

Lá se vão mais de 30 anos desde a realização desta que, mais do que uma façanha esportiva, é uma lição de empreendedorismo, em que o autor vivencia inúmeras frustrações e fracassos antes de, literalmente, colocar o seu barco no oceano e começar a remar.

A bordo da "lâmpada flutuante" (apelido dado ao minúsculo barco a remo), este relato sobre a travessia do oceano Atlântico mostra como superar o inimaginável, afinal, por mais cauteloso, detalhista e sensato que Amyr tenha sido com os preparativos, não há como evitar os riscos e percalços. Mesmo diante das incertezas, do sentimento de desamparo e do incômodo de ser tachado de louco por amigos e familiares, foi em frente. Mais simbólico ainda foi o fato de que nem bem começou a sua jornada e já enfrentou gigantesca tempestade. Mas nem ela, nem os ataques de tubarões ou outros obstáculos foram páreo ao incansável remador que enxergava beleza nos pequenos detalhes: na companhia de peixes dourados, na aproximação de baleias, no ruído das gaivotas ou na felicidade de fazer coisas simples, como uma refeição com comida desidratada.

Cair e levantar faz parte da jornada. O sucesso depende do nível de paciência perante as dificuldades, e, acima de tudo, da resiliência, aqui entendida como o grau de recuperação e superação de dificuldades a que o ser humano é submetido na vida.

Vivemos em uma sociedade que, desde cedo, nos ensina que "errar é humano". Mas, na prática, isso não é verdade, pois rejeita-se o erro e o fracasso.

Pesquisa recente da consultoria Deloitte, com mais de 23 mil profissionais de 1.300 organizações, em 120 países, revelou que 82% dos entrevistados apontaram que o medo de errar é o principal motivo de estresse. Porém, se o mercado de trabalho exige inovação o tempo todo, como podemos criar sem errar?

Aí está, sem dúvida, uma possível grande fonte de frustração que tem levado tantos profissionais a pendurar o crachá corporativo e não desperdiçar seus talentos. E é por isso que, não raramente, escutamos a frase de que "empreender é um ato libertador".

Empreender é aprender com os erros e caminhar adiante. É saber dosar desafios de modo que estes não representem fobias ou obstinação doentia. É saber estabelecer metas desafiadoras, aferindo resultados que sirvam para balizar o progresso alcançado. É saber vibrar e comemorar as pequenas conquistas e sempre ter a humildade de corrigir a rota.

O famoso discurso de Steve Jobs, proferido na Universidade Stanford, em 2005, fala algo mágico sobre "conectar pontos", mostrando que é impossível ligá-los para frente. Só conseguimos fazê-lo para trás. Na prática, isso significa que tudo o que plantarmos hoje só poderá ser entendido e percebido quando, no futuro, olharmos pelo espelho retrovisor e enxergarmos sentido em nossa trajetória empreendedora. Portanto, a despeito das tormentas, não há outra alternativa senão acreditar e seguir adiante. Parafraseando o discurso de Jobs, às vezes a vida nos acerta a cabeça com um tijolo. Não perca a fé. Encontre aquilo que ama e não se acomode. Mantenha-se faminto em aprender, em viver, em descobrir coisas novas. Mantenha a ingenuidade das crianças, que tanto sonham e têm a certeza de que tudo podem.

48

Eu posso me tornar um empreendedor!

Tudo pode ser aprendido se tiver dedicação e força de vontade. O empreendedor é alguém que vive em sociedade, portanto é consequência da relação constante entre os talentos e características de cada um e o meio em que vive.
Podemos ser o que quisermos!

Sidinei Augusto

Sidinei Augusto

Palestrante Licenciado da K.L.A. Educação Empresarial. Diretor e palestrante da Escola de Vendas e Negócios K.L.A. em Poços de Caldas/MG e Curitiba/PR. Empresário, especialista em vendas, especialista em gestão empresarial, professor, palestrante de vendas, palestrante de motivação e treinamentos sobre planejamento estratégico. Formado em ciências econômicas e matemática. Especialização em empreendedorismo pela Babson College, Boston, USA. MBA em gestão empresarial pela Fundação Getúlio Vargas – FGV, coautor dos livros *Vendas: a chave de tudo* e *K.l.a. como se tornar uma campeão de vendas* pela editora Literare Books International.

Contatos
sidinei.augusto@grupokla.com.br
(35) 9 9147-1117

> "Todos os seus sonhos podem se tornar realidade se você tem coragem para persegui-los." -Walt Disney

O que é ser empresário? O que é ser empreendedor? Eis a questão. Meu objetivo neste momento é falar com você, caro leitor, sobre empreendedorismo. Porém, para isso, primeiro se faz necessário entender alguns conceitos que causam confusão na mente da maioria das pessoas.

Uma destes conceitos é, justamente, acreditar que apesar de normalmente serem palavras associadas à mesma coisa, na prática há uma grande diferença entre ser empresário e ser empreendedor.

Ser empresário é ter uma profissão. No direito empresarial, empresário é o sujeito de direito que exerce profissionalmente (com habitualidade) uma atividade econômica (que busca gerar lucro) organizada (que articula os fatores de produção) para a produção ou a circulação de bens ou de serviços.

Podemos dizer, ainda, que empresário, é todo indivíduo que tem competência para perpetuar essa mesma empresa ou negócio. É aquele que possui excelentes conhecimentos das técnicas de administração como planejamento, controle financeiro, marketing, vendas e gestão de pessoas. Porém, quantas empresas vemos que estão estagnadas há muito tempo, sem nenhuma perspectiva de crescimento?

Pois é....Quando essa situação acontece e não existe a vontade de fazer algo novo, focando em gerar novas oportunidades, podemos dizer que o empresário não está sendo empreendedor.

Então, ser empreendedor tem muito mais haver com postura, com a forma de ver o mundo. O empreendedor é quem identifica oportunidades, vê o que os outros não conseguem ver e gera riquezas a partir delas. Pessoa capaz de criar uma empresa ou negócio a partir de uma simples ideia. Aquele que sai da área do sonho, do desejo, transformando estes em projetos e, em seguida, parte para a ação.

O empreendedorismo é a procura por formas inovadoras de aumentar ainda mais o lucro e o crescimento de uma empresa, diversificando o leque de negócios ou introduzindo novos métodos de trabalho ou produtos no mercado e, através disso, criando valor.

Portanto, devemos estar certos de que empreendedor e empresário não são sinônimos. Não têm o mesmo significado. Muitas pessoas confundem estes termos e poucos compreendem as diferenças. Ou seja, nem todo empreendedor é empresário, assim como nem todo empresário é um empreendedor.

A confusão ocorre porque muitos desconhecem as características de um e de outro. Para muitos, empreendedor e empresário é quem abre um negócio. Abriu um negócio, pensam que é tudo a mesma coisa, o que definitivamente não é. Cada um têm papéis distintos, como mencionado anteriormente. Sendo assim, também exigem competências diferentes. É comum encontrarmos empreendedores que falham justamente por não serem empresários. Têm um sonho, uma ideia, abrem o negócio, mas lhes faltam as competências necessárias para consolidar estes sonhos. Incluir conhecimento sobre gestão certamente irá ajudar a dar conta de levar o negócio adiante.

Para o empresário, se falta a capacidade de criar e inovar, ainda também pode procurar desenvolver características empreendedoras.

As diferenças entre empreendedor e empresário podem atrapalhar um negócio. Um empreendedor pode ter dificuldades na gestão do dia a dia. E o empresário pode enfrentar problemas para inovar. O ideal é ser um empreendedor empresário ou vice-versa, sendo assim, fica obvio que, se uma pessoa conseguir unir as habilidades de empreendedor e de empresário, seu caminho para chegar ao topo será muito mais fácil. Seu sucesso será acima da média. Assim como diz a sabedoria popular, "uniremos o útil ao agradável".

Agora que já conceituamos o que é ser empresário e empreendedor, vamos em frente!

Muitas pessoas dizem que para exercer determinadas profissões, precisamos ter habilidades nata!

Você acredita que empreendedorismo pode ser ensinado ou adquirido? Ou, na sua opinião, precisa ser nato? Reflita um pouco!

Será que as pessoas já nascem empreendedoras?

Pesquisadores, após anos de estudo, chegaram à conclusão de que não existe dom para essa ou aquela atividade. Na verdade, o que existe são condições e oportunidades diferentes para se tornar um talento.

Mas, então, por que Guga é tão bom no tênis e outros não são? Podemos responder da seguinte forma: Grande parte dos atletas talentosos que existem por aí começaram tendo um estímulo diferente na sua forma de brincar, conversar e pensar. Também tiveram atividades divertidas e que lhe proporcionaram sensações prazerosas durante a infância. Em seguida, passaram a praticar algum esporte e acabaram gostando e se interessando ainda mais pelo que estavam fazendo. Em sua adolescência, continuaram a praticá-lo em maior intensidade, melhorando também a qualidade de sua prática. Logo, chamaram a atenção de seus pais e professores que, por sua vez, passaram a considerá-los talentosos e especiais. Isso contribuiu para que o seu interesse aumentasse e, dessa forma, eles obtinham o gatilho para sua motivação, dedicando-se e esforçando-se para melhorar ainda mais, chegando, então, a uma posição de destaque dentro de sua área.

Na verdade ninguém nasce empreendedor ou outra profissão que seja. O contato com família, escola, amigos, trabalho, sociedade, o meio a qual vivemos vai favorecendo o desenvolvimento de alguns talentos e características de personalidade e bloqueando ou enfraquecendo outros. Isso acontece ao longo da vida, muitas vezes ao acaso, pelas diversas circunstâncias enfrentadas.

Segundo Fernando Dolabela, consultor de importantes instituições em todo o Brasil e também reconhecido por ser um especialista em empreendedorismo, a tese de que o empreendedor é fruto de herança genética não encontra mais seguidores nos meios científicos.

O empreendedor é alguém que vive em sociedade, portanto é consequência da relação constante entre os talentos e características de cada um e o meio em que vive.

Segundo o empreendedor, escritor e palestrante americano Jim Rohn: "Somos a média das pessoas que nos cercam." Já ouvíamos isso de nossos pais e avós quando falavam: "Não ande com fulano, ele não é boa companhia para você", ou, "Diga-me com quem andas que te direi quem és!". Na Bíblia também está escrito: "Quem anda com os sábios será sábio; mas o companheiro dos tolos sofre aflição (provérbio 13:20)." O fato é que somos influenciados pelos meios em que vivemos e pelas pessoas e somos capazes de influenciá-las.

Podemos então, afirmar que não nascemos empreendedor, podemos adquirir técnicas e implementá-las para melhorar cada vez mais nossas habilidades empreendedoras.

Algumas técnicas:

1. Ter o hábito de ter hábitos. Este, inclusive é um dos maiores desafios do ser humano;
2. Procurar se instruir cada vez mais sobre investimentos;
3. Estudar o mercado de interesse;
4. Aprender sempre. Busque por conhecimento em gestão de negócios.

5. Promover a networking. Um dos grandes segredos para ter sucesso no mundo dos negócios é relacionamento pessoal;
6. Leia biografias de pessoas bem sucedidas;
7. Assista entrevistas de empreendedores bem sucedidos;
8. Visite empresas bem sucedidas;
9. Leia bons livros sobre estratégias de negócios.

Quando aumentamos nossos conhecimentos, podemos, por consequência, melhorar nossas habilidades.

Exemplo de habilidades a serem desenvolvidas:
1. Capacidade de ter visão estratégia. Enxergar além do que os olhos veem;
2. Facilidade de identificar oportunidades;
3. Saber vender. Facilidade de ser um negociador;
4. Capacidade de inovar, de gerar e agregar valor naquilo que faz;
5. Habilidade de Enxergar sinais do mercado
6. Ter autoestima sempre elevada.
7. Ser resiliente. Conseguir enfrentar tempos ruins e não perder o foco. Suportar as pressões do dia a dia;
8. Controlar o estresse. Se você se deixar levar pelos altos e baixos que todo empreendimento tem, será difícil gerir sua empresa. Aprenda a usá-lo como ferramenta a seu favor, e não como algo negativo.
9. Disciplina financeira,

Agora que já conhecemos as definições, algumas técnicas e habilidades para se tornar um empreendedor, pergunto-lhe: O que leva alguém a querer ter o próprio negócio? Ser um empreendedor?

Uma coisa que todos os empreendedores têm em comum é um grande sonho que eles querem, desesperadamente, ver realizado.

Se tudo começa com um sonho, o que você está disposto a fazer para ver o seu sonho se tornar realidade?

Muitas pessoas no mundo são contrárias ao risco e, por medo de falhar, escolhem a segurança.

Por outro lado, os empreendedores optam por arriscarem com mais frequência, em cada momento da sua vida, em vez ficar jogando da mesma maneira, sempre.

Certa vez perguntei a um Empresário Empreendedor, que conheci em 2016, quais foram as razões que o motivou a empreender.

Estas foram suas resposta...

Certamente poderia discorrer muitas razões, mas, as principais foram:

1. O primeiro motivo foi a independência. Todos que pensam em abrir algum negócio fica encantado pela possibilidade de fazer seus próprios horários e cuidar da empresa do jeito que achar mais adequado e conveniente. A independência ainda permite que tenhamos uma melhor qualidade de vida e consiga conciliar melhor o trabalho com a família. Isso sem falar que trabalhar em nosso próprio negócio e conseguir atingir resultados planejados nos faz muito bem.

2. O segundo motivo é a satisfação. Ser o responsável por ajudar diversas pessoas e a melhorar suas vidas é muito gratificante. Isso acontece porque na maioria das vezes, enquanto empreendedor, criamos soluções e serviços que podem mudar a vida de outras pessoas. E essa satisfação em ajudar o próximo pode se tornar um bom impulso à inovação.

3. O potencial de renda é uma das características do empreendedorismo que mais chama nossa atenção. A possibilidade ganharmos quantias maiores e não se prender a um salário fixo é tentadora. Assim como há momentos de dificuldades na empresa, nos momentos de fartura ninguém melhor que o empreendedor para obter grandes somas, como resultado da sua excelente gestão, em fazer a empresa ser geradora de lucros.

4. Sempre fui uma pessoa com poucas amizades e baixo nível de relacionamento social. Por isso, através do empreendedorismo, consegui construir minha *network* (rede de relacionamento profissional). Com o meu próprio negócio, tive a oportunidade de conhecer pessoas incríveis, seja um funcionário ou executivos de outras empresas. Com isso, meu círculo de amizade aumentou e minha rede de relacionamento se tornou, e continua se tornando, ainda maior e mais sólida. Mais uma vez, temos a chance de ajudar pessoas, apresentando umas às outras, e obter ajuda através de sua extensa lista de conhecidos.

5. Certamente, se você conhecer muitas pessoas, você também terá a chance de viajar muito. E não há nada melhor do que conhecer novas culturas e países para aumentar sua experiência de vida e lhe abrir a mente para novas ideias. Além disso, no empreendedorismo, você pode escolher quais as pessoas que irão trabalhar para você e diminuir as chances de encontrar alguém com quem você não se dê bem. Em uma empresa, é extremamente importante que os funcionários trabalhem em harmonia para que essa sinergia se reflita no resultado final.

Por fim, podemos afirmar que, geralmente, o empreendedor é motivado pela auto realização e pelo desejo de assumir responsabilidades e ser independente. Ele considera irresistíveis os novos empreendimentos e propõe sempre ideias criativas, seguidas de ação.

Pode parecer bobagem e até soar tolice, mas sonhar é uma das coisas mais importantes na vida das pessoas e principalmente na vida de um empreendedor. Mas, por que sonhar grande?

Certa vez, em um evento da Endeavor, Rafael Duton, fundador da Movile, disse duas coisas bem interessantes: Primeiro, que o empreendedorismo é como um vírus inoculado. "Todo mundo tem. Alguns o desenvolvem, outros não", e segundo, "que todo empreendedor tem um sonho. A diferença de quem sonha grande para quem sonha pequeno, é que o empreendedor que sonha grande, mesmo quando estiver na metade do caminho, já terá chegado muito mais longe do que o outro empreendedor" Sonhe grande, trabalhe duro, não tenhas medo. Invista a sua alma e tudo que você tem naquilo que você acredita e, faça as coisas acontecerem para a vida valer a pena. E, quando, por alguma razão o medo surgir, não se preocupe. O medo faz parte. Vá com medo mesmo. Não aceite que este sentimento lhe impeça de ser um Empreendedor de sucesso!

Identifique o que você deseja, identifique qual seu propósito maior, sua missão e aja com sabedoria nos momentos de escolha. Se existe uma receita para o empreendedorismo, ela é bem parecida com isso.

E como diz Swami Vivekananda, pensador hindu...

"Escolha uma ideia. Faça dessa ideia a sua vida. Pense nela, sonhe com ela, viva pensando nela. Deixe cérebro, músculos, nervos, todas as partes do seu corpo serem preenchidas com essa ideia. Esse é o caminho para o sucesso!

Forte abraço e muito sucesso em sua vida de empreendedor!!"

49

As ações que o empreendedor precisa tomar para que a empresa seja próspera

Empreender é o verbo mais conjugado nas universidades e em todos os setores da sociedade, atualmente, mas será que os profissionais estão preparados para essa nova realidade na carreira? O conhecimento, as estratégias, o *networking* são requisitos básicos para começar essa caminhada, mas neste capítulo apresento algumas ações fundamentais para que o empreendedor viva intensamente o novo desafio, convicto que chegará ao sucesso com muito mais alegria

Sidney Botelho

Sidney Botelho

Master Coach (IBC-Instituto Brasileiro de Coaching), *Master Trainer* (IBC-Instituto Brasileiro de Coaching), Especialização em Coaching Ericksoniano (IBC-Instituto Brasileiro de Coaching), *Professional Self Coaching* (IBC-Instituto Brasileiro de Coaching), Pós-Graduado em Negócios e Serviços (Universidade Presbiteriana Mackenzie). Experiência de 27 anos nas áreas de TI/Telecom, com passagens em grandes multinacionais. 21 anos na área de Rádio e TV, sendo Âncora de Telejornal na Rede Gospel de TV. 18 anos na área de cerimonial e eventos, como apresentador, sendo denominado o craque das cerimônias, pelo apresentador da Rede Globo de TV, Fausto Silva. Escritor do livro *Além do Microfone – Improvisos de um mestre de cerimônias* (2016-Editora Literare Books), coautor dos livros *Coaching de carreira* (2018-Editora Literare Books), *Mindset – Mude o seu mindset para o sucesso* (2018-Editora Literare Books) e *Manual prático do empreendedor* (2018-Editora Literare Books). Treinador de Alta *Performance* e Palestrante nas áreas de Comunicação, Estratégias, Motivação e Cerimonial.

Contatos
www.sidneybotelho.com.br
contato@sidneybotelho.com.br
Instagram: @sidneybotelhooficial
www.facebook.com/sidneybotelhooficial

A palavra do momento é empreendedorismo e todos os setores da sociedade se movimentam para que as pessoas venham a se desenvolver de forma muito rápida para atender demandas que surgem gradativamente no mercado corporativo. Por sua vez, a necessidade de ter o aumento na renda financeira, principalmente pela falta de empregos no Brasil, nos últimos anos, é que profissionais estão migrando de perfil para a própria sobrevivência e até mesmo aceitação intelectual.

É muito comum. Percebemos pessoas que sem conhecimento algum arriscam toda a sorte, o dinheiro de alguma herança ou até da reserva pessoal, em algo novo, sem nenhuma avaliação de riscos que podem surgir ao longo de todo o novo investimento.

Entrar de cabeça é algo natural para todos que param e pensam no que desejam e querem para o futuro, sendo pessoal ou profissional. Vai de encontro com o que vejo no dia a dia das pessoas, nas minhas sessões de *coaching*. Muitos buscam objetivos instantâneos e esquecem do principal, planejar as etapas do seu negócio.

Ter um negócio, nos dias atuais, é ser um esperançoso de que a sua ideia deixará o papel e será realidade para uma vida empresarial. O segrego pelo menos é conseguir escrever o que se espera da empresa e o destino que a mesma seguirá com que se planejou.

O desafio de muitos é justamente criar um plano de ação e seguir passo a passo cada etapa e com o responsável pelas tarefas pré-definidas. Afirmo, que não é fácil mudar essa cultura enraizada pelos pais que sempre nos conscientizaram com a educação familiar que o importante é ter um emprego fixo para se aposentar no período estipulado pelo Governo Federal. Aliás, esse tema de aposentadoria é um dos fatores do qual os profissionais deixam o comodismo da estabilidade de uma empresa para a realidade empreendedora.

Para mudar essa cultura social, inúmeras instituições de ensino, associações, empresas especializadas, profissionais liberais, disseminam a importância do conhecimento para essa nova matéria, que se tornou emergencial para quem quer empreender.

O tema é muito amplo e esse segmento faz com que o aprimoramento seja muito mais do que eficaz e o investimento para que se tenha um resultado rápido é muitas vezes alto, decorrente a demanda da procura.

O nicho de ensinar a empreender cresce a cada ano, pois o cenário de mais de uma dezena de milhão de desempregados, favorece essa iniciativa empresarial. Vejo que treinamentos de alta performance ganharam espaço e com isso, não só as escolas de negócios, universidades e empresas buscam se adequar para que atendam os novos alunos que possuem o básico conhecimento e algumas vezes, profissionais que querem inovar com novas ferramentas.

A possibilidade de faturar com o conhecimento é o que muitos profissionais desejam, nos dias atuais, fazendo com que as pessoas mudem o pensamento e busquem alternativas para saírem de uma possível crise econômica, mas por outro lado, gerando uma renda maior se o empreendimento der certo.

Enquanto o cidadão busca aprimorar-se com o conhecimento, será que os educadores estão preparados para mostrarem estratégias, teorias e ferramentas para suprirem a necessidade dos seus alunos?

O que percebo, na minha vivência dentro das universidades e o contato que tenho com professores e alunos de graduação, é que falta o entendimento de que o empresário procura a orientação dinâmica para que o seu plano de ação tenha o retorno em curto prazo, devido a sua necessidade financeira.

É óbvio que não existe um milagre e nem mesmo uma receita de que o seu investimento voltará em poucos meses, mas se a paciência for a virtude principal para o empreendedor brasileiro e sul-americano, consequentemente a empresa terá vida longa e aproveitará a ausência dos aventureiros emergentes, que diante de todas as crises entram na guerra de conquistar dinheiro rápido e quando percebem, todo o esforço foi em vão.

A educação brasileira é muito criticada pelos especialistas e órgãos de pesquisas, isso se deve justamente pela questão do preparo de quem ensina e o que é oferecido para o aluno ou profissional que dissemina o conhecimento dentro das salas de aulas.

Percebe-se em todo o cenário empreendedor que falta vivência dos próprios educadores, dentro das corporações, pois muitos destes professores possuem histórias em multinacionais ou empresas de pequeno e grande portes e, quando se veem diante do desafio de elaborar um plano estratégico ou até mesmo um plano de negócio para uma microempresa, se perde por completo, devido a falta do principal recurso para que o projeto deslanche, que é o capital de giro.

Sou muito consciente de que o conhecimento se faz com aprimoramento contínuo e para evitar a morte instantânea da empresa, o empresário deve ter todo o cuidado para que o pouco dinheiro que possui, em muitas situações, seja aplicado de maneira sábia e estruturada.

Se a certificação é fundamental para ter o caminho certo para o sucesso da empresa, acrescento algumas ações que as universidades não passarão ao longo dos 24 meses nas salas de aulas. Ações que o jovem ou o experiente empreendedor deve adotar para exercitar-se dia a dia a busca do fortalecimento da sua marca e o crescimento amplo da empresa constituída.

1ª Ação- Foco

A primeira ação é a mais complicada para o profissional que busca encontrar um novo meio de renda financeira e decide abrir a própria empresa, mediante ao conhecimento que possui intelectualmente e de *networking* de clientes e de colegas de trabalho.

O novo empresário inicia as atividades dividindo o trabalho atual com o empreendimento que acabará de abrir, se redobrando nas duas demandas de tarefas diárias e por muitas vezes contando com o apoio de familiares ou de funcionários que não se dedicam como se é imaginado por ele.

O empresário não percebe, mas o pouco esforço de alavancar o negócio vai desestimulando-o e consequentemente o faz desistir de algo que teria tudo para dar certo, por outro lado, não teve êxito devido a falta de tempo e dedicação do proprietário. Aqui cabe o ditado popular – "O olho do fazendeiro engorda o gado!".

É evidente que essa ação inicial deve ser a primeira de todas a serem executadas, pois não adianta ter todo o conhecimento teórico e de materiais ou até mesmo de planejamento, se não houver uma entrega verdadeira, do empresário, para o próprio negócio.

Ter uma empresa é saber que a cada minuto do horário laboral, o responsável tem que estar focado 100% para que não se tenha prejuízo e que mesmo não entrando receita, não se têm despesas desnecessárias.

2ª Ação- Decisão

Aprender a decidir é a segunda ação mais importante para o empreendedor moderno, sendo que muitas vezes as próprias decisões resultarão em erros e acertos. Eu sempre afirmo, em minhas palestras, que "sábio é aquele que aprende com os erros e sabe extrair o melhor do aprendizado para não cometer a mesma falha no futuro!".

O poder da decisão se faz com muita prática e, voltando no tema anterior, a primeira ação é decidir focar, por completo, no próprio empreendimento e deixar, de lado, as atividades que não mais acrescentarão no futuro ou na missão de vida. Talvez, a reflexão que se faz ao ler essa frase é dizer, isso é fácil quando se tem dinheiro no bolso e não precisa tirar de outras origens. Concordo verdadeiramente, mas para se conquistar o mundo, tem que viver o mundo por completo.

Não é fácil decidir algo de um dia para o outro, mas diante de todo o cenário competitivo as empresas correm contra o tempo para atenderem a demanda e até mesma gladiarem com os concorrentes ou até mesmo os próprios clientes para o melhor resultado e a maior lucratividade da negociação.

Quanto mais decisões tomamos ao longo do dia, ficará mais fácil e dinâmica a decisão mais estratégica de algo que mudará a direção da empresa, podendo gerar avanço ou retrocesso.

Todo o novo empresário não possui um grupo de conselheiros ou especialistas ao lado para que as ideias sejam compartilhadas e discutidas com veemência, porém o visionário encontra as oportunidades em um piscar de olhos com sapiência e tranquilidade, mas com estudos de gráficos, números e entendimento real do mercado que pertence, tendo maior fácil em executar a ação de decisão.

3ª Ação- Gestão de pessoas

A mais difícil das ações é a de gestão de pessoas, principalmente nos dias atuais em que os profissionais não buscam continuidade dentro da corporação e o desejo é trabalhar por projetos, deixando a empresa depois de um período curto.

Entender a cultura do colaborador é se relacionar com a equipe de maneira em que todos o vejam como um idealizador, visionário, um profissional que agregue conhecimento e desafio que não venham atrapalhar o bem-estar dele.

Realmente, a dificuldade de manter a mesma equipe de trabalho é decorrente a facilidade que a Constituição Trabalhista oferece para o próprio colaborador, deixando o microempresário ou até as empresas maiores, refém de benefícios exagerados e por serem benfeitorias, os colaboradores deveriam se aplicar mais e entenderem que o empresário oferece o recurso e o que quer em troca é o conhecimento dele e a dedicação por completo, no período de trabalho.

Gestionar pessoas não é fácil devido a vários interesses e objetivos de vida, mas o empreendedor pode cativar o seu funcionário com atitudes que agreguem o ambiente, identificando as qualidades do profissional a ser contratado na entrevista de emprego, entendendo se ele possui os mesmos valores e cultura que a empresa precisa e se há entrega do mesmo, no período de experiência.

O turnover é grande nas empresas e isso se deve ao profissional não se enquadrar na filosofia da empresa ou do proprietário, mas quando este mesmo profissional acredita no sonho da empresa e percebe que tudo que foi apresentado será para um futuro promissor, o empresário conseguiu o impossível, a confiança e a entrega, no popular, alguém que veste a camisa e se dedicará ao máximo para que o plano de negócio seja cumprindo a risca e consequentemente a empresa chegar ao destino, que é o sucesso.

4ª Ação- Satisfação

Quando o empreendedor tem *foco*, sabe tomar *decisão* e possui uma ótima *gestão de pessoas*, tudo fluirá perfeitamente em sua rota natural, e diante de cada conquista ou a cada tropeço o empresário tem que valorizar e aproveitar todos os momentos com *satisfação*.

Ter satisfação em tudo que se prontifica fazer é regra inicial de vida, não apenas para o profissional, mas para a pessoa no âmbito familiar e social.

Nos dias atuais, observo que muitos dos empreendedores quando chegam na respectiva empresa se sentem como estivessem entrando em uma guerra ou algum escombro de terremotos, pois o desespero e a insatisfação geram a desmotivação de seguir em frente com o seu projeto e com isso, o desgaste do ambiente e do relacionamento pessoal, além do aumento de problemas são frequentes no mundo empresarial.

O que muitos dos novos empreendedores não percebem que nada adiantará ter lucros e dividendos se não houver prazer de executar as atividades dentro da empresa. É utopia e muito repetitivo afirmar que a missão da empresa deve estar enraizada na memória de todos que pertencem a mesma, mas quando perdemos a razão de viver aquilo que sonhamos, perdemos o que é mais fundamental para qualquer ser humano que é a convicção de que tudo que se tem foi do suor árduo de uma trajetória digna e respeitosa, que resultará com a abundância, na verdade da satisfação de ver tudo aquilo se tornar uma realidade para todos que participaram deste ciclo.

Ter satisfação de trabalhar em seu próprio negócio, dará a segurança de quando o empresário precisar aposentar ou pendurar as chuteiras, passando tudo para alguém, este novo empresário seguirá o seu sonho, a sua história, o seu legado.

Conclusão

O Brasil e o mundo precisam de pessoas que pensem de maneira estruturada com conteúdo e inteligência, além de muito conhecimento teórico e relacionamento interpessoal, mas não adianta adquirir teorias e ferramentas nas universidades se não houver vivência no dia a dia, analisando todos os cenários políticos, econômicos, sociais, tendências e o principal a mudança de vida das pessoas que estão ao seu redor.

O empresário quer o melhor para si, o melhor para a sua família e ao mesmo tempo, esquece do principal combustível de motivação e de energia para seguir o seu sonho, deixando de lado os melhores momentos da vida que é acompanhar o desenvolvimento dos filhos, da esposa e até mesmo dele próprio.

Eu mesmo, diante de todas as minhas profissões aprendi com o tempo, que vale mais a pena brincar com um filho em um sábado à noite, do que se desgastar com o sofrimento de um planejamento errado que pode ser concluído no primeiro dia útil seguinte.

Afirmo em escrever e deixo como reflexão para você, amigo leitor, que muitas das nossas decisões influenciam as pessoas que estão ao nosso lado, por isso valorize a vida, valorize as pessoas, consequentemente, aumentará a sua autoestima, gerará valores entre os seus pares comerciais e o sucesso chegará com muito mais facilidade.

Esse é o segredo de ser empreendedor, acreditar que um sonho escrito em uma folha de caderno, mudou a vida de milhares de pessoas. Então, viva cada momento, sempre com coragem e coração.

50

Preciso de capital?
Preciso de um sócio?

Uma observação prática das empresas

Sidney Severini Jr.

Sidney Severini Jr.

Administrador de empresas pós-graduado em gerência de produção e em gestão de negócios. Conselheiro de Administração e especialista em Governança Corporativa pela Fundação Dom Cabral e Conselheiro de Administração Certificado pelo IBGC – Instituto Brasileiro de Governança Corporativa. Membro do Comitê Coordenador do Capítulo Minas Gerais do IBGC – mandato 2016 a 2019. Membro da comissão temática de Conselho de Administração do IBGC. Palestrante de diversos temas como estratégia, governança, sustentabilidade nos negócios, inovação e empreendedorismo. Consultor desde 1995, nas áreas de planejamento estratégico, BSC, gestão financeira, comercial e industrial e ferramentas de gestão. Atualmente é conselheiro de Administração e conselheiro consultivo em empresas familiares, cooperativas e empresas de capital fechado. Negociador, conciliador, mediador societário: formação e dissolução societária, atribuições dos sócios e executivos, governança corporativa. Professor em cursos de graduação e pós-graduação. Coautor do livro "Criativos, Inovadores e Vencedores."

Contatos
www.severini.com.br
sidney@severini.com.br
LinkedIn: https://br.linkedin.com/in/sidneyjoseseverinijunior
(35) 99142-0267

Muitos empreendedores minimizam ou até negligenciam a necessidade de capital em seu negócio. Alguns acreditam que a própria operação será capaz de gerar o fluxo de caixa necessário ao desenvolvimento da empresa; outros subestimam a necessidade de capital e acreditam que não será difícil obter os recursos teoricamente necessários; um outro grupo teme que a busca de capital externo pode trazer efeitos colaterais indesejados.

Esses efeitos constituem, de fato, uma variável adicional a ser administrada. Empréstimos bancários requerem garantias reais ou avalistas, recursos de família podem trazer consigo uma série de exigências e cobranças, dinheiro de sócio pode trazer uma autoridade com quem o empreendedor terá de dividir as decisões de sua empresa. E nesse aspecto, alguns questionam: "Se resolvi ser empresário justamente porque não quero dar satisfação a um chefe, vou ter sócio?".

Neste cenário, este capítulo visa debater alguns aspectos da relação societária – e, de modo especial, a relação societária que envolve interesses de capital.

Digo "de modo especial" porque muitas sociedades são formadas por um grupo de empreendedores que começam juntos seu negócio, aos quais os aspectos aqui debatidos também se aplicam, mas quero colocar um pouco de luz sobre o debate de empresas já estabelecidas – empresas familiares, empresas que possuem um único dono, empresas já maduras, dentre outras.

Nas empresas em fase de formação, é comum que os empreendedores se encantem por novas propostas e ideias trazidas por possíveis sócios ou parceiros. Comumente, os valores financeiros envolvidos são baixos e os riscos são menores, o que infelizmente pode levar a uma falta de critério – ou critérios menos rigorosos – para aceitar formações de sociedades e parcerias. As sociedades feitas, assim, no calor das emoções, costumam trazer em suas entrelinhas armadilhas que, ao serem desarmadas nas etapas subsequentes do processo empreendedor, podem trazer grandes dissabores e ameaçar até mesmo a sobrevivência da empresa. Quando descobrirem que faltou debater adequadamente os diversos aspectos da sociedade, pode ser tarde demais.

À medida que a empresa alcança êxito e começa a fazer receita perceptível – ainda que não haja fluxo de caixa líquido –, os empreendedores começam a ficar mais "orgulhosos" de seus primeiros resultados e costumam se fechar a novas oportunidades, começam a acreditar que quem traz ideias novas ou propostas novas estará de olho em seu sucesso. Costumam superestimar o valor de sua empresa e a desdenhar de novas possibilidades. Os parcos recursos financeiros disponíveis terão elevado sobremaneira os critérios de avaliação de ideias e até dos personagens que as trazem. Neste momento, as emoções do primeiro sucesso turvam a visão, e toda oportunidade surgida no ambiente externo parece ser pequena demais para desviar as atenções dos empreendedores que vêm alcançando grande sucesso.

Cabe aqui fazer uma ressalva altamente relevante, o sucesso a que me refiro não é imaginário, o empreendedor ou os empreendedores estão colhendo, de fato, os frutos de algo muito bem feito – uma estratégia comercial vencedora, uma leitura de mercado bastante precisa com excelentes resultados, uma inovação importante ou, até mesmo, uma capacidade de gestão dos recursos materiais e humanos acima da média, dentre outras.

A reflexão que quero provocar é que, mesmo tendo sucesso, a empresa pode e deve olhar de forma criteriosa e racional para as oportunidades externas – seja uma nova forma de gestão, a injeção de capital ou a abordagem a outros segmentos de mercado.

Mais um tempo se passa, e a empresa continua próspera e o empreendedor se torna, cada vez mais, referência em seu mercado, em sua comunidade ou em sua região. Seu patrimônio cresce e seu comportamento empreendedor continua em alta – imaginativo, criativo, realizador. É comum verificarmos que falhas de gestão prejudicam a rentabilidade e a lucratividade da empresa, que a falta de pessoas estratégicas nas funções chave prejudicam o controle dos processos, que o alto custo financeiro de empréstimos junto ao mercado financeiro expõe a empresa a alguns riscos e que algumas irregularidades legais na área ambiental ou trabalhista sejam toleradas. Tudo disso se torna secundário diante do sucesso mercadológico.

Nesta fase, o empreendedor continua ativo e inovador, mas sua empresa poderá não ter adquirido a estrutura necessária a um negócio longevo, perene. Emocionado com a rotina altamente satisfatória e bem-sucedida, o empreendedor não tem tempo para pensar nestas questões "secundárias".

É importante notar que, nos três exemplos citados – cada um deles, em uma fase da vida empreendedora –, os empreendedores são bem-sucedidos e que os riscos mencionados são inerentes aos negócios. Mas note-se também que todos os riscos a que estes empreendedores estão expostos são gerenciáveis e, no entanto, muitas vezes são negligenciados porque há coisas mais importantes a fazer. Essa é a reflexão que estou propondo, a emoção do sucesso pode prejudicar a visão do todo e expor a empresa a riscos diversos, o que muito comumente acontece.

Mas qual é a relação entre estas três coisas: 1) decisões tomadas ou não tomadas contaminadas pelas emoções do sucesso ou da urgência; 2) a necessidade de capital; e 3) necessidade de sócios?

Não deve haver um ponto comum, não pretendo debater sobre essa convergência. Quero avaliar as mesmas situações sobre a ótica da razão.

Na fase inicial da empresa, mencionada no primeiro case, dimensionar adequadamente as necessidades da empresa, selecionar o foco estratégico mais coerente à natureza do negócio e dos empreendedores que a compõem e calcular a necessidade de capital são práticas necessárias que poderiam, por exemplo, ser resolvidas com um bom plano de negócios ou ferramenta equivalente. Mas os planos de negócios de empresas iniciantes são feitos comumente pelo próprio empreendedor, muitas vezes contaminado por visões apaixonadas de um mercado ou de um produto inovador.

O plano de negócios é importante e desejável, mas não é suficiente.

Quando se trata de uma empresa com mais de um empreendedor, o plano de negócios feito a quatro mãos tende a ser melhor, pois pode incluir diferentes pontos de vista, mas tem que ser fruto de debate e este não costuma ser um ponto forte de empreendedores iniciantes.

Este debate deve ser amplo – de empreendedores a clientes, de sócios operacionais a investidores de capital. Com isso, não estou afirmando que toda empresa deve ter investidores de capital, mas agentes externos que possam dar contribuição relevante sobre necessidades financeiras de longo prazo e que sempre contribuem para o debate.

Um aspecto a considerar é que sócios que não pertencem ao dia a dia – mas que tenham direito a voz e voto nas reuniões que deliberam sobre o futuro do negócio – sempre têm alguma contribuição racional e sem paixões dos temas a debater e podem fazer grande diferença na qualidade dos debates. Fundamentalmente, temos que debater os assuntos importantes com as pessoas certas.

A mesma coisa acontece com as empresas já operacionais e bem-sucedidas – aquelas do segundo case.

Um dos debates cruciais nesta etapa é sobre o foco e a diversificação de portfólio – a observação prática mostra que as empresas que colocam foco em suas iniciativas costumam colher melhores resultados e, convictos dessa realidade, os empreendedores costumam ignorar tudo o que possa lhe desviar do objetivo central. Mais uma vez, o debate é salutar – sair da rotina para debater estratégias diferentes daquelas que já estão em curso, colocar novas variáveis no debate, avaliar aspectos de gestão que possam ter impacto futuro, mas ainda não foram percebidos como necessários são iniciativas inerentes às empresas que querem ser bem-sucedidas de forma sustentável. Avaliar alternativas de futuro, dimensionar necessidades de capital para a empresa manter-se sustentável e fazer isso em tempos de sucesso é um dos principais requisitos para o empreendedor fazer a transição de empreendedor a empresário.

Este salutar debate tem como pré-requisito a análise sincera dos fatos, a confecção de cenários e a sobreposição da razão sobre as paixões, preferências ou desejos. É preciso que os empreendedores, eventuais sócios capitalistas e até mesmo profissionais externos como consultores ou conselheiros, procurem participar com independência da tomada de decisão. Ainda que saibamos que, na prática, o empreendedor tem o poder de tomar a decisão que melhor convier, o debate visa influenciá-lo para que esta seja a mais adequada para a longevidade da empresa. Um dos temas mais recorrentes é a necessidade de capital para financiar projetos futuros e, dentre as alternativas, todas tem prós, contras e riscos. Uma decisão refletida e estudada e tomada em um sistema colegiado através da busca do consenso – ainda que os participantes tenham poderes e interesses muito distintos em relação à empresa – tem muito mais chances de prosperar e, se não prosperar, muito mais chance de ser reformada para que os resultados sejam alcançados ou até mesmo de ser abortada, quando necessário.

No último caso, tudo é mais complicado.

Depois de trinta anos, alguns empreendedores podem estar convencidos de que tudo deu certo até aqui e assim continuará sendo – que não se mexe em time que está ganhando. Seus gerentes são seus fiéis escudeiros e estão dispostos, até mesmo, a afundar juntos se preciso for.

O mercado mudou, as metodologias de gestão mudaram, há novos concorrentes, novas soluções, novas tecnologias – o ambiente competitivo mudou e algumas empresas não sabem como mudar.

Os filhos são usufrutuários do sucesso, os fundadores são referências absolutas e não há espaço para as revoluções pretendidas pelas novas gerações.

Esta fase, que é a de maiores riscos, é a mais difícil de intervir.

Mais uma vez, o debate é a chave da tomada de decisões, mas se esta prática não tiver sido adotada nas fases anteriores da vida empreendedora, qualquer sugestão poderá ser recebida de forma reativa pelos fundadores que, então, poderão se tornar ainda mais isolados em sua posição de chefe e líder.

Ainda assim, a recomendação é pelo amplo debate.

Até mesmo para vender a empresa, repassar à segunda geração ou fechar suas portas, o debate é necessário para que as decisões conduzam aos melhores resultados. Não por acaso, empresas que compram outras procuram reter seus fundadores por mais alguns anos na gestão, empresas que introduziram a segunda geração com regras de entrada e de comportamento têm maior chance de atravessar gerações e alcançar a perenidade, e empresas familiares que profissionalizaram a gestão apresentam, estatisticamente, melhores resultados.

Esta é a reflexão proposta por este capítulo: em qualquer fase da vida empreendedora, tenha com quem debater as questões relevantes.

Se for um sócio, maior o comprometimento.

Se for investidor, menor a contaminação pelas questões operacionais.

Se for uma figura externa, maior independência.

Se for um pouco de cada, melhor a qualidade da tomada de decisões.

51

Empreendedorismo social

A essência do empreendedorismo é tirar as pessoas dos seus lugares. No mundo empresarial, é tirar as pessoas da zona de conforto e no mundo social é transformar a realidade da vida das pessoas. Associando conhecimento de diversas fases de minha vida e mostrando como aplicá-los na área profissional, descrevo a jornada que assumi desde a missão ao resultado do projeto Bistrô e Café Mãos de Maria na comunidade de Paraisópolis

Silvia Tommaso

Silvia Tommaso

Mais de vinte e cinco anos de experiência empresarial e dentre eles atuando como consultora em empresas de segundo e terceiro setor na área de gestão e estratégia. Professora e palestrante de estratégia e gestão empresarial em: feiras e congressos nacionais e internacionais, associações e escolas no Brasil. Desenvolveu projetos de educação empresarial e empreendedorismo junto ao SEBRAE, Banco do Brasil, Deca Club, ABD (Associação Brasileira de Designers de Interiores) e SIMAGRANSP. Autora do Projeto Marmoraria Exportadora e do Projeto Social "O Gosto pelo Bom Gosto". Presidente do Núcleo de Decoração de São Paulo. Vice-Presidente da ABIENG (Associação Brasileira das Indústrias Exportadoras de Rochas Ornamentais). Diretora do SIMAGRANSP (Sindicato das Indústrias de Mármores e Granitos de São Paulo). Graduada e Licenciada em Inglês e Português pela USP, onde também estudou línguas clássica e linguística. MBA em Estratégia Empresarial pela BSPSP. Especialização em Gestão de Organizações de Terceiro Setor pela FGVSP.

Contatos
silviafntommaso@gmail.com
(11) 99952-0393

Desde menina sempre adorei jogar jogos de tabuleiro que me davam um objetivo e eu tinha que pensar e repensar durante o jogo para alcançar o objetivo que eu havia assumido para mim.

Lembro-me de passar horas jogando *War* com meus irmãos e primos e em muitas ocasiões ver algum deles puxar o tabuleiro para que eu não alcançasse meu objetivo.

Esta já era uma prévia de como seria a minha vida adulta: assumindo objetivos, planejando, driblando pedras no caminho, caindo, levantando para alcançar um resultado.

Aí, você deve estar falando: "Este caminho que você descreve é de um jogo de estratégia". Sim, e por isto vou fazer um parêntese aqui para tratarmos da palavra Estratégia.

Estratégia é uma palavra de origem grega, *strategia*, que significa plano, método, manobras, usado para alcançar um objetivo ou resultado específico. Este conceito estava ligado ao mundo militar, geralmente sendo utilizado por generais para defender seu território. Com o passar dos tempos, seu uso se expandiu e a estratégia passou a ser utilizada no âmbito politico e empresarial.

Da geração do mundo da Guerra Fria e dos filmes americanos a Michael Porter na década de 80 trazendo novas definições de estratégia para o mundo empresarial e falando de estratégia competitiva, demonstrando como num ambiente de alta competitividade uma empresa pode ser diferente e, portanto única. Com o passar de mais algumas décadas, mudamos para o pensamento estratégico e a inteligência de mercado.

Mas voltemos à época quando eu era totalmente ignorante sobre conceitos de estratégia.

O que mais me atraia no jogo de *War* era a sensação de alegria, desafio, vibração que eu sentia. Um jogo que reunia meus irmãos e primos onde nossas emoções se afloravam, gritávamos, brigávamos, conchavávamos e aproveitávamos alegremente nosso tempo.

Daí vem um novo entendimento. A ação coletiva. E esta vontade de debater ideias com pessoas e vibrar a cada manobra me levou aos esportes coletivos com bola: o voleibol, *basketball* e *handball*.

Nestes jogos aprendi o sentido da estratégia e dos planos de ação ou planos táticos, de saber e sentir profundamente o que era uma derrota, uma trapaça e uma vitória e o sentido da união do time, da formação da equipe. Aprendi o que era ser singular e único e como colocar meus atributos a serviço do coletivo. Nem sabia eu que toda esta fase de adolescente era a preparação prática e conceitual da minha vida empresarial futura.

Naquela fase de 12-13 anos era muito duro acreditar que o "inimigo" eram as minhas amigas do outro lado da quadra querendo o mesmo que eu: ganhar.

E foi nesta fase que entendi a importância da ação. De agir para conquistar meus objetivos.

E no agir aprendemos que há regras de convivência no jogo da vida. E assim precisamos elaborar planos de ação e ter disciplina em seus cumprimentos. A disciplina deve estar a serviço do seu objetivo. Conclui que precisava de espaço para pensar e agir.

Esta é a característica do empreendedor.

A palavra empreendedor é de origem latina, *imprehendere* que significa deliberar-se a práticas, propor-se, por em execução.

O que é um empreendedor como conceito? É alguém que enxerga oportunidades, busca constantemente transformações, assumi riscos, é criativo, não tem medo de pedras no caminho, pelo contrário, sempre acha que suas visões são excelentes e reais. É alguém que exala paixão, vibra e tem brilho nos olhos. A vontade de ver suas ideias realizadas é maior do que qualquer obstáculo que possa enfrentar.

Para ele a equação que faz sentido é: enxergar oportunidade + suar a camisa = ter satisfação.

Em resumo é alguém que está o tempo todo pensando em novas maneiras de transformar o mundo em um lugar melhor.

Então ser empreendedor e estrategista são atributos complementares em pessoas que acreditam que podem mudar o mundo? Sim. E o que é mudar o mundo? Mudar o mundo nada mais é do que ser protagonista da sua história, viver a vida e não deixar que a vida lhe leve.

Agora que estamos na mesma sintonia dos conceitos de estratégia e empreendedor, vou compartilhar com você o Projeto Bistrô e Café Mãos de Maria.

Era uma quarta feira de junho, dia ensolarado e lá fui eu prestigiar a inauguração de um projeto social para o qual tinha sido convidada pelo líder da comunidade: Inauguração da horta na laje em Paraisópolis, convite de Gilson Rodrigues.

Fiquei impressionada com o que vi. Naquele instante enxerguei uma oportunidade e abordei Gilson interessada em potencializar aquele projeto. Marcamos uma reunião na semana seguinte.

Em nossa reunião, após uma longa conversa sobre propósitos de vida, Gilson me colocou que precisavam de consultoria para tornar seus projetos sustentáveis financeiramente.

A conversa se tornou trabalho e Gilson me apontou o projeto que ele achava que poderia ser revitalizado e rapidamente se tornar rentável: O Buffet Mãos de Maria.

Este é um projeto da Associação das Mulheres de Paraisópolis (AMP) iniciado na gestão anterior e que por diversos motivos estava desativado. A atual presidente, Elizandra Cerqueira, jovem mulher de garra, cheia de emoção e altruísmo, encarou o desafio.

Iniciei o trabalho estabelecendo o objetivo a partir do que Gilson me colocou: sair da situação de déficit financeiro e operacional e atingir uma situação de sustentabilidade administrativa, operacional e financeira para gerar transformação social na comunidade da AMP.

Próxima etapa: diagnóstico institucional. Sempre que iniciamos uma nova empreitada, é necessário conhecer o objeto da empreita de todos os ângulos.

Nesta fase vale se utilizar de ferramentas consagradas no mundo empresarial como As Cinco forças de Porter, Matriz SWOT e The Balanced ScoreCard para estruturar o levantamento de dados e futura análise. Aqui analisei documentos administrativos financeiros, cursos e projetos. Elaborei uma entrevista com perguntas rápidas e a apliquei com pessoas diversas do relacionamento da AMP e que pudessem me contar a história da associação e seus projetos de diferentes perspectivas e vivenciei o dia a dia da equipe

Documentos são muito importantes porque retratam o que o outro pode saber de seu negócio, mas falar com as pessoas de dentro e de fora das organizações lhe dá a visão de como os envolvidos nesta organização a sentem. Normalmente encontramos na análise destas visões o inicio do trajeto a se percorrer e começamos a entender que nem sempre entendemos o que escrevemos ou o que falamos. Quase nunca nos escutamos.

Escutar é uma ferramenta essencial no caminho do entendimento.

Dentro do mundo da estratégia considero fundamental trabalharmos com os cinco sentidos do corpo humano: audição, visão, tato, olfato, paladar. Essas capacidades correspondem às percepções dos homens no mundo, realizadas por meio do processo de tradução, análise e processamento das informações sensoriais, impulsionando a ação.

Também considero complementar usarmos o "sexto sentido", aquele atribuído à intuição, ao místico, espiritual. Às mulheres é dado o atributo de ter este sexto sentido muito apurado. E, eu, de fato, acredito nisto.

Com o diagnóstico concluído, propus a criação de um projeto que unisse o curso de gastronomia, a horta na laje e o Buffet Mãos de Maria. A ideia é capacitar, empoderar, gerar renda e criar condições para a liberdade. Importantes valores que me motivam na alma.

Próximo passo: elaborar um plano de ação e aqui uma ferramenta básica e essencial foi utilizada: 5W2H do inglês: W: *What* (o que será feito?), *Why* (por que será feito?), *Where* (onde será feito?), *When* (quando?), *Who* (por quem será feito?), *How* (como será feito?) e *How much* (quanto vai custar?). Utilizando uma planilha no *Excel*, listei o passo a passo das atividades que seriam necessárias para tornar a ideia um negócio.

Como na grande maioria dos projetos de empreendedorismo e mais fortemente entre os de empreendedorismo social, não havia recursos financeiros para iniciarmos. Precisávamos pelo menos de um fogão industrial para que a professora pudesse ensinar as alunas e depois a equipe pudesse produzir a comida.

Primeiro, precisávamos de uma cozinha. Fizemos um acordo com o presidente da União dos Moradores, que nos disponibilizou a cozinha por tempo ilimitado e de forma exclusiva. Pronto, só faltava o fogão industrial.

Outro convite e outra oportunidade para realizar o negócio. Fui convidada a participar do evento Protagonismo Social no espaço Pipa em Paraisópolis. Percebi que os organizadores serviriam lanche para 100 pessoas diariamente. Ofereci o serviço do Buffet Mãos de Maria para fornecer o lanche. Faturamos R$ 670,00 com o serviço.

Gilson indicou o anuncio de um fogão industrial usado por R$ 600,00. Combinei com Elizandra e fomos nós duas em meu carro na direção de Capão Redondo rumo à concretização de nosso objetivo. Saímos do local com o fogão e uma estufa.

Após realizar a primeira etapa de equipar a cozinha, treinar a equipe e criar um conceito para encantar o cliente com os olhos e o estômago, partimos para a segunda etapa, o restaurante.

Naquele dia do evento no espaço Pipa, como também fui uma palestrante, fui convidada a almoçar com os outros palestrantes e fomos almoçar na casa de uma moradora que utilizava sua cozinha para fazer almoços e servir para a comunidade.

É isto, pensei comigo, o estágio das alunas será no Bistrô e Café Mãos de Maria. E por que Bistrô e não restaurante?

Porque após analisar a concorrência, isto é, os restaurantes que já haviam em Paraisópolis e verificar os pontos fortes e fracos destes estabelecimentos in loco e em conversas com clientes, percebi que poderíamos resgatar uma ideia antiga de modelo de negócios gastronômico: o Bistrô.

Aqui divido com vocês mais um ensinamento de jogos de estratégia, neste caso, o xadrez. Nele, aprendemos que cada peça tem seu significado e sua importância. Uma peça não age como outra, mas de forma única e complementar. Assim é o Ser Humano: cada Um é Um e singular. Não existem duas digitais iguais. Somos únicos. E se somos únicos não podemos achar que o outro é melhor ou pior do que nós e sim diferente.

A palavra diferente nos faz entender que entender o outro é se colocar no lugar dele. Olhar o mundo com os óculos dele e não com o nosso. Isto é empatia.

Voltando ao Bistrô, entendi que precisaria resgatar a essência da AMP que é combater a violência contra a mulher. Pensei no lugar onde a mulher se sente mais segura, em casa com sua família: Casa, família, empoderamento, culinária, restaurante, feminino, transformador, rosa, branco, delicado. Este é o poder da associação: ao longo da vida adquirimos conhecimentos que ficam armazenados em nossa memória e quando deixamos o pensamento livre, imagens e ideias afloram.

O Bistrô veio para mim de forma clara e assertiva. A partir desta ideia fui à pesquisa e o resultado da pesquisa só aprimorou minhas ideias.

Este é um projeto de empreendedorismo social. Enxergando uma oportunidade de transformação da realidade de uma comunidade de pessoas, eu me transformei também.

Baseei-me na história das mulheres francesas na época da segunda guerra mundial, que para sustentarem suas famílias na ausência de seus maridos que estavam em combate, abriram as cozinhas de suas casas e serviram refeições para clientes. Esta ideia era perfeita para a realidade das mulheres de Paraisópolis. Ideia aprovada. Juntamos os projetos: o Bistrô e a Horta na laje e AMP passou a oferecer uma experiência gastronômica de refeições caseiras ao redor de uma horta na laje no coração de Paraisópolis.

Sempre com o foco no empoderamento feminino e na capacitação para geração de renda, o Bistrô se propõe a retratar o cotidiano da mulher de Paraisópolis. Esta mulher vem de várias partes do nosso Brasil e assim o cardápio do Bistrô foi pensado para homenagear as várias Marias de Paraisópolis com cardápio retratando os Sabores do Brasil.

O café foi o complemento deste projeto. O Café Mãos de Maria além de oferecer o tradicional cafezinho, é um espaço de vitrine para o artesanato feito pelas mulheres dos outros cursos. Mais uma forma de geração de renda.

Para completar o projeto, transformar o aspecto físico dos ambientes era fundamental. Transformando um espaço nossa alma é transformada e é assim que vivo, embelezando os espaços por onde ando, tornando o mundo mais bonito.

Todo empreendedor tem energia de sobra e colocar a mão na massa é uma satisfação indescritível. Acompanhei cada etapa do desenvolvimento do projeto e vivi uma experiência única em Paraisópolis. A vida é uma poesia, e às várias Marias de Paraisópolis, dedico este projeto e esta poesia:

As Várias Marias de Paraisópolis
Sossego de Maria, Juventude de Maria, Emília Maria.
Sonhos de Maria, Pensamentos de Maria, Alegria de Maria.
Maria da Esperança, Maria de Fátima, Maria das Graças.
Amor de Maria, Zelo de Maria.

Empreender é viver uma vida de constantes aventuras. É entender que o coração pulsa a cada novo desafio e por fim ter a clareza de estar fazendo a diferença neste mundo.

O empreendedor pode ser crucificado por tudo: de ser louco, de errar, de pensar que sabe tudo, menos de não ser responsável pela transformação do mundo.

A essência do empreendedorismo é tirar as pessoas dos seus lugares. N o mundo empresarial, é tirar as pessoas da zona de conforto e no mundo social é transformar a realidade da vida das pessoas.

Após quase dois meses de trabalho, o Bistrô recebe pelo menos 30 clientes por dia, vindos de todos os cantos. Os diversos cursos e projetos foram estruturados e seus resultados operacionais e financeiros acompanhados. Uma nova realidade de vida foi estabelecida. Uma transformação social aconteceu.

Que esta conversa lhe inspire a olhar para dentro, se conhecer e ter a certeza que você pode agir para fazer deste mundo um mundo cada dia melhor.

52

Ande!

Eu sei, é um título minimalista e que quebra os padrões. O mais comum é encontrar títulos rebuscados, mas ainda que os problemas escravizem, não há outro caminho evolutivo para a vida a não ser colocá-la em movimento constante e gosto de pensar que as quatro primeiras letras de meu sobrenome, escritas ao contrário, me sugerem sempre: ande

Tathiane Deândhela

Tathiane Deandhela

Mestre em Liderança pela Universidade de Atlanta. *Master Coach Trainer* pela The International Association of Coaching. Especialista em Marketing com ênfase em Serviços pela FGV. Liderança pela FranklinCovey, Negociação e Gestão do Tempo. Possui cursos de Negociação pela Universidade de Harvard, Liderança e Coaching pela Universidade de Ohio. Participou de treinamentos desenvolvidos pelo SEBRAE, ONU e EMPRETEC, do Programa de Gestão Avançada APG pela Amana Key e do curso Disney: A Estratégia da Magia, na cidade de Orlando, Flórida/EUA. Consultora de Carreira, Empresária, Escritora, Professora, Palestrante, Executiva Multidisciplinar e Trainer Sênior dos programas de treinamento e desenvolvimento do Instituto Deândhela. É diretora de Educação pela AJE GO (Associação de Jovens Empresários e Empreendedores). Já treinou milhares de pessoas pelo Brasil como palestrante, professora e congressista nos ambientes corporativo e acadêmico. Sua rede de relacionamento inclui vários dos principais especialistas e empreendedores do país. Autora do livro *Faça o tempo trabalhar para você* pela editora Literare Books International, obra em sua quarta edição.

Contato
www.institutodeandhela.com.br

Ouço muita gente a dizer que para ter mais resultados na vida, é preciso trabalhar mais e gastar mais energia. Eu também já pensei assim. No futuro, a minha trajetória provaria exatamente o contrário: produtividade é fazer menos, de forma inteligente, desde que ande e jamais pare.

É claro que sucesso não nasce em árvore. Desde o início, enfrentei desafios. Quando tinha apenas 11 anos, meu pai de criação foi assassinado com 6 tiros. Desde então, a vida passou a ser minha mãe e eu, uma cuidando da outra. Passamos por dificuldades financeiras e, naquela época, tudo que tínhamos eram esperanças e nunca deixamos de andar.

No desespero, comecei a vender bombons, semijoias, bijuterias, roupas, cosméticos, e entrei com tudo na venda de colchões, por meio do marketing multinível. Vivia a total falta de foco e a ilusão de que trabalhando duro, em tudo e ao mesmo tempo, conseguiria resultados para superar aquela fase difícil. Por um longo período, tive dificuldades para diferenciar a persistência da teimosia. Errei e aprendi muito. Dei tudo de mim e não via nenhum resultado positivo. Perdi energia, motivação e várias vezes, pensei em desistir. Mas uma frase mudou tudo:

"Quando desistir não é uma opção, o sucesso é inevitável"

Resolvi trabalhar "de carteira assinada", em busca da segurança que um salário fixo mensal oferece. Mesmo cursando MBA em marketing na FGV, só consegui uma vaga como recepcionista. Foi uma época difícil, minha mãe e eu chegamos a passar fome, mas acreditava que as coisas melhorariam e trabalhava muito para que este momento chegasse logo. Tentei seguir várias fórmulas prontas sobre planejamento, disciplina e rotina, e o fato é que depois de algum tempo, tudo estava como antes. Começava e parava as coisas. Seguia esse padrão de comportamento e me perguntava por que não conseguia criar hábitos. Amava ouvir histórias de pessoas bem-sucedidas e quando havia a oportunidade de estar com alguém que admirava, passava horas só perguntando e ouvindo.

Certo dia, recebemos a visita de um tio que admiro muito e ele, entusiasmado, falou de planos e sonhos, destacou a importância dos estudos para o destaque na carreira e finalizou dizendo que queria ser um divisor de águas por onde passasse. Aquela frase me impactou tanto que comecei imediatamente a adotar esse propósito: seria uma divisora de águas por onde passasse. Isso marcou o momento de "virada" da minha vida e encontrei o que tanto procurava. Percebi claramente que o resultado financeiro seria mera consequência de um trabalho realizado com excelência. Mas faltava algo. Queria deixar um impacto no mundo e para isso, precisaria entregar o meu melhor.

Minha chama interna se acendeu e fiquei disposta a trabalhar loucamente. Após quase 2 anos de dedicação numa escola de dança, recebi proposta para trabalhar, ganhando menos, como vendedora de cursos de pós-graduação. Muitos acharam loucura, porém aceitei a proposta na hora. Não era o salário que mais importava, e sim o que aprenderia e o que faria com a nova oportunidade. Queria trabalhar onde tivesse mais chances de crescer.

Cumpria jornadas de 15 horas diárias. As pessoas não sabiam de onde surgia tanta energia. Eu sabia: do propósito inabalável que me movia a fazer o melhor todos os dias. Porém, motivação sem competência não seria suficiente para alcançar o resultado que tanto almejava. No final do mês, não ficava em primeiro lugar do ranking de vendas e como ninguém trabalhava na mesma proporção que eu, isso me deixava extremamente frustrada.

A situação financeira já estava bem melhor e entendi que era preciso estudar mais, fazer uma investigação criteriosa de tudo que estava acontecendo. Dediquei-me a ler milhares de conteúdos que envolviam vendas, produtividade e liderança. Assisti a todas as palestras sobre empreendedorismo que pude. Fiz vários cursos dentro, e depois fora do Brasil, incluindo Universidades de Harvard, Ohio, Atlanta e MIT. E comecei a desenhar um método que, mesmo depois de vários casos de sucesso em sua aplicação, continua sendo aperfeiçoado. Assim me destaquei e assumi a dianteira na área de vendas.

A vontade de contribuir com a empresa era tão grande que o dono viu em mim potencial para assumir a liderança. Mesmo sem experiência, me promoveu a gerente comercial para ensinar à equipe de vendedores como melhorar a performance. Basicamente, fui incumbida de passar adiante o que fizera para ter melhores resultados. O método já estava desenhado e tudo que precisava fazer era testar com a equipe e comprovar que realmente funcionava.

Durante um ano, apliquei tudo que tinha desenhado, adquiri novas ferramentas e conhecimentos. O resultado: triplicamos o faturamento. Crescemos em tal proporção que mais pessoas foram contratadas. As turmas ficaram lotadas e outras foram abertas. Foram muitas comemorações e alegrias. Nos últimos meses daquele ano, recebi a promoção e assumi como gerente nacional. A missão: aplicar o meu método nas outras 27 unidades em que a empresa estava presente. Viajaria mais e confesso que no início, eu que conhecia poucas cidades e achava um luxo viajar de avião, pensava em como seria bom...

A seriedade dos desafios mostrou que de fato deveria aplicar tudo que aprendera, para garantir a minha missão de ser divisora de águas. Tive a oportunidade de impactar mais pessoas em âmbito nacional e precisava valorizá-la. No final do ano, outra vez me orgulhei dos resultados expressivos de um trabalho realizado com excelência e muito amor. Cheguei à diretoria e pude investir em 2 franquias da faculdade, além de atuar como professora universitária e coordenadora em 5 cursos de pós-graduação.

Nenhuma conquista foi mera sorte. O método que apliquei fez com que a equipe, a empresa e eu prosperássemos (lembre-se de fazer contato com o nosso instituto para conhecer os detalhes desse método).

O começo de tudo está relacionado com a mentalidade. Antes dos grandes resultados, eu contemplava o trabalho da mesma forma que muitos voluntários: como uma causa e por isso, o espírito de servir falava mais alto. Em todo momento, agia como se a empresa fosse minha. E sabia que, ao fazê-los ficarem cada vez mais ricos, eu também ficaria rica. Como Tony Hsieh certa vez disse:

"Quando eu corria atrás do dinheiro, o dinheiro corria de mim. Mas quando corri atrás do propósito, o dinheiro correu atrás de mim"

Com a aplicação prática das lições de empreendedorismo, liderança, vendas, negociação e produtividade, aprendi, por exemplo, a importância de dizer não. À medida que fui entregando mais e mais resultados, comecei a receber irresistíveis propostas. Um dos últimos "sim" foi entrar como sócia em uma clínica de estética que, sem dúvida, representou grande aprendizado. Ali, perdi o foco mais uma vez; tratava-se de um trabalho completamente diferente do que fazia. Isso acarretou considerável prejuízo e comprometeu o meu cargo de diretoria. O mundo empresarial não é só um conto de fadas e sem foco, pode ser cruel...

Da noite para o dia, precisei recomeçar, como uma Fênix renasce das cinzas. Sem lamentar, montei o Instituto Deândhela, alinhado aos meus valores e à missão de inspirar e transformar o maior número de pessoas, com foco em algo que me move: educação e desenvolvimento de pessoas. E, apesar de inúmeras propostas e oportunidades, não aceitei, de início, trabalhar com pós-graduações, em nome da ética de não me tornar concorrente da instituição que abrira tantas portas para mim, pois sempre tive clareza da contribuição que deixei e de como fui divisora de águas naquele lugar.

Com o tempo e muito dinheiro investido, percebi que sob o formato que seguia, o nosso negócio não se sustentaria. Foi necessário usar uma nova lição de empreendedorismo, relacionada a ter flexibilidade e redefinir estratégias, quantas vezes precisar.

Frequentemente, começamos com algo em mente e caminhamos de forma obstinada em direção ao que queremos, mas precisamos parar e reavaliar o quanto é viável. Não é só da área comercial ou do marketing que se faz um negócio: deve-se conhecer contabilidade, finanças, gestão, processos e muitas áreas sobre as quais sem sempre temos tanto domínio.

Até ali, percebi que os nossos melhores amigos podem nos virar as costas na hora que mais precisamos, e de onde menos se espera, encontramos apoio. E devemos aprender a perdoar esses amigos porque nesse mundo competitivo e de interesses, todos eles querem garantir a sobrevivência e muitas vezes, se acovardam e renunciam aos bons relacionamentos.

Precisamos ainda valorizar aquele amigo leal, que está ciente de que não temos muito a lhe oferecer, e que até corre o risco de perder grandes oportunidades para permanecer ao nosso lado nas noites mais escuras. São raros e merecem ser tratados como irmãos.

Como treinadora, estava consciente de tudo que já tinha conquistado. Porém, nunca gostei de viver das glórias do passado. Sofri com a autoestima questionada e me perguntava até que ponto eu não seria uma fraude. Ensinava sobre liderança, vendas, negociação, comunicação e produtividade para que todas as pessoas e empresas alcançassem mais sucesso e naqueles dias, estava errando nas próprias escolhas. Por isso, não estava convicta se poderia me considerar uma pessoa de sucesso.

Dei a volta por cima e descobri que não importa quantas vezes caímos: sucesso é ter a capacidade de levantar quantas vezes forem necessárias e escutar a dica que a vida me dava desde a perda do pai: ande!

Por muitos anos, eu repetia mentalmente, todos os dias, a frase de Henry Ford, que se transformou em um mantra:

"Há mais pessoas que desistem do que pessoas que fracassam"

Tudo que vivi serviu como aprendizado e crescimento para alcançar o sonho, despertado pelo tio, de ser divisora de águas. Acredito que para transformar a vida de muitas pessoas, preciso sentir na pele o que muitas pessoas sentem e, dessa forma, com mais propriedade, poderei ajudá-las a sair de onde estão, mesmo diante de muito sofrimento e desânimo, para caminharem em direção aos sonhos. E sinceramente posso assegurar; quando reconstruímos nosso castelo, tudo o que passamos é visto de forma mais leve, cada lágrima nos faz mais fortes e nos blindamos para as horas de infortúnio.

Depois de tanto esforço, alcancei a colheita. Idealizei a Fábrica de Produtividade e escrevi o best-seller "Faça o tempo trabalhar para você". Os dois projetos visam mostrar como é possível e saudável ter alta produtividade fazendo menos, de forma inteligente.

Nos últimos anos, enquanto alguns reclamavam da crise, impactei a vida de mais de 100 mil pessoas, por meio de cursos, textos, vídeos, palestras e eventos corporativos em geral. Expandi a minha empresa e no segundo semestre de 2017, lancei o livro "Faça o tempo trabalhar para você" em turnê por Orlando, Miami, Boston e Londres. Contribuí para uma faculdade triplicar o seu faturamento, adquiri duas franquias da marca, que após 3 anos sob minha liderança, foram avaliadas pela matriz em mais de 5 milhões. Ao longo dos 6 anos que trabalhei por lá, fiz o meu salário aumentar em 6000%. Estruturei o Instituto Deândhela, focado no desenvolvimento humano, por meio de treinamentos para empresas e cursos online. Eu e minha equipe estamos construindo um case mundial. Já palestrei nos EUA, Europa e começamos a atender alunos no Japão, graças a tecnologia. E ainda há quem diga:

- Quantos resultados e que sorte a menina teve!

Eu sempre sonhei alto. Se você também é do tipo que não vai descansar enquanto não alcançar os próprios sonhos, seja bem vindo ao time dos imparáveis. Como eu sempre digo: "Nossas histórias servem de inspiração para provar que o impossível pode se tornar uma realidade se acreditarmos e lutarmos pelo que acreditamos!" E lembre-se: se fortaleça, renasça como a Fênix e aconteça o que for, ande!

53

O desafio de empreender

Neste capítulo, a autora Thais Ramos, destaca pontos importantes na vida de um empreendedor. A autora narra diferentes etapas do início de um negócio, com base na sua própria história de empresária e protagonista, desde a origem da empresa e seus principais motivadores, destacando pontos e dicas para quem pretende se desafiar e iniciar na vida de empresário em nosso grandioso Brasil

Thais Ramos

Thais Ramos

Tem 37 anos, é empresária e sócia proprietária da Não+Pelo Master – SP, desde 2010. Graduada em engenharia química pela Escola de Engenharia Mauá. MBA em gestão empresarial pela FGV – SP. Iniciou sua carreira de engenheira química na indústria química e de bens de consumo. Trabalhou na brasileira Natura e anglo-holandesa Reckitt Benckiser. Empreendedora desde seus 28 anos, hoje é sócia da maior empresa de depilação do Brasil, a rede de franquias Não+Pelo em São Paulo.

Contatos
www.naomaispelo.com.br
thais.ramos@naomaispelo.com.br
(11) 3666-2568

Empreender no Brasil é mais que uma escolha é um desafio, é um propósito de vida, é preciso ter muita determinação para seguir em frente. Minha história como empreendedora surgiu de uma oportunidade. Eu sou engenheira de formação e tinha uma carreira sólida em multinacional. Diferentemente da maioria dos brasileiros, eu não estava à procura de um negócio próprio, mas eu era motivada pela paixão. Paixão por desafios e oportunidades.

A busca pela paixão, aprendi na Natura, empresa em que iniciei minha carreira profissional e a quem muito me ensinou e plantou em mim muitos conceitos que adoto até os dias de hoje. Posso dizer que a ânsia por desafios foi meu primeiro passo, meu maior incentivador. E apesar de não ser meu objetivo de vida, a simples busca pelo novo, também pode ser um grande motor para se começar a empreender. Gostar de desafios e inovação faz parte do perfil do empresário que você pode vir a ser.

O nosso grande desafio, digo nosso, pois iniciei junto de meu sócio Vinicius, foi a oportunidade em trazer da Espanha para o Brasil a franquia Não+Pelo, estruturar o modelo, implantar os processos e mudar por completo o conceito de depilação no Brasil, até então predominantemente realizado por cera; tudo isso nos encantou.

Eu e o Vinícius já éramos sócios na vida particular. Somos casados e a partir daquele momento, passamos a vislumbrar um desafio em conjunto na vida profissional.

Ao final de 2009, as tratativas entre nós e a matriz da marca na Espanha foram tomando corpo, até que em 2010 pedi demissão do emprego em uma multinacional, que na época era estável e com bom salário para alguém na minha idade. Porém, apesar da ótima remuneração, o capital que precisávamos era muito alto, e foi aí que morou o segundo passo do protagonismo, aí que morou o passo do risco.

Arriscar é uma característica que poucos enxergam como algo positivo. Quando dá certo, chamam de qualidade, quando dá errado, chamam de ganância.

Não tínhamos o capital suficiente para investir em um projeto deste porte, mas tínhamos como levantar o restante no mercado e acreditávamos muito neste negócio. Após as análises que fizemos, decidimos prosseguir e correr o risco. Começamos a empresa literalmente do zero. Zero estrutura, zero experiência em franquias e zero experiência em depilação.

Apesar da minha carreira ser pautada por oito anos no mercado de cosméticos e beleza, e o Vinicius ser empresário há 11 anos, a área de depilação e franquias era algo bastante desconhecido para nós.

Ao anunciar a data da minha saída na multinacional, comecei a organizar a minha sucessão, treinei um colaborador para ocupar o meu lugar, afinal, quis sair pela mesma porta que entrei e seria justo fazer a transição com o menor impacto possível. Dica muito importante para quem pensa em sair de seu atual emprego e empreender.

Saída da multinacional concluída, passei a focar totalmente no projeto. Dediquei-me a abertura da nossa sede e ao mesmo tempo estruturação do estande para participação da maior feira de franquias do setor, a ABF Franchising Expo, que aconteceria dentro de alguns meses.

O tempo

Esse é o terceiro grande motor de sucesso na vida de um empresário, o tempo! Sim, o tempo nos faz ter motivação e quebrar nossas limitações. Neste caso, a falta dele, nos fez dar o máximo de nós, afinal, a feira de franquias estava prestes a acontecer e após ela, precisaríamos de uma estrutura física para receber possíveis interessados. Além disso, a loja própria precisaria estar pronta a tempo para validar todo o *know-how*, processos e testar o modelo antes de começar a franquear.

Tudo isso aconteceu em poucos meses. Não nos orgulhamos de todos os resultados do início, afinal, tivemos que trocar o pneu com o carro andando, e neste caso, para nós, não era um carro, era um avião, pois nas nossas projeções iríamos começar a percorrer a pista e então decolar para voar rápido e alto, ou seja, a rede cresceria de forma exponencial em curto prazo.

E foi assim que iniciei minha jornada como empreendedora e nos tornamos sócios duas vezes. Vinicius já era empresário, no ramo de eventos, e quando iniciou em 1999, era um setor bastante amador, no qual foi se tornando cada vez mais profissional e por volta de 2005, evoluiu da locação de brinquedos infláveis para uma das maiores empresas de venda de brinquedos infláveis e *playgrounds* do Brasil.

Naquela época já vendia para todo o país, mas a sua maior alavancagem foi em 2003, por ser um dos pioneiros a utilizar os links patrocinados no Brasil, pela empresa *Overture*, que depois foi comprada pelo *Yahoo*. Com o passar do tempo e a entrada de novas empresas neste mercado de mídia, como o *Google*, esse formato tomou proporções gigantescas. A concorrência demorou para acreditar nesta tendência, e por muitos anos essa estratégia norteou o crescimento da empresa de brinquedos, tornando-se líder absoluto no seu segmento.

Não foi uma decisão fácil para meu sócio abrir mão de se dedicar exclusivamente a um negócio já consolidado e de sucesso, para começar um novo projeto, que apesar da projeção traduzir ótimos resultados, os riscos estavam para a mesma proporção. Além do mais, não poderíamos mais contar com meu salário e bonificação de multinacional que nos garantia também uma boa estabilidade. Sair da zona de conforto foi uma das motivações para nossa decisão.

Nas divisões de função, o Vinicius tratava dos contratos com a Espanha, alinhamento dos acordos e condições comerciais e parte jurídica do negócio. Já eu, foquei na parte operacional, manuais, loja própria, nova sede e a feira de franquias. Na implantação da nova sede e loja própria, dividíamos as funções conforme o "*skill*" de cada um.

Posso dizer que este foi o quarto e mais importante passo que tivemos como empreendedores juntos, o passo de saber dividir as tarefas. Claro que não vivemos de flores, eventualmente nos esbarrávamos e saíam faíscas, mas como em todo filme de conto de fadas, no final tudo acabava bem.

Posso resumir aqui que nosso início foi pautado por quatro situações comuns na vida de muitos empreendedores, são elas:
- O risco da troca do certo pelo duvidoso;
- A inexistência de todo capital para investimento;
- O tempo a nosso desfavor, se você não faz a concorrência faz;
- As incertezas geradas no início do negócio.

O aprendizado

Como em breve atenderíamos os candidatos para se tornar um franqueado, fui buscar treinamentos na área de *franchising*, afinal, vim de uma estrutura de multinacional, em que nada se iniciava sem um bom treinamento. Fiz cursos para aprender a identificar o candidato ideal para nosso negócio. As diretrizes da Espanha eram muito genéricas e voltadas para o seu público Espanhol e não formavam uma base para nos sentirmos aptos e seguros para aquela etapa.

O curso de seleção de ponto de venda foi um dos mais surpreendentes, aprendi técnicas simples, porém altamente eficientes e que utilizamos na empresa até os dias de hoje. Sabemos que são as mesmas usadas por grandes "buscadores" de pontos, que cobram alto valor por isso. A escolha do ponto é um dos principais pilares de um negócio. Se quer uma sugestão, invista tempo ou recurso financeiro e escolha a dedo seu pdv (ponto de venda).

Eu considerava fundamental a busca por aprendizado. Ser humilde a ponto de reconhecer que não se sabe tudo e ao mesmo tempo ser inteligente para poupar caminhos, é uma das características num empreendedor, que reduz tempo e aumenta a assertividade. Neste caso em especial, não é preciso aprender com os próprios erros; se alguém já sabe como se faz e pode te ensinar ou te auxiliar, busque este profissional.

A busca por excelência e padrões

Como engenheira e ligada a padrões e processos, fui pesquisar sobre as normas de Anvisa, Vigilância Sanitária e legislação municipal de funcionamento, afinal, não poderia deixar meus franqueados investirem em estruturas não adequadas as nossas legislações. Abrir uma empresa na Espanha tem lá suas facilidades e simplicidades, porém eu não poderia seguir todos os padrões, pois nossas leis brasileiras além de diferentes, são mais rígidas, e assim tivemos que tropicalizar o modelo a nossa realidade.

Vejo que a busca pela excelência, fruto da minha experiência corporativa, criou uma base sólida em padrões para toda a rede no Brasil, que nos sustentam até os dias de hoje, e dão tranquilidade a nós e aos nossos franqueados. Já recebemos inúmeras visitas de órgãos fiscalizadores no Brasil, e em todas as unidades atendemos os padrões exigidos. Para alguém que deseja franquear, este é um ponto crucial! É preciso garantir ao franqueado a tranquilidade e segurança de que o padrão exigido está em linha não só com a beleza e identidade visual da marca, mas principalmente com a legislação local e nacional de onde este negócio será aberto.

O planejamento

Após a engrenagem rodando, e com mais solidez e estabilidade no negócio, tivemos a necessidade de trabalhar com mais planejamento, apesar de em muitos livros, o planejamento estar como a primeira etapa do empreendedor, e que eu concordo plenamente. Na nossa história, esta etapa precisou de ajustes depois que o negócio já estava estabilizando, depois que já estávamos pagando as contas e tendo lucros que nos permitisse criar e se organizar sem a pressão pelo faturamento e resultados.

Aí está um dos passos mais importantes do empreendedor, que no nosso caso foi o quinto passo, mas que considero como sendo o passo zero, aquele que se deve realizar antes mesmo do negócio começar. Depois que passamos a ter um bom planejamento na empresa, as surpresas e o gerenciamento de problemas passaram a diminuir. Começamos a prever algumas necessidades e nos antever para que elas estivessem mitigadas e estivéssemos preparados, antes mesmo de acontecerem. Em franquias, esta visão de planejamento e futuro é primordial para que seus franqueados tenham credibilidade e segurança em você e no negócio.

Automotivação

Como empresária, pude perceber que o grande segredo para estar no topo é ter automotivação, apesar da palavra motivação, motivo para a ação, remeter a algo que vem de dentro para fora, vale frisar sobre a importância da palavra "automotivação". Digo isso, pois em diversos momentos um empreendedor encontrará pessoas que te levarão para cima e muitas outras que farão questão de te ver em baixo, e até mesmo existirão momentos em que você estará enfrentando o que parece ser o maior problema da empresa, mas que após superado, colherá os frutos do aprendizado. O sucesso do empreendedor está na sua capacidade de criar, cocriar, se reinventar e ser resiliente diante aos diversos obstáculos que vão aparecer no caminho. Não espere elogios, continue a seguir e se orgulhe de cada vitória.

O real sentido de um gestor

Jamais podemos esquecer das pessoas que estão ao nosso lado, são elas que te ajudarão a levantar, e quanto mais você puder compartilhar seus conhecimentos com estas pessoas, mais gratas serão. Saber partilhar e extrair o melhor de cada um, te classifica como um bom gestor, o que já é o começo para se tornar um grande empreendedor. E se você ainda não é um gestor, saiba que este será um de seus maiores desafios, você deve aprender a dar valor as pessoas. Fazê-las crescer junto de você é um grande mérito que vai além dos ganhos corporativos, isso te eleva como pessoa, te traz realização pessoal e satisfação em estar contribuindo com o crescimento do outro.

Suporte familiar

Alguns vão dizer que empreendedorismo e vida pessoal não se misturam, mas, no meu caso, posso afirmar que sim. Eu sou o espelho da grande maioria dos brasileiros: trabalhava de dia e estudava à noite. Conquistei meu diploma com muito esforço e dedicação. Sem dúvida, devo muito a meus pais, que me ensinaram que por meio dos estudos podemos mudar nossas condições de vida. Hoje, continuam me auxiliando. Na minha ausência, tenho a tranquilidade de que meus filhos estão sendo bem cuidados e amados pelo fato de eu ter meus pais por perto. Esta paz, para uma mulher e mãe, muitas vezes, é crucial para que o seu desafio de empreender seja prazeroso e despreocupante. Ter alguém de sua confiança auxiliando na vida pessoal, seja um familiar ou não, é fundamental.

Os resultados

E, assim, em apenas três anos, abrimos mais de 80 lojas da Não+Pelo no estado de São Paulo, e nos tornamos líder no segmento. Vou confessar uma coisa a você: muita gente não acreditava que chegaríamos nem na metade disso, e muito menos que passaríamos de dois anos de existência. Hoje, são oito anos de história, com um modelo já consolidado e maturidade suficiente para crescer ainda mais.

A mensagem que deixo a todos aqueles que pretendem se tornar empreendedores é que, em primeiro lugar, se identifiquem com o negócio e seu propósito, tenham seus valores alinhados e que busquem, acima de tudo, a paixão pelo seu trabalho. Que o racional e o emocional estejam caminhando juntos, afinal, com inteligência, paixão e resiliência uma nova árvore pode nascer e gerar lindas flores e frutos